Heinz-Kurt Wahren

Anlegerpsychologie

Heinz-Kurt Wahren

Anleger-psychologie

VS VERLAG FÜR SOZIALWISSENSCHAFTEN

Bibliografische Information der Deutschen Nationalbibliothek
Die Deutsche Nationalbibliothek verzeichnet diese Publikation in der Deutschen Nationalbibliografie; detaillierte bibliografische Daten sind im Internet über <http://dnb.d-nb.de> abrufbar.

1. Auflage 2009

Lektorat: Kea Brahms

VS Verlag für Sozialwissenschaften ist Teil der Fachverlagsgruppe Springer Science+Business Media.
www.vs-verlag.de

Umschlaggestaltung: KünkelLopka Medienentwicklung, Heidelberg
Druck und buchbinderische Verarbeitung: Krips b.v., Meppel
Gedruckt auf säurefreiem und chlorfrei gebleichtem Papier
Printed in the Netherlands

ISBN 978-3-531-16130-3

Inhalt

Einleitende Bemerkungen

Psychologisches Wissen hat in den letzten Jahrzehnten Eingang in nahezu alle Bereiche unseres Lebens gefunden und dort zumeist auch wichtige Veränderungen angestoßen. Ein bis heute noch weitgehend weißer Fleck für Psychologen ist der Mensch als Anleger[1]: Dies sind allein in Deutschland über 18 Millionen Personen, die sich aus unterschiedlichen Motiven mit dem Aufbau und Erhalt von Vermögen in Form von Wertpapieren beschäftigen.[2] Trotz mehrfacher Hinweise, wie wichtig das Erleben und Verhalten der Menschen bei der Anlage von Kapital ist, hat sich an dem seit langer Zeit feststellbaren Desinteresse der Psychologie an dieser Personengruppe wenig geändert. Völlig verändert hingegen haben sich die Notwendigkeiten und Bedingungen der Anlage von Kapital. Nachdem der Staat die Bürger zunehmend von seiner Fürsorge entkoppelt und damit in die „Freiheit einer Selbstsorge" entlässt, kommt auf immer mehr Menschen die Aufgabe zu, (zumindest in Teilen) selbst für ihre finanzielle Existenz-, Zukunfts- und Alterssicherung zu sorgen – eine Entwicklung, die von den einen begrüßt, von anderen hingegen kritisiert wird, aber unumkehrbar erscheint. Außerdem haben sich für Privatpersonen die Möglichkeiten, ihr Kapital anzulegen, in den letzten Jahren grundlegend verändert. Ursachen hierfür sind insbesondere die neu entwickelten Finanzprodukte, sowie die Computerisierung von Handelsaktivitäten, die es Anlegern heute ermöglicht, ihr Kapital weltweit in vielfältigster Form zu investieren. Erschwert wird dies durch eine nicht mehr zu

[1] Wenn ich vom Anleger spreche, geht es mir insbesondere um den so genannten Privat- bzw. Kleinanleger, wobei die in der vorliegenden Veröffentlichung behandelten Aspekte, von wenigen Ausnahmen abgesehen, auch für berufsmäßig handelnde, professionelle Anleger (z.B. Vermögens- und Kapitalverwalter, Fondsmanager, Trader bei Banken und Versicherungen) Gültigkeit haben.

[2] Nach einer Erhebung der GfK, veröffentlicht vom BVI - Bundesverband Investment und Asset Management (2007), gab es im Jahr 2007 etwa 16,0 Millionen Besitzer von Investmentfonds, deren Zahl – nach einer Erhebung der bbw Marketing (2006) – bis 2016 auf etwa 26 Millionen anwachsen soll. Hinzu kommen nach einer Erhebung des DAI - Deutsches Aktieninstitut e.V. (2007) etwa 2,4 Millionen Personen, die ausschließlich Aktien besitzen.

überschauende Produktvielfalt, die kaum abwägbaren Risiken der Märkte und eine Finanzindustrie, deren primäres Ziel es ist, den eigenen Profit zu maximieren. Darüber hinaus wird die Gesellschaft heute von den Massenmedien in einem bislang nicht gekannten Maß mit Nachrichten über ökonomische Vorkommnisse konfrontiert – und auf diesem Weg (zumindest indirekt) immer wieder aufgefordert, sich mit dem Thema Kapitalanlage zu beschäftigen. Was dies alles für Anleger bedeutet und mit welchen Konsequenzen diese Veränderungen verbunden sind, bildet – aus einer vorrangig psychologischen Perspektive betrachtet – einen wesentlichen Teil der folgenden Ausführungen. Aus einer anderen Perspektive betrachtet könnte man diese Veröffentlichung deshalb auch als Versuch sehen, die persönlichen Angelegenheiten und Probleme der Menschen zu einer öffentlichen Angelegenheit zu machen – und gleichzeitig vielleicht auch den einen oder anderen, von den Finanzwissenschaften, der Finanzindustrie und den Medien verbreiteten Glaubenssatz etwas zu erschüttern.

Im Zentrum dieser Veröffentlichung steht, wie der Titel „Anlegerpsychologie" andeutet, das Erleben und Verhalten der Menschen beim Aufbau und Erhalt ihres Vermögens.[3] Dargestellt werden soll zum einen, welche Aufgaben von Anlegern bei der Anlage von Kapital zu bewältigen sind, mit welchen psychischen und kognitiven Anforderungen, Belastungen und Problemen dies verbunden ist und welche Veränderungs- bzw. Lernnotwendigkeiten hieraus resultieren; zum anderen soll (zumindest in Ansätzen) gezeigt werden, mit welchen Mitteln und auf welchen Wegen sich die hierbei auftauchenden Schwierigkeiten reduzieren oder gar bewältigen lassen. Bei der Darstellung dieser Aspekte geht es nicht darum, völlig neue, bislang unbekannte Erkenntnisse zu präsentieren, sondern das, was in unterschiedlichen Wissensgebieten erforscht und an verschiedensten Stellen veröffentlicht wurde, unter Berücksichtigung einer spezifischen Perspektive zu sichten, zu ordnen, zu bündeln, kritisch zu hinterfragen und zu neuem Wissen zu verbinden. Auf diese Weise vermischt sich, wie Eva Illouz (2007: 14) sagt, „das Repertoire des Marktes (...) mit der Sprache der Psychologie, und diese Kombination wiederum schafft neue Techniken und Bedeutungen." So werde ich im einleitenden Kapitel 1, das zur Einordnung des Themas in einen größeren Kontext dienen soll, die Themen Geld, Märkte und Börsen aus unter-

[3] Hierbei konzentriere ich mich auf die Anlage von Kapital in Wertpapieren (Aktien, Fonds, Anleihen, festverzinsliche Wertpapiere, Zertifikate und Optionsscheine), die üblicherweise an Börsen gehandelt werden und deren Wert damit (Marktpreis-)Schwankungen unterliegt, sowie in Form von Termin- und Tagesgeldern.

schiedlichen Perspektiven betrachten. In Kapitel 2 werde ich darstellen, in welchen Bereichen der Psychologie diese Themen bereits behandelt werden, und anschließend die Grundlagen, Quellen, den Fokus sowie die Ziele einer „Anlegerpsychologie" beschreiben. In Kapitel 3 wird das theoretische Hintergrundwissen und das pragmatische Handlungswissen für Anleger in Grundzügen umrissen und der Frage nachgegangen, inwieweit die den Kapitalmarkttheorien zugrunde liegende Annahme rational handelnder Akteure haltbar ist. Außerdem werde ich mit der Behavioral Finance, den Modellen ökologischer Rationalität, der evolutionären Finanzmarkttheorie, den neurophysiologischen und neuroökonomischen Erklärungsansätzen einige Theorien vorstellen, die die Annahmen der Finanztheorien einerseits ergänzen, andererseits aber auch in Frage stellen. Die Kapitel 4 bis 8 folgen – prozessual betrachtet – den Aufgaben eines Anlegers, wobei diese vorrangig aus einer psychologischen Perspektive betrachtet werden. So behandle ich in Kapitel 4 Aspekte des Risikos und der Risikobereitschaft, außerdem stelle neben verschiedenen Risiko-, Persönlichkeits- und Anlegertests auch ein praktikables Tool zur Ermittlung der individuellen Risikobereitschaft vor. In Kapitel 5 werden die planenden und zielsetzenden Aufgaben eines Anlegers beschrieben, insbesondere, wie er eine seinen Vorstellungen und Bedürfnissen entsprechende Asset Allocation entwickeln kann. In Kapitel 6 stehen Fragen der Informationsbeschaffung und Meinungsbildung im Zentrum des Interesses. In diesem Zusammenhang gehe ich auf die Bedeutung von Informationen für Anleger ein, beschreibe deren Quellen und die Probleme bei der Aufnahme und Bewertung von Daten sowie Ansatzpunkte zur Verbesserung. In Kapitel 7 werden Themen behandelt, die mit dem Kauf und Verkauf von Wertpapieren in Beziehung stehen. Hierzu betrachte ich einleitend ausgewählte Aspekte des Entscheidens und den Einfluss von Gefühlen auf Entscheidungen. Danach gehe ich auf typische Entscheidungs- und Handlungsproblematiken, den Herdentrieb und Informationskaskaden ein und stelle Ansätze zur Verbesserung von Handlungen vor. Die prozessuale Betrachtung der Aufgaben eines Anlegers wird in Kapitel 8 mit einigen grundsätzlichen Gedanken zu den Themen Controlling und Risikomanagement abgeschlossen. Hierzu werde ich zunächst Überlegungen zum Verhältnis von Planung, Reflexion und Lernen anstellen, auf Controllinginhalte und Controllingrhythmen eingehen, das aus psychologischer Sicht wichtige Bedürfnis nach Kontrolle behandeln und die Grundzüge eines sinnvollen Risikomanagements für Anleger vorstellen. Im abschließenden Kapitel 9, in dem es um den lernenden, sich weiterentwickelnden Anleger geht, charakterisiere ich in zusammenfassender Form die Aufgaben von Anlegern, gehe auf deren Kompetenzen ein und stelle praktikable Lern- und Entwicklungswege für Anleger vor.

Zum Schluss der einleitenden Bemerkungen möchte ich noch kurz darlegen, aus welcher Perspektive und mit welchen Intentionen dieses Buch geschrieben wurde. Nach einer Banklehre habe ich zunächst Betriebswirtschaft, später (Organisations-) Psychologie studiert. Meine berufliche Tätigkeit führte mich zuerst in die Industrie, danach in die vorrangig psychologisch orientierte Beratung von Unternehmen. Parallel dazu war ich über viele Jahre Lehrbeauftragter an Hochschulen und habe mich in Forschungs- und Entwicklungsprojekten mit psychologischen Problemstellungen beschäftigt. Das Thema Geldanlage war für mich in dieser Zeit – trotz meiner Banklehre – von geringem Interesse. Mit dem Aufkommen der New Economy und dem zunehmenden Rummel, den die Medien um die Börse veranstalteten, hat sich dies, wie in der gesamten Gesellschaft, verändert. Eine Folge hiervon war, dass ich im Lauf der Jahre meine Handelsaktivitäten etwas intensivierte und mich auch mit der Fach- und Ratgeberliteratur beschäftigte. Meine Enttäuschung über diese Veröffentlichungen, die man – was ihre psychologischen Inhalte betrifft – guten Gewissens als einseitig, unvollständig und nicht zeitgemäß bezeichnen kann, war Auslöser, das vorliegende Buch zu schreiben. Da ich nicht in der Finanzcommunity verwurzelt bin, bewege ich mich auch etwas weg vom gewohnten Mainstream der Fach- und Ratgeberliteratur, betrachte die Dinge zum einen aus einer theoriegeleiteten, vorrangig psychologischen, mitunter auch wirtschaftswissenschaftlichen, soziologischen oder philosophischen Perspektive, zum anderen aus der pragmatischen Perspektive eines Anlegers, der das Ziel hat, sein Kapital rentierlich zu investieren. Zur Verdeutlichung der Sachverhalte greife ich des Öfteren auf Berichte der Tagespresse, von Magazinen oder auch auf literarische Texte zurück, da in diesen ökonomische Vorgänge zumeist wirklichkeitsnäher beschrieben werden als in der Fachliteratur.

Mögglingen, September 2008

Heinz-Kurt Wahren
(hkw@comconteam.de)

1 Geld, Märkte und Börsen

Dieses einleitende Kapitel soll vor allem zur Einstimmung auf das Folgende und zur Einordnung des Themas in einen größeren Kontext dienen. Im Mittelpunkt stehen hierbei die Themen Geld, Märkte und Börsen, die nicht nur aus einer ökonomischen, sondern auch aus einer psychologischen, soziologischen und philosophischen Perspektive betrachtet werden, ergänzt um einen kleinen Exkurs ins Reich der Belletristik.

1.1 Die Deutschen und ihr Geld

Sparquote und Spartätigkeit[1]

Die Deutschen gelten allgemein als gute Sparer. Nach Angaben der Bundesbank betrug die Sparquote im Jahr 2007 10,9 Prozent und bewegt sich damit im internationalen Vergleich auf hohem Niveau. Dies bedeutet, dass ein nicht unerheblicher Teil des verfügbaren Einkommens der privaten Haushalte – im Jahr 2007 betrug der Vermögenszuwachs immerhin 150 Milliarden Euro – in den Sparstrumpf wandert. Gefördert wird die hohe Sparleistung vor allem durch Vorsichts- und Vorsorgemotive. Hinsichtlich der Spartätigkeit (Sparquote) und der einkommensabhängigen Sparfähigkeit gibt es jedoch große Unterschiede. So sparen die Bezieher höherer Einkommen sowohl in absoluten Beträgen als auch in Bezug auf ihr Einkommen wesentlich mehr als die Bezieher niedriger Einkommen. Außerdem kann festgestellt werden, dass die Sparquote mit steigendem Lebensalter zunimmt, und selbst bei Personen im Rentenalter nur geringfügig abnimmt. Einkommen, Alter und Spartätigkeit stehen somit in einem engen Zusammenhang.

---

[1] In den folgenden Ausführungen beziehe ich mich vorrangig auf Daten der Bundesbank zum Jahr 2007 (veröffentlicht in der *Süddeutschen Zeitung* vom 02. Mai 2008), sowie auf eine Veröffentlichung der Allianz Global Investors (2007) mit dem Titel: *Sparen – aber richtig!*

Das Geldvermögen der privaten Haushalte

Die deutsche Bevölkerung hat in den letzten 50 Jahren ein enormes Vermögen aufgebaut. Dieses betrug Ende des Jahres 2007 insgesamt 4,56 Billionen Euro und war damit mehr als doppelt so hoch als im Jahr 1991. Dem stehen Schulden gegenüber in Höhe von 1,55 Billionen. Während der jährliche Vermögenszuwachs in den siebziger Jahren noch deutlich über zehn Prozent lag, hat er sich in den letzten 15 Jahren etwas reduziert. Ursachen hierfür waren unter anderem der Börsencrash zu Beginn dieses Jahrzehnts sowie zunehmende Steuer- und Abgabelasten, die, insbesondere in den letzten Jahren, durch die gute Entwicklung der Aktienmärkte wieder kompensiert werden konnten. Waren früher die hohen Sparvolumina ausschlaggebend für das Vermögenswachstum, spielt seit Mitte der 90er Jahre das Aktien- und Fondsvermögen eine immer größere Rolle. So schrumpften die Bankeinlagen, deren Anteil in den 70er Jahren noch bei 60 Prozent des Geldvermögens lag, auf heute etwa 35 Prozent. Gewinner waren Versicherungen, deren Anteil am durchschnittlichen Vermögen sich von 14 auf 26 Prozent erhöhte, sowie Kapitalmarktprodukte, die von 19 auf 33 Prozent anwuchsen. Den größten Anteil haben hier Investmentfonds, gefolgt von festverzinslichen Wertpapieren und Aktien. Zunehmende Beachtung bei den Anlegern fanden in den letzten Jahren Zertifikate, deren Volumen zwischenzeitlich (Stand Dezember 2007) auf rund 130 Milliarden Euro angewachsen ist.

Effizienz der Anlageentscheidungen

Vergleicht man das Anlageverhalten der deutschen Bevölkerung mit dem in anderen Ländern, sind einige Abweichungen festzustellen, die sich vor allem auf die Rendite auswirken. Insbesondere fällt auf, dass der Anteil von Aktien und Investmentfonds am Geldvermögen nicht nur in den USA, sondern auch in Großbritannien, den Niederlanden, Belgien und Italien wesentlich höher ist als in Deutschland. In diesen Ländern ist das Geldvermögen pro Haushalt auch größer als bei uns, was unter anderem mit den Wertsteigerungen am Aktienmarkt zusammenhängt. Sehr viel stärker als in Deutschland basiert das Wachstum des Geldvermögens in den USA auf Kapitalgewinnen. So erreicht der reine Aktienanteil am Geldvermögen in Deutschland nur etwa ein Drittel des Vergleichswertes der USA. Dort liegt der Aktienanteil am Vermögen immerhin bei etwas über 18 Prozent, in Deutschland, nach Erhebungen der OECD und des Deutschen Aktieninstituts (DAI), bei etwa sechs Prozent. Während in den USA 48 Prozent der Bevölkerung ihr Geld in Aktien und/oder Aktienfonds angelegt hat, sind dies in Deutschland lediglich 15 Prozent. In der Folge erreichte auch die in Deutschland erzielte Realrendite, bei der Inflationsraten abgezogen sind, mit ungefähr zwei Prozent nicht annähernd den in den USA erzielten Wert in Höhe von vier Prozent. Da mit einer höheren Aktienquote, wie Erfahrungen zeigen, zumeist auch ein stärkerer Vermögenszuwachs erreicht werden kann, ist es für eher defensive Anleger sicherlich überlegenswert, etwas stärker auf Aktien und Aktienfonds zu setzen, was jedoch – trotz aller Hinweise, dass Aktien über lange Zeiträume betrachtet stets gestiegen sind – zunächst einmal mit dem Eingehen zusätzlicher Risiken verbunden ist. Gründe für die im Vergleich geringere Aktienquote der deutschen Anleger sind, wie vermutet wird, ein ausgeprägtes Sicherheitsdenken und Angst vor den Unwägbarkeiten der Börse. Außerdem zeigen sie bei der Aufgabe, ihr Geld sinnvoll anzulegen, nicht unerhebliche Defizite. Zum einen ist ihr Wissen über die Möglichkeiten der Anlage von Kapital in vielen Fällen lückenhaft, fragwürdig oder falsch, zum anderen zeigt ein hoher Prozentsatz von Anlegern auch kein Interesse, sich eigenverantwortlich um eine sinnvolle Anlage des ihnen zur Verfügung stehenden Kapitals zu bemühen.[2]

1.2 Anlegers Freud – Anlegers Leid

Gedanken zu einer Theorie und Philosophie des Geldes

Seit der Erfindung des Geldes war es für die Menschen wohl wichtig, möglichst viel davon zu besitzen. Die Funktionen des Geldes oder gar eine Theorie des Geldes haben zunächst kaum interessiert. Geld wurde eher als Schleier gesehen, der über die realwirtschaftlichen Werte gelegt ist, im Prinzip aber unwichtig war. Der erste Wissenschaftler, der sich mit dem Thema Geld ausführlich und fundiert beschäftigte, war Karl Marx. In einer kapitalistischen Gesellschaft ist es, wie er sagte, von zentraler Bedeutung, dass „Geld arbeitet“ – Geld also weiteres Geld „heckt“. Dies geschieht zunächst einmal dadurch, dass man Geld in die Produktion von Gütern investiert und hierdurch Mehrwert erarbeitet. Auf diesem Weg wird das „arbeitende Geld“ zum „Kapital“, wobei der (Gebrauchs-)Wert des Geldes dann darin besteht, Profit zu

[2] Siehe ergänzend hierzu die Ausführungen in Kapitel 9.1.

produzieren. Diese von Marx beschriebene Funktion des Kapitals ist auch heute noch von zentraler Bedeutung. Nicht nur die von Marx beschriebenen Kapitalisten, sondern auch Anleger sind bestrebt, dass ihr Geld möglichst viel (weiteres) Geld heckt. Unterstützt werden sie dabei von der Ratgeberliteratur, deren Ziel ist, ihren Lesern Wege zu zeigen, wie sie aus ihrem Geld mehr Geld machen können. Der im Rückraum des Anlegers stets präsente Imperativ, sein Geld zu vermehren, setzt ihn unter einen nicht unerheblichen Leistungs- und Erfolgsdruck – wobei er à la longue feststellen muss, dass er ein mögliches Optimum hier nie erreichen wird, er also – je nach Marktlage – ein zu großes oder zu geringes Risiko eingegangen ist, beziehungsweise zu teuer ge- oder zu billig verkauft hat.

Das erste große Werk zum Thema Geld wurde 1900 von Georg Simmel unter dem Titel *Philosophie des Geldes* veröffentlicht. In Simmels epochalem Werk, das auch heute noch mit großem Genuss und Erkenntnisgewinn gelesen werden kann, geht es nicht nur ums Geld, sondern, wie er selbst sagt, um eine mit dem Geld eng verknüpfte „Philosophie des ganzen geschichtlichen und sozialen Lebens“.[3] Angesichts der überreichen Fülle an Erkenntnissen, die diese Veröffentlichung beinhaltet, möchte ich mich auf einige wenige Thesen konzentrieren. Eine wichtige Erkenntnis Simmels war, dass der Gebrauch des Geldes die Gesellschaft umgestaltet. Geld wurde im Laufe der Zeit zu einem Kommunikationsmedium ersten Ranges[4], das die sozialen Beziehungen intensiviert und versachlicht, Distanzen verringert, gleichzeitig aber soziale Differenzierungen verstärkt sowie zur Herausbildung individueller, auf Geld beruhender Freiheiten und Verpflichtungen führt. Geld ist ein Schrittmacher zur individuellen Freiheit, trägt zum Wachstum der Persönlichkeit bei, hat aber die Tendenz, sich als Mittel zu verselbständigen, zum reinen Selbstzweck zu werden und auf diese Weise alle Lebensziele zu überformen. Dies führt dann, wie Simmel (1983) an anderer Stelle sagt, zu der „Vorstellung, dass alles Glück und alle definitive Befriedigung des Lebens mit dem Besitze einer gewissen Summe Geldes verbunden wäre“, die für die Menschen „ein fortwährender Stachel zur Tätigkeit“ wird, mit dem Ziel, durch Eigentum und Besitz „sein Ich zu erweitern“ oder „auszudehnen“. Simmel sieht hier den Menschen in das unabstellbare Rad des Mammons eingeschlossen: „Daher die Unruhe, Fieberhaftigkeit, Pausenlosigkeit des modernen Lebens, dem im

[3] Simmel in einem Brief vom 13.12.1899 an Célestin Bouglé, einem Mitstreiter von Emile Durkheim (siehe Gephart, 2000).
[4] Siehe hierzu z.B. Frankel (1979), Baecker (2006) und Luhmann (1988: 230ff).

Gelde das unabstellbare Rad gegeben ist, das die Maschine des Lebens zum Perpetuum Mobile macht." Dies ist dann auch der Punkt, an dem bis ins Extreme entwickelte Hoffnungen und Wünsche, die von Simmel beschriebene „Geldgier", aber auch Unsicherheiten und Ängste das Erleben und Verhalten eines Menschen beeinflussen können und werden.

Anlegers Freud: Die Beziehung von Geld und Glück

Eine wichtige Frage, die auch schon Simmel beschäftigt hat, ist: Wie stark wird das menschliche Glücksempfinden vom Geld beeinflusst? Der These, Geld macht glücklich, steht die Vermutung gegenüber, dass dem nicht so ist, Geld also keinesfalls glücklich macht. Diese Erkenntnis ist nicht nur ein Teil unseres Alltagswissens, eingeschweißt in die bekannten Redewendungen, Stereotype und Binsenweisheiten, sondern auch das Ergebnis wissenschaftlicher Forschungen. Eine wesentliche Erkenntnis der neuen Wissenschaftsdisziplin Glücksforschung[5] (Happiness Economics) ist das von Richard Easterlin formulierte Wohlstandsparadox (auch Easterlin-Paradox genannt), bei dem die Unterstellung, dass Geld glücklich macht, grundsätzlich in Frage gestellt wird. Grundlage hierfür ist die Erkenntnis, dass sich der materielle Wohlstand in westlichen Gesellschaften in den letzten 50 Jahren ganz wesentlich erhöht hat, der Anteil der Menschen, der sich als glücklich beschreibt, hierdurch jedoch nicht gestiegen ist. In Folgeuntersuchungen wurde außerdem festgestellt, dass reiche Personen in allen Gesellschaften wohl glücklicher sind als Arme – aber nur bis zu einem bestimmten Punkt, und der liegt bei einem Jahreseinkommen von etwa 15.000 Dollar.[6] Liegt das Einkommen darüber, hat dies nur noch geringe Wirkungen auf das Glücksgefühl.[7]

---

[5] Siehe hierzu Bruckner (2001), Coyle (2007), Heuser (2008), Heuser & Jungbluth (2007), Joffe (2005), Kahneman (1999 und 2000), Lau (2005), Layard (2005), Willenbrock (2006) sowie den von Hentschel & Staupe (2008) herausgegebenen Sammelband mit Beiträgen von Manfred Spitzer, Bruno Frey und Birger Priddat. Ganz interessant sind in diesem Zusammenhang auch die Gedanken der „positiven Psychologie"; siehe hierzu Auhagen (2004).

[6] Es gibt offensichtlich keine durchgängige Meinung, wie hoch dieser Betrag sein könnte. Die in der Literatur genannten Zahlen gehen von 10.000 Dollar (Willenbrock, 2006), über 15.000 Dollar (Coyle, 2007) bis 20.000 Dollar (Joffe, 2005).

[7] Gemeint ist hier das von Wilhelm Schmid (2007: 16ff) so genannte „Wohlfühlglück" (Happiness; die subjektive Einschätzung des eigenen Wohlgefühls), um das es auch bei den Befragungen der Happiness Economics geht (siehe hierzu Frey & Stutzer, 2008: 89ff, und Spitzer, 2008: 45ff).

Wesentlich bedeutsamer hingegen scheint der Vergleich zu anderen Menschen zu sein, insbesondere der Schicht oder Altersgruppe, der man sich zugehörig fühlt. Glück ist, so könnte man schließen, deshalb stets relativ. Wer Geld hat ist vielleicht zufrieden, aber nur wer über mehr Geld verfügt als der für ihn vergleichbare Nachbar, Freund, Altersgenosse oder Kollege ist wirklich glücklich. Dieses immanente Konkurrenzdenken führt zu einem Phänomen, das man als „Hedonic Treadmill" bezeichnet – die Tretmühle der Lust. Je mehr Einkommen, Selbstwertgefühl, Status oder Anlegergewinn man anstrebt, desto mehr muss erwirtschaftet, geschuftet, Engagement und Zeit aufgebracht werden. Da Menschen sich relativ schnell an einen erreichten Glückszustand gewöhnen, wird das stetige Streben nach Glück begleitet von der Angst, den erreichten Stand nicht halten zu können – oder gar alles zwischenzeitlich Erarbeitete wieder zu verlieren. Dies gilt insbesondere für das von Wilhelm Schmid (2007: 10f) so bezeichnete „Zufallsglück": das Glück des „günstigen Zufalls und der erwünschten Fügung", das, wenn Fortuna einem nicht wohl gesonnen ist, auch zu großem Un-Glück führen kann. Wirkliches, länger andauerndes, mitunter sogar dauerhaftes Glück – wenn es so etwas überhaupt gibt – bringen nach den Erkenntnissen der Happiness Economics eher die altmodischen Werte: Familie, Freunde, Verantwortung und Sex. Diese haben darüber hinaus noch den Vorteil, dass sie sich – wenn's gut geht – auch nicht abnutzen.

Philosophie des Glücks

Daniel Kahneman, Psychologe und Nobelpreisträger für Ökonomie, dem wir im weiteren Verlauf noch mehrfach begegnen werden, soll einmal gesagt haben, dass uns bei der Frage nach dem Wohlbefinden oder dem Glück nur die Philosophie umfassende Antworten geben könne.[8] Die Glücksphilosophie ist eine Richtung der Philosophie, die sich mit der Natur und den Wegen zum Erlangen des Glücks bzw. der Glückseligkeit beschäftigt. Erste Antworten auf die Frage, wie ein geglücktes Leben auszusehen habe, findet man bereits in der Antike, wobei die seinerzeit formulierten Gedanken auch heute noch aktuell sind. So besteht für Aristoteles das Glück in der wesensgerechten Entfaltung der menschlichen Anlagen. Epikur beschreibt die Lust als höchstes Gut und als Prinzip eines gelingenden Lebens. Da der Mensch nur bedingt zum Epikuräer taugt, führt für den Kyniker Diogenes nur eine radikal asketi-

[8] Ich beziehe mich hier auf einen Hinweis von Elisabeth von Thadden (2007: 48).

sche Haltung und der Verzicht auf alles Weltliche zur Glückseligkeit. Seneca hingegen erhob die Tugend und die lebenslange Pflicht zur Selbstformung zum Lebensprinzip. Das Vergnügen, die Lust, die Freude, alles was man gemeinhin mit „Glück" in Verbindung zu bringen pflegt, war für ihn nicht das zentrale Motiv des Menschseins, sondern lediglich ein Nebenbei: eine angenehme Zugabe. Ähnlich sah es später Immanuel Kant, dem die populäre Absicht auf Glückseligkeit eher suspekt war, weswegen er sich auch gegen eine Moral der Glückseligkeit wendete, hingegen einen anderen Imperativ ins Zentrum menschlichen Strebens stellte, den kategorischen. Und Arthur Schopenhauer meinte gar, dass es „nur einen angeborenen Irrtum gibt, und es ist der, dass wir da sind, um glücklich zu sein."

Eine etwas andere Antwort auf die Frage nach dem Glück gibt uns das zunächst mündlich überlieferte, später von den Brüdern Grimm beschriebene Märchen vom *Hans im Glück*, den Ludwig Marcuse (1972) als „ersten Philosophen des Glücks" bezeichnet. Hans, ein Handwerksbursche, erhielt von seinem Meister, nachdem er immer brav und arbeitsam gewesen war, zum Abschied einen Klumpen Gold so dick wie sein Schädel. Diesen tauschte er auf dem Weg nach Hause zunächst in ein Pferd, dann in eine Kuh, danach in ein Schwein, eine Ente und zum Schluss in zwei Schleifsteine, wobei er nach jedem Tausch glaubte, sein Glücksgefühl erhöht zu haben. Da ihm aber die Schleifsteine in einen Brunnen fielen, kam er wohl ohne Gut, aber „leichten Herzens und frei von jeder Bürde" zu Hause an. Hans machte auf seinem Weg die Erfahrung, dass das Glück weder im Gold, noch im Pferd, noch im Schwein, noch im Stein, sondern in einem selbst liegt. Vieles kann einen – so seine Erkenntnis – glücklich machen, aber kein Gut macht einen glücklich in jeder Beziehung. So meint auch Wilhelm Schmid (2007), ein Philosoph unserer Zeit, dass die Frage: Was bedeutet Glück?, nur individuell beantwortet werden kann.

Sinnvoll scheint somit zu sein, die Anlage von Geld von Fragen des Glücks zu entkoppeln und zu versuchen, Glück vorrangig in anderen Bereichen zu suchen: in menschlichen Beziehungen, im Glauben an Gott oder, wie Tolstoi meinte, im radikalen Gutsein, wobei letzteres, wie die Spendenfreudigkeit von George Soros zeigt, auch bei Börsengurus beliebt zu sein scheint. Aus diesem Grund wird es sinnvoll sein, im Zusammenhang mit Geld den Begriff „Glück", da er als Zielpunkt zu unbestimmt ist, durch „Zufriedenheit"[9], einen Begriff aus der Motivations-Psychologie, zu

[9] Siehe hierzu von Rosenstiel (2003) sowie Schmid (1998).

ersetzen. In diesem Sinne könnte man sagen: Geld macht zwar nicht glücklich, aber zufrieden. Hierdurch entkoppelt man auch den Erfolg (wie den Misserfolg) vom Zufall, der in enger Verbindung zum Glück steht, und bindet ihn an die Kompetenz, Intelligenz und Cleverness des Anlegers. Und wenn einem ein Vorhaben ge-„glückt" ist, kann sich ein ganz anderer, nicht mehr ans Geld gekoppelter Typus von Glück entwickeln: die aktive Freude und die Zufriedenheit über eine gelungene Handlung, die einen zu weiteren Taten motiviert.[10]

Egal, wie man die Wirkungen von Geld und seine Beziehung zum Glück beurteilt, kann man doch feststellen, dass Geld nicht unerhebliche Auswirkungen auf die Zufriedenheit, das Selbstwertgefühl und den gesellschaftlichen Status hat. Das Selbstbild der Menschen, also die Vorstellung, die sie von sich haben, hängt vor allem davon ab, wie andere sie sehen. In diesem Sinne dient das Feedback, das sie von anderen über sich erhalten, als Spiegel in dem sie sich betrachten. Erblicken sie in ihm Bewunderung oder gar Neid, lässt es sie die so wichtigen Gefühle der Aufmerksamkeit und Anerkennung[11] spüren und erhöht ihr Selbstwertgefühl. Aufmerksamkeit, Anerkennung und Status sind, so oberflächlich dies auch erscheinen mag, wichtige Stützen des Selbstwertgefühls. Und alle hängen zu nicht unerheblichen Teilen am Geld. Wer wenig hat – so eine häufig anzutreffende Vorstellung – stellt sich selbst ein Armutszeugnis aus; wer viel hat, dem öffnen sich Tore, die ihm ohne Geld (wahrscheinlich) verschlossen geblieben wären.

Anlegers Leid: Die Beziehung von Geld und Stress

Weil man als Anleger weiß, dass die Gewinne von heute morgen schon wieder weg sein können, ist es schwer, mit ihrer Hilfe ein dauerhaftes Glücksgefühl aufzubauen. Und je länger eine Glückssträhne dauert, desto wahrscheinlicher wird ein Einbruch, wobei das wackelige, stets bedrohte Glücksgefühl noch begleitet wird von der Angst, dass der Rückgang nicht nur das bereits hinzugewonnene, sondern auch Teile des eingesetzten Kapitals auffrisst. In diesem Sinne ist die Anlage von Geld ein janusköpfiges Gebilde: Neben Glücks- bzw. Zufriedenheitsgefühlen ist es immer auch mit Stress und Angst verbunden, wobei Wilhelm Schmid (2007: 28f) meint, dass „das größere Glück, das *Glück der Fülle*, (...) immer auch die andere Seite, das Unange-

[10] Siehe hierzu Priddat (2008: 163f).
[11] Siehe hierzu Franck (1998) und Todorov (2001).

nehme, Schmerzliche und ‚Negative'" beinhaltet. „Niemand sucht dieses Andere, aber auszuschließen ist es nicht. Im besten Fall ist es zu mäßigen, und die beste Voraussetzung dafür ist, das Andere des Lebens in seinem Recht auf Existenz grundsätzlich anzuerkennen."

Stress entwickelt sich in der Beziehung eines Individuums mit der Umwelt. Im Mittelpunkt steht hierbei die Bewertung einer Situation oder eines Ereignisses. Welche Gefühle Menschen bei diesem Vorgang empfinden, hängt von der subjektiven Bewertung eines Ereignisses und der Einschätzung ihrer Bewältigungsfähigkeiten ab, bei der sie vor allem auf ihre Vorstellungen und Sollwerte, auf Erinnerungen und Erfahrungen sowie auf ihre Emotionen, Stimmungen und Empfindungen zurückgreifen. Die Reaktionen auf stärkere Wertschwankungen werden nicht nur von Vorstellungen, Erinnerungen und Gefühlen beeinflusst, sondern haben – im Sinne einer Rückkopplung – auch Einfluss auf die (zukünftigen) Vorstellungen und Erinnerungen, vor allem aber auch auf die Gefühlslage von Anlegern. So erzeugen drohende oder bereits eingetretene Verluste bei vielen Personen psychische Belastungen in Form von Stress, Furcht, Angst oder Panik, wobei diese – im Vergleich von Individuum zu Individuum – unterschiedlich stark ausgeprägt sind. In den Veröffentlichungen zur Anlage von Kapital geht es deshalb immer auch um die Themen Stress, Furcht und Angst, insbesondere um die (mitunter panische) Angst vor einen Crash und den damit verbundenen Verlust des Kapitals. Angst vor Kapitalverlust zählt, auch wenn dies in den üblichen Tabellen selten aufgeführt wird, zu den bedeutsamen Stressoren. Angst hat jedoch nicht nur negative Aspekte. Sie kann Anleger beispielsweise auch dazu animieren, wesentlich bewusster mit Risiken umzugehen und sinnvolle Pläne für den Notfall zu entwerfen. Solche Maßnahmen erhöhen dann nicht nur die Erfolgschancen, sie reduzieren auch Stress, Furcht und Angst.

1.3 Märkte und Börsen

Mechanismen einer Marktwirtschaft

Wer Geld anlegen will, begibt sich zwangsläufig auf den Kapitalmarkt, der ein Teil der (Gesamt-)Wirtschaft ist. Will man die Mechanismen und Prinzipien der Wirtschaft verstehen, gibt es kaum eine bessere Möglichkeit, als sich zunächst einmal mit zentralen Aussagen der drei großen Nationalökonomen Adam Smith, Karl Marx und John Maynard Keynes zu beschäftigen.[12]

Adam Smith gilt als einer der wichtigsten Wissenschaftler in der Geschichte der Nationalökonomie. Sein bekanntestes Werk *Der Wohlstand der Nationen*, erschien im Jahr 1776. In dieser Veröffentlichung beschreibt Smith vor allem zwei für unser Anliegen zentrale Mechanismen der Marktwirtschaft: den Gleichgewichtsmechanismus und das Streben nach Wachstum. Wie Smith darstellt, haben Märkte, auf denen sich Käufer und Verkäufer gleichberechtigt begegnen, einen hoch entwickelten Ausgleichsmechanismus. Märkte wachen quasi über sich selbst und sorgen dafür, dass Preise oder Gewinne, die von einem allgemein akzeptierten Niveau abweichen – wie von „unsichtbarer Hand" gesteuert – wieder zu diesem zurückkehren. Da Märkte sich selbst regulieren, sprach sich Smith gegen jeglichen staatlichen Eingriff aus – vor allem auch, weil die sich selbst überlassenen Märkte dazu neigen, stets weiter zu wachsen, Kapital anzuhäufen und den Wohlstand der Menschen zu mehren. Den Grund für das stetige Wachstum sah Smith insbesondere in den durch freien Wettbewerb angetriebenen, fortlaufenden Bemühungen zur Erhöhung der Produktivität.

Während Smith davon ausging, dass der Markt die Dinge ordnet und wirtschaftlichen Fortschritt auslöst, sah Marx vor allem seine Unvollkommenheiten. Zwar erkannte auch er, dass die Anhäufung von Kapital Wohlstand ermöglicht, wobei dieser Wachstumsprozess jedoch, wie er in *Das Kapital* (veröffentlicht 1867 und 1885) darstellt, mit vielen Fallen und erheblichen Risiken gespickt ist. Marx war damit der erste Wissenschaftler, der die Instabilität der Märkte betonte. Seine Leistung bestand unter anderem darin, den Kapitalismus als ein System zu beschreiben, das sich in einem gesellschaftlichen Spannungsfeld bewegt und sich infolgedessen ständig verändert, wobei diese Instabilitäten, wie er annahm, schlussendlich auch zu dessen Zusammenbruch führen.

Im Gegensatz zu Marx, der den Untergang des Kapitalismus prophezeit hatte, versuchte John Maynard Keynes zu zeigen, wie seine Defekte repariert werden könnten. Keynes war ein Mann mit vielen Talenten, nicht nur als Wissenschaftler äußerst erfolgreich, sondern auch als Staatsbeamter, Förderer der Künste und Spekulant. Sein Hauptwerk, die *Allgemeine Theorie der Beschäftigung, des Zinses und des Geldes*, entstand unter dem Eindruck der weltweiten, sich über Jahre hinziehenden Depressi-

---

[12] Siehe hierzu im Detail z.B. Heilbroner (2006) sowie Heilbroner & Thurow (2002).

on nach dem Börsencrash von 1929. Eine zentrale Aussage von Keynes ist, dass es keinen automatischen Sicherungs- bzw. Gleichgewichtsmechanismus gibt, die Wirtschaft viel mehr einem Fahrstuhl gleicht, der sich auf- oder abwärts bewegt, aber auch an jeder Stelle des Aufzugsschachtes – wie oben, so auch ganz unten – über einen längeren Zeitraum stillstehen kann. Dem Einwand, dass die Börsen auf lange Sicht doch einen Aufwärtstrend zeigten, begegnete er mit dem gerne zitierten Hinweis: „In the long run we are all dead." [13]

Smith, Marx und Keynes haben das Spannungsfeld definiert, in dem sich ein Anleger, sofern er sich nicht wie Odysseus die Ohren mit Wachs versiegeln lässt, permanent bewegt: Auf der einen Seite das Hoffen auf ewiges Wachstum und die Wirkungen des Gleichgewichtsmechanismus, das von Politikern, Wirtschaftsvertretern, Börsenexperten, Banken, Fondsgesellschaften und den Medien täglich propagiert wird. Auf der anderen Seite die zumeist kaum konkret zu fassende Angst vor dem Ein- oder Zusammenbruch von Märkten und dem damit verbundenen Verlust von Kapital, die von den gleichen Medien genährt und am Leben gehalten werden. Auch wenn man als Anleger eher auf die Thesen von Smith vertraut, bleibt doch eine nicht unerhebliche Unsicherheit wie sich die Dinge entwickeln. Matthias Matussek (2003), Kulturchef des *Spiegel*, hat dies Ende 2002, nach zwei Börsencrashs, in einer satirischen Form wie folgt formuliert: „Der Witz ist wohl einfach der, dass wir marxistischen Kleinanleger die zyklische Kapitalvernichtung durch den Kapitalismus zwar einstudiert haben wie nichts sonst, sie aber nie auf uns persönlich bezogen haben, sondern immer nur auf die englischen Weber des 19. Jahrhunderts. Nun hat es uns erwischt. Warum auch nicht? (...) Vertrauen wir auf die irrationalen Übertreibungen des Kapitals, die todsicher irgendwann einmal wieder zu unseren Gunsten arbeiten. (...) Wir Kleinanleger haben ein freundliches Verhältnis zur Welt. Wir sind Optimisten. Uns bleibt gar nichts anderes übrig."

Funktionen und Aufgaben von Börsen

Börsen bilden das Herz der Kapitalmärkte. Börsenähnliche Veranstaltungen fanden bereits im 13. und 14. Jahrhundert in Venedig, der Toskana sowie in Brügge statt.[14] Die erste, den heutigen Börsen in etwa vergleichbare Institution entstand um 1500 in

---

[13] Siehe Keynes (1924).
[14] Siehe hierzu und den folgenden Ausführungen Chancellor (2000) sowie Kindleberger (1996).

Antwerpen, wo auch 1531 das erste Börsengebäude eingeweiht wurde. Gehandelt wurde schon damals mit Anleihen, Wechseln, Optionen und Termingeschäften. Aktienähnliche, börsenmäßig gehandelte Papiere tauchten erst um 1600 auf. Börsen waren aber auch der Ort zum Abschluss von Wetten sowie zum Austausch von Informationen und Gerüchten. An diesen Aufgaben hat sich bis heute kaum etwas geändert. Börsen sind organisierte Märkte, die folgende Grundfunktionen erfüllen: (1) Sie ermöglichen die Bildung von Preisen für Kapitalmarktprodukte, (2) sie organisieren das geordnete und sichere Zusammenwirken von Verkäufern und Käufern, (3) sie überbrücken die Zeit, indem sie die Vergangenheit mit der Zukunft verbinden, und (4) sie ermöglichen, strukturieren und bündeln die Kommunikation der Akteure in Bezug auf zukünftige Chancen und Risiken.[15] Für Anleger sind vor allem der erst- und der letztgenannte Punkt von Interesse, auf die ich nachfolgend kurz eingehe.

Preisbildung und Kommunikation an Börsen

Unter Fachleuten höchst umstritten ist die Frage, wie sich die Preise an Börsen bilden. Die klassischen Vertreter der Finanzwissenschaften gehen davon aus, dass die Preisentwicklung den Gesetzmäßigkeiten der Kapitalmarkttheorie und der Theorie effizienter Märkte[16] folgt. Hiernach beinhalten die jeweiligen Preise die bekannten Informationen und spiegeln – auch bedingt durch das rationale, an Ertrags- und Risikoaspekten orientierte Verhalten der Investoren – den wahren bzw. inneren Wert eines Investments wider. Größere Abweichungen (z.B. in Form von Spekulationsblasen) sind vor allem durch die Gier irrational handelnder Investoren verursacht, wobei die Kurse sich in solchen Fällen mittelfristig wieder auf ihren wahren Wert einpendeln. Diesen finanzwissenschaftlichen Annahmen steht die Meinung gegenüber, dass psychologischen Faktoren bei der Preisbildung eine wesentliche, wenn nicht sogar überragende Bedeutung zukommt.[17] Diese Theorie wird vor allem von Wissenschaftlern vertreten, die von den Erkenntnissen der Behavioral Finance beeinflusst sind. Ich werde auf die hier angesprochenen Aspekte später mehrfach eingehen, möchte aber an dieser Stelle bereits feststellen, dass es für einen Anleger eher bedeutungslos ist, welche Theorie nun stimmt. Er kann immer nur zu dem Preis kaufen oder verkaufen,

---

[15] Siehe hierzu Baecker (1999). Interessant zu lesen ist in diesem Zusammenhang auch die von Max Weber im Jahr 1894 für die „Göttinger Arbeiter-Bibliothek“ erstellte Veröffentlichung *Die Börse*.
[16] Siehe hierzu z.B. Garz et al. (1998), Steiner & Bruns (2002) und die Ausführungen in Kapitel 3.1.
[17] Siehe hierzu z.B. Shiller (2000) und Shleifer (2000).

der sich durch Angebot und Nachfrage ergibt – und wie sich dieser wissenschaftlich erklären lässt, ist für ihn drittrangig. Außerdem erkennt jeder, sofern er sich etwas intensiver mit dem realen Börsengeschehen beschäftigt und nicht unter einer Déformation professionelle leidet, dass die Entwicklung von Preisen viel mit dem zu tun hat, was man üblicherweise dem Begriff „Psychologie" zuordnet. Diese Erkenntnis entspricht nicht nur dem gesunden Menschenverstand, sondern auch den Erfahrungen von Experten, die sich nahezu ihr gesamtes Berufsleben an Börsen bewegt haben. Beispiele hierfür sind Kostolany (2000 und 2000a), für den dic Börse zu 90 Prozent aus Psychologie besteht, oder George Soros (2007), für den die ökonomischen Theorien „dermaßen bedeutungslos sind, dass ich mit ihnen nicht einmal richtig vertraut bin". Weiter meint er: „Der Umstand, dass ich es auch ohne sie geschafft habe, spricht für sich."

Die Bildung von Preisen macht es notwendig, dass die Kommunikation der beteiligten Akteure organisiert, strukturiert und auf spezifische Objekte fokussiert wird. So kann heute der an der Börse selbst nicht anwesende Investor, sofern er über einen schnellen Internetzugang verfügt, nahezu in Echtzeit sehen, wie potentielle Käufer und Verkäufer die zukünftigen Chancen und Risiken einzelner Anlageobjekte (Aktien, Zertifikate...) oder ganzer Segmente (DAX, S&P 500…) bewerten, und wie sich diese Einschätzungen innerhalb der Zeit verändern. Betrachtet man dies aus einer systemtheoretischen Perspektive, wird der Anleger zu einem „Beobachter zweiter Ordnung"[18]: einem Beobachter, der die Erwartungen und Handlungen anderer Beobachter – erkennbar in Form von ständig fluktuierenden Angeboten, Nachfragen und den daraus resultierenden Preisen – beobachtet. Dieses Beobachten von Beobachtern wird in der Praxis realisiert durch das fortlaufende Selektieren, Aufnehmen, Interpretieren und Bewerten unterschiedlichster Informationen, wobei jeder Beobachter etwas anderes sieht, deutet und erkennt. Das Ganze erinnert an den von Keynes beschriebenen „Beauty Contest", bei dem es nicht darum geht, wen man selbst als die Schönste ansieht, sondern herauszufinden versucht, wer von der Mehrzahl der Teilnehmer als Schönste gewählt werden könnte. Professionelle Geldanlage kann, wie Keynes (2002: 131f) sagt, „mit jenen Zeitungswettbewerben verglichen werden, bei denen die Teilnehmer die sechs hübschesten Gesichter von hundert Lichtbildern auszuwählen haben, wobei der Preis dem Teilnehmer zugesprochen wird, dessen

[18] Siehe z.B. Baecker (2006), Luhmann (1984 und 1988), Piel (2003) sowie Stäheli (2007).

Wahl am nächsten mit der durchschnittlichen Vorliebe aller Teilnehmer übereinstimmt, so dass jeder Teilnehmer nicht diejenigen Gesichter auszuwählen hat, die er selbst am hübschesten findet, sondern jene, von denen er denkt, dass sie am ehesten die Vorliebe der anderen Teilnehmern gewinnen werden, welche alle das Problem vom gleichen Gesichtspunkt aus betrachten. Es handelt sich nicht darum, jene auszuwählen, die nach dem eigenen Urteil wirklich die hübschesten sind, ja sogar nicht einmal jene, welche die durchschnittliche Meinung wirklich als die hübschesten betrachtet. Wir haben den dritten Grad erreicht, wo wir unsere Intelligenz der Vorwegnahme dessen widmen, was die durchschnittliche Meinung als das Ergebnis der durchschnittlichen Meinung erwartet. Und ich glaube, dass es sogar einige gibt, welche den vierten, fünften und noch höhere Grade ausüben." Luhmann (1984) bezeichnet diese in Börsengeschäften so wichtige Orientierung der eigenen Erwartungen an den Erwartungen anderer als „Erwartungserwartungen". Wie Baecker (2006: 90f) darstellt, orientiert man sich bei einer Beobachtung zweiter Ordnung an dem, was andere mit ihrem „Reden und Schweigen", „Zögern und Auftrumpfen" zu erkennen geben, und „nutzt dafür das gesamte Repertoire an Beobachtungstechniken": die „politische Klugheit", die „Technik des geschickten Unterstellens von heimlichen Absichten" bis hin zu der aus der Psychoanalyse abgeschauten List, „statt des Bewusstseins, das nicht mit sich reden lässt, ein Unterbewusstes zu beobachten, das sich nicht wehren kann." In ähnlicher Form sieht dies Soros (2007: 60 sowie 2007a), wenn er – die Frage behandelnd, wie Preise zu Stande kommen – für eine vorrangig an psychologischen Kriterien orientierte „Theorie der Reflexivität" plädiert, bei der sich die Realität und die Wahrnehmung der Realität wechselseitig beeinflussen: „Ich konzentriere mich auf den Unterschied zwischen den Erwartungen der Marktteilnehmer und dem tatsächlichen Ablauf der Ereignisse; diesen Unterschied halte ich für den kausalen Faktor in diesem Prozess."[19]

Die Börse: Ein Ort der konstitutionellen Aufgeregtheit

Das Leben an der Börse ist von großer Hektik gekennzeichnet. Die Börse ist, wie Simmel (2000: 708) sagt, „der Punkt der größten konstitutionellen Aufgeregtheit des Wirtschaftslebens: ihr sanguinisch-cholerisches Schwanken zwischen Optimismus und Pessimismus, ihre nervöse Reaktion auf Ponderabilien und Imponderabilien, die

[19] Siehe hierzu auch Esposito (2007: 109ff).

Schnelligkeit, mit der jedes den Stand verändernde Moment ergriffen, aber auch wieder vor dem nächsten vergessen wird – alles dies stellt eine extreme Steigerung des Lebenstempos dar, eine fieberhafte Bewegtheit und Zusammendrängung seiner Modifikationen, in der der spezifische Einfluss des Geldes auf den Ablauf des psychischen Lebens seine auffälligste Sichtbarkeit gewinnt." Diese Beschreibung Simmels aus dem Jahr 1900 zeichnet ein treffendes Bild der Börse, auch wenn zwischenzeitlich eine weitgehende Verlagerung der mündlichen Kommunikation des „Parketts" auf elektronische Abwicklungssysteme stattgefunden hat.

Die Börse war, ist und bleibt der Ort der „konstitutionellen Aufgeregtheit", der „fieberhaften Bewegtheit" und extremer Turbulenzen in Crashzeiten[20]. So gab es schon kurz nach Eröffnung der Börse in Amsterdam im Jahr 1630 auch den ersten großen „Krach" der Börsengeschichte, die Tulpomania. Weitere große Crashs folgten in den Jahren 1720 (South Seas Scheme), 1845 (Ende der Railway Mania), 1929 (Schwarzer Freitag), 1931 (Bankenkrise in Deutschland), 1997 (Asien-Krise), 2000 (Platzen der Dotcom-Blase) und 2008 (Subprime Crisis) – wobei allen Crashs Zeiten eines starken Aufschwungs bzw. „irrationalen Überschwanges" vorausgingen. Shiller (2000) ging der Frage nach, was die irrationalen Aufschwungsphasen verursacht. Zum einen haben sie ihre Ursachen in strukturell-ökonomischen Faktoren, z.B. der Einführung neuer Technologien und dem allgemeinen Wirtschaftswachstum. Wesentlich bedeutsamer sind seiner Meinung nach jedoch die kulturellen, sozialen und psychologischen Faktoren, z.B. die Aufwertung des finanziellen Erfolges in der Gesellschaft und die damit verbundene Anerkennung des erfolgreichen Anlegers, der verstärkte Zwang zur individuellen Vorsorge, der überall verbreitete Wirtschaftsoptimismus mit seinen positiven Zukunftsprognosen, das Wachstum der Investmentindustrie und die damit einhergehende Verbreiterung des Angebotes von Finanzprodukten sowie das Aufkommen von Internetbanken und Discountbrokern, wobei die Wirkung dieser Faktoren verstärkt wurde durch die nahezu ständige Präsenz von Wirtschafts- und Börsenthemen in den Medien.[21] Die Kombination dieser Faktoren erzeugt bei den Anlegern ein verstärktes Vertrauen in die Kraft der Wirtschaft und die Erfolgsträchtigkeit von Aktieninvestments sowie ein Gefühl von unerschütterlicher Dynamik und viriler Handlungskraft. Ist jedoch der Gipfelpunkt einer Bewe-

---

[20] Siehe hierzu und zu den folgenden Ausführungen Chancellor (2000), Kindleberger (1996), Aigner (2008) sowie Shiller (2008), der insbesondere auf die derzeitige „subprime crisis" eingeht.

[21] Siehe ergänzend hierzu Schuster (2001) sowie Ogger (2002).

gung erreicht, geht es schneller abwärts als es zuvor aufwärts ging. Der bis dahin vorherrschende Optimismus weicht abrupt einem von vielen geteilten Pessimismus. Warnende Nachrichten vermehren sich und lösen eine „negative Spekulationsblase" aus[22]: Kursrückgänge, pessimistische Expertenprognosen und Gerüchte sorgen für verstärkte Verkäufe, Angst breitet sich aus, erste Panikverkäufe sind festzustellen, Stopp-Loss-Order lösen weitere Verkäufe aus... Und wenn dann endlich das „Tal der Tränen" durchschritten wurde, kommt die Zeit, seine Wunden zu lecken, Verbündete im Leid zu suchen, sich zu vergewissern, dass man alles – schlau wie man ist – im Prinzip ja geahnt hat, und mit der Suche nach Schuldigen zu beginnen: Crashgewinner zu identifizieren, Götter, Gurus, Experten und Analysten vom Thron zu stoßen oder in die Wüste zu schicken. Während es in der Aufschwungphase den Medien darum ging, Erfolgsstrategien und absolut sichere Gewinntipps zu verkünden, werden nun Defensiv- sowie Reparaturstrategien für das Depot vorgestellt, und versucht, die apokalyptische Urfurcht vor der ewigen Baisse durch die frohe Nachricht einer nun unmittelbar bevorstehenden Rally zu verscheuchen. Die Menschen vergessen, werden wieder optimistisch, und „die Spielfreude mit ihrem", wie Sloterdijk (1998: 18) sagt, „bewährten grausamen Vorwärts" kehrt wieder. Denn: „Was sind geplatzte Hoffnungen anderes als Anlässe zu neuen Versuchen?"

Das Handeln der Anleger: Rationales Verhalten oder Spiel?

Urs Stäheli geht in seiner Veröffentlichung *Spektakuläre Spekulation* (2007) der Frage nach, was die Aktivitäten an Börsen, die er in Anlehnung an den Gebrauch in der englischen Sprache als „Spekulation" bezeichnet, eigentlich sind: Sind sie rationales, ökonomisches Handeln oder eher Glücksspiel und Spektakel? Der Handel mit Wertpapieren entwickelte sich, wie Stäheli darstellt, in unmittelbarer Nähe zum Glücksspiel. Wertpapiergeschäfte wurden im 17. und 18. Jahrhundert, da es zu dieser Zeit noch wenige offizielle Börsengebäude gab, an den gleichen Orten getätigt wie Glücksspiele: in Caféhäusern, auf Jahrmärkten und auf öffentlichen Plätzen. Abgewickelt wurden sie vom Curbstone Trader, dem Bordsteinhändler, einer im Wortsinne zwielichtigen Figur, der einerseits Traderfunktionen hatte, andererseits aber auch selbst als Investor, Spekulant und Spieler aktiv war. Erst zu Beginn des 19. Jahrhunderts setzte es sich durch, das Börsenwesen als Teilbereich der Wirtschaft zu betrach-

[22] Siehe hierzu Shiller (2000), Macdonald (2006) und Aigner (2008).

ten und damit auch deutlich vom Glücksspiel abzugrenzen. Dies führte einerseits dazu, dass man das Geldspiel als irrationale, vernunftswidrige, zerstörerische, im höchsten Maße lasterhafte Sucht bzw. gesellschaftliche Epidemie kritisierte. Andererseits versuchte man, die Spekulation als wichtigen, unverzichtbaren Bestandteil einer modernen Ökonomie darzustellen, durch die in sinnvoller Form Preise gebildet, in die Zukunft geblickt, Innovationen gefördert, Risiken reduziert und Märkte zu einem funktionierenden Gefüge entwickelt werden. Trotz dieser Bemühungen hat der Begriff „Spekulation“ im täglichen Sprachgebrauch immer noch eine gewisse Nähe zum Spiel, konnotiert eher in Richtung „Kasino-Kapitalismus“ als in Richtung einer seriösen Spar- und Anlagetätigkeit.

Garant für den idealen Finanzmarkt ist der kompetente, ernsthafte, rational denkende Investor, wie er zum Beispiel von Max Weber beschrieben wurde. Gestört werden dessen Bemühungen von uninformierten Amateurspekulanten mit ihrem unüberlegten, sprunghaften, geradezu „irrationalen“ Anlageverhalten, die man am liebsten vom Börsenhandel ausschließen würde, aus Volumen- oder Strategiegründen aber benötigt und deshalb auch gerne ins Börsengeschehen integriert. Die Bemühungen um eine strikte Trennung von Spekulation und Spiel mit dem Ziel einer Reinhaltung des Börsengeschehens führten zu keinem dauerhaften Erfolg: Das Populäre des Börsengeschehens, das Spielerisch-Wagemutige und das damit verbundene Abenteuer (im Sinne Simmels: 1919), der Thrill, die Unterhaltung, das „Spektakuläre der Spekulation“ haben sich – unterstützt durch eine entsprechende Berichterstattung der Medien – zwischenzeitlich gleichberechtigt neben das Ökonomische gestellt. Entscheidend für diese Entwicklung ist, dass durch Produktinnovationen insbesondere im Bereich der Derivate die Spekulation von der Realität zunehmend gelöst und die Fiktionalität des Börsengeschehens dadurch gewissermaßen verdoppelt wurde.[23] So unterscheiden sich heute Zertifikate, bei denen häufig ein Index gegen einen anderen antritt, nur noch marginal vom Glücksspiel z.B. in Form des Roulettes oder von Pferde- und Fußballwetten. Wahrscheinlich sind es aber gerade die Unwägbarkeiten der Märkte und das, was Niklas Luhmann (1984) als „doppelte Kontingenz“ bezeichnet, dieses Nichtwissen über die Annahmen und Handlungen der anderen Teilnehmer am „Börsenspiel“, die für viele Menschen den besonderen Reiz der Spekulation ausmachen – und das bei einem „Sieg“ sich einstellende Gefühl, das eher Un-

[23] Siehe hierzu beispielhaft Sorkins Bericht in der *New York Times* vom 24. Juni 2008 über einen Besuch von Tom Wolfe an der New York Stock Exchange.

wahrscheinliche geschafft zu haben: intelligenter, raffinierter, cleverer, schneller, kaltblütiger... gehandelt zu haben als Andere.[24]

Das Spielerische der Finanzökonomie wird deshalb heute – sofern es sich noch in einem normalen, gesunden Rahmen bewegt[25] – zumeist auch nicht mehr als etwas Pathologisches, sondern als Bedingung ihres Funktionierens gesehen. Rationalisierung und Leidenschaft stehen im Wechselspiel, der Einsatz von Investmenttechniken und die Lust am Spiel bilden ein Ganzes. Die Zirkulation des Geldes und das Spiel mit der Kontingenz werden zu einem besonderen Erlebnis für viele Menschen, zu einem sich zunehmend verbreitenden „Peoples Capitalism", bei dem auch Kleinanleger den Traum vom Leben in der Business Class träumen können – und das Beobachten dieses ganzen Treibens zum medial aufbereiteten Massenspektakel. In einer weitgehend geordneten und verplanten Welt hat die Herausforderung des Schicksals, die mit dem Spiel an der Börse stets verbunden ist, für viele Menschen einen besonderen Reiz.[26] Sie bringt Fortuna ins Spiel, lehrt uns, wie Sloterdijk (2008) sagt, „mit dem zu spielen was mit uns spielt", und „steht für eine Ungerechtigkeit, die wir nicht entbehren wollen: die Ungerechtigkeit des Glücks". Stäheli kommentiert diese Entwicklung (2007a: 151) wie folgt: „Die Spektakularität der Spekulation ist nicht vermeidbar, das Ökonomisch-Sein der Ökonomie war seit Beginn der Spekulation durch sie bedroht. Der Traum der Wirtschaftswissenschaftler, einen durch und durch rationalen Raum der Ökonomie zu erhalten, der sich durch mathematische Modelle vollständig modellieren ließe, ist unerfüllbar – gerade weil die Ökonomie selbst einen nichtökonomischen Überschuss erzeugt, um funktionieren zu können. Es ist ein Fehler zu glauben, das irrationale Moment werde von außen in die Ökonomie hineingetragen. Es ist der Markt, der immer wieder seine Logik verdirbt, um sich selbst zu

[24] Deutlich wird dies, wenn man die Beiträge in den Online-Anlegerforen bzw. Chatrooms verfolgt.
[25] Eine Ausnahme bilden die so genannten „Börsenjunkies", Menschen, die geradezu süchtig an der Börse spekulieren und dabei ähnliche Symptome zeigen wie andere Suchtkranke. Im Gegensatz zum normalen Spekulanten geht es dem notorischen Spekulanten nicht mehr so sehr ums Geld, sondern vor allem ums Glücksgefühl beim Spielereignis. Wie Spielsuchtexperte Gerhard Meyer meint, sind etwa zehn Prozent der professionellen Anleger und auch etwa jeder 50ste deutsche Privatanleger süchtig oder zumindest suchtgefährdet; siehe hierzu Gross (2002).
[26] Kennzeichnend hierfür ist der Kommentar von Nikolaus Piper in der *Süddeutschen Zeitung* vom 17. September 2008 zu den Wirkungen der Subprime-Krise und den damit verbundenen Untergang der Investmentbanken, die ja wichtige Förderer der die Krise verursachenden „financial weapons of mass destruction" waren, den er mit der folgender Bemerkung abschließt: „Insgesamt wird das Geschäft mit Geld weniger riskant, weniger profitabel, streng reguliert und viel langweiliger werden. Provinziell eben."

erhalten und erneuern.“ Aus diesem Grund werden die Folgen der das Geschehen an Börsen bestimmenden Dialektik von höchster Kontingenz und Voraussagbarkeit für die Menschen stets unverstehbar, gleichzeitig aber auch faszinierend bleiben.

1.4 Die Themen Geld und Börse in der „schönen Literatur“

Das interessante an der „schönen Literatur“ ist, dass Dinge des Alltags aus einer anderen Perspektive beobachtet und beschrieben werden. Bis heute spielt die Welt der Finanzen in Romanen eine eher geringe Rolle – und wenn es ums Geld geht, dann vor allem, wie die Reichen es ausgeben. Bereits Kurt Tucholsky forderte deshalb in der *Weltbühne* die Schriftsteller auf, genauer hinzusehen, wie Geschäftsleute ihr Geld verdienen. Wenn sich Schriftsteller den Themen Geld und Börse zuwenden, beschäftigen sie sich mit dem „ganzen Menschen“. Damit stehen zumeist auch die psychologisch zu deutenden Erlebens- und Verhaltensweisen der Protagonisten sowie die sozialen Prozesse, in denen das produziert wird, was wir als wichtig erachten oder für die Wahrheit halten, stärker im Zentrum als ökonomische Aspekte – wobei dies den Versuch nicht ausschließt, ökonomische Vorgänge gekonnt in eine lyrische Form zu bringen.[27]

Beginnen möchte ich meine kleine Exkursion mit der *Comédie Humaine*, ein zusammenhängender Komplex von 91 Romanen und Novellen die von Honoré de Balzac in der ersten Hälfte des 19. Jahrhunderts veröffentlicht wurden. Balzac beschreibt hier die dynamische Geschichte eines halben Jahrhunderts: beobachtet den Niedergang der Monarchie, die fortschreitende Verbürgerlichung der Gesellschaft, das Anwachsen des Individualismus und die zunehmende Diskrepanz zwischen Arm und Reich. Balzac hat mit seiner *Menschlichen Komödie* in Frankreich nicht nur die Form des Romans als Kunstform etabliert, er war auch der erste Romancier, der dem Geld einen zentralen Platz in seinem Werk einräumte – zu einer Zeit, in der bei uns die Romantiker Tieck, Brentano und Eichendorff die literarische Szene dominierten. Für Balzac selbst, der Zeit seines Lebens verschuldet sowie von Gläubigern gehetzt war, hatte Geld einen geradezu sinnlichen Reiz. In seinen Romanen dient Geld vor allem dem individualistischen Drang nach Bereicherung und als Instrument zur Unterdrückung der Schwachen. Geld ist das „alles Entscheidende einer Gesellschaft“.

[27] Siehe ergänzend hierzu z.B. Graf (2003), Hörisch (1998) und Vogl (2002).

Es ermöglicht den sozialen Aufstieg, gleichzeitig ist es aber auch Ursache moralischer Verwerfungen und ein zerstörerischer Dämon. Und so behandelt er in seinen Romanen die ganze Palette im Umgang mit Geld: vom Überfluss bis zur Verschuldung, von der Verschwendung bis zum Geiz, von der Abhängigkeit bis zur Ignoranz. Er kennt die Coups der Börsenleute, die Schliche der Wucherer, die Raffinements der kleinen und großen Geschäfte – und er bringt dieses Wissen in seine Romane ein. Eine zentrale Figur hierbei ist der Bankier Baron Frédéric de Nucingen, der in über 30 Veröffentlichungen auftaucht: ein zwielichtiger „Elefant des Finanzwesens" und Vertreter der von Balzac verachteten bürgerlichen Gesellschaft. Seine Einstellung gegenüber dem Geldadel zeigt sich in der Art, wie er den Baron beschreibt. Sein Vermögen hat er, wie in *Das Bankhaus Nucingen* (erstmals erschienen 1838) dargestellt wird, in drei fingierten Liquidationen erworben, und dadurch, dass er Freunde in den Ruin trieb. Seine Geldgier kennzeichnet ihn als höchst unmoralisches Wesen, als Geldmensch und Spekulant, an dem alles falsch und verurteilenswert ist. Andererseits ist er ein äußerst gewiefter Bankier: „der Börsenspieler, der den großen Börsencoup im richtigen Moment zur Explosion bringt", der „wie durch eine Perspektive Horizonte sieht, wo das unbewaffnete Auge nur ein graues Chaos unterscheidet".[28] Aus diesem Grund greifen auch heute noch gerne Autoren, wenn sie zwielichtige Spekulanten pointiert darstellen wollen, auf die von Balzac geschaffene Figur des Baron de Nucingen zurück.

Etwa 50 Jahre später, im Jahr 1891, veröffentlichte Émile Zola *Das Geld*. Angeregt durch den die Finanzwelt erschütternden Zusammenbruch der Banque l'Union Générale im Jahr 1882, verknüpfte Zola in diesem Roman Auseinandersetzungen auf politischer und sozialer Ebene sowie höchst fragwürdige finanzielle Machenschaften mit dem Schicksal einzelner Menschen. Dabei zerstören Börsenspekulanten, die im Zwang einer als moralisch krank empfundenen Zeit handeln, radikal die Hoffnungen ihrer ahnungslosen Opfer auf eine bessere Zukunft. Einer der Hauptakteure ist der „Finanzkönig" bzw. „Börsengott" Gundermann, der Baron Rothschild nachempfunden sein soll, eigene Agenten in der ganzen Welt unterhält, aber als kranker Mann seinen Reichtum nicht genießen kann. Sein Gegenspieler ist Aristide Rougon, genannt Saccard, der „Poet der Millionen", ein genialer, einmal bereits gescheiterter Planer, der seine außerordentliche wirtschaftliche Begabung nun erneut dazu nutzen

[28] Die Zitate wurden der Veröffentlichung von Stefan Zweig (2007) über Balzac entnommen.

möchte, einen ganz großen Coup zu landen. Darüber hinaus gibt es, neben anderen Spekulanten, das „Parasitenvolk des Zusammenbruchs", das versucht, aus den Papieren von Börsenleichen noch irgendeinen Gewinn zu schlagen. Wie man an der Zusammensetzung der handelnden Personen erkennt, nähert sich Zola dem Banken- und Börsenwesen ebenfalls in einer kritischen Form. Auf der einen Seite zeigt er die nach zweifelhaften moralischen Gesetzen, mitunter auch rauschhaft und wie besessen handelnden Gewinner, auf der anderen Seite die große Zahl der Verlierer eines mit vielen Tricks und Betrügereien gespickten, von der Presse geschickt inszenierten Spiels ums Kapital. Beeindruckend sind hierbei vor allem die Beschreibungen der Charaktere und ihrer Motive. So charakterisiert er Saccard wie folgt: „Der Drang zu kämpfen, im herben Krieg der Spekulation der Stärkste zu sein, die anderen aufzufressen, um nicht selbst aufgefressen zu werden, das war nächst seinem Durst nach Prunk und Genuss der ganze, der einzige Grund seiner Leidenschaft für die Geschäfte. Wenn er auch keine Schätze sammelte, so genoss er doch die andre Freude: den Kampf der großen Ziffern, die wie Armeekorps ins Treffen geworfenen Reichtümer; der Zusammenstoß der feindlichen Millionen mit Niederlagen und Siegen, das war es, was ihm berauschend zu Kopfe stieg." Erstaunlich an diesem vor nahezu 120 Jahren veröffentlichten Roman ist, wie profund, faktenreich und eindringlich er die finanziellen und psychischen Prozesse rund um die Börse beschreibt – und wie aktuell er auch für uns heutige Leser noch ist, weswegen ich im weiteren Verlauf noch einige Male auf ihn zurückkommen werde.

William Gaddis hat in seinem 1975 in den USA erschienenen Roman *JR* einen elfjährigen Schüler, genannt JR, zur Hauptfigur gemacht.[29] Zum ersten Mal in Kontakt mit der Börse kommt dieser anlässlich eines Klassenausflugs an die Wall Street, der „Wiege der amerikanischen Geschichte". Zusammen mit seinen Mitschülern erwirbt er dort für ein paar Dollar die Aktie einer Gesellschaft, das nun „ihr Unternehmen" geworden ist. Außerdem nimmt JR bei seinem Börsenbesuch allerlei Faltblätter, Bücher sowie Broschüren mit und belauscht auf der Herrentoilette die Fachsimpeleien von Wertpapierhändlern. Nun fühlt er sich gerüstet ins Börsengeschäft

[29] Gaddis hat sich hier offenbar an den Lebensgeschichten amerikanischer Börsengurus, insbesondere der von Warren Buffett, orientiert. So berichtet Schellenberg (2000), dass Warren Buffett – wie JR – seine ersten Aktiengeschäfte mit elf Jahren tätigte. Warren Buffett startete – wie JR – seine Karriere als Spekulant mit der Übernahme eines den Anforderungen der Zeit nicht mehr gewachsenen Textilunternehmens, das er zunächst restrukturierte und danach zu einem textilfremden Firmenkonglomerat ausbaute. Bei Gaddis heißt dieses Unternehmen „Eagle Mills", bei Buffett „Berkshire Hathaway".

einzusteigen. Die Anonymität, mit der sich hier Geschäfte abwickeln lassen, kommt ihm, dem Elfjährigen, dabei zugute, wobei er in Situationen, in denen persönliche Präsenz verlangt ist, von seinem Musiklehrer, Edward Bast, unterstützt wird. Mit einem vorgehaltenen Taschentuch kauft er mit Hilfe des Schultelefons in den Freistunden ein Firmenimperium an der Börse zusammen. Wie man die Mechanismen des Marktes zu seinen Gunsten beeinflusst, hat er den Broschüren entnommen. Seine Kaufpreise bestimmt er nach dem Grundsatz: „Alles ist so viel Wert, wie irgendein ein Idiot dafür bezahlt." Anschließend fusioniert er Unternehmen, verkauft unrentable Firmenteile und nicht benötigte Anlagegegenstände, plündert die Rücklagen, nutzt Steuervorteile und setzt geschickt die Werbung für die Präsentation seines Konglomerats ein. Geld regiert die Welt – aber nicht in Form eines Zahlungsmittels, sondern nur als virtuelle Größe in Form von Aktienkursen. Die Menschen, deren Leben er mit seinen Transaktionen ruiniert, interessieren ihn wenig. Skrupel oder ein Verantwortungsgefühl spürt er bei seinen Transaktionen nicht. Der Alltag wird kommerzialisiert, der Kapitalismus korrumpiert alle Lebensbereiche, zwischenmenschliche Beziehungen müssen sich dem unterordnen. Am Ende hat JRs Imperium doch keinen Bestand. Sein Vermögen ist so schnell weg, wie es entstand, was ihn aber wenig kümmert, da es doch nur ein „virtuelles Vermögen" war. Die einzigen Profiteure in diesem Spiel sind, wie er zum Schluss meint, die Banken. Gaddis hat mit JR ein kritisches, mitunter auch zynisches und in der Sprache aggressives Buch über das Leben in einer von Wirtschaftsdingen weitgehend bestimmten Gesellschaft geschrieben, in dem es einem Elfjährigen – man könnte auch sagen Jedem – gelingt, auf der Basis des aus Broschüren gezogenen Wissens und durch den Handel mit Aktien ein Firmenimperium zu errichten. Bedingung hierbei ist: Man muss skrupellos sein und die Gesetze des Marktes nutzen.

Martin Walser hat sich nicht erst in seinem 2006 erschienenen Roman *Angstblüte*, auf den ich nachfolgend eingehen werde, mit dem Thema Geldanlage beschäftigt, sondern schon in *Der Lebenslauf der Liebe*, in dem sich eine der Hauptfiguren, Edmund Kern, mit Aktien und Devisen verspekuliert hat und daran förmlich zu Grunde geht. Walser macht in *Angstblüte* keinen Hehl aus seiner Liebe zum Finanzkapitalismus. Er schildert die Aktienwelt so routiniert, fachkundig und präzise, wie man dies in einem Roman selten gelesen hat. So tauchen im Text auch die Namen bekannter Ökonomen auf: John Maynard Keynes, Warren Buffett, George Soros und die Anlegerlegende Benjamin Graham werden erwähnt oder zitiert. Karl von Kahn, die

Hauptfigur des Romans, ist Anfang 70 und von Beruf Anlageberater mit einer Ausbildung als Bankkaufmann und Betriebswirt. Er ist ein Schöngeist des Geldes: „Geld zu vermehren“ ist „seine Kunst, seine Berufung“. Er weiß wo die Renditen laufen, und wann es zuzuschlagen gilt. „Bergauf beschleunigen“ ist sein Motto, seine „Energie-Formel“. Für eine kleine Zahl sehr potenter Kunden hat er in den letzten Jahren eine Rendite von über 28 Prozent erwirtschaftet. In der wöchentlichen Kundenpost übersetzt er für seine Kunden „alles Wirtschaftliche ins Menschliche“, informiert sie über die richtige Asset Allocation bestehend aus „katastrophensicheren Anleihen“, „Aktienpaketen, die das tägliche Börsen-Auf-und-Ab mittanzen“, sowie „Verkaufsoptionen, die bei fallenden Kursen an Wert gewinnen“. Denn: „In jedem Augenblick steht Unheil bevor. Nur trainierteste Aufmerksamkeit kann verhindern, dass man plötzlich nichts mehr hat.“ Geld hat für Karl von Kahn erst einen Wert, wenn es in ein „gewinnbringendes Verhältnis“ gebracht wird.[30] „Geldvermehren um des Geldes Willen“, das ist seine Religion – weswegen sein „Hausheiliger“ auch Warren Buffett ist. „Wer Geld spart und verzinst, erlebt den ersten Schauer der Vermehrung. Ich sage: der Vergeistigung. Der Zins ist die Vergeistigung des Geldes. Wenn der Zins dann wieder verzinst wird, wenn also der Zinseszins erlebt wird, steigert sich die Vergeistigung ins Musikgemäße. (...) Wenn wir aber den Zinseszins-Zins erleben, erleben wir Religion. (...) Spürbar wird Gott.“ Geld wird, so verstanden, zu Karl von Kahns Lebenstrieb, der Zinseszins sein Traum vom Glück. Die Kraft religiöser Symbole geht dabei über auf die ökonomischen und der göttliche Mythos weicht dem Mythos des Geldes und dem Dienst am Mammon. Leider sehen dies die Menschen, die Karl von Kahn umgeben, die „Kulturschönredner“, nicht so. Geld hat man, oder nicht, sagen sie. Geldvermehren als Selbstzweck ist für sie peinlich, kein wahrer Lebensinhalt. Karl von Kahn ist erschüttert über die Einstellung seiner Mitmenschen und deren Ignoranz gegenüber dem Mythos der Geldvermehrung. Nachdem ihn die Liebe zu einer schönen jungen Frau aus dem Gleichgewicht gebracht und sein Bruder sich das Leben genommen hat, bleibt er am Ende mit seinem „Glück“ allein – und er

[30] Walser hat sich seit dem Erscheinen von *Angstblüte* mehrfach in Interviews über seine Einstellung zu den Themen Geld und Anlegen geäußert. So meinte er beispielsweise in einem Gespräch mit der *Süddeutschen Zeitung* (2008): „Sparen bedeutet, von der Bank beraubt zu werden. Anlegen dagegen ist eine Chance.“ In einem danach mit der Zeitschrift *Capital* (2008a: 71) geführten Interview sagte er: „Jetzt wird nicht mehr gespart, jetzt wird angelegt. Das ist die Zukunftsperspektive. (…) Sparer werden systematisch von der Gesellschaft, vom System beraubt. Der Anleger kann auch beraubt werden, aber er kann auch gewinnen.“

erkennt, wie hohl sein Glaube an die unendliche Aufwärtsbewegung der Börsen und wie lebensfremd sein ständiges Lobpreisen des Zinseszins war: „Alles (...) ist Umweg, Ablenkung, Täuscherei, Betrug."

Damit ist der kurze Ausflug in die Welt der Lyrik beendet. Der Vollständigkeit halber möchte ich erwähnen, dass ich mich bei der Beschreibung der Romane auf die ökonomischen Inhalte beschränkt habe. In den genannten Büchern geht es natürlich immer auch um Leidenschaften, um Liebe und die üblichen zwischenmenschlichen Konflikte – und sogar reichlich. Meine Ausführungen lassen erkennen, so hoffe ich, wie eng im Leben Fragen der Psyche und des Geldes verzahnt sind. Die „schöne Literatur" veranschaulicht uns hierbei Aspekte, die man in der Fachliteratur selten findet: zu welch fragwürdigen Denk- und Handlungsformen die Bemühungen um eine Vermehrung von Geld Menschen führt; wie das ständige Streben nach Gewinn Menschen verändert und vereinsamen lässt, wie es menschliche Beziehungen stört und zerstört; welche Emotionen das Auf und Ab der Börsen verursacht, welche Begeisterungsstürme Kapitalgewinne und welch tiefe Verletzungen Kapitalverluste hervorrufen; wie Menschen im Kampf um den Gewinn alles Menschliche verlieren. Da dies, wenn häufig auch nur indirekt, mit der Hoffnung auf die Entwicklung erlösender Kräfte verbunden wird, kommen Romane dem Genre der klassischen Ratgeberliteratur sehr nahe – und werden dadurch zu einem Erkenntnisinstrument. In diesem Sinne wäre es für viele Anleger sicher auch lehr- und erkenntnisreicher, statt des fünften Ratgeberbuches mal Zolas *Das Geld* oder Walsers *Angstblüte* zu lesen.

2 Quellen, Fokus und Ziele der Anlegerpsychologie

In den folgenden Ausführungen wird in einem ersten Schritt dargestellt, in welchen Arbeitsfeldern der Psychologie auf die Themen Geld, Börse und Finanzen eingegangen wird. Daran anschließend werden die Quellen, der Bezugsrahmen, die Aufgaben und die Ziele der Anlegerpsychologie beschrieben.

2.1 Die Themen Geld, Börse und Finanzen in der Psychologie

Im Jahr 1966 hat Günter Schmölders, von der Ausbildung her Wirtschafts- und Finanzwissenschaftler, erstmals seine *Psychologie des Geldes* veröffentlicht. Vorausgegangen waren umfassende Erhebungen, die die Kölner Forschungsstelle für empirische Sozialökonomik zusammen mit dem Institut für Demoskopie in Allensbach durchgeführt hatte, um die „psychischen Faktoren, die das menschliche Verhalten beim Umgang mit Geld bestimmen, im einzelnen näher herauszuarbeiten". Im Rahmen dieser Untersuchungen wurde erstmals auch eine Klassifizierung der Menschen nach ihren Gewohnheiten im Umgang mit Geld vorgenommen. In der Deutung der Untersuchungsergebnisse verbindet Schmölders wirtschaftswissenschaftliche mit psychologischen, soziologischen und philosophischen Erklärungen; außerdem fordert er vehement eine stärkere Berücksichtigung psychologischer Erkenntnisse bei der Erforschung ökonomischer Phänomene. In diesem Zusammenhang stellt Schmölders (1982: 16) folgendes fest: „[D]as Verhalten des Menschen zu Geld und Geldeswerten, der Umgang mit eigenem und fremden Geld, (...) gehorchen psychologischen, nicht den so genannten ökonomischen Gesetzmäßigkeiten, die nur die äußerliche Erscheinungsform vieler Zusammenhänge erkennen lassen, welche letztlich im Seelischen wurzeln." Außerdem bemängelt er, dass sich die Psychologie zu wenig mit wirtschaftlichen Aspekten beschäftige, was, wie er vermutet, seine Ursache darin hat, dass den Psychologen „in der Regel die Kenntnis der ökonomischen Zusammenhänge“ fehle. Abschließend verdeutlicht er das Defizit mit einem Zitat, das er einer Veröffentlichung von Hugh Dalton aus dem Jahr 1948 entnommen hat: „Der Sozialökonom blickt voller Hoffnung auf den Psychologen. Aber dieser neigt dazu, sich mit steinernem Blick und ausdruckslosem Gesicht abzuwenden und von anderen Fragen zu sprechen, beispielsweise von der unzureichenden psychologischen Grundlegung der modernen Wirtschaftstheorie. So sieht sich der Sozialökonom, solange er nicht auf eine etwas nützlichere Hilfe vom Psychologen rechnen kann, auf seine eigenen schmalen Reserven an Psychologie angewiesen.“ Was dabei herauskommt, beschreibt Shefrin (2000: 118) wie folgt: „Wenn Wirtschaftswissenschaftler in der Vergangenheit ihre eigenen psychologischen Theorien aufgestellt haben, war das Ergebnis meist schlechte Psychologie und schlechte Wirtschaftstheorie.“[1]

Doch wie gestaltet sich heute die Stellung der Psychologie zu den Themen Geld, Börse und Anlegen? Zumindest im Internet hervorragend. So verweist Google (Stand August 2008) beispielsweise nach Eingabe der Stichworte „Geld“ und „Psychologie“ auf 3,02 Millionen Einträge, bei „Anlegen“ und „Psychologie“ auf 1,07 Millionen, bei „Börse“ und „Psychologie“ auf 800.000 Einträge. Im wissenschaftlichen Bereich hingegen sieht es, wenn man sich die Veröffentlichungen zu diesen Themenfeldern anschaut, nicht so gut aus. Hier hat sich – vergleicht man die Entwicklung mit den Aktivitäten in anderen Arbeitsfeldern der Psychologie[2] – seit der Veröffentlichung Schmölders, also seit mehr als 40 Jahren, relativ wenig getan. Für die an Wirtschaftsfragen interessierten Psychologen scheinen die Probleme, die Menschen beim Aufbau und Erhalt ihrer Vermögen haben, nicht bedeutsam zu sein. So stellt Lutz von Rosenstiel im Jahr 1990 fest, dass eine „Klärung des Verhaltens der Börsenteilnehmer“ aus psychologischer Sicht wohl interessant sein könnte, aber bislang von der Psychologie nur am Rande untersucht wurde. Eine Ursache für dieses Desinteresse ist für ihn, dass Anlageentscheidungen – zumindest zum Zeitpunkt seiner Veröffentlichung – nur für eine kleine Zahl von Personen relevant war. In ähnlicher Weise beklagen auch Bungard & Schultz-Gambard (1990) das Desinteresse der Psychologie an den Börsenaktivitäten von Anlegern und vermuten, dass dies an der früher üblichen, eher naturwissenschaftlichen Ausrichtung der psychologischen Forschung

---

[1] In ähnlicher Form hat sich Schumpeter über die Beziehung der Ökonomie zur Soziologie geäußert, was seines Erachtens dazu führt, dass Ökonomen eine „primitive Soziologie“ und Soziologen eine „primitive Ökonomie“ entwickelten. Siehe hierzu auch Esposito (2007: 98f) sowie Stewart (2005).

[2] So z.B. der Organisations-, Motivations-, Kommunikations-, Arbeits-, Sozial-, Lern- oder Führungspsychologie.

liegt. Wiendieck (1990), der dieses Desinteresse ebenfalls beklagt, hingegen meint, dass in der Psychologie unter Umständen Befürchtungen vorhanden sind, bei einer stärkeren Hinwendung zur Börse zu einer „Servicedisziplin“ oder gar „zum Laientheologen der Ökonomie“ zu werden.

Im Nachhinein betrachtet haben auch diese Klagen wenig bewirkt. Die psychologischen Aspekte des Umgangs mit Geld sowie beim Aufbau und Erhalt von Kapital im Privatbereich werden heute, wie nachfolgend dargestellt wird, von wenigen Psychologen und Wirtschaftswissenschaftlern aufgegriffen und behandelt. Ist dies dennoch der Fall, orientiert man sich zumeist an den Interessen der Finanzindustrie. Die Aufgaben und Probleme der Millionen Menschen, die sich im Rahmen ihrer Existenz-, Zukunfts- und Alterssicherung eigenverantwortlich mit dem Aufbau und dem Erhalt ihres Vermögens beschäftigen müssen, werden weitgehend ignoriert, wobei dies nicht nur die Entwicklung in Deutschland betrifft, sondern mit gewissen Einschränkungen auch für englischsprachige Länder, die in diesem Bereich häufig eine Vorreiterrolle übernehmen, gilt.

Wirtschaftspsychologie

Die Wirtschaftspsychologie ist der älteste Zweig der Psychologie, der sich mit ökonomischen Fragen beschäftigt. Als ihre „Väter“ gelten in Frankreich Gabriel Tarde, der 1902 seine *Psychologie économique*[3] veröffentlichte und seither als Wegbereiter einer Sozialpsychologie des Wirtschaftslebens gilt, sowie in Deutschland Hugo Münsterberg, dessen *Psychologie und Wirtschaftsleben* 1912 erschienen ist. Geht man von den aktuellen Vorlesungsverzeichnissen der Hochschulen[4] sowie den Lehr- und Handwörterbüchern[5] zur Wirtschaftspsychologie aus, konzentriert sich diese vor allem auf drei Bereiche: die Arbeitspsychologie, die Organisationspsychologie sowie die Markt- und Werbepsychologie, wobei sich die Organisationspsychologie zwischenzeitlich auch als eigenständiger Bereich innerhalb der angewandten Psychologie etabliert hat. Die Themen Geld, Börse oder Anlage von Finanzmitteln tauchen in

[3] Tarde ging in dieser Veröffentlichung insbesondere auch auf die Themen Börse und Spekulation ein.
[4] Den Schwerpunkt bilden hier zwischenzeitlich Fachhochschulen mit ihrer Ausbildung zum Dipl.-Wirtschaftspsychologen, wobei der curriculare Anteil psychologischer Disziplinen, wie Ullrich (2005) darstellt, zumeist etwa 50 Prozent beträgt, weshalb man die Wirtschaftspsychologie auch als „halbe Psychologie“ bezeichnet.
[5] Siehe hierzu z.B. Frey, von Rosenstiel & Hoyos (2005), Weinert (1987) sowie Wiswede (2007).

der Wirtschaftspsychologie, wenn überhaupt, nur am Rande auf, so z.B. bei Wiswede (2007), der noch am stärksten auf sie eingeht. Die Literatur, auf die in diesem Zusammenhang verwiesen wird, ist zumeist älteren Datums, weswegen man davon ausgehen kann, dass sich hier – mit Ausnahme der Erkenntnisse der Behavioral Finance, die man weitgehend kritiklos übernommen hat – in den letzten Jahren wenig getan hat.

Finanzpsychologie

Die Finanzpsychologie ist wesentlich jünger als die Wirtschaftspsychologie und begann in Deutschland im Prinzip mit der Veröffentlichung der *Psychologie des Geldes* von Günter Schmölders im Jahre 1966. Während zu Beginn vor allem die Themen Steuern und Sparen im Mittelpunkt standen, hat sich das Spektrum im Laufe der Jahre erweitert und konzentriert sich heute auf die Themenbereiche Steuern und Steuergerechtigkeit, Kaufen und Sparen, die Börse als Finanzmarkt, das Anlageverhalten privater Haushalte sowie die Aufgaben der Finanzindustrie, insbesondere der Banken und Versicherungen.[6] Die Hinwendung zu den Bereichen Geld, Börse und Kapitalanlage ist hier größer als bei den Wirtschaftspsychologen. Angesprochen werden dabei auch Themen, auf die ich im weiteren Verlauf noch in detaillierter Form eingehen werde: der Umgang mit Risiken, die Probleme bei der Informationssuche und der Bewertung von Informationen oder die Probleme, die man beim Handel mit Wertpapieren feststellen kann. Schaut man sich die Inhalte etwas detaillierter an, hat man den Eindruck, dass es auch hier vor allem darum geht, der Finanzindustrie Hintergrundinformationen und Ansatzpunkte zur Gestaltung profitabler Produkte zu liefern. Dies ist zwar nicht verwerflich, andererseits aber vermisst man Hinweise, wie Anleger beispielsweise mit den immer raffinierteren, zumeist nicht zu ihrem Wohl entwickelten Finanzprodukten sinnvoll umgehen können. Auch hier kann man feststellen, dass die Literatur, auf die üblicherweise verwiesen wird, zumeist älteren Datums ist, und neuere Veröffentlichungen sich vorrangig auf das in der Behavioral Finance entwickelte Wissen konzentrieren.

---

[6] Siehe hierzu z.B. den von Fischer, Kutsch & Stephan (1999) herausgegebenen Sammelband *Finanzpsychologie*, hier insbesondere Kapitel 1, sowie den Beitrag von Fischer & Mörsch in diesem Sammelband.

Börsen- bzw. Investmentpsychologie

Der dritte Bereich, die Börsen- bzw. Investmentpsychologie, ist noch jünger als die beiden zuvor genannten. Die erste bedeutsamere wissenschaftliche Publikation im deutschen Sprachraum zu diesem Themenbereich war ein von Maas & Weibler (1990) herausgegebener Sammelband mit dem Titel *Börse und Psychologie: Plädoyer für eine neue Perspektive.* Aufgenommen in diese Veröffentlichung wurden die bereits erwähnten Aufsätze von Bungard & Schultz-Gambard, Wiendieck und von Rosenstiel, Beiträge zur Motivation, Wahrnehmung, Informationsverarbeitung und Erwartungsbildung von Börsenakteuren, zu Stimmungseinflüssen, Kontrollaspekten und Stressreaktionen, ergänzt um Aufsätze zur Theorie effizienter Märkte, zum Börsencrash 1987 und zur Zukunft der Börsen.

Ein zweiter Sammelband zu diesem Themenbereich wurde 1997[7] von Jünemann & Schellenberger mit dem Titel *Psychologie für Börsenprofis: Die Macht der Gefühle bei der Geldanlage* veröffentlicht. Die Beiträge dieser Veröffentlichung stammen zumeist von Nicht-Psychologen. Nach einem Grußwort von André Kostolany mit der Überschrift „Börse ist Psychologie", werden z.B. die Themen Praxisrelevanz der Kapitalmarkttheorie, Börsencrashs, Timing, Trendfolge- und Zyklenanalysen behandelt. In einem Großteil der Beiträge geht es vor allem um die Frage, in welcher Form die Preisbildung an Börsen durch psychologische Aspekte beeinflusst wird. In Bezug auf den Anleger sind – wie Jünemann & Schellenberger im einleitenden Beitrag auch bemerken – vor allem die irrationalen Verhaltensweisen von Interesse: „die unkontrollierten und unkontrollierbaren Gefühle", die „Gier", die sie „scharenweise zu Spekulationen verführt oder umgekehrt die Angst, die sie in die Flucht treibt". In diesem Sinne formulieren sie die Ziele der „Investmentpsychologie" wie folgt: „Menschliche Emotionen an den Finanzmärkten sind zu diagnostizieren, zu analysieren und daraus Prognosen abzuleiten, z.B. um vor einem Crash zu warnen sowie konkrete Anlageentscheidungen zu treffen. Hauptziel einer Investmentpsychologie ist es, menschliche Emotionen – am Markt wie auch bei sich selbst – zu erkennen und diese Erkenntnisse gewinnbringend umzusetzen." In ähnlicher Form meint auch Kiehling (2001: 176), Ziel der „Börsenpsychologie" sei, dass sie „rechenbare Modelle" liefert, wie sich das Verhalten des Menschen auf die Entwicklungen an Börsen auswirkt. Gefordert wird eine „Prognostizierbarkeit menschlichen Verhaltens an der

[7] Wieder aufgelegt als Taschenbuch im Jahr 2000.

Börse" – und „nichts anderes rechtfertigt", wie Kiehling meint, „letztlich eine Börsenpsychologie".

Abschließend möchte ich kurz noch auf eine Veröffentlichung von André Kostolany (2000) mit dem Titel *Kostolanys Börsenpsychologie: Vorlesungen am Kaffeehaustisch* eingehen. Kostolany reiht hier in erzählerischer Manier Anekdote an Anekdote, erwähnt auch mehrfach, dass die „Rolle der Psychologie im Börsengeschehen gar nicht überschätzt werden kann: Kurz- und mittelfristig macht sie 90 Prozent aus!" Doch auf das, was Börsenpsychologie nun ist und beinhaltet, geht er nicht näher ein. Verschiedene Andeutungen weisen jedoch darauf hin, dass Börsenpsychologie für ihn weitgehend identisch ist mit der von Le Bon propagierten Massenpsychologie. So stellt Kostolany zum Schluss seiner „ersten Vorlesung" auch fest, dass diese Veröffentlichung seine „gesammelten Erfahrungen und Schlussfolgerungen zur Psychologie der Menschen und Massen" beinhaltet. Im Grußwort im bereits erwähnten Sammelband von Jünemann & Schellenberger (2000) meint Kostolany: „Anstatt Nationalökonomie zu studieren, ist es sehr viel nützlicher, das berühmte Werk ‚Die Psychologie der Massen' des französischen Wissenschaftlers *Gustave le Bon* (1895) zu lesen." Diese starke Anbindung der Börsenpsychologie an die Massenpsychologie findet man nicht nur bei Kostolany, sondern auch bei vielen Volks- und Betriebswirtschaftlern, vor allem aber in den Medien, deren Zielgruppe Anleger sind (Ratgeberliteratur, Anlegermagazine und Wirtschaftspresse).

Massenpsychologie

Da massenpsychologische Deutungen bei Börsenpsychologen äußerst beliebt sind, werde ich deren geschichtlichen und wissenschaftlichen Hintergrund nachfolgend etwas detaillierter behandeln. Eine für Experten und Laien sicherlich bedeutsame Frage ist, wie sich auf breiter Ebene, also massenhaft, gleichförmige Handlungen von Menschen entwickeln. Aus diesem Grund hat der Versuch, den Markt massenpsychologisch zu erklären, auch eine lange Geschichte. Erste Ansätze findet man bei Charles Mackay, dessen Studie zu Massenbewegungen unter dem Titel *Extraordinary Popular Delusions and the Madness of Crowds* in den Jahren 1841 und 1852 erstmals veröffentlicht und bis in die heutige Zeit immer wieder aufgelegt wurde.[8] Mackays Buch, dessen Spektrum sich von finanziellen Spekulationen über die Al-

[8] Siehe hierzu und zu den folgenden Ausführungen Stäheli (2007).

chemie und den Magnetismus bis zur Hexenverfolgung erstreckt, sollte keine psychologische Analyse sein, viel eher eine unterhaltsame geschichtliche Darstellung von Massenphänomenen. Er betrachtete dabei die Masse nicht als pathologische Erscheinung der Ökonomie, sondern als eine Krankheit, die unter Umständen ganze Nationen erfassen kann. Kennzeichen für Massenbewegungen sind für ihn die kollektive Illusion eines grenzenlosen zukünftigen Reichtums sowie der Prozess der sozialen Ansteckung, der mitunter in einem große Populationen umfassenden gemeinsamen Verrücktwerden und dem abrupten Umschlagen eines Normalzustandes in eine außerordentliche Verblendung gipfelt, wobei in diesem Prozess alle Klassenschranken und Hierarchien aufgehoben werden.

Insbesondere in der Literatur zur Börsenpsychologie und den Medien für Anleger wird, wie bereits erwähnt, gerne Bezug genommen zu den Gedanken Gustave Le Bons und seiner 1895 erschienen *Psychologie der Massen*, die unter dem Eindruck der Pariser Septemberunruhen von 1870 entstand. Für Le Bon war die Volksmasse vor allem eine negative Erscheinung: eine nahezu unheimliche Ausgeburt der sich entwickelnden Demokratien, eine hässliche Möglichkeit des Menschseins. Massen sind für ihn impulsiv, suggerierbar, intolerant, anmaßend und dumm. Die einzelne Persönlichkeit verschwindet in der Masse, und das Alogische, Einseitige, Überschwengliche, Triebhafte, Herrschsüchtige und Halluzinative der Massenseele tritt unheilvoll in den Vordergrund.

Eine im Vergleich zu Le Bon andere Position nimmt Boris Sidis mit seinem in Finanzkreisen viel beachteten Buch *The Psychology of Suggestion* ein, das nahezu zeitgleich zu Le Bons Veröffentlichung im Jahr 1898 erschien. In Anlehnung an das amerikanische Demokratieverständnis verliert die Masse bei ihm an Bedrohlichkeit, wird eher positiv konnotiert. Während bei Le Bon die Moderne Massen hervorbringt und deshalb in die Krise gerät, verzichtet Sidis auf apokalyptische Erklärungen. Eine Schlüsselposition nimmt in seinen Analysen der Suggestionsbegriff ein: der Mechanismus, mit dessen Hilfe die Emergenzbildung, also der Zusammenschluss von Individuen zu Massen, erklärt wird. Sidis sieht den Menschen vor allem als suggestibles Wesen. Die anthropologische Fähigkeit, Suggestionen zu empfangen und dadurch zu einem bestimmten Verhalten beeinflusst werden zu können, bildet für ihn eine Grundeigenschaft des Menschen und eine basale Funktionsweise des Sozialen. Droht Gefahr, ermöglicht Suggestibilität eine direkte, schnelle Kommunikation. In diesem Sinne hat die Suggestibilität der Massen für ihn durchaus positive Seiten.

Die Gedanken Le Bons wurden auch von Sigmund Freud bestätigend aufgenommen und in seiner 1921 erschienenen Schrift *Massenpsychologie und Ich-Analyse* weitergeführt. Merkmal des Menschen in der Masse ist nach Freud, dass sein Gefühlsleben wohl gesteigert, seine intellektuelle Leistung hingegen stark eingeschränkt wird, was zu einer Aufhebung der Triebhemmung führen kann. Die Masse, so deutet er, ist zweifach affektiv-libidinös gebunden: zum einen über den Herdentrieb, zum anderen durch den in gleicher Weise von allen geliebten, idealisierten Führer.

Die Massenpsychologie war ein typisches Produkt des zu Ende gehenden 19. bzw. des beginnenden 20. Jahrhunderts. Da die Ergebnisse verschiedener Untersuchungen zeigten, dass Menschen in Massen nicht per se weniger vernunftgeleitet und verantwortlich handeln, hat sie in den letzten Jahrzehnten erheblich an Bedeutung verloren.[9] Darüber hinaus ist fraglich, ob man Aussagen der Massenpsychologie auf das Börsengeschehen übertragen kann, da die wesentlichen Merkmale der psychologischen oder sozialen Masse[10] heute – wenn überhaupt – nur noch in Teilen vorhanden sind. In einer Zeit, in der Handelsaktivitäten geräuschlos über vollautomatisierte elektronische Systeme abgewickelt werden, sind diese weitgehend verschwunden. Andererseits kann man sich gut vorstellen, dass die in früheren Zeiten an der Börse körperlich wahrnehmbaren Geräusche und Stimmungen, das „Getöse von Angebot und Nachfrage“, jenes „dumpfe Rauschen der Börsenflut“, der jahrmarktähnliche Lärm, die Kakophonie der Stimmen und das mitunter chaotisch anmutende, hektische, nervöse, zum Teil sogar hysterische Verhalten der Akteure, das von Zola (2001) so eindrucksvoll beschrieben wurde, eine suggestive, das Publikum förmlich mitreißende Kraft hatten.[11] In dem Maße, in dem die Sinne der Akteure bei ihren Börsenhandlungen weniger bzw. in veränderter Form beansprucht wurden, in dem an die Stelle der körperlichen Anwesenheit an der Börse ein körperloses Medium (zunächst der Ticker, später das Internet) trat, nimmt auch die Relevanz massenpsychologischer Erklärungsmodelle ab. Trotz allem leben ihre Gedanken im Finanz- und Börsenbereich sowie in deren Medien fröhlich weiter.

---

9 Siehe hierzu z.B. Drehmann, Oechssler & Roider (2005).

10 Dies sind vor allem: Eine große Anzahl von Menschen, konzentriert auf relativ engem Raum, miteinander kommunizierend, verbunden durch gemeinsame Gefühle, Gedanken, Symbole und einen Führer. Wie Elder (2000: 83) meint, ist heute „der Kurs der Anführer der Marktmassen“, was jedoch eine stark begrenzte Sicht auf die Funktionen und Wirkungen eines Führers beinhaltet.

11 „Das eigentliche Drama“ spielt sich heute, wie Marc Beise am 16. September 2008 in der *Süddeutschen Zeitung* bemerkt, „im Stillen ab: zu Hause bei den Millionen Anlegern, denen das Vermögen unter den Fingern zerrinnt.“

Woran es liegen könnte, dass „die Verleumdung der Menschen in der Gruppe" auch heute noch so viel Anklang findet, deuten die Ausführungen des Begründers der Gruppendynamik, Peter R. Hofstätter (1957: 7ff), an: „Will man einer Abhandlung über gesellschaftliche Fragen begeisterte Zustimmung und weite Verbreitung sichern, dann hat man sich schon seit geraumer Zeit nur an ein höchst einfaches und im Grunde völlig paradoxes Rezept zu halten: Es gilt bloß der ‚Masse' alle nur irgend erdenklichen üblen Eigenschaften und Neigungen zuzuschreiben. (...) Es wäre offenbar für keinen der nach Millionen zählenden Leser Le Bons verlockend, sich als Teil der Masse zu empfinden und damit für sich selbst deren Gewöhnlichkeit und Geistlosigkeit zu reservieren. (...) Anders steht es schon darum, wenn man sich im gesunden Abscheu vor der Erbärmlichkeit der Masse des Umstandes versichern könnte, selbst gewiss nicht zu dieser zu gehören. Es bedarf eigentlich nur des Lobes, das man den Entlarvern der Masse spendet. Nunmehr ragt der einsichtige Leser, auch wenn gar keine weiteren Merkmale der Ausgezeichnetheit vorhanden sein sollten, weit heraus; er ist im eigenen Urteil beinahe schon ein ‚Großer', höchstwahrscheinlich ein Angehöriger der Elite." In diesem Sinne dient der Einsatz massenpsychologischer Erklärungen im Börsenbereich vor allem auch dazu, die bestens informierten, kompetenten, rational denkenden und handelnden Ökonomen, also die „idealen Spekulanten", von der uninformierten, unkompetenten, sensationslüsternen, irrational und emotional handelnden, gleichzeitig aber auch benötigten Masse[12] zu separieren. Im gleichen Zug lassen sich die immer wieder auftauchenden irrationalen Marktbewegungen in Form von Spekulationsblasen erklären – und damit die Theorie effizienter Märkte[13] aufrechterhalten, die durch das unvernünftige Verhalten der inkompetenten Masse in Frage gestellt wird.

Psychoanalyse

Sigmund Freud, der Begründer der Psychoanalyse, fügte uns mit seiner Feststellung, dass unser Ich „nicht Herr in seinem eigenen Haus" sei, eine nicht unerhebliche Kränkung zu, bedeutet es doch, dass der Mensch in seinem Erleben und Handeln

[12] So benötigt man die Masse vor allem als Umsatzbringer, außerdem haben einige Handelstechniken, so zum Beispiel der Contrarian-Ansatz oder auf den Erkenntnissen der Behavioral Finance aufbauende Computerprogramme, das Ziel, das Verhalten der Masse zu analysieren und deren Fehler zur Steigerung der eigenen Gewinne zu nutzen.

[13] Siehe hierzu die Ausführungen in Kapitel 3.1.

nicht selbst bestimmt, also autonom ist, sondern – zumindest in weiten Teilen – von Trieben gelenkt wird. So kann man die Themen Börse und Anlegen von Kapital auch aus einer psychoanalytischen Perspektive betrachten, zum Beispiel auf der Basis der Theorien von Freud oder von Lacan.[14] Katherine Stroczan (2002) hat dies in einem ersten, interessanten Versuch unternommen. Bei einer psychoanalytischen Betrachtung stehen vor allem die unter der wahrnehmbaren Oberfläche sich befindenden, verborgenen, zumeist unbewussten Triebe bzw. Motive von Handlung im Zentrum des Interesses. So ging Stroczan der Frage nach, welche Wirkungen extreme Kursbewegungen und das Umfeld, in dem sich Anleger bewegen, auf das Seelenleben eines Menschen haben. Wie sie hierbei feststellt, bauen Anleger eine intensive, nahezu familiäre Beziehung zu einer Anlegergemeinde auf. Diese ist ausgestattet mit eigenen Medien (Anlegerzeitschriften, Börsen-TV, Chatrooms, Anlegermessen, Ratgeberliteratur), allseits bekannten Experten (Moderatoren, Propheten und Gurus, die je nach Börsenlage eine väterlich-wegweisende oder mütterlich-tröstende Position einnehmen), mit einer eigenen Sprache (technische Begrifflichkeiten und Börsenslang), kollektiven Visionen (nach der ewigen Hausse) und von Allen geteilten Ängsten (vor dem nächsten Crash). Eigentliches Ziel der Aktivitäten von Spekulanten ist – aus psychoanalytischer Perspektive betrachtet – nicht der Gewinn, sondern das Begehren und der Wille zum Genießen als einer wiederholten, ekstatisch-exzessiven Handlung, das was Lacan als „jouissance“ bezeichnet. Wichtig für den Anleger wird die Gemeinde vor allem bei Crashs. Hier wird dann mittels Spaltung, Projektion und magischem Denken die Furcht der Menschen gebunden, und man versucht, das schreckliche Geschehen zu ordnen sowie begreiflich zu machen. Um die erhoffte jouissance betrogen, sucht man nach Schuldigen, definiert Feinde und gefährliche Mächte. Experten und Propheten, die man zuvor idealisiert hat, werden zu Sündenböcken, die man nun in die Wüste schickt. Parallel dazu findet man im Negativen den Ausgangspunkt für ein neues Projekt: Verwandelt den Schmerz in sekundären Krankheitsgewinn, und versucht das Versagen der Experten in Erfolgsformeln zu verwandeln. So weit sich psychoanalytische Deutungen mitunter auch von ökonomischen Denkformen wegbewegen, bieten sie in einigen Fällen doch hilfreiche Hinweise zur Erklärung der Erlebens- und Verhaltensweisen von Anlegern.

---

[14] Siehe hierzu z.B. Gondek, Hofmann & Lohmann (2001) sowie Zizek (1991 und 2008).

Behavioral Finance

Der letzte Bereich, die Behavioral Finance[15] (verhaltensorientierte Finanztheorie), kann nur bedingt der Psychologie zugeordnet werden, da sie ihre Heimat zwischenzeitlich eher in den Wirtschafts- und Finanzwissenschaften gefunden hat. So sieht der Ökonom Robert Shiller (2000: 10 und 15) die Behavioral Finance als eine „tragende Säule ernsthafter Finanzwissenschaften“, bzw. als „eine Forschungsrichtung, die Erkenntnisse zum menschlichen Verhalten aus Psychologie und Soziologie in die Erforschung der Finanzmärkte einbezieht“. Goldberg & von Nitzsch (2004: 13) bezeichnen sie als „neuen Zweig der Kapitalmarktanalyse im Spannungsfeld zwischen Ökonomie und Psychologie“, rücken sie aber eher in den Bereich der Ökonomie als den der Psychologie. Die Grundlagen der Behavioral Finance basieren vor allem auf den von Amos Tversky, Daniel Kahneman und Richard Thaler[16] ab Ende der 70er Jahre durchgeführten entscheidungs- bzw. spieltheoretischen Experimenten, in denen das Verhalten von Personen bei der Erledigung unterschiedlicher Aufgaben beobachtet wurde. In den Experimenten von Kahneman und Tversky ging es primär um die Analyse von zunächst nicht erklärbaren Abweichungen vom Idealbild des Homo oeconomicus bei wirtschaftlichen Entscheidungen.[17] In ähnlicher Weise interessierten Thaler insbesondere Entscheidungsanomalien, also Abweichungen von einem rationalen Entscheidungsverhalten. Eine zentrale Erkenntnis der Experimente war, dass die den ökonomischen Theorien zugrunde liegende Annahme über das rationale Entscheidungsverhalten von Menschen in der Praxis systematisch verletzt wird. Die Ergebnisse ihrer Untersuchungen hatten zunächst nur eine geringe Resonanz bei den Psychologen, hingegen eine wesentlich stärkere bei den Ökonomen, die sie rasch in die „Sprache der Märkte“ übersetzten – und auch versuchten, die neu gewonnenen Kenntnisse kommerziell zu nutzen.[18] Mit einem Schlag hatte man Erklärungen für

[15] Die Behavioral Finance bildet einen Zweig innerhalb den etwas breiter angelegten Behavioral Economics (Verhaltensökonomie); siehe hierzu Coyle (2007) und Heuser (2008).

[16] Sowohl der Wirtschaftswissenschaftler Thaler als auch der Psychologe Kahneman erhielten für ihre Forschungsarbeiten später den Nobelpreis; Amos Tversky, der viele Jahre mit Kahneman zusammenarbeitete, war ebenfalls Psychologe.

[17] Siehe hierzu die einleitenden Beiträge von Kahneman und von Kahneman & Tversky in dem von ihnen herausgegebenen Sammelband (2000) sowie Kahneman (2003).

[18] So berichten Armstrong & Ward (2008) über die Bemühungen Thalers, Programme sowie Fonds zu entwickeln, die auf den Erkenntnissen der Behavioral Finance aufbauen und versuchen, die Schwächen bzw. Fehler von Anlegern systematisch zu nutzen – was bislang jedoch, wenn man die Performance der betreuten Fonds betrachtet, nicht von Erfolg gekrönt war.

zahlreiche Verhaltensabweichungen, die mit den üblichen Theorien, vor allem der als sakrosankt angesehenen Kapitalmarkttheorie, nicht in Übereinstimmung gebracht werden konnten. Kahneman und Tversky hatten damit – ohne dies zu beabsichtigen – ein neues Forschungsfeld initiiert, die Behavioral Finance, dem sich seit Beginn der 90er Jahre eine stetig wachsende Zahl von Wissenschaftlern aus den Bereichen Psychologie, Soziologie, Mathematik und den Finanzwissenschaften widmet. Die unter dem Dach „Behavioral Finance" zusammengeführten Erkenntnisse, auf die ich in den folgenden Kapiteln zurückkommen werde, decken den gesamten Prozess der Anlage von Kapital ab:[19] Die Probleme bei der Aufnahme und Bewertung von Informationen, den Umgang mit Risiken, die Wirkungsweise von spezifischen Verhaltens- und Handlungsformen, die Bewertung von Verlusten und Gewinnen, die Reaktionen auf starke Kursschwankungen u.a.m. Insgesamt kann man feststellen, dass die Konzepte der Behavioral Finance – die zwischenzeitlich auch in vielen Fällen ergänzt werden um die Erkenntnisse der Neurofinance – heute einen wesentlichen Teil des psychologischen Wissens über die Anlage von Kapital bilden.

2.2 Quellen der Anlegerpsychologie

Der zunehmende Zwang weiter Teile der Bevölkerung, für ihre finanzielle Zukunftssicherung selbst zu sorgen, macht es notwendig eine Psychologie zu beschreiben, bei der nicht die Börse oder die Bedürfnisse der Finanzindustrie im Mittelpunkt stehen, sondern das Erleben und Verhalten der Anleger: eine Anlegerpsychologie. In der Praxis kennt man den Begriff „Anlegerpsychologie" bereits seit längerer Zeit. Die *FAZ*, das *Handelsblatt*, die *Wirtschaftswoche* und *Die Welt*, *Focus Money*, *Euro am Sonntag*, die HSBC und die DZ-Bank, JP Morgan, Fidelity und das Deutsche Aktieninstitut – um nur einige Beispiele zu nennen – verwenden ihn, und auch bei Google findet man ihn mit 2.600, sowie bei Yahoo mit 12.800 Verweisen (Stand August 2008). Der Gebrauch des Begriffs ist jedoch sehr unterschiedlich: Während die Einen ihn als deutsches Wort für Behavioral Finance verwenden, ist er für Andere quasi der Joker, um ein rational nicht nachvollziehbares Verhalten der Menschen im Bereich

[19] Siehe hierzu die Sammelwerke von Kahneman & Tversky (2000) und Thaler (1993), sowie die Veröffentlichungen von Belsky & Gilovich (1999), Goldberg & von Nietzsch (2004), Kiehling (2001) und Shefrin (2000).

der Börse zu etikettieren, mitunter auch zu stigmatisieren. Wenn auch der Begriff „Anlegerpsychologie“ in der Wissenschaft bislang kaum verwendet wird[20], ist in der Praxis ein offensichtlich starkes Bedürfnis vorhanden, das Erleben und Verhalten der Anleger durch die Verwendung einer entsprechenden Begrifflichkeit stärker in den Fokus zu rücken. In diesem Sinne unterscheidet sich die Anlegerpsychologie auch deutlich von der Börsen- und Investmentpsychologie, bei der die Preisbildung am Markt im Zentrum, der Anleger hingegen eher am Rande steht.

In Abbildung 2.1 ist dargestellt, auf welche Quellen eine Anlegerpsychologie zurückgreifen und was ihr Fokus sein sollte. Ihre zentrale Wissensquelle ist die allgemeine bzw. theoretische Psychologie. Von Bedeutung sind hier beispielsweise die Theorien zur Wahrnehmung, Kommunikation und Motivation, zum Denken, Problemlösen, Lernen und Risikoverhalten, zu den Gefühlen, insbesondere zum Stress und zur Angst. Darüber hinaus gibt es in den spezifischen Arbeitsfeldern der Psychologie Erkenntnisse, die in die Anlegerpsychologie zu integrieren sind: in der Sozialpsychologie z.B. die Erkenntnisse über das Verhalten von größeren Populationen, in der Wirtschaftspsychologie die Handlungstheorien und die Theorien der Zielbildung und Zielverfolgung, in der Finanzpsychologie die Psychologie des Geldes und des Sparens, in der Börsenpsychologie die Erkenntnisse über die Ursachen von Crashs, in der Psychoanalyse die Formen und Wirkungen unbewusster Bestrebungen. Da sich die Anlegerpsychologie im Spannungsfeld zwischen Psychologie und Ökonomie bewegt, ist ihre zweite große Quelle das ökonomische Wissen, bei dem man punktuell auf Erkenntnisse der Finanzwissenschaften, der Volks- und Betriebswirtschaft, der Behavioral Finance, der Neuroökonomie und der Neurofinance zurückgreifen wird. Ergänzt werden sollten diese primären Quellen durch Erkenntnisse aus anderen Wissenschaftsbereichen: der Soziologie (z.B. der Risikosoziologie), der Kommunikations- und Medienwissenschaften (z.B. Probleme bei der Erfassung und Deutung von Informationen und die Wirkungen der Massenmedien), der Philosophie (z.B. Philosophie des Geldes und des Glücks), ergänzt um Erkenntnisse der Hirnforschung und der Neurophysiologie. Darüber hinaus ist es für eine praxisorientierte, lebendige Wissenschaft wichtig zu erfassen, über was und wie in Fachzeitschriften, der Ratgeberliteratur, im Börsen-TV und in Chatrooms kommuniziert wird, wie die abseits des

[20] Zumindest was Veröffentlichungen in Buchform betrifft. In vereinzelten Zeitungsbeiträgen wird der Begriff „Anlegerpsychologie“ wohl verwendet (siehe z.B. Fischer et al., 1994), aber nicht darauf eingegangen bzw. dargestellt, was man darunter versteht.

Wissenschaftsbetriebes agierenden „Experten“ die Dinge sehen, in welcher Form Anleger ihren Aufgaben nachgehen und wie sie ihre Erfahrungen und Probleme beschreiben, welche Börsenweisheiten bzw. -Sprüche man in der Community verwendet u.a.m.

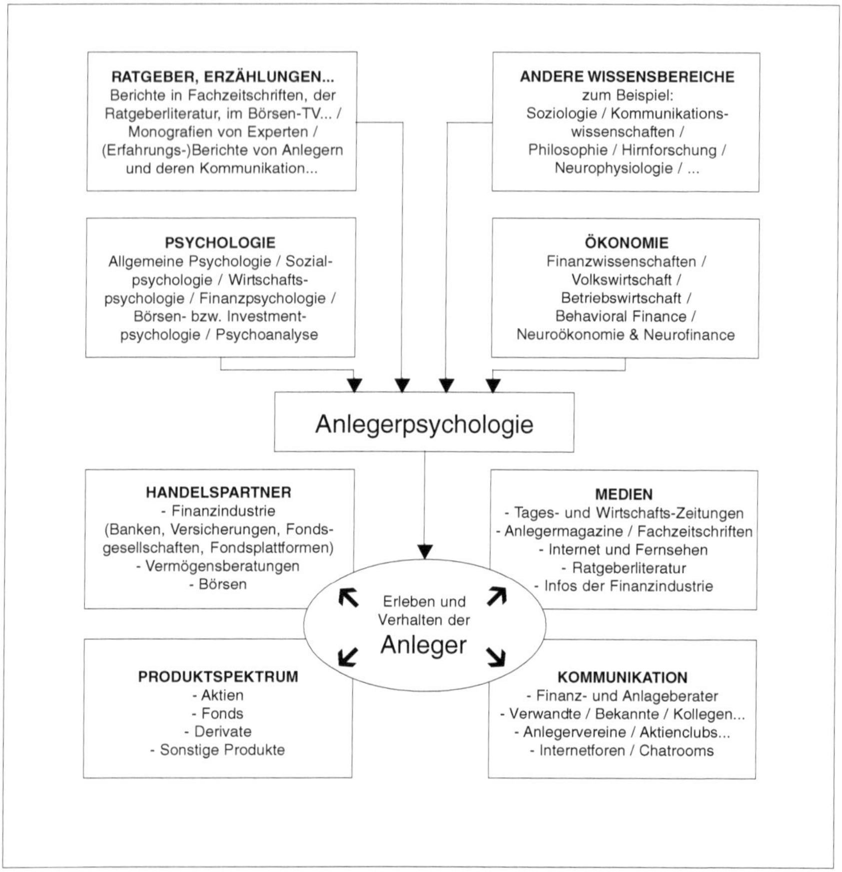

Abbildung 2.1: Quellen und Fokus der Anlegerpsychologie

2.3 Bezugsrahmen, Aufgaben und Ziele der Anlegerpsychologie

Wie in Abbildung 2.1 dargestellt, steht bei der Anlegerpsychologie das Erleben und Verhalten der Anleger im Zentrum des Interesses. Diese haben im Prinzip vier Bezugspunkte: (1) Die Handelspartner, bei denen oder mit deren Hilfe sie ihr Kapital in Anlageprodukte investieren, (2) das Produktspektrum, aus dem sie auswählen können, (3) die Medien, über die sie die für ihre Überlegungen und Handlungen notwendigen Informationen beziehen sowie (4) einen heterogenen Kreis von Personen, mit denen sie über ihre Überlegungen, Entscheidungen und Probleme kommunizieren.

(1) Handelspartner

In den letzten zehn Jahren sind die Möglichkeiten, Kapital in Finanzprodukte zu investieren, geradezu explodiert. Dies betrifft zum einen die möglichen Handelspartner, zum anderen die Breite und Tiefe der angebotenen Produkte. War es früher üblich, seine Aufträge zum Kauf oder Verkauf von Aktien oder Zinspapieren im direkten Kontakt mit seiner Bank zu besprechen, kann ein Anleger heute eine wesentlich breitere Palette von Finanzprodukten weltweit selbst handeln. Möglich geworden ist dies über die Onlineverbindungen der Filialbanken, Sparkassen, Direktbanken, Broker, Fondsplattformen und Fondsgesellschaften. Anleger haben damit heute – sofern sie über einen Internetanschluss, ein Depot und ein Konto bei einer Bank verfügen – mehr Möglichkeiten auf dem Kapitalmarkt zu agieren als dies noch vor wenigen Jahren die Kundenberater von Banken hatten. Dies hat unter anderem dazu geführt, dass Online-Anleger – verführt durch gesunkene Handelskosten – wesentlich intensiver handeln, ihr in Wertpapieren investiertes Kapital also häufiger umschlagen als die klassischen Bankkunden. Außerdem hat sich hierdurch ein neuer Beruf etabliert, der „Daytrader“: ein Anleger, der von zu Hause aus den Handel mit Aktien, Optionen und Zertifikaten in eigener Rechnung semiprofessionell betreibt.

Aus Anlegersicht problematisch scheinen die Leistungen der Finanzindustrie, hier vor allem der Banken zu sein.[21] So wurden in einer vom *Manager Magazin* zusam-

---

[21] Ich konzentriere mich in den folgenden Ausführungen auf die Ergebnisse von in letzter Zeit durchgeführten Untersuchungen und Befragungen. Siehe ergänzend hierzu die Ergebnisse aus früheren Erhebungen der Stiftung Warentest (2000 und 2005), die Erhebungen von Jungermann & Belting (2004 und 2004a) sowie die Ergebnisse einer von Oehler & Kohlert (2008) initiierten Untersuchung der Universität Bamberg, die zu ähnlich negativen Ergebnissen kommen.

men mit dem Institut für Finanzdienstleistungen durchgeführten Befragung von über 6.000 Bankkunden erhebliche Defizite bei der Beratung in Sachen Geldanlage festgestellt, die mit einem Notenschnitt von 4,3 fast schon „mangelhaft" bewertet wurde. Hetzer & Palan (2007) fassen die Erkenntnisse dieser Befragung wie folgt zusammen: „Mieser Service, hohe Gebühren, dürftige Anlageberatung. Der Manager-Magazin-Bankentest zeichnet ein düsteres Bild vom Privatkundengeschäft der Geldhäuser. Misstrauen gegenüber den Empfehlungen der auf Verkauf getrimmten Banker scheint angebracht, der Vergleich der Angebote mehrerer Banken zwingend notwendig." Oberhuber (2007a) zitiert eine Studie der IBM zur Servicequalität von Banken, nach der mehr als 80 Prozent der Kunden über eine mangelnde Betreuung klagen. In einer von Bergermann (2008) durchgeführten Befragung von Bankangestellten, deren Ergebnisse von der *Wirtschaftswoche* veröffentlicht wurden, meinte ein Bankberater: „Die Beratung der Kunden orientiert sich daran, was die Bank will, und nicht daran, was der Kunde braucht." Aus diesem Grund empfehlen Bankberater „den Kunden, neue gegen alte Aktien zu tauschen, auch wenn es gar nichts bringt; sie drehen den Kunden Zertifikate an, selbst wenn Termingelder sinnvoll wären (...). Und das nur, weil sie Produkte aktuell noch verkaufen müssen oder der Bank hohe Provisionen winken." Es ist deshalb sicher nicht ganz ungerechtfertigt, wenn Kleinanleger als „Kanonenfutter"[22] für eine immer hektischer produzierende, von Eigeninteressen geleitete Finanzindustrie gesehen werden. Dies wird in der sachlich fundierten, kritischen Ratgeberliteratur – wenn auch die Wortwahl dort weniger deftig ist – ähnlich gesehen, wobei man fairerweise fragen muss, ob eine qualitativ hochwertige Beratung angesichts der Komplexität und Kompliziertheit der Materie, den Gegebenheiten auf Seiten der Dienstleister (Zeit- bzw. Kostenprobleme, Kompetenzen der Berater…), aber auch der beratenen Kunden (Wissensstand, Klarheit über Ziele…) durchgängig überhaupt möglich ist.[23] Die zweifelsfrei vorhandenen mangelhaften Leistungen vieler Banken und Finanzdienstleister haben zwischenzeitlich jedoch dazu geführt, dass sich bei ihren Kunden so etwas wie eine „Zornbank"[24] aufgebaut

[22] Üblicherweise wird diese Bezeichnung dem legendären Bankier Carl Fürstenberg zugeordnet. Zu den Zielen, Praktiken und Konditionen im Bereich Private Banking siehe auch die kritische Veröffentlichung der Quirin Bank AG (2007).
[23] Siehe hierzu im Detail Jungermann & Belting (2004: 245ff).
[24] Ein in diesem Zusammenhang sicherlich passender Begriff, der von Sloterdijk (2007) geprägt wurde. Die Verärgerung der Bankkunden gipfelt dann in Veröffentlichungen mit Titeln wie: *Das Kartell der Kassierer: Die Finanzbranche macht Jagd auf unser Geld* und *Der Börsenschwindel: Wie*

hat, was ein gedeihliches, vor allem Glaubwürdigkeit und Vertrauen[25] benötigendes Zusammenwirken nicht unerheblich behindert. Eine wesentliche Aufgabe der Anlegerpsychologie ist, dass sie einerseits die Probleme verdeutlicht, die Anleger im Zusammenwirken mit ihren Handelspartnern erwarten, andererseits aber auch Mittel und Wege aufzeigt, wie sie diese (zumindest halbwegs) bewältigen können.

(2) Produktspektrum

Die Aktivitäten der Finanzindustrie haben in den letzten Jahren zu einer Explosion des Angebotes an Finanzprodukten geführt. Neben den etwa 39.000 handelbaren in- und ausländischen Aktien gibt es in Deutschland etwa 7.000 zum Vertrieb zugelassene Investmentfonds, etwa 4.000 Anleihen und Rentenpapiere, die ergänzt werden um etwa 300.000 Zertifikate und Optionsscheine sowie um einige Tausend Hedgefonds, ETFs und CFDs (Contracts for Difference).[26] Insgesamt also mehr als 350.000 Produkte, aus denen ein Anleger die für ihn sinnvollsten auswählen soll – und jeden Tag werden es mehr, wobei dies alles nur Werte aus Deutschland sind. Bedeutsam aus Anlegersicht ist nicht nur die Anzahl der Produkte, sondern auch deren Inhalte, Ziele, Strukturen und Kosten, die – zumindest was die Zertifikate betrifft – immer komplizierter und auch undurchsichtiger werden. Aufgabe der Anlegerpsychologie ist es, zumindest in Ansätzen zu zeigen, welche Probleme hiermit verbunden sind, darüber hinaus aber auch darzustellen, wie Anleger ihre Auswahlprobleme besser bzw. sinnvoll(er) bewältigen können.

(3) Medien und Information

Anleger beziehen die Informationen, die sie für ihre Anlageentscheidungen benötigen, zum einen über die Medien, die sich um die Übermittlung von Wirtschafts- und Finanznachrichten bemühen (Tages- und Wirtschaftszeitungen, Anlegermagazine,

---

Aktionäre und Anleger abkassiert werden, beide von Günter Ogger (2001 und 2002), oder *Das Bankenhasserbuch* von Christiane Oppermann (2008).

[25] Wie man weiß, basiert das fragile, angesichts bestehender (Ziel-, Wissens- und Könnens-)Asymmetrien stets vom Scheitern bedrohte Zusammenwirken von „Beratern“ und „Beratenen“ in Finanzangelegenheiten vor allem auf Vertrauen (siehe hierzu z.B. Jungermann & Belting, 2004: 252ff) – ein „Mechanismus“ der, wie Luhmann (2000) zeigt, vor allem helfen kann, soziale Komplexität zu reduzieren und den Bereich rationalen Handelns zu erweitern.

[26] Werte Stand August 2008, wobei die Zahlenangaben – insbesondere was die Anzahl der Zertifikate und Optionsscheine betrifft – von Quelle zu Quelle erheblich differieren.

Fernsehen, Internet und Ratgeberliteratur), zum anderen über die Produktinformationen der Finanzindustrie. Seit den 90er Jahren hat sich nicht nur die Art und Weise, mit der in den Medien über die Themen Wirtschaft, Geld, Börse und Anlegen berichtet wird, sondern auch der Umfang, in dem dies geschieht, ganz erheblich verändert. Das Thema Wirtschaft ist absolut „in", und der Anleger wird heute in einem Maß mit Informationen konfrontiert, das seine Aufnahmemöglichkeit bei weitem überschreitet. Wie Schuster (2001) darstellt, hat diese Entwicklung – aus Sicht der Anleger – nicht nur positive Seiten, sondern wird auch von einer ganzen Reihe negativer Effekte begleitet. Die Finanz- und Kommunikationswissenschaften, die für dieses Thema eigentlich zuständig wären, haben hierzu bislang wenig gesagt. Eine tiefer gehende Analyse der Wirtschaftsmedien – insbesondere deren Wirkungen – wurde lediglich punktuell vorgenommen. Tenor dieser Untersuchungen ist, dass die Medien den Nutzen, den sie dem Leser oder Zuschauer versprechen, nicht annähernd erbringen. Gewinner der erhöhten Medienaktivitäten ist die Finanzindustrie, die von den durch die Berichterstattung ausgelösten Marktbewegungen nicht unerheblich profitiert.[27] Außerdem führt der „Lärm", den die Medien im geradezu kongenialen Zusammenspiel mit der Finanzindustrie erzeugen, bei Anlegern zu kollektiven Stimmungsschüben, und – in der Folge – zu nicht unerheblichen Turbulenzen auf den Märkten. Aufgabe der Anlegerpsychologie ist es, einerseits die Probleme, die bei der Erfassung und Bewertung von Markt-, Börsen- und Produktinformationen entstehen, zu verdeutlichen, andererseits Anlegern zu zeigen, wie sie in einem immer komplexer werdenden Informations-Dickicht sinnvoll navigieren und sich die für ihre Entscheidungen wichtigen Informationen erarbeiten können.

(4) Kommunikation

Der vierte Bezugspunkt ist die Kommunikation, mittels der sich Anleger in vorrangig verbaler, mitunter aber auch schriftlicher Form mit anderen Personen über ihre Anlageabsichten abstimmen, beraten und dabei auch zusätzliche Informationen für ihre Entscheidungen einholen. Zum einen zählen hierzu die Gespräche mit Anlage- bzw. Finanzberatern, wobei sich Anleger klar werden müssen, dass diese zumeist darauf angewiesen sind, ihr Einkommen mit den Provisionen aus verkauften Anlageproduk-

[27] Siehe hierzu in zusammenfassender Form z.B. Schuster (2001, 2003 und 2003a), Shiller (2000) sowie Ogger (2001).

ten zu erzielen – was in vielen Fällen auch Einfluss auf die Objektivität ihrer Empfehlungen hat. Dies ist auch der Grund, weswegen es in der Ratgeberliteratur und Anlegermagazinen immer wieder Beiträge gibt, in denen Informationen und Tipps zum Umgang mit Anlageberatern übermittelt werden.[28] Da die Qualität der Beratung – wie zuvor bereits erwähnt wurde – zumeist gering ist, werden wichtige Aufgaben (und damit Verantwortlichkeiten) gerne auf Anleger verschoben. So sollen sie sich, bevor sie in ein Beratungsgespräch gehen, z.B. umfassend über Anlagemöglichkeiten informieren sowie möglichst konkrete Gedanken über ihre Ziele, ihre Renditeerwartungen und ihre Risikobereitschaft machen[29] – Aufgaben, die ein hohes Wissen und Können voraussetzen und im Zusammenwirken mit einem Berater erledigt werden sollten. Andererseits können die in vielen Beratungsgesprächen feststellbaren (Wissens- und Könnens-)Asymmetrien, die die Verständigung zwischen Anlegern und Beratern erschweren[30] und sich nicht nur negativ auf den Beratungsverlauf, sondern auch auf das Ergebnis auswirken, nur reduziert werden, wenn Anleger mehr Verantwortung übernehmen und sich um eine Erhöhung ihrer Kompetenzen bemühen. Denn eine gute, kompetente Beratung erhalten – so paradox dies auch erscheinen mag, die Praxis aber immer wieder zeigt – vor allem die Anleger, die bereits gut informiert und fachlich kompetent sind.[31] Ansonsten suchen Anleger Rat und Informationen im Gespräch mit Familienangehörigen, Bekannten, Verwandten oder Berufskollegen, in den Treffen von Aktienclubs und Anlegervereinen, oder in den immer populärer werdenden, auf Anlagethemen ausgerichteten Internetforen, Chatrooms und Blogs. Aufgabe der Anlegerpsychologie ist es, einerseits die Probleme, die bei den unterschiedlichen Kommunikationsanlässen entstehen können, zu verdeutlichen, andererseits aber Anlegern und Beratern auch zu zeigen, wie sie diese besser bzw. sinnvoll(er) bewältigen können.

Anleger, die sich finanziell absichern, für größere Anschaffungen, die Ausbildung der Kinder, oder zur Sicherstellung des Lebensstandards im Alter Kapital ansparen wollen, stehen heute vor einer komplexen, mit vielen Problemen versehenen Aufgabe, die nicht nur den Geist, sondern auch ihre Psyche in nicht unerheblicher Weise

[28] Siehe hierzu z.B. Brost & Rohwetter (2005: 43ff und 173ff), Öchsner (2008) und Frey & Zwittlinger-Fritz (2007).
[29] Siehe hierzu z.B. Hens (2008) und Zydra (2008c).
[30] Siehe hierzu Jungermann & Belting (2004 und 2004a).
[31] Siehe hierzu im Detail Oehler & Kohlert (2008: 91ff und 95).

beansprucht. So müssen sie aus einem äußerst komplexen, schwierig zu bewertenden Angebot passende Produkte auswählen, geeignete Handelspartner und Handelswege finden, mit unterschiedlichen Personen kommunizieren, sich über die Entwicklungen in unterschiedlichsten ökonomischen Bereichen informieren, hierbei mögliche Vorlieben und Abwehrmechanismen erkennen, wobei nicht auszuschließen ist, dass sie in der Vielfalt der Informationen das Wesentliche nicht erkennen. Sie müssen Risiken bewerten, sich Ziele setzen und diese in sinnvolle, die persönlichen Erwartungen berücksichtigende Handelsstrategien umsetzen. Darüber hinaus sollen sie die Performance ihrer Investments kontrollieren, frühere Entscheidungen reflexiv überprüfen, ihr Wissen neuen Gegebenheiten anpassen sowie im Auf und Ab der Märkte die Übersicht behalten und Ruhe bewahren. Sie werden hierbei feststellen, wie das Steigen der Märkte Hochgefühle und Crashs Stress oder auch Ängste hervorrufen, und sie müssen lernen, mit Erfolgen und Misserfolgen sinnvoll umzugehen. Bei der Erfüllung dieser Aufgaben sollte die Anlegerpsychologie den Menschen helfend zur Seite stehen. Ihr kommt hierbei die Aufgabe zu, theoretisches Wissen (Modelle, Theorien, Konzepte) aus unterschiedlichen Bereichen zu bündeln, mit der realen Welt der Anleger zu verbinden und dabei einerseits zu zeigen, wo typische Stolpersteine und Fallstricke zu erwarten sind, andererseits aber auch darzustellen, wie man diese umgehen oder, wenn dies nicht möglich ist, zumindest sinnvoll auf die damit verbundenen Probleme reagieren kann. Dabei steht die Anlegerpsychologie in enger Beziehung zum pragmatischen Handlungswissen eines Anlegers, wie es vor allem in der Theorie des Wertpapiermanagements und der wissenschaftlich fundierten, kritischen Ratgeberliteratur beschrieben wird, deren wesentliche Erkenntnisse in geraffter Form im folgenden Kapitel dargestellt sind.

3 Grundlagen der Kapitalanlage

In den folgenden Ausführungen wird das theoretische Hintergrundwissen der Kapitalanlage und das pragmatische Handlungswissen, über das Anleger verfügen sollten, in groben Zügen beschrieben. Hierzu werden in Kapitel 3.1 zunächst die Eckpunkte des Wertpapiermanagements vorgestellt. In Kapitel 3.2 wird der Frage nachgegangen, inwieweit die den ökonomischen Theorien zugrunde liegende Annahme rational handelnder Akteure haltbar ist. In den Kapiteln 3.3 bis 3.6 werden mit der Behavioral Finance, den Modellen der ökologischen Rationalität, der evolutionären Finanzmarkttheorie, den neurophysiologischen und den neuroökonomischen Ansätzen Konzepte vorgestellt, die die klassischen Theorien des Wertpapiermanagements einerseits ergänzen, andererseits aber auch in Frage stellen. Abschließend wird in Kapitel 3.7 dargestellt, welche Empfehlungen Anleger in der Ratgeberliteratur üblicherweise erhalten und welches Fehlverhalten bei ihnen zumeist festgestellt wird.

3.1 Eckpunkte des Wertpapiermanagements

Das Wertpapiermanagement greift auf einen breiten theoretischen Hintergrund zurück. Da ein Teil dieser Theorien heute zum Wissen eines aufgeklärten Anlegers sowie zum Vokabular der Medien zählt[1], werde ich nachfolgend in groben Zügen die Portfoliotheorie, das Capital Asset Pricing Model, die Random Walk-Theorie, das Gesetz von der Rückkehr zum Mittelwert sowie die Theorie effizienter Kapitalmärkte beschreiben und aus Anlegersicht kommentieren, wobei ich mich auf die Aspekte beschränke, die für die folgenden Ausführungen von Bedeutung sind.[2]

---

[1] So gehören die nachfolgend beschriebenen Theorien und Begriffe nicht nur zum Standardvokabular in Produktprospekten, Anlegermagazinen und der Ratgeberliteratur, sondern auch in den Diskussionen in Aktienzirkeln und Chatrooms.

[2] Weiterführende Details können z.B. den Veröffentlichungen von Steiner & Bruns (2002), Garz et al. (1998) und Bernstein (2007) entnommen werden.

Die Portfoliotheorie von Markowitz

Die Forderung, finanzwirtschaftliche Probleme ganzheitlich anzugehen, wurde in der 1952 von Harry Markowitz präsentierten Veröffentlichung zur Portfoliotheorie, für die er 1990 den Nobelpreis erhielt, erstmals realisiert. Entscheidend für den Erfolg eines Investors ist nach Markowitz in erster Linie die Zusammensetzung seines Portfolios, bei dem nicht nur die zukünftig erwartbare Rendite, sondern auch das damit jeweils verbundene Risiko zu beachten ist. Eine Reduzierung des Risikos kann insbesondere durch eine entsprechende Auswahl der Assets[3] erreicht werden, wobei die Korrelation der einzelnen Titel, also das Maß ihres Gleichlaufs, ein wichtiger Faktor ist. Als effizient werden Portfolios bezeichnet, zu denen es bei einer bestimmten Rendite kein Portfolio mit geringerem Risiko, bzw. bei gleichem Risiko kein Portfolio mit einer höheren Rendite gibt.

Die von Markowitz entwickelten Gedanken bilden heute, so der allgemeine Tenor der Experten, die theoretische Basis für ein gezieltes Investment. Das Timing (Zeitpunkt des Kaufs oder Verkaufs) sowie die Auswahl konkreter Titel (BASF und nicht Bayer) rücken damit in den Hintergrund. Sie sind für den Erfolg – so zumindest die Theorie – von wesentlich geringerer Bedeutung als die Berücksichtigung der Grundregeln zur Gestaltung effizienter Portfolios. Negativ belegt wird damit auch die Konzentration eines Anlegers auf die Performance von Einzelwerten. Im Vordergrund sollte für ihn stets die Entwicklung seines Portfolios stehen. Aus diesem Grund kann es auch sinnvoll sein, eine Investition zu tätigen, wenn diese – als separierte Anlage betrachtet – kein Optimum darstellt, aber durch die geringe Korrelation zu anderen Werten das Gesamtrisiko des Portfolios senken hilft.

Zwischenzeitlich haben die Begriffe „Portfoliotheorie" und „Markowitz" Eingang in den Sprachgebrauch der Finanzindustrie und der Medien gefunden und so etwas wie einen Kultstatus erreicht. Fonds- und Zertifikateanbieter werben damit, dass sie ihre Produkte nach der Markowitz-Theorie optimieren. Mitunter geht man so weit und suggeriert, dass man mit der Portfoliotheorie risikofreie Depots gestalten könne. Gleichzeitlich wächst aber auch die Kritik an der Umsetzbarkeit bzw. Praxistauglich-

---

[3] Mit dem Begriff „Asset" wird im Folgenden ein Wertpapier oder Vermögenswert verstanden. Mit „Asset-Kategorie" oder „Asset-Klasse" wird eine abgegrenzte Gruppe gleichartiger Wertpapiere (Beispiel Rentenpapiere oder Immobilienfonds) bezeichnet, als „Asset Allocation" bzw. „Portfolio" die strukturierte Kombination (Allokation) aller Wertpapiere eines Anlegers.

keit der Portfoliotheorie.[4] Auch wenn einige Probleme, so z.B. der notwendige Rechenaufwand zur Optimierung, zwischenzeitlich ganz gut bewältigt werden können, bleibt doch das Hauptproblem, dass zukunftsorientierte Daten über Kurse, Erträge, Volatilitäten und Korrelationen – die ja die Grundlage der Optimierung bilden – nicht verfügbar sind, weiterhin bestehen. Außerdem gleichen sich die Kursverläufe der verschiedenen Assetklassen in letzter Zeit immer stärker an, so dass die Möglichkeit eines Risikoausgleichs durch eine geschickte Kombination unterschiedlicher Assets immer geringer wird.

Das Capital Asset Pricing Model von Sharpe

Ziel des von William Sharpe (1964) entwickelten Capital Asset Pricing Model (CAPM) ist es, Erklärungen über die Funktionsweise von Märkten zu finden, insbesondere nach welchen Regeln sich die Preise für Wertpapiere bilden. Basisannahmen des CAPM sind: Alle Marktteilnehmer verhalten sich rational und sind bestrebt, effiziente Portfolios zu halten, außerdem existiert ein Gleichgewicht der Märkte sowie ein einheitlicher Marktpreis für das Risiko, der risikolose Zinssatz. Sharpe baut auf den Kerngedanken der Portfoliotheorie auf, demzufolge ein Zusammenhang zwischen der Rendite eines Wertpapiers und seinem Risiko besteht, wobei das Risiko durch Diversifikation reduzierbar ist. Aus Sicht von Anlegern bedeutsame Aussagen der CAPM sind[5]: (1) Zwischen der Rendite eines Wertpapiers und seinem Risiko besteht ein linearer Zusammenhang. (2) Die Wertpapierrendite setzt sich aus einem risikolosen Teil, dieser entspricht dem risikolosen Zinssatz, und einer Risikoprämie für das vom Anleger zu tragende erhöhe Risiko eines Wertpapiers zusammen. Eine wichtige, praxisorientierte Ableitung bzw. Erkenntnis hieraus ist: Anleger sollten nur bereit sein ein erhöhtes Risiko zu tragen, wenn dies durch eine erhöhte Risikoprämie auch belohnt wird. Für das Maß der Risikohöhe hat sich der Ausdruck „Beta“ etabliert. Das Beta erlaubt somit Investoren, die systematischen Risiken eines Investments bewertbar zu machen.[6] Heute ist der Beta-Faktor der prominenteste Parameter zur Einschätzung möglicher Risikorenditen.

---

[4] Siehe hierzu z.B. Shefrin & Statman (2000), sowie Statman (2005 und 2005a). Die Regel 1 in den von Thießen, Professor für Finanzwirtschaft und Bankbetriebslehre an der TU Chemnitz, formulierten „11 neue Regeln zur Anlage von Geld“ lautet: „Orientieren Sie sich nicht an Markowitz.“

[5] Siehe hierzu im Detail Steiner & Bruns (2002: 22ff).

[6] Siehe hierzu die Erläuterungen in Anlage 2.

Die Random Walk-Theorie

Im Jahr 1900 veröffentlichte Louis Bachelier, ein französischer Mathematiker, seine Dissertation mit dem Thema *Théorie de la Spéculation*. Gegenstand war eine Analyse der Aktienkurse mit dem Ziel, statistische Regelmäßigkeiten zu finden. Er kam zu dem Ergebnis, dass es solche Regelmäßigkeiten nicht gibt, Aktienkurse vielmehr so verlaufen als wären sie zufällig erzeugt. Erst Anfang der 50er Jahre wurden die Gedanken Bacheliers von Maurice Kendall wieder aufgenommen, der nach weiteren Untersuchungen ebenfalls die These aufstellte, dass der Versuch, in Börsenkursen systematische Bewegungen festzustellen, zum Scheitern verurteilt sei. Damit wurde die These vom Zufallsverlauf der Aktienkurse Gegenstand ernsthafter Diskussionen in den Finanzwissenschaften. Zur Random Walk-Theorie wurde sie erst durch einen Aufsatz von Paul Samuelson (1965), der die notwendigen Begründungen zum Zufallsverlauf von Aktienkursen lieferte. In einer großen Zahl von Folgeuntersuchungen konnte diese Theorie, wenn auch nicht voll, so doch in weiten Teilen bestätigt werden.

Das Gesetz von der Rückkehr zum Mittelwert

In der Statistik kennt man seit den Forschungen von Abraham de Moivres und Carl Friedrich Gauß die Normalverteilung und – daraus abgeleitet – die Tendenz zur Homogenität bzw. zur Dominanz des Durchschnitts. In der Folge formulierte Francis Galton das Prinzip der Reversion zum Durchschnitt. Reversion, so sagte er, ist die Neigung der Nachfahren, zunächst vom Elterntyp abzuweichen und danach zu dem zurückzukehren, was man als Durchschnittstyp bezeichnen kann. So besteht die Tendenz, dass die Kinder großer Eltern eher kleiner, und die Kinder kleiner Eltern hingegen eher größer werden als ihre direkten Vorfahren. Die Theorie der Rückkehr zum Mittelwert beeinflusst nahezu jede Art von Risikomanagement und Prognostik. Übertragen auf die Entwicklung von Wertpapierkursen bedeutet dies, dass sich Unter- oder Überbewertungen mittelfristig auflösen; die Preise von Wertpapieren also – unter der Annahme, dass die Akteure rational handeln – immer wieder zu einem angemessenen, wahren oder natürlichen Wert zurückfinden.

Die Theorie effizienter Kapitalmärkte von Fama

Bei der Theorie effizienter Kapitalmärkte geht es um die Frage, wie effizient Kapitalmärkte Informationen verarbeiten. Nach Fama kann man drei Abstufungen der Informationseffizienz unterscheiden: (1) Eine *schwache* Informationseffizienz ist gegeben, wenn im Wertpapierkurs alle Informationen über vergangene Kursentwicklungen berücksichtigt sind. (2) Bei der *halbstrengen* Informationseffizienz sind im Wertpapierkurs alle Daten über vergangene Kursentwicklungen sowie zusätzlich alle öffentlich verfügbaren Informationen enthalten. (3) Eine *strenge* Informationseffizienz liegt vor, wenn im Wertpapierkurs alle Daten über vergangene Kursentwicklungen, alle öffentlich verfügbaren Informationen, sowie alle Insiderinformationen berücksichtigt sind. Ein Kapitalmarkt ist effizient, wenn die Wertpapierkurse, entsprechend Stufe 3, zu jeder Zeit alle verfügbaren Informationen vollständig reflektieren. Einigkeit herrscht darüber, dass es eine strenge Informationseffizienz wohl nicht gibt. Anzunehmen ist – so die Theorie – das Vorhandensein einer schwachen, unter Umständen auch einer halbstrengen Informationseffizienz. Eine viel diskutierte Frage ist, ob der Einsatz von technischen und fundamentalen Analysen[7] sowie von Insiderinformationen die Gewinnung von Überrenditen ermöglicht. Liegt eine schwache Informationseffizienz vor, können – so wiederum die Theorie – durch technische Analysen keine Überrenditen erzielt werden. Erkennt man eine halbstrenge Informationseffizienz, kann man sich auch durch fundamentale Analysen keine Vorteile verschaffen. Geht man von einer strengen Informationseffizienz aus, können selbst durch den Einsatz von Insiderinformationen keine erhöhten Renditen erzielt werden. Teilt man die Ansichten der Theorie effizienter Märkte, wird nicht nur die Tätigkeit unzähliger Chartisten und Analysten, sondern auch von vielen Fondsmanagern radikal in Frage gestellt. Da die täglich wahrnehmbaren Ereignisse an den Börsen auch nicht annähernd die Thesen der Theorie effizienter Märkte decken, streiten Wissenschaftler, Finanzfachleute, Experten, Chartisten, Analysten, Banker und Fondsmanager seit Jahren über deren Relevanz und Sinnhaftigkeit.[8] Auch bei Nicht-Experten erzeugen ihre Thesen einen merkwürdigen Eindruck, setzen sie doch voraus, dass Anleger – in einer ersten Stufe – neue Daten vollständig aufnehmen und in rationaler Form bewerten, und daran anschließend – in einer zweiten Stufe – auf der Basis

[7] Siehe hierzu die Ausführungen in Kapitel 3.7, Absatz (6).
[8] Siehe hierzu beispielsweise Shiller (2000) sowie Shleifer (2000).

dieser Daten auch noch rational agieren: Annahmen, die aus psychologischer Sicht, wie im weiteren Verlauf noch begründet wird, nicht haltbar sind.

Relevanz der Theorien des Wertpapiermanagements für Anleger

Die Portfoliotheorie, die CAPM und die Theorie effizienter Märkte bilden Eckpfeiler des modernen Wertpapiermanagements. Sie werden an Hochschulen gelehrt, ein Großteil der Fondsmanager und Experten wuchs mit ihnen auf und ist, wie man förmlich spürt, zutiefst in ihnen verwurzelt.[9] Aus Sicht eines Anlegers scheint die Frage, ob diese Theorien nun richtig und wichtig, oder falsch und unwichtig sind, vor allem akademischer Natur zu sein. Berücksichtigt man jedoch, dass die Empfehlungen von Experten häufig auf diesen Theorien gründen, gewinnen sie auch für Anleger an Bedeutung. Je mehr über die Erkenntnisse der Behavioral Finance publiziert und diskutiert wird, desto stärker werden zwischenzeitlich auch unter Finanzexperten die Zweifel über die Stimmigkeit, Sinnhaftigkeit und Brauchbarkeit dieser Theorien, wobei dieses Ringen nicht nur zwischen Schulen und Personen stattfindet, sondern zum Teil auch in den Akteuren selbst. Der fest verwurzelte Glaube an in weiten Teilen fragwürdige, kaum haltbare Theorien führt mitunter auch zu kuriosen Verhaltensweisen: Einerseits glaubt man an sie, arbeitet mit ihnen und lehrt sie; andererseits handelt man als ob es sie nicht gäbe. Diese Zwiespältigkeit zeigt sich beispielhaft in einem Beitrag von Wolfgang Gerke (2000: 26 und 39f), der als Professor seinen Studenten die modernen Kapitalmarkttheorien lehrt, gleichzeitig aber auch „gesteht", dass er bei seiner „privaten Geldanlage" – entgegen jeder Theorie – „Stock-Picking-Strategien und Timing-Überlegungen" folgt. Seine Ausführungen schließt er mit einem „P.S." wie folgt: „Möge mich der nächste von Milchmädchenhaussiers provozierte und von Börsenlemmingen ausgelöste Börsencrash nicht wie einen bedauernswerten Torwart auf dem falschen Fuß erwischen. Meine ignoranten Timing-Strategien machen mich verwundbar. Ich werde das CAPM weiter gläubig lehren, die Börsenpsychologie erforschen und mich dem Stock-Picking hingeben. Eine Verhaltensänderung hin zum β-Anlegerandroiden würde mir den Spaß am Aktienkauf neh-

[9] Das unbeugsame, durch nichts zu irritierende Verhalten der CAPM- und Markteffizienz-Propagandisten erinnert stark an folgende Strophen aus dem *Stundenbuch* von Rilke: „Ich liebe dich, du sanftestes Gesetz, / an dem wir reiften, da wir mit ihm rangen; / du großes Heimweh, das wir nicht bezwangen, / du Wald, aus dem wir nie hinausgegangen, / du Lied, das wir mit jedem Schweigen sangen, / und dunkles Netz, / darin sich flüchtend die Gefühle fangen."

men. Spaß ist aber auch eine nicht zu unterschätzende Nutzenfunktion. Möge Mercurius wenigstens bei mir eine Ausnahme zulassen, damit ich nicht von den β-Anlegerandroiden gefressen werde.“[10]

Wirtschaftstheorien beschränken sich bei der Erklärung des Verhaltens üblicherweise auf ökonomisch bewertbare Faktoren. Andere Aspekte finden fast keine Berücksichtigung. Diese Selbstbeschränkung führt naturgemäß zu Modellen und Theorien, die wohl den Eindruck großer Exaktheit vermitteln, gleichzeitig aber etwas leblos erscheinen, weil der handelnde Akteur, der Mensch mit seinen Stärken und Schwächen, seinen psychischen Gegebenheiten und sozialen Bezügen, bewusst außerhalb der Betrachtung bleibt.[11] Dies ist insbesondere auch in den Kapitalmarkttheorien der Fall, obwohl man weiß, dass die Handlungen der Menschen in diesem Bereich ganz erheblich von psychischen Faktoren beeinflusst sind. So herrscht zwischenzeitlich wohl weitgehende Übereinstimmung in der Feststellung, dass die zentralen Bedingungen der Theorie vollkommener Märkte – dies sind vor allem das Vorliegen vollständiger Informationen und ein rationales Handeln der Akteure – in der Praxis nicht annähernd erfüllt sind.[12] Andererseits bemüht man sich, Entwicklungen im Marktverlauf, die mit der Theorie nicht in Übereinstimmung gebracht werden können, dadurch zu retten, dass man das Verhalten von Kleinanlegern, die man gerne als „Milchmädchen“[13], „Fools“ oder „Noise-Trader“ stigmatisiert, für ansonsten nicht erklärbare Abweichungen verantwortlich macht. Auf diese Weise kann man eine ambivalente Haltung – wie es scheint – ganz gut kaschieren. Die Theorien sind ja, so das Credo, im Prinzip richtig, und alles wäre in Ordnung – „Wenn nur“, wie Hans Magnus Enzensberger in einem Gedicht einmal sagte, „die Leute nicht wären! / Immer und überall stören die Leute. / Alles bringen sie durcheinander. (...) Ja wenn die Leute nicht wären / dann sähe die Sache schon anders aus“.

[10] Mit „β-Anlegerandroiden“ bezeichnet Gerke (2000: 23) „menschenähnliche Maschinen“, die nur nach „klar definierten Risikoaversionsparametern“ handeln, und deshalb auch „keine Stimmungen, Bubbles oder Milchmädchenhaussen“ kennen.

[11] So weist beispielsweise Erich Gutenberg, der gemeinhin als „Vater“ der deutschen Betriebswirtschaftslehre gilt, explizit darauf hin, dass er menschliche Aspekte, die die Geschehnisse in Unternehmen ja ganz erheblich beeinflussen, bei der Entwicklung seiner ökonomischen Theorien bewusst neutralisiert hat; siehe hierzu Baecker (2008: 284ff).

[12] Siehe hierzu z.B. Gerke (2000), Jünemann (2000), Maas & Weibler (1990a), Niquet (1997), Shiller (2000), Shleifer (2000) sowie Steiner & Bruns (2002).

[13] Dass man hier gerne von „Milchmädchen“ spricht geht wahrscheinlich zurück auf die Fabel *Perrette und der Milchtopf* von La Fontaine, die als Warnung vor zu großem Optimismus und Investitionsbereitschaft verstanden werden kann.

Was bedeutet dies nun für Anleger? Zunächst einmal, dass die den geistigen Überbau des Wertpapiermanagements bildenden Theorien gedankliche Konstrukte idealistischer Natur sind. Sie haben mit dem „wirklichen Leben", der Praxis, fast nichts gemein, liefern auch keine verlässlichen Erklärungen über die Bewegungen an den Börsen, weswegen sie für Anleger im Prinzip ohne Bedeutung sind. Sie können ihr Kapital auch ohne Kenntnis dieser Theorien sinnvoll anlegen und verwalten. Und was für George Soros gilt – der eine „Theorie der Nicht-Theorie"[14] vertritt und für den solche Überlegungen deshalb auch mehr oder weniger bedeutungslos sind – gilt auch für Kleinanleger. Interessanter wird für sie die Frage, wie sie mit den aus diesen Theorien üblicherweise abgeleiteten Empfehlungen, die ihnen in der Ratgeberliteratur und den anderen Medien ja ständig begegnen, umgehen sollen. Zum einen sollten Anleger diese kritisch aufnehmen: Prüfen, mit welchen Begründungen und unterlegt mit welchen Daten was empfohlen wird – und ob dies mit ihren Erfahrungen, dem gesunden Menschenverstand, unter Umständen auch mit ihren Gefühlen in Übereinstimmung gebracht werden kann.[15] Zum anderen sollten sie sich nicht zu Apologeten irgendeiner Theorierichtung machen: In ihren Haltungen und Handlungen flexibel bleiben und das für sie jeweils Sinnvolle, von welcher Seite es auch kommt, in ihr Repertoire aufnehmen. Einseitigkeit ist hier fehl am Platz, sich ausschließlich einer Richtung anzuvertrauen nicht ratsam. Die Theoretiker und Experten tun dies – wenn es um ihre eigenen Finanzen geht – ja auch nicht.

Die Geschichte des LTCM-Fonds

Ich möchte an Hand der Geschichte des Long Term Capital Management-Fonds (kurz: LTCM) zweierlei verdeutlichen: zum einen wie die von Experten postulierten Theorien und deren praktisches Handeln auseinanderklaffen; zum anderen was passieren kann, wenn man sich zu sehr von Annahmen, Techniken und Modellen leiten lässt.[16] Im Sommer 1998 führten die Schwierigkeiten des LTCM-Fonds zu einem Beinahezusammenbruch des gesamten Finanzsystems. Direktoren des 1994 gegründeten Fonds waren neben John Meriwether die mit dem Wirtschaftsnobelpreis ausge-

[14] Siehe hierzu Esposito (2007: 109).

[15] Für einen eher Außenstehenden ist auffallend, wie intensiv und einseitig nicht nur in der Werbung, sondern auch innerhalb der Ratgeberliteratur pro Domo argumentiert wird, insbesondere wie einseitig, zum Teil auch verzerrend Daten präsentiert werden, um die eigene Position zu untermauern.

[16] Siehe hierzu Lowenstein (2007), Surowiecki (2007) sowie Taleb (2005).

zeichneten Wissenschaftler Robert Merton und Myron Scholes, vehemente Vertreter der Theorie effizienter Märkte. Die LTCM-Strategie basierte auf der Annahme, dass die Spreads bei Futures (zum Beispiel zwischen kurz- und langfristigen Anleihen) nur in einem geringen Maß schwanken und früher oder später wieder auf das vertraute Durchschnittsniveau zurückkommen. Ihr Ziel war, diese Abweichungen durch den Einsatz entsprechender Computerprogramme zu erkennen und gewinnbringend zu nutzen. Die Verteidiger des Dogmas effizienter Märkte legten somit einen Fonds auf, der Ineffizienzen am Markt ausnutzen sollte, was im Grunde ihrer wissenschaftlichen Meinung völlig widersprach: „Das ist so", wie Nassim Taleb (2005: 108) bemerkt, „als würde sich der Papst zum Islam bekehren."

Die Geschäfte liefen zunächst hervorragend. Die jährlichen Gewinne lagen, wie Lowenstein (2007) berichtet, in den Jahren 1994 bis 1997 zwischen 17 und 43 Prozent und das LTCM-Team machte Geschichte. Merton und Scholes wurden allseits gefeiert. Geradezu bejubelt wurde nicht nur ihr wirtschaftlicher Erfolg, sondern auch die „Eleganz" ihrer wissenschaftlichen Erkenntnisse. Die Geldwelt lag ihnen zu Füßen, sie waren die „Master of the Universe"[17]. Man fuhr „extravagante Autos, Merton ließ sich das Haar rot färben, verließ seine Frau und bezog eine flotte Bude in Boston". Anfang 1998 hatte der Fonds ein Eigenkapital von 4 Milliarden US$, dem ein Portfolio in Höhe von 140 Milliarden US$ gegenüberstand, investiert vor allem in Swaps, Terminkontrakte, Volatilitätsstrategien, Junk Bonds und Aktien. Mitte 1998 kam es durch starke Turbulenzen an den Währungsmärkten zur Krise. Die Spreads zwischen sicheren Staatsanleihen und den weniger sicheren Unternehmensanleihen sowie ausländischen Anleihen weiteten sich aus. Alle wollten gleichzeitig raus aus den gleichen Positionen. Merton, Scholes und ihr Computerprogramm wussten nicht, was sie machen sollten. Dies war eine Volatilität, die sie nicht verstanden, ihren Berechnungen nach nur alle paar Millionen Jahre vorkommen durfte. Im August 1998 verlor der Fonds an einem Tag etwas über 550 Millionen US$. Zunächst konnten die Verluste durch Notverkäufe aufgefangen, die darauf drohende Zahlungsunfähigkeit aber nur durch eine Rettungsaktion in- und ausländischer Banken unter Führung der Fed verhindert werden. Wie Lowenstein (2007: 243f) bemerkt, hatten Merton und Scholes dem Markt eine „kalte Berechenbarkeit zugesprochen, die er niemals

[17] Sehr schön charakterisiert von Tom Wolfe (1997) in seinem Wall Street-Roman *Fegefeuer der Eitelkeiten*. Die neue Generation von Hedgefondsmanagern bezeichnet Wolfe (2007) hingegen als aggressive „Piraten" und „Freibeuter", die mit ihren Vorgängern nur noch wenig gemein haben.

besessen hatte"; vor allem aber hatten sie „den menschlichen Faktor nicht berücksichtigt". Merton störte weniger der finanzielle Verlust, ihn „beunruhigte", wie Lowenstein (2007: 307ff) meint, stärker die Schande, die Long-Terms Versagen über die moderne Wissenschaft und ihr herausragendes akademisches Opus zu bringen drohte: „Obwohl er insgeheim eingestehen musste, dass die mathematischen Modelle versagt hatten, blieb er dabei, dass die Lösung allein die Entwicklung noch besser ausgearbeiteter und raffinierterer Modelle war. Der Gedanke, dass alle formelhaften Modelle unausweichlich Risiken bargen, kam ihm nicht in den Sinn. (...) Der Glaube, dass die Risiken von morgen aus den Kursen und Volatilitäten von gestern hergeleitet werden können, ist in praktisch jeder Investmentbank und jeder Handelsabteilung verbreitet. Das war Long-Terms Grundirrtum und seine horrenden Verluste verraten die Schwachstelle im Herzen – und im Kopf – der modernen Finanzwissenschaften." In Kommentaren zur LTCM-Pleite wird gerne John Maynard Keynes mit der Feststellung zitiert: „Die Märkte können länger irrational sein als man Geld hat." Ergänzen möchte man: Und idealistische, den Menschen ausschließende Annahmen, Modelle und Theorien können oft mehr Schaden anrichten als man denkt.

3.2 Rationalität der handelnden Akteure

Seit Adam Smith geht man in den ökonomischen Theorien davon aus, dass der Mensch, versinnbildlicht im Idealtyp des Homo oeconomicus, ein den eigenen Nutzen mehrender, rationaler Entscheider ist, den Ralf Dahrendorf (1969: 15) wie folgt charakterisiert: „Die Sozialwissenschaft hat uns bisher zwei neue, höchst problematische Menschen beschert, denen wir in der Wirklichkeit unserer Alltagserfahrung kaum je begegnen dürften. Der eine ist der viel umstrittene *Homo oeconomicus* der neuen Wirtschaftswissenschaft; der Verbraucher, der vor jedem Einkauf Nutzen und Kosten sorgsam abwägt und Hunderte von Preisen vergleicht, bevor er seine Entscheidung trifft; der Unternehmer, der alle Märkte und Börsen im Kopf vereinigt und sämtliche Entschlüsse an diesem Wissen orientiert; der vollständig informierte, durch und durch ‚rationale' Mensch."[18] Trotz der immer stärker werdenden Einwände halten viele Wirtschaftswissenschaftler am Bild des Homo oeconomicus fest. Die An-

[18] Der „andere Mensch" ist der von Philip Rieff – in Anlehnung an die Freudschen Theorien – so bezeichnete „psychological man": „der Mensch der unergründlichen Motive".

nahme einer strengen Rationalität hat sich zwischenzeitlich wohl etwas aufgelöst, weswegen die derzeit überwiegende Meinung ist, dass die Menschen nicht streng rational, sondern eher eingeschränkt rational handeln. Diese Einstellung zeigt sich auch in der folgenden Feststellung des Wirtschaftswissenschaftlers und Nobelpreisträgers Reinhard Selten (2006: 50): „Auch die Entscheidungs- und Spieltheorie fußt auf der Annahme rationalen Verhaltens seitens der Akteure. Wenn wir in der Realität aber immer wieder Ergebnisse beobachten, die nicht zu dieser Theorie passen, so hat das damit zu tun, dass Menschen sich zwar nicht unvernünftig oder irrational verhalten, wohl aber eingeschränkt rational." Diese Auflockerung hat auch dazu geführt, dass man verstärkt Erkenntnisse der Spieltheorie und der experimentellen Wirtschaftsforschung, der Psychologie, Sozialpsychologie, Soziologie und der Neurophysiologie in die klassischen wirtschaftswissenschaftlichen Modelle integriert – und diese damit im Sinne einer „Soulful Science"[19] weiterentwickelt.

Bevor ich in den weiteren Ausführungen darstelle, in welcher Form das Rationalprinzip aufgeweicht, in Frage gestellt und modifiziert wurde, möchte ich mich noch kurz der Frage zuwenden, was man unter dem Begriff „irrational" versteht. Nach dem Deutschen Wörterbuch von Wahrig bezeichnet „irrational" ein mit dem Verstand nicht erfassbares, vernunftwidriges, unberechenbares Verhalten. Im allgemeinen Sprachgebrauch bezeichnet es, wie Neuberger (1984: 172f) in etwas ausführlicherer Form darstellt, ein Verhalten, das unverständlich, nicht nachvollziehbar und dunkel ist; das ungeplant, emotional, unüberlegt, spontan oder impulsiv ist; das unberechenbar, widersprüchlich, unbeständig und inkonsistent ist; das seltsam, fremdartig oder unpassend erscheint; das überflüssig oder nutzlos, auf belanglose Ziele ausgerichtet ist; das allgemein anerkannten Vorgehensweisen, Werten und Zielen fundamental widerspricht.

Das Konzept der eingeschränkten Rationalität

Herbert Simon, Sozialwissenschaftler und Nobelpreisträger für Wirtschaftswissenschaften, war einer der ersten, die das Bild des Homo oeconomicus relativierten. Beobachtungen in Organisationen und sein gesunder Menschenverstand bewegten ihn, ein Gegenkonzept zur üblichen Auffassung von Rationalität zu entwickeln: die

---

[19] Siehe hierzu die Veröffentlichungen von Diane Coyle (2007), die auch den Begriff „Soulful Science" geprägt hat, sowie Häring & Storbeck (2007).

Theorie der „Bounded Rationality“, der eingeschränkten bzw. begrenzten Rationalität. Sein Ausgangspunkt hierbei war, dass Menschen – weil ihre Kapazität, Informationen zu erfassen und zu verarbeiten stark eingeschränkt ist – bei ihren Entscheidungen immer nur einen kleinen Ausschnitt der Wirklichkeit betrachten und dort nicht nach einer maximalen, sondern einer zufrieden stellenden Alternative suchen.[20] Denkprozesse müssen also nicht perfekt sein, sondern, wie Simon sagt, „satisficing“[21], was so viel heißt wie „gut genug“ oder „genügend“. Zur Frage: Was ist rational?, führte Simon (1955: 54) folgendes aus: „Am besten wird man das Wort ‚rational‘ nur zusammen mit passenden Adverbien gebrauchen. Dann kann eine Entscheidung ‚objektiv‘ rational genannt werden, wenn sie *tatsächlich* das richtige Verhalten zur Maximalisierung gegebener Werte in einer gegebenen Situation ist. Sie ist ‚subjektiv‘ rational, wenn sie die Erreichung in Bezug auf das aktuelle Wissen der handelnden Personen maximalisiert. Sie ist ‚bewusst‘ rational in dem Maß, in dem die Anpassung der Mittel an die Zwecke ein bewusster Vorgang ist. Sie ist ‚überlegt‘ rational in dem Maß, in dem die Anpassung der Mittel an die Zwecke überlegt herbeigeführt worden ist (...). Sie ist ‚individuell‘ rational, wenn sie nach den Zielen des Individuums bestimmt ist.“ Man erkennt an diesen Erläuterungen, in welchem Maße die Feststellung, ob ein bestimmtes Handeln nun rational ist, von der Perspektive und den Intentionen des jeweils Urteilenden abhängt.

Formen der Rationalität

Oswald Neuberger, Psychologe an der Universität Augsburg, hat ausgehend von der These, dass irrationales Handeln in theoretischen Analysen bislang nur eine Art Randexistenz fristet, folgende drei Rationalitätsbegriffe entwickelt: technisch-instrumentelle, normative und reflexive Rationalität.[22] Die *technisch-instrumentelle Rationalität* setzt voraus: (1) dass der Handelnde ein Ziel bzw. Präferenzen hat, (2) dass er die Situation überblickt, (3) dass er alle Handlungsmöglichkeiten, Mittel und Alternativen kennt, (4) dass er weiß, welche Handlungen mit welcher Wahrscheinlichkeit zu welchem Ergebnis und zu welchen Auszahlungen führen, (5) dass er eine Entscheidungsregel hat, die ihm erlaubt, zwischen verschiedenen Alternativen zu

---

[20] Siehe hierzu den Vortrag von Herbert Simon (1978) zur Verleihung des Nobelpreises.
[21] „Satisficing“ ist ein Kunstwort das sich zusammensetzt aus „satisfy“ und „suffice“.
[22] Von Neuberger (1984) veröffentlicht in einem Aufsatz, der den schönen Titel hat: *Rational, rationaler, irr rational, irrational.*

wählen, (6) dass er unendlich schnell ist und (7) dass er über alle nötigen Informationen verfügt. Sind diese Bedingungen gegeben, handelt man rational. Da dies äußerst selten bzw. nur in gering komplexen Situationen der Fall sein wird, muss man davon ausgehen, dass Menschen zumeist nicht rational handeln können. Das Menschenbild, das diesem Handlungsmodell zugrunde liegt, entspricht nicht dem eines existierenden Menschen. Es ist vielmehr das Abbild einer Idee vom Menschen, der sich so verhalten soll, wie es das Idealbild des rationalen Handeln verlangt: nüchtern, interesselos, ohne Stimmungen und Impulsivität, ohne Hin- und Herschwanken, ohne Ratlosigkeit, Angst und Hoffnung. Bei der *normativen Rationalität* geht es um die allgemeingültige Bewertung einer Handlung: Wie sind die Ergebnisse einer Handlung einzuschätzen, was ist ihr Nutzen, sind Ergebnis und Nutzen sozial anerkannt? Bei der *reflexiven Rationalität* hingegen ist von Bedeutung, wie der Handelnde selbst seine Handlungen bewertet: wie er das Erreichte im Spiegel seiner Vorstellungen, die nur er kennt, beurteilt. Stellt er in einer unverkrampften, authentischen Form fest, dass er das, was er wollte, erreicht hat, handelte er rational. Auch hier ist also entscheidend, wer was beurteilt – weshalb verschiedene Beobachter bei der Bewertung einer Handlung auch zu verschiedenen Urteilen kommen können.

Retrospektive Sinngebung von Handlungen

Üblicherweise gehen wir davon aus, dass Handlungen auf zuvor vollzogenen Überlegungen basieren. Karl Weick, Psychologe an der Universität von Michigan, hingegen meint, dass wir den meisten unserer Aktivitäten erst rückblickend Sinn geben, wir also quasi handelnd Sinn und Bedeutung erzeugen.[23] Die von Weick vertretene These einer retrospektiven Sinngebung kann als Gegenentwurf zu den klassisch-rationalen Verhaltens- und Entscheidungstheorien gesehen werden. „Wenn man den Leuten zuhört“, so Weick (2001), „merkt man, 90 Prozent ihrer Aktivitäten haben nichts, aber auch gar nichts mit einem rationalen Modell zu tun. Alles was sie im Laufe eines Tages machen, wird nicht durch die herkömmlichen rationalistischen Handlungstheorien gedeckt.“ Trotz aller Kritik blendet Weick Rationalität nicht völlig aus, er gibt ihr aber eine neue Funktion. Wenn Sinngebung retrospektiv verläuft, verliert die Rationalität ihre handlungsleitende Funktion und steht gleichrangig neben anderen Formen der Plausibilitätserzeugung. Rationalität wird dann zur Rhetorik und vor

[23] Siehe hierzu im Detail Weick (1985 und 1995).

allem eingesetzt zur nachträglichen Rechtfertigung beziehungsweise Verständlichmachung von Handlungen. „Wenn ich etwas gemacht habe", so Weick (2001), „von dem andere denken sollen, es sei vernünftig, bringe ich die Rationalität ins Spiel." In etwas veränderter Form könnte man auch sagen: Wenn ich beweisen möchte, dass andere nicht sinnvoll gehandelt haben, bringe ich die Rationalität ins Spiel.

Handeln Anleger „irrational"?

In den meisten finanzwissenschaftlichen Veröffentlichungen und der Ratgeberliteratur geht man davon aus, dass sich Anleger in vielen Situationen irrational verhalten.[24] Doch was wird hier mit welchen Intentionen aus welcher Perspektive beurteilt? Handelt ein Anleger, der nicht in Aktien investiert und dadurch auf Performance verzichtet, irrational – oder aus seiner subjektiven Sicht heraus, weil er Risiken vermeiden möchte, höchst rational? Handelt ein Anleger, der sein Kapital bewusst in relativ wenigen, pflegeleichten Titeln anlegt, irrational – oder, im Sinne seiner individuellen Zielsetzungen, da er seinen Analyse- und Kontrollaufwand in Grenzen halten möchte, höchst rational? Handelt ein Fondsmanager, der in Erwartung rückläufiger Kurse seine Barbestände aufstockt, irrational – oder im Sinne der Kunden, auch wenn man weiß, dass sich Kurse langfristig nach oben entwickeln, höchst rational? Handelt ein Professor, der seinen Studenten die Theorie effizienter Märkte lehrt, gleichzeitig aber Teile seines Kapitals als Stock Picker einsetzt, irrational – oder, da er auf diese Weise sein Bedürfnis nach Nervenkitzel und Spaß befriedigt, höchst rational? Handeln Fondsmanager, die in Anlehnung an eine Bemerkung von Keynes, dass „nichts so desaströs ist, wie eine rationale Investmentpolitik in einer irrationalen Welt"[25], in schwierigen Märkten ein gewisses Maß an Irrationalität zeigen, irrational – oder ist hier die Stufe erreicht, die Neuberger (1984) als „irr rational" bezeichnet? Um die Sache noch etwas weiter zu treiben könnte man auch – in Anlehnung an eine Bemerkung Luhmanns (1990: 151) – in einer grundsätzlichen Form fragen: ist es bei der Anlage von Kapital „überhaupt rational, sich rational zu verhalten"?[26]

[24] Siehe hierzu beispielsweise Rapp (2000).
[25] Zitiert nach „Adam Smith" (1976); Übersetzung HKW.
[26] An anderer Stelle stellt Luhmann (1991) fest, dass es bei Risikobeurteilungen der Handlungen Dritter generell verfehlt ist, die Kriterien rational/irrational zu verwenden, da der beurteilende Beobachter „selbst nicht in der Entscheidungssituation steht, nicht dem gleichen Entscheidungsdruck ausgesetzt ist, (…) nicht in gleichem Maße an den Vorteilen der Entscheidung teilhat wie der Entscheider selbst".

Was will ich damit sagen? Die Grenze zwischen rational und irrational ist in Bezug auf die Anlage von Kapital schwer zu ziehen. Es kommt immer auf den Standpunkt des Beurteilers und darauf an, was er beurteilt, wobei im Extremfall nahezu alles Verhalten als irrational bezeichnet werden kann. Wenn dies der Fall ist, macht die allzu schnelle, zum Teil auch unreflektierte Verwendung der Begriffe „rational" und „irrational" wenig Sinn. So zeigen beispielsweise auch Beck (2008), Gigerenzer (2007) sowie Jünemann & Imbacher (2007) an praktischen Beispielen, wie Verhaltensweisen, die man gemeinhin als irrational bezeichnet, wenn man sie aus einer anderen Perspektive betrachtet, höchst rational werden. In diesem Zusammenhang bemängelt Gigerenzer (2007: 110 und 113) auch, dass gerade Psychologen in Gefahr sind, die Psychologie für die reine Logik ökonomisch-rationalen Denkens aufzugeben. Weiter führt er aus: „Generationen von Studenten der Sozialwissenschaften haben unterhaltsamen Vorlesungen gelauscht, in denen dargelegt wurde, wie dumm die restliche Menschheit sei, da sie ständig vom Pfad der Logik abweiche und sich im Nebel der Intuition verwirre. Doch logische Normen sind blind für Inhalt und Kultur, lassen evolvierte Fähigkeiten und Umweltstrukturen außer Acht. Häufig erweist sich das, was vom rein logischen Standpunkt wie ein Denkfehler aussieht, in der wirklichen Welt als intelligentes soziales Urteil." Besser wäre es, den Begriff „irrational" deshalb nur in solchen Fällen zu verwenden, in denen – bei Kenntnis der Ziele, der Motive, der Erfahrungen und Gefühle, der Umstände und des Umfelds des jeweils Handelnden – ganz offensichtlich gegen jede Vernunft gehandelt wird. Alternative Begriffe könnten dann sein: nicht förderlich (angesichts der angestrebten Ziele), nicht ausreichend Wert steigernd (angesichts anderer Möglichkeiten), zu risikoscheu bzw. zu risikobehaftet (angesichts...), nicht kostengünstig (angesichts...), nicht genügend durchdacht (angesichts...). Es wäre wünschenswert, wenn sich der Sprachgebrauch insbesondere in Sachbüchern und der Ratgeberliteratur in die vorgeschlagene Richtung verändert – wobei es mir vor allem auch darum geht, „wie" dieser Begriff verwendet wird, also mit welcher Attitüde bzw. Selbstaussage und Beziehungsdefinition.[27] So ist es nicht gerade hilfreich, wenn man Anlegern, die man ja zum Lernen

---

[27] Ich beziehe mich hier auf das von Friedemann Schulz von Thun (1981) entwickelte Modell der „vier Seiten einer Nachricht", nach dem jede Nachricht neben der Sachaussage immer auch Aussagen darüber enthält, wie der „Sender" der Botschaft sich selbst und seine Beziehung zum „Empfänger" sieht. Siehe ergänzend hierzu den Insiderbericht von Lewis (2003) über die Geschäftspraktiken und die Kultur von Investmentbanken, in dem er auch auf das Selbstbild von Investmentbankern und die hieraus resultierende, geradezu herabsetzende Sicht auf ihre Kunden eingeht.

und zur Weiterentwicklung animieren möchte, zunächst einmal vorwirft, sie wären irrational, anomal oder naiv. Dies lässt vermuten, dass man hier – angesichts der durchaus respektablen Ergebnisse, die Kleinanleger bei der Performance oder in Experimenten zur Prognosefähigkeit im Vergleich zu Profis erreichen[28] – eine im Prinzip fragwürdige Könnens-Hierarchie[29] aufbauen möchte. Außerdem entsteht der Eindruck, dass Profis – im Sinne einer Projektion – Anlegern etwas vorhalten, was sie selbst nicht im Griff haben: zum Beispiel Anlageentscheidungen ausschließlich an sachlichen Kriterien auszurichten, zukünftige Entwicklungen prognostizieren zu können, Gewinne laufen zu lassen und Verluste zu begrenzen, in Zeiten größter Turbulenzen die Ruhe zu bewahren. So stellt auch Peter Bernstein (2007: 334), der als Sachbuchautor auf seine Praxiserfahrungen als Analyst und Investmentberater zurückgreift, wohltuend selbstkritisch fest, „dass wir [die Experten; HKW] im Sinne der herkömmlichen Definition von Rationalität die Prüfung alle miteinander nicht bestehen."[30] Ich möchte an dieser Stelle noch Meir Statmann (2005: 1 und 6) zu Wort kommen lassen, der in Bezug auf die immer wiederkehrende Diskussion um die Begriffe „rational" und „irrational" folgendes feststellt: „The year 1960 was the middle of an extraordinary time when academics and practioners of finance were changing their minds, switching from a framework in which investors are ‚normal' to one in which investors are ‚rational'. (...) Investors were normal before they were described as rational in the early 1960s, and they remain normal today."

In den folgenden Ausführungen werden mit der Behavioral Finance, den Modellen der ökologischen Rationalität, der evolutionären Finanzmarkttheorie sowie den neurophysiologischen und neuroökonomischen Erklärungsansätzen theoretische Konzepte vorgestellt, die die Rationalitätsannahmen der finanzwissenschaftlichen Theorien zum einen – wenn man dies so sehen möchte bzw. kann[31] – ergänzen oder erweitern, zum anderen aber auch in Frage stellen.

---

[28] Zu den Erfolgen dieser Anlegergruppen im Vergleich siehe Goldberg & von Nitzsch (2004), Shefrin (2002), Surowiecki (2007), Weber et al. (2007) sowie Zweig (2007).

[29] In Bezug auf Wissen haben Experten ganz sicher einen nicht unerheblichen Vorsprung vor Kleinanlegern. Doch können sie dieses Wissen auch in konkrete Handlungen umsetzen? Die Ergebnisse verschiedenster Untersuchungen lassen zumindest daran zweifeln.

[30] Wie Baecker (2008: 228) darstellt, gehen Theoretiker und Experten in Amerika wesentlich lockerer, mitunter auch ironisch mit den vielfach doch angreifbaren, den praktischen Erfahrungen so gar nicht entsprechenden Erkenntnissen und Theorien der Ökonomie um.

[31] So meint Elena Esposito (2007: 86ff und 97), das eigentliche Problem vieler Ökonomen bestehe vor allem darin, „ihre eigene Fiktion auch als solche zu erkennen".

3.3 Erkenntnisse der Behavioral Finance

Die Theorie effizienter Märkte hatte zum Ende der 70er Jahre eine absolut dominante Stellung im Finanzbereich. Erste Zweifel an ihrer Sinnhaftigkeit und Praxistauglichkeit kamen Anfang der 80er Jahre auf, vor allem ausgelöst durch die Veröffentlichungen von Daniel Kahneman, Amos Tversky und Richard Thaler.[32] Sie belegten durch ihre Untersuchungen, wie weit die Praxis von der Theorie rationaler Entscheidungen entfernt ist. Die Menschen, die ihnen in ihren spieltheoretischen Experimenten begegneten, handelten anders als die Idealwesen, die sie aus den Theorien der Ökonomen kannten. Kahneman & Tversky zeigten, wie die Menschen mit Unsicherheiten und Informationen umgehen, und wie sie durch Einsatz unterschiedlicher Techniken komplexe Probleme handhabbar machen. Tatsachen haben hierbei zumeist eine geringe Bedeutung. Die Gesetze der Ökonomie interessieren kaum. Nur selten bewertet der reale Mensch seine Optionen nach objektiven Kriterien. Bestimmt er den Wert einer Sache, orientiert er sich an einem selbst gewählten Referenzpunkt. Um komplexe Situationen bei der Informationsaufnahme oder bei anstehenden Entscheidungen zu meistern, verwendet er Frames (Rahmen) und Heuristiken. Immerzu ist er auf der Suche nach Mustern und Ankern. Er hat eine Aversion gegenüber Verlusten, außerdem bewertet er Verluste wesentlich stärker als Gewinne. Seine Entscheidungen und Handlungen sind – auf einen kurzen Nenner gebracht – somit weit von dem entfernt, was man als rational bezeichnet. Der rational und effizient handelnde Homo oeconomicus ist – so die Erkenntnis von Kahneman, Tversky und Thaler – somit eine Schimäre: ein Trugbild, das mit der Praxis wenig zu tun hat.

Die Untersuchungen und Experimente von Kahneman, Tversky und Thaler lösten eine wahre Flut von Folgeuntersuchungen aus, die später unter dem Begriff „Behavioral Finance" zusammengefasst wurden.[33] Zwischenzeitlich hat sich die Behavioral Finance als eigenständige Forschungsrichtung und tragende Säule in den Finanzwissenschaften etabliert und steht dort quasi in Opposition zur Theorie effizienter Kapitalmärkte. Ihr Ziel ist es, Erkenntnisse aus den Humanwissenschaften, hier vor allem

[32] Siehe hierzu insbesondere die Veröffentlichungen von Kahneman & Tversky (1979) zur Prospect Theory, von Kahneman, Slovic & Tversky (1982) zur Problematik von Entscheidungen unter Unsicherheit und die Wirkung von Heuristiken und Biases, von De Bondt & Thaler (1986) zur Überreaktion von Anlegern sowie die überarbeitete Form des Vortrages von Kahneman (2003) zur Verleihung des Nobelpreises für Wirtschaftswissenschaften im Jahr 2002.

[33] Zu den Zielen und zur Entwicklung der Behavioral Finance siehe www.behaviouralfinance.net sowie Sewell (2007).

der Psychologie, in die Erforschung der Finanzmärkte einzubeziehen. Untersucht werden insbesondere die so genannten nicht-rationalen Formen ökonomischen Verhaltens (z.B. Anomalien und Ineffizienzen), die auch unter Annahme einer Theorie der eingeschränkten Rationalität kaum erklärt werden können. Die Erkenntnisse der Behavioral Finance kann man in Anlehnung an Kahneman (2003), Shefrin (2000: 4f) und Shleifer (2000: 10f) in drei Themenbereiche gliedern: Heuristiken, Framingeffekte und Verlustaversion.[34]

(1) Heuristiken

Menschen machen schon bei der für sie so wichtigen Aufnahme von Informationen Fehler. Eine Ursache hierfür ist, dass sie bei deren Bewertung häufig Heuristiken (Faustformeln) einsetzen, die ihnen zwar helfen, Komplexität zu reduzieren und möglichst schnell Urteile zu fällen, andererseits aber – da sie auf ein bereits bekanntes Wissen (Anker) zurückgreifen – auch zu fehlerhaften Konstruktionen der Wirklichkeit[35] verleiten können: zu übermäßigen, die Tatsachen verzerrenden Vereinfachungen, zum Denken in Stereotypen (alogische, erfahrungsgemäß nicht hinlänglich abgesicherte Verallgemeinerungen z.B. in Form eines Schubladendenkens), zu einer Überbewertung zuerst oder zuletzt empfangener Informationen (Primacy- bzw. Recencyeffekt), zu fehlerhaften Attribuierungen (Mängel bei der Interpretation bzw. Zuordnung von Ursachen und Wirkungen) oder zu einer selektiven Wahrnehmung, bei der man nur noch die Dinge wahrnimmt, die ins vorhandene Denkschema passen.

(2) Framingeffekte

Wie man die Dinge wahrnimmt und bewertet, hängt vor allem davon ab, in welchem Rahmen (frame) sie präsentiert und aufgenommen werden. So wird das Ergebnis unserer Wahrnehmung beispielsweise davon beeinflusst, ob uns Informationen mündlich, schriftlich oder grafisch aufbereitet übermittelt werden, in welcher Form die Darstellung erfolgt und in welcher emotionalen Gestimmtheit wir eine Information erhalten. In gleicher Weise hängen auch unsere Entscheidungen davon ab, in welchem Rahmen sie zu treffen sind: in welcher emotionalen Lage wir uns zum

---

[34] Hirshleifer (2001) hat eine etwas differenziertere Gliederung in folgende vier Bereiche vorgeschlagen: (1) Heuristische Vereinfachung, (2) Selbsttäuschungen, (3) Emotionen und Selbstkontrolle sowie (4) soziale Wechselbeziehungen.

[35] Siehe hierzu im Detail z.B. Goldberg & von Nitzsch (2004), Shefrin (2002) und Wahren (1987).

Zeitpunkt der Entscheidungsbildung befinden und welche Bezugspunkte oder Quellen wir in Entscheidungen einbeziehen. In diesem Sinne wird z.B. die Entscheidung, ob man eine stark eingebrochene Aktie nun halten oder verkaufen soll, davon abhängen, ob man das Investment innerhalb eines Gesamtportfolios, und dieses wiederum in Relation zur Entwicklung des Gesamtmarktes, betrachtet, oder ob man sich ausschließlich auf den Verlust dieser einen Aktie konzentriert (in der Behavioral Finance bezeichnet man dies dann als *Mental Accounting*).

(3) Verlustaversion

Die Erkenntnisse aus ihren ersten Forschungen veröffentlichten Kahneman & Tversky im Jahr 1979 unter dem Titel *Prospect Theory*[36]*: An Analysis of Decision under Risk*. Wie der ergänzende Hinweis bereits andeutet, geht es in der Prospect Theory vor allem darum, wie Menschen Entscheidungen unter Einbezug von Risikogesichtspunkten treffen. In ihren Experimenten fiel Kahneman & Tversky auf, dass die Versuchspersonen eine relativ starke Furcht vor Verlusten zeigten, und mit Verlusten anders umgingen als mit Gewinnen – beispielsweise den mit einem Verlust verbundenen Schmerz tendenziell wesentlich stärker empfanden als die Freude über einen Gewinn in gleicher Höhe. Des Weiteren stellte man fest, dass Menschen in Gewinnsituationen Risiken eher meiden, z.B. einen risikofreien kleinen Gewinn einem risikobehafteten größeren Gewinn vorziehen, in Verlustsituationen hingegen eher risikofreudig werden. Aus diesem Grund bevorzugen sie in Wahlsituationen mehrheitlich auch Alternativen, bei denen ein größerer Verlust mit einer geringeren Eintrittwahrscheinlichkeit verbunden ist, als Alternativen, bei denen ein geringer Verlust mit hoher Wahrscheinlichkeit eintreten wird. Die Angst vor Verlusten kann folglich, wenn man dies auf Anleger bezieht, zu zwei unterschiedlichen Reaktionen führen: Zum einen kann sie Anleger bewegen, auf Kursrückgänge geradezu panikartig zu reagieren und Wertpapiere zu jedem Preis zu verkaufen, zum anderen, dass sie an ins Minus geratenen Positionen zu lange festhalten, Wertpapiere nicht verkaufen und auf diese Weise versuchen, den Schmerz, der die Endgültigkeit eines (realisierten) Verlustes mit sich bringt, zu vermeiden – was im Extremfall auch zu einer gewissen Fatalität gegenüber Verlusten führen kann.

[36] Man könnte dies übersetzen mit „Erwartungstheorie“.

Bausteine der Behavioral Finance

Da die Behavioral Finance nicht über ein geschlossenes Theoriegebäude verfügt, stehen die im Laufe der letzten drei Jahrzehnte gewonnenen Erkenntnisse ohne einigendes Dach nebeneinander.[37] In Anlage 1 habe ich die meines Erachtens 40 wichtigsten Konzepte bzw. Erklärungsmodelle,[38] die in den Veröffentlichungen zur Behavioral Finance üblicherweise angesprochen und dort auch in ausführlicher Form beschrieben werden,[39] zusammengefasst, definiert und mit Quellenhinweisen versehen, wobei einige Konzepte, die seit jeher Kernbereiche der Psychologie bilden, von der Behavioral Finance lediglich „adoptiert" und um die in Experimenten gewonnenen Erkenntnisse ergänzt wurden. Zu bemerken ist auch, dass einige der in Anlage 1 beschriebenen Abweichungen von einem rationalen Verhalten, die man in der Literatur üblicherweise als Irrationalitäten, Ineffizienzen, Absonderlichkeiten oder Anomalien bezeichnet, nicht nur negative, sondern durchaus auch gewollte bzw. positive Effekte haben, weshalb Beck [2008: 178] sie als „brillante Reaktionen des menschlichen Geistes auf eine komplexe, gefährliche und unüberschaubare Umwelt" bezeichnet.[40]

Aus psychologischer Sicht möchte ich hier einige grundsätzliche Bemerkungen anfügen. Angesichts der Art und der Zielsetzung der Experimente, die zwischenzeitlich – auch in Kombination mit Methoden der Hirnforschung – durchgeführt wurden, kann man den Eindruck gewinnen, dass man sich dem Modell des Homo oeconomicus, indem man den Menschen quasi als „Maschine" betrachtet, dessen logische Schaltungen es im „Labor" zu entschlüsseln gilt, nun auf einem anderen Weg nähern möchte, mit dem Ziel, die hierbei gewonnenen Erkenntnisse vor allem zur Verbesserung der Börsenperformance zu nutzen. So meint beispielsweise Kiehling (2001), dass die Beschäftigung mit der Behavioral Finance nur Sinn macht, wenn es gelingt,

---

[37] Siehe hierzu z.B. Kahneman (2003) sowie Coyle (2007).

[38] Hirshleifer (2001) beispielsweise konzentriert sich auf 25, Pompian (2006) auf 20 Konzepte; Kiehling (2001) hingegen erwähnt in seiner Veröffentlichung über 50 Konzepte. Auf der Website www.behaviouralfinance.net werden über 60 Konzepte beschrieben und mit Quellen versehen.

[39] Grundlage hierfür waren folgende Übersichtswerke zur Behavioral Finance bzw. Veröffentlichungen, die auf Erkenntnissen der Behavioral Finance aufbauen oder solche im größeren Umfang berücksichtigen: Beck (2008), Belsky & Gilovich (2007), Goldberg & von Nitzsch (2004), Jünemann & Imbacher (2007), Kahneman & Tversky (2000), Kiehling (2001), Pompian (2006), Shefrin (2000), Shiller (2000), Thaler (1993), Weber et al. (2007) und Zweig (2007).

[40] Beispiele hierfür sind die verschiedenen Heuristiken, die Anker- und Framing-Effekte, das Mental Accounting und das Herdenverhalten, die Kontrollillusion, der Confirmation und der Status Quo Bias (siehe hierzu z.B. Beck, 2008).

menschliches Verhalten an der Börse zu prognostizieren, wobei er relativierend hinzufügt, dass „vorerst viel gewonnen" wäre, „wenn man wenigstens den Boom verlässlich diagnostizieren und die Gefahr eines Crashs quantifizieren könnte". Eine ähnliche Ansicht vertritt Goldberg (2008), der sich von der Behavioral Finance vor allem konkrete Hinweise zur Erzielung von „Extrarenditen" erhofft. Hier wird somit versucht, den nicht mehr haltbaren klassischen Homo oeconomicus durch einen maschinengleich handelnden „Homo optimus" zu ersetzen, der seine Wahrnehmungen, Handlungen und Gefühle exakt kontrollieren und steuern kann, darüber hinaus die Schwächen und Irrationalitäten anderer Investoren erkennt und dieses Wissen auch zum eigenen Vorteil zu nutzen versteht.

Nachdem die Erkenntnisse der Behavioral Finance nicht nur in den Finanzwissenschaften eine weitgehende Akzeptanz gefunden haben, sondern auch in den Wirtschaftsmedien und vor allem in der Ratgeberliteratur immer stärker berücksichtigt werden, taucht die Frage auf, ob die bislang erarbeiteten Ergebnisse stichhaltig genug sind, um daraus weiterführende Schlussfolgerungen und Empfehlungen abzuleiten. Die häufigsten Kritikpunkte, die gegen die Erkenntnisse der Behavioral Finance vorgebracht werden, betreffen die Anordnung und Durchführung der Experimente (relativ wenige Teilnehmer; häufig Studenten), die Art und Formulierung der Fragen sowie die Nicht-Berücksichtigung von Gefühlen und Emotionen. Haupteinwand ist, dass die Komplexität und Tragweite der in den Experimenten zu fällenden Entscheidungen, vor allem auch deren Folgen bzw. Konsequenzen für den Entscheider, nicht annähernd den Gegebenheiten der Praxis gerecht werden, weswegen Kahneman (2000a: XI) auch darauf hinweist, dass die vorliegenden Erkenntnisse durch weiterführende Untersuchungen verifiziert werden müssen. Es ist deshalb kritisch zu betrachten, wie in der Sekundärliteratur ungesicherte Erkenntnisse in einer überzogenen Art interpretiert werden, wobei das Ganze häufig noch mit einer gesunden Portion Küchenpsychologie garniert wird. So hat es sich in der Magazin- und Ratgeberliteratur eingebürgert, dass man sich in einer fast schon beliebigen Form Begriffe aus der Behavioral Finance-Toolbox herauspickt, diese miteinander verwurstelt, um das, was man im Prinzip immer schon gewusst hat, deuten, erklären oder gar „beweisen" zu können.[41] Geradezu abenteuerlich wird es, wenn Erkenntnisse, deren Übertragung auf Anlageentscheidungen fragwürdig ist, oder die nur für ganz spezifische, konkret

[41] Siehe hierzu auch Shefrin (2000: 118).

eingegrenzte Fälle gelten, in allgemein gültige Empfehlungen bzw. „Gesetze“ des rationalen Umgangs mit Geld umgemünzt werden. Dass Kahneman (2000a: XI) dies ähnlich sieht, zeigt folgende Bemerkung im Vorwort der von ihm mit herausgegebenen Veröffentlichung *Choices, Values, and Frames*, in der die wesentlichen Erkenntnisse zum Entscheidungsverhalten zusammengefasst sind: „The scholars who use the tools to explain more complex decisions do so at their own risk.“

3.4 Modelle einer ökologischen Rationalität

Die Forschergruppe um Gerd Gigerenzer, Psychologe und Direktor am Max-Planck-Institut für Bildungsforschung in Berlin, baut auf den Erkenntnissen Herbert Simons auf, setzt sich gleichzeitig aber auch kritisch mit den Konzepten der Behavioral Finance auseinander. Sie bemängeln vor allem, dass sich Psychologen bei der Gestaltung ihrer Experimente der mathematisch-ökonomischen Logik unterwerfen, Abweichung von dieser als Konjunktionsfehler bezeichnen und in der Folge Urteile darüber fällen, was rational und was irrational ist. Das Interesse Gigerenzers konzentriert sich – im Gegensatz zu den Forschungen von Kahneman & Tversky – deshalb auch nicht auf die Irrationalitäten ökonomischer Entscheidungen, sondern auf die Möglichkeit, auf der Basis der Prämissen begrenzter Rationalität möglichst schnelle, einfache, aber trotzdem verlässliche Vorgehensweisen, sie nennen diese „fast and frugal Heuristics“, für die Entscheidungsfindung zu erarbeiten.[42] Sie sind schnell, weil mit ihnen ein Problem innerhalb kurzer Zeit gelöst werden kann, sie sind einfach, weil man mit einer stark eingegrenzten Zahl von Informationen auskommt, sie passen sich vorgegebenen Entscheidungsstrukturen bzw. Lebenswelten an und sie ermöglichen die Berücksichtigung von Emotionen und sozialen Normen, weswegen Gigerenzer sie auch als „Modelle einer ökologischen Rationalität“ bezeichnet. Außerdem führt ihr Einsatz, wie in Experimenten mehrfach nachgewiesen wurde, zu guten Entscheidungen, wobei die mittels Heuristiken getroffenen Entscheidungen in vielen Fällen sogar besser sind als diejenigen, die mit Einsatz von zeit- und kostenintensiven, rationalen Entscheidungstechniken erarbeitet wurden.[43]

[42] Siehe hierzu Gigerenzer (2004 und 2007), Gigerenzer & Todd (1999), Gigerenzer & Gaissmaier (2006), Gladwell (2005) sowie Taleb (2005).
[43] Siehe hierzu auch die Ausführungen in den Kapiteln 5.5, 6.4 und 7.1.

3.5 Evolutionäre Finanzmarkttheorie

Die evolutionäre Finanzmarkttheorie (Evolutionary Finance) versucht die Gegensätze zwischen den traditionellen Finanzmarkttheorien – mit ihrem Postulat rationalen Verhaltens – und den psychologischen Faktoren der Behavioral Finance durch eine evolutionäre Sichtweise zu überbrücken.[44] Sie greift dabei auf ein Theoriemodell zurück, das zunächst ziemlich artfremd erscheint, nämlich Darwins Evolutionstheorie. Die Grundidee der evolutionären Finanzmarkttheorie ist relativ einfach. Sie betrachtet die Börse als Ansammlung von Agenten, die im Kampf ums Kapital unterschiedliche Strategien einsetzen. Hierbei wirken zwei aus der Evolutionstheorie bekannte Kräfte: einerseits die Selektion, die dazu führt, dass derjenige, der Gewinne erzielt, groß und stark wird, hingegen derjenige, der verliert, irgendwann aus dem Kampf ums Kapital ausscheidet; andererseits die Mutation, die neue finanztechnische Ideen generiert, mit denen sich dann die Innovatoren Vorteile gegenüber den Konkurrenten verschaffen. Während in der Natur die Arten aufeinander treffen, ringen auf den Finanzmärkten, wie Hens (2001) ausführt, verschiedene Anlagestrategien um den Erfolg: „Growth-, Small-Stock-, Global-, Trend-, Conservative-, Mid-Cap-, Active-, Dynamic-, Progress-, Balanced-, Wave-, Action- und Special-Selection-Strategien". Diese beeinflussen sich gegenseitig, und wenn mit einer Strategie Kursgewinne realisiert werden, muss es auch Strategien geben, die zu Verlusten führen. Das Neue am evolutionsbiologischen Ansatz ist, Kapitalmärkte als ein dynamisches System um den Erfolg streitender Strategien zu sehen, deren Erfolg vom jeweiligen Umfeld abhängt. Aus diesem Grund gibt es auch keine absolut beste Strategie. Im Übrigen ist „auf Märkten mit rationaler Preisbindung", wie Hens meint, „meist rationales Verhalten die beste Antwort, hingegen schließen auf irrationalen Märkten oft irrationale Strategien am besten ab".

3.6 Neurophysiologische und neuroökonomische Erkenntnisse

Die Gehirnwissenschaften sind „in" und es gibt fast keine wissenschaftliche Veranstaltung mehr, auf der nicht auch ein Hirnforscher einen Vortrag hält. Ein populärer Vertreter dieser Richtung ist Antonio Damasio, Neurologe an der Universität von

[44] Siehe hierzu Gull (2006), Hardt (2007) sowie Hens (2001).

Iowa, der seit vielen Jahren die neuronalen Grundlagen von Sprache und Kognition sowie den Zusammenhang von Gefühlen, Emotionen und Vernunft untersucht.[45] Seit Descartes werden Vernunft und Gefühle als strikt getrennte Bereiche aufgefasst und die Gefühle gerne als Gegenspieler der Vernunft gesehen: als Aktivitäten, die den Geist bei seiner Arbeit eher hindern. Damasio beschreibt nun auf der Basis seiner Erkenntnisse aus Untersuchungen und Experimenten, in welcher Form Gefühle und Empfindungen zu treffende Entscheidungen – positiv oder negativ – beeinflussen. Da Gefühle und Empfindungen uns zeigen, wie wir die Instrumente der Logik am besten nutzen können, betrachtet Damasio sie als unentbehrlich für rationales Verhalten. Gefühle und Empfindungen bilden gleichsam eine Brücke zwischen den rationalen und nichtrationalen Prozessen im Denken. Emotionale Signale lenken die Aufmerksamkeit auf bestimmte Aspekte eines Problems und helfen auf diese Weise, die Qualität von Entscheidungen zu verbessern. Sie warnen uns vor möglichen negativen Folgen unseres Handelns oder machen uns auf positive Effekte aufmerksam. So kann ein Bauchgefühl uns sagen, dass es besser wäre, von einer bestimmten Entscheidung Abstand zu nehmen, weil sie in der Vergangenheit zu negativen Effekten geführt hat. Auf der anderen Seite kann so ein Signal, wenn es mit positiven Gefühlen verbunden ist, Menschen auch dazu bewegen, etwas Bestimmtes zu tun. Da diese Signale jeweils körperbezogen sind, bezeichnet Damasio sie als somatische Marker. Das emotionale Signal ist jedoch kein Ersatz für rationale Überlegungen, es übernimmt lediglich eine Hilfsfunktion, indem es die Entscheidungsprozesse beschleunigt sowie deren Effizienz und Qualität erhöht. Auch wenn die Neurowissenschaften viele Menschen faszinieren und die Berichte über sie in populärwissenschaftlichen Magazinen geradezu boomen, entwickeln sich gleichzeitig immer mehr Stimmen, die die vorliegenden Erkenntnisse relativieren, den überhöhten Geltungsanspruch dieses Forschungs- bzw. Wissensbereiches in Frage stellen und vor überzogenen Erwartungen warnen.[46]

In eine ähnliche Richtung wie die Neurophysiologie gehen die Forschungen der Neuroökonomie (Neuroeconomics) und ihrer Teildisziplin der Neurofinance.[47] Diese

[45] Siehe hierzu Damasio (1997 und 2005), Bechara & Damasio (2005) sowie Roth (2003 und 2007).

[46] Siehe hierzu beispielsweise Tebartz van Elst (2007) sowie Mutschler (2005), der unter anderem fordert, „den Geltungsanspruch der Hirnphysiologie radikal herunter zu kürzen".

[47] Siehe hierzu Camerer, Loewenstein & Prelec (2005), Coyle (2007), Kenning & Plassmann (2007), Koschnick (2007), Peterson (2007), Priddat (2007), Zweig (2007) sowie die Berichte von Buchhorn & Hetzer (2006), Fehr (2005), Levy (2006) und Uehlecke (2007).

noch jungen Wissenschaften, ein interdisziplinäres Gemisch aus Ökonomie, Psychologie und Neurologie, beschäftigen sich mit der Analyse ökonomischen Verhaltens unter Einbezug neurowissenschaftlicher Methoden. Sie versuchen zu erklären, wie im Gehirn wirtschaftliche Entscheidungen durch das Zusammenspiel von Vernunft und Gefühlen, von bewusst kontrollierten und automatisch ablaufenden Vorgängen entstehen. Die bislang vorliegenden Forschungsergebnisse der Neuroökonomie zeigen, dass der Umgang mit Geld bei weitem nicht so rational ist, wie in der Theorie angenommen wird. Sobald Geld ins Spiel kommt, kommen auch Gefühle ins Spiel. Zwei Gehirnbereiche stehen, wenn es ums Geld geht, im ständigen Clinch: der Präfrontalkortex, eine Hirnregion hinter der Stirnwand, in dem Optionen vernünftig beurteilt werden, sowie das limbische System, das die Menschen antreibt, Gier erzeugt und auf den schnellen Gewinn aus ist. Eine Schlussfolgerung hieraus ist, dass Menschen offensichtlich Sicherungen brauchen, die dabei helfen, die Lust auf das schnelle Geld zu zügeln.

Diese zentrale Erkenntnis der Neuroökonomie erinnert stark an die von Freud beschriebene Gliederung der Psyche in die Instanzen Es, Ich und Über-Ich, bei der das Ideale, Normen, Leit- und Weltbilder verkörpernde Über-Ich im ständigen Clinch mit dem weitgehend im Unbewussten wirkenden, triebhaften Es steht.[48] Zwischen dem Über-Ich und dem Es befindet sich in der Freudschen Instanzenlehre das Ich, dem die Aufgabe zukommt, die miteinander ringenden, entgegen gesetzten Ansprüche zu harmonisieren. Auch andere Erkenntnisse der Neuroökonomie, so zur Risikoeinschätzung, zum Risikoverhalten und zur Risikoaversion, zur Gier, zur Reaktion auf Verluste, zur ständigen Suche von Mustern und zur Mustererkennung, zu den Framingeffekten und zu den Wirkungen von Fairness und Vertrauen, sind vielfach nur Bestätigungen dessen, was man aus der Psychologie oder der Behavioral Finance bereits weiß. Dass hier immer wieder Experimente zu Effekten vorgenommen werden, die seit längerer Zeit bekannt sind, liegt sicher auch an der engen, geradezu kongenialen Zusammenarbeit, die Behavioral Finance-Experten mit Forschern aus dem Bereich der Neurowissenschaften pflegen.[49] Da auf diesem Weg lediglich bereits vorhandene Kenntnisse um die Ergebnisse von Hirnmessungen ergänzt werden,

[48] Von Freud (1975) beschrieben in *Das Ich und das Es*. Man erkennt hieran, wie aktuell die Erkenntnisse Freuds, die jahrelang ziemlich bekämpft wurden, sind und wie eng in vielen Bereichen die Beziehungen zwischen Psychoanalyse und Hirnforschung sind (siehe hierzu Lakotta, 2007).

[49] Siehe hierzu die Berichte von Cassidy (2006), Heuser (2008a), Traufetter (2007) und Zweig (2007).

ist aus den unzähligen Experimenten der Neuroökonomie und Neurofinance bis dato auch fast nichts Neues herausgekommen – außer dass nun viele Ökonomen die Begriffe „Präfrontalkortex", „Amygdala" und „funktionelle Kernspintomographie" kennen.

Bemerkenswert an den Veröffentlichungen zur Neuroökonomie und Neurofinance ist, in welcher Detailliertheit die Informationsströme im Gehirn, chemische Prozesse und die bei den Untersuchungen eingesetzten Apparaturen bzw. Techniken beschrieben werden. Auffallend ist auch der Drang, die Funktionsweisen des Gehirns dadurch zu erklären, dass man einzelnen Regionen, in denen beim Hirnscanning am Bildschirm etwas „aufleuchtet", bestimmte Funktionen zuordnet. Ernsthaft-kritische Forscher hingegen sind der Ansicht, dass solche einfachen Zuordnungen eher gefährlich sind. So stellt beispielsweise Hüther (2007: 9), Leiter der neurologischen Grundlagenforschung an der Universität Göttingen, folgendes fest: „Noch immer finde ich es spannend, was es in so einem Gehirn alles zu zerlegen, zu messen und zu untersuchen gibt. Aber ich glaube inzwischen nicht mehr daran, dass es uns auf diese Weise jemals gelingt zu verstehen, wie ein Gehirn, gar ein menschliches Gehirn, funktioniert. Im Gegenteil: Diese Art von Forschung verleitet uns dazu, immer gerade das, was wir besonders gut zerlegen, messen oder untersuchen können, als besonders wichtig für die Funktionsweise des Gehirns zu erachten." Ergänzend hierzu möchte ich Gerhard Roth (2007: 179), Direktor am Institut für Hirnforschung der Universität Bremen, zitieren, der meint, man sollte vielmehr davon ausgehen, dass das Gehirn ein „multi-zentrisches Netzwerk" darstellt, „in dem niemand allein das Kommando hat, sondern in dem die Instanzen mit ihren jeweiligen Argumenten in einen Wettbewerb mit teilweise ungewissem Ausgang treten".[50]

In der Finanzbranche hegt man hohe Erwartungen an die Neurofinance. So hofft man, dass es ihr bald gelingt, die „Maschine Gehirn" in ihren Grundfunktionen zu entschlüsseln, und es dann auch entsprechende Psychopharmaka[51] gibt, mit denen sich die hässlichen Fehlschaltungen – im Sinne eines „Cognitive Enhancement" oder „Mind Doping" – eliminieren lassen. Der von Gerke (2000: 23) beschriebene „β-Anlegerandroide", die stets rational handelnde, perfekte, menschenähnliche Maschine, die keine Stimmungen kennt, wäre dann Realität. Gelingt dies nicht, hätte man zumindest einen Freispruch erster Klasse für seine Fehlhandlungen und wäre damit

[50] Siehe hierzu auch Greenfield (2007).
[51] Siehe hierzu Levy (2006), Uehlecke (2007), Schleim (2005) und die Ausführungen in Kapitel 9.1.

auch weitgehend befreit von Schuldgefühlen. Wenn nicht unser Ich handelt, sondern unser limbisches System – wir also nur das wollen, was wir tun und nicht das tun, was wir wollen – sind wir, wie Assheuer (2007) sagt, „der Leibeigene unseres Gehirns, der Sklave am Königshof der Synapsen". Eine zutiefst pessimistische und auch fatalistische Perspektive.[52]

Andererseits: Was passiert, wenn alle Anleger rein rational entscheiden? Kommt es in so einer Welt überhaupt noch zu einem vernünftigen Handel? Findet man dann für Wertpapiere, bei denen allen klar ist, dass es mit ihnen bergab geht, überhaupt noch Käufer zu einem vernünftigen Preis? Theoretisch nicht. Der Markt erfordert, wie Hayek (1969: 249f) sagt, Wettbewerb, und der wird sich nur entwickeln, wenn „wir die wesentlichen Umstände nicht kennen, die das Handeln der im Wettbewerb Stehenden bestimmen". Außerdem erfordert Wettbewerb, dass Ergebnisse „unvoraussagbar und im Ganzen verschieden von jenen sind, die irgendjemand bewusst hätte anstreben können". In diesem Sinne werden begrenztes Wissen, die wechselseitige Intransparenz der Erwartungen und die psychologischen Schwächen menschlichen Handelns geradezu zu Bedingungen der Möglichkeit einer „rationalen" ökonomischen Ordnung. Ein spekulativer Markt, also ein Markt, auf dem sich Preise als Reaktion auf unterschiedliche Erwartungen entwickeln, braucht Unsicherheit, unvollkommenes Wissen und wechselseitige Intransparenz, die geradezu Voraussetzungen für dessen Funktionieren sind. Der Börsenkolumnist Bernd Niquet formuliert dies in *Finale Senkrechte* (2007: 13) wie folgt: „[E]in Markt kann schließlich immer nur dann funktionieren, wenn jemand, der die Dinge richtig versteht, jemanden findet, der sie entweder falsch oder gar nicht versteht, und jemand, der sie falsch oder gar nicht versteht, jemanden findet, der sie richtig versteht, wobei beide vorher nicht wissen, wer wer von beiden ist."

Versucht man die bislang aufgelaufenen Erkenntnisse der Neuroökonomie und Neurofinance zusammenzufassen und zu bewerten, kann man feststellen, dass in den meisten Fällen lediglich das bestätigt wird, was man bereits aus der Psychoanalyse, psychologischen Experimenten oder der Behavioral Finance wusste. So kommt auch Koschnick (2007: 75) zu dem Ergebnis: „Lässt man die bislang durchgeführten Studien Revue passieren und schaut nach dem Erkenntnisgewinn, so verblüfft vor allem eines: Insgesamt gesehen, ist erstaunlich wenig Neues dabei herausgekommen. Die

[52] Siehe hierzu auch den von Geyer (2004) herausgegebenen Sammelband zum Thema *Hirnforschung und Willensfreiheit*.

Begeisterung über die neuen Erkenntnismöglichkeiten und der tatsächliche Ertrag stehen in keinem vernünftigen Verhältnis.“ Außerdem sind die bislang entwickelten Erkenntnisse – worauf viele Forscher selbst hinweisen – noch zu wenig abgesichert. Wie tragfähig neurophysiologische und neuroökonomische Forschungsansätze sein werden, wird die Zukunft zeigen. Auch wenn sie bislang nichts völlig Neues gebracht haben, können ihre Erkenntnisse doch mitunter helfen, psychologische oder ökonomische Theorien zu unterfüttern, zu verifizieren oder auch in Frage zu stellen. Gefördert hat die Hirnforschung vor allem aber das Verständnis, in welcher Form und in welchem Ausmaß Gefühle wirtschaftliche Entscheidungen beeinflussen. Betrachtet man jedoch die Ausführungen der Ratgeberliteratur, überrascht vor allem die zumeist unkritische, spekulative, fast schon artistische Art, in der Hypothesen der Behavioral Finance mit den noch vagen Erkenntnissen der Neurofinance, ergänzt um einem Schuss Sozio- bzw. Evolutionsbiologie zu einem alles erklärenden „System“ verbunden werden: quasi zu einer „Gebrauchsanleitung für ein besseres Leben“[53]. Die Allianz Global Investors (2008a) gehen noch einen Schritt weiter, wenn sie eine Broschüre zu den Erkenntnissen der Behavioral Finance und der Hirnforschung mit der (paradoxen) Aufforderung: *Überliste Dich selbst!* betiteln.

3.7 Empfehlungen für Anleger – Fehler von Anlegern

Die zu Beginn dieses Kapitels beschriebenen Theorien des Wertpapiermanagements bilden die Basis der seriösen, theoriegeleiteten Ratgeberliteratur.[54] Dort besteht deshalb auch weitgehende Einigkeit darüber, was das pragmatische Handlungswissen eines Anlegers beinhalten bzw. welche Grundsätze bei der Kapitalanlage berücksichtigt werden sollten. Dies sind: (1) eine sinnvolle Diversifikation, (2) der Aufbau risikoadjustierter Portfolios, (3) eine ausreichende Langfristorientierung, (4) Regeln zur Gestaltung und Bestückung des Portfolios sowie (5) die Beachtung von Handelskosten. Relativ uneinig hingegen ist man sich bei der Bewertung von Analyse-, Trading- und Anlagestrategien, wobei hier (derzeit) die Vertreter der Theorie effizienter Märkte – und damit die Befürworter passiver Strategien – überwiegen.

[53] So der Untertitel einer Veröffentlichung von Burnham & Phelan (2003) zu den „neuesten Erkenntnissen“ der Verhaltens-, Gen- und Hirnforschung.

[54] Siehe hierzu z.B. Bernstein (2002 und 2006), Malkiel (2000) sowie Weber et al. (2007).

(1) Diversifikation

Es ist altes Kaufmannswissen, dass Diversifikation ein probates Mittel sein kann, um Risiken zu reduzieren. So sagt in William Shakespeares *Der Kaufmann von Venedig* Antonio zu seinem Freund Bassanio: „Mein Vorschuss ist nicht *einem* Schiff vertraut, / Noch *einem* Ort; noch hängt mein ganz Vermögen / Am Glücke dieses gegenwärtgen Jahrs; / Deswegen macht mein Handel mich nicht traurig.“ Zwischenzeitlich wird die Risiko senkende Kraft der Diversifikation, die auch durch mehrere Untersuchungen bestätigt wurde, allgemein anerkannt. Abweichungen erkennt man lediglich bei der Frage, auf wie viele Investments man sein Kapital verteilen soll, um eine sinnvolle Risikostreuung zu erhalten. So reichen die Empfehlungen von mindestens fünf bis zu mehr als 20 Positionen[55], wobei dies in der Praxis unter anderem von der Höhe des anzulegenden Kapitals, aber auch vom Zeitaufwand abhängt, den man zur Titelauswahl und zur laufenden Performancekontrolle einsetzen möchte. Legt man sein Kapital in Fonds an, reduzieren sich diese Werte, da Fonds in der Regel weit mehr als 20 Einzeltitel im Portefeuille haben und dadurch schon eine entsprechende Risikostreuung erreicht werden kann.

(2) Aufbau risikoadjustierter Portfolios

Wesentlich komplizierter ist die Sache beim Aufbau risikoadjustierter Portfolios. Dies erfordert zum einen, dass man die Portfolioinhalte an die Risikobereitschaft des Anlegers anpasst (adjustiert), zum anderen, dass man die Regeln zur Gestaltung effizienter Portfolios beachtet. Relativ gut bewältigt werden kann, wie in Kapitel 4 dargestellt wird, die Anpassung der Portfolioinhalte an die Risikobereitschaft des Anlegers. Mit größten Schwierigkeiten verbunden ist jedoch die Gestaltung effizienter Portfolios. Zum einen erfordert der hierfür notwendige Vergleich der Korrelationen und Risikokennziffern einen hohen Analyseaufwand. Außerdem kennt man – und das wäre ja notwendig – die zukünftigen Erträge, Risiken und Korrelationen der einzelnen Assets nicht. Das Ziel, effiziente Portfolios im Sinne der Portfoliotheorie von Markowitz zu gestalten, ist somit in der Praxis nur in stark eingeschränkter Form

[55] Die so genannte „Rule of Five“ ist eine Empfehlung der National Association of Investors Corporation (NAIC), die in den USA 8.000 Stock-Picking-Clubs betreut (siehe Shefrin, 2002). Weber (2007: 135) hingegen meint, dass „ab einer Anzahl von circa 20 Einzelaktien eine ordentliche Diversifikation erreicht werden kann, vorausgesetzt, die Aktien werden zufällig ausgewählt und es wird dabei sichergestellt, dass sie nicht überwiegend aus einer oder zwei Branchen stammen.“

realisierbar.[56] Im Vordergrund der Bemühungen steht deshalb die näherungsweise, an Werten der Vergangenheit orientierte Zusammenstellung teiloptimierter Portfolios, mit dem Ziel – unter Berücksichtigung eines als akzeptabel erachteten, individuellen Risikofaktors – ein für einen bestimmten Investor annähernd optimales Ertrags-Risiko-Verhältnis zu erreichen. Wie Weber (2007: 135) zu Recht bemerkt, sind diese teiloptimierten Portfolios zumeist deutlich besser als die real existierenden Portfolios von Privatanlegern.

(3) Langfristorientierung

Die Empfehlung einer Langfristorientierung leitet sich aus dem Gesetz der Rückkehr zum Mittelwert ab. Hiernach soll man davon ausgehen können, dass Aktienkurse auch nach größeren Einbrüchen immer wieder zu ihrem natürlichen, wahren oder inneren Wert zurückkehren – und, auf längere Sicht betrachtet, auch steigen. Auf diese Weise will man Anleger, da ein hektisches „Hin und Her“ sowohl die Performance als auch die Psyche belastet, zu einer langfristigen Anlagepolitik bewegen. Üblicherweise verschweigt man jedoch, dass sich diese Rückkehr auch über viele Jahre erstrecken kann. Außerdem verhindert die Botschaft: „Langfristig gehen die Kurse nach oben“, die notwendige Auseinandersetzung mit Risikoaspekten und vermittelt Anlegern ein Gefühl von Sicherheit, das angesichts der Risiken, die Investments in Aktien oder Aktienfonds stets beinhalten, nicht gerechtfertigt ist.[57] Zu bezweifeln ist auch, ob die Strategie eines „Kaufen und liegen lassen“, die früher einmal empfehlenswert zu sein schien, in der heutigen Zeit, in der sich Trends, Anlagemoden, Korrelationen sowie die Chancen und Risiken von Investments immer schneller verändern, überhaupt noch Sinn macht.

(4) Regeln zur Gestaltung und Bestückung von Portfolios

Anleger sollten, so die durchgängige Meinung in der Ratgeberliteratur, einfache, transparente Produkte bevorzugen, also Wertpapiere, deren Strategien, Strukturen und Kosten für sie verständlich und nachvollziehbar sind. Einigkeit besteht auch hinsichtlich der Forderung, dass aus Performancegründen Wertpapiere mit einem erhöhten Ertrags-Risiko-Profil, also Aktien und Aktienfonds, in jedes Portfolio gehö-

[56] Siehe hierzu auch die Ausführungen in Kapitel 5.4.
[57] Siehe hierzu Luhmann (2008: 350ff).

ren, wobei deren Anteil sich vor allem an der Risikobereitschaft eines Anlegers orientieren soll. Des Weiteren geht es hier um die Frage, mit welchen konkreten Produkten man sein Portfolio bestückt. Glaubt man an die Effizienz der Märkte, führt dies nahezu zwangsläufig zu der heute üblichen Empfehlung, sich eher passiv zu verhalten und sein Kapital statt in Aktien und Aktienfonds, in Indexzertifikate bzw. ETFs zu investieren. Vertraut man eher dem eigenen Wissen und Können oder glaubt man an den Erfolg spezifischer Methoden bzw. Personen, bestückt man sein Portfolio mit zukunftsträchtigen Aktien, mit von Profis gemanagten Fonds und geschickt ausgewählten Zertifikaten. Berücksichtigt man, welches spielerische Element bzw. welche Emotionen mit diesen Strategien verbunden sind, stellt man fest, dass eine passive Investition in Indexfonds für viele Anleger eine eher langweilige Angelegenheit ist. Für sie erhält ein Portfolio den gewünschten Pfeffer erst durch die „Beimischung" von etwas riskanteren Investments. Aus diesem Grund wird häufig eine Mischstrategie empfohlen, bei der man den größeren Teil seines Kapitals langfristig in Titel mit geringerem oder mittlerem Risiko investiert und einen kleineren Teil als „Spiel"-Geld für riskantere Anlageobjekte einsetzt.

(5) Berücksichtigung von Kosten

„Hin und Her macht Taschen leer" ist eine immer wieder zitierte Börsenweisheit, die sich mit den Erfahrungen der Praxis deckt. So wurde bei der Analyse der Bewegungen auf Depotkonten festgestellt, dass zu viele Anleger zu intensiv handeln:[58] Männer stärker als Frauen, Anleger mit einer Onlineverbindung mehr als klassische Bankkunden, Personen mit einem übermäßigen Selbstvertrauen mehr als solche mit einem gesunden Selbstvertrauen, risikofreudige mehr als risikoaverse Anleger. Ein exzessiver Handel hat erfahrungsgemäß nicht nur negative Auswirkungen auf die Kursgewinne, sondern ist auch mit erheblichen Kosten verbunden, was insgesamt gesehen die Rendite erheblich schmälert.

(6) Einsatz von Analyse- und Tradingstrategien

Seit es Börsen gibt, versuchen Anleger, sich durch den Einsatz von spezifischen Analyse-, Trading- oder Anlagestrategien Vorteile zu verschaffen. Wenn man auch aus der Random Walk-Theorie weiß, dass Kurse keinem Muster folgen, unternimmt

[58] Siehe hierzu z.B. Barber & Odean (2001) sowie die Ausführungen in Kapitel 7.1.

man in der *technischen Analyse* doch den Versuch, in Kursbewegungen spezifische Verlaufsformen, Muster oder Tendenzen zu erkennen. Der Markt für technische Analysen blüht geradezu, weswegen man in Fach- und Sachbüchern, in Anlegerzeitschriften oder Börseninfos fast schon erschlagen wird von Linien-, Balken-, Anchor-, Point-, Figure- und Candlestick-Charts, von Trend- und Zyklusanalysen, Konsolidierungs- und Schulterformationen, Widerstands- und Unterstützungslinien..., jeweils ergänzt um die daraus abgeleiteten (verbalen) Erkenntnisse, die von Experte zu Experte ganz unterschiedlich ausfallen und in vielen Fällen auch nicht die Zukunft vorhersagen, sondern lediglich das Vergangene interpretieren. Aber wahrscheinlich sind es gerade die Unterschiede in den Interpretationen, die vielfältige Erwartungen wachsen lassen und dadurch die notwendige Bewegung in die Märkte bringen. Don DeLillo (2003) hat in seinem Roman *Cosmopolis*, der den letzten Tag im Leben von Eric Parker, einem zu großem Reichtum gekommenen Börsenspekulanten schildert, die Deutung von Daten und die fast schon manische Suche nach Mustern sehr schön beschrieben: „Er schaute an Chin vorbei zu den gegenläufig rasenden Zahlenströmen. Er begriff, wie viel ihm das bedeutete, das Fließen und Springen von Daten auf dem Bildschirm. Er studierte die figurativen Diagramme, die organische Muster ins Spiel brachten, Vogelflüge und gespaltene Muschel. (...) Er wusste, es gab da etwas, das noch niemand entdeckt hatte, ein latent in der Natur verborgenes Muster, einen Sprung in der Bildsprache, der über die Standardmodelle technischer Analyse hinausging und selbst die geheimnisvolle Diagrammsprache seiner eigenen Jünger auf diesem Gebiet ins Aus prophezeien konnte. (...) ‚Auf irgendeiner tieferen Ebene gibt es einen Befehl', sagte er. ‚Ein Muster, das erkannt werden will.'"

Im Gegensatz zur technischen Analyse geht die *fundamentale Analyse* davon aus, dass es einen Zusammenhang zwischen den wirtschaftlichen Gegebenheiten und der zukünftigen Kursentwicklung gibt. So versucht man den wahren, inneren Wert von Aktien durch die Berechnung der Substanz-, Ertrags- oder Marktwerte zu ermitteln, ergänzt um Global-, Branchen- und Cash Flow-Analysen oder eine Berechnung der diskontierten Dividendenwerte – und hofft auf diese Weise zu Erkenntnissen zu kommen, wie sich die Kurse zukünftig entwickeln werden: wo also Gewinne und wo Verluste zu erwarten sind.

Darüber hinaus gibt es eine große Zahl von *Trading- bzw. Anlagestrategien*: Timing- und Kalenderstrategien, Growth- oder Value-Strategien, Blue Chips-, Small Caps-, Momentum-, Trendfolge- und Contrarian-Strategien... – wobei es zwischenzeitlich nicht nur für jede taktische Option eine Strategie gibt, sondern für jede Strategie auch eine um 180 Grad gewendete Gegenstrategie. Ziel aller Strategien ist, sich zusätzliche Gewinnpotentiale bzw. Überrenditen zu erarbeiten – und damit, wie man dies üblicherweise nennt, „den Markt zu schlagen". Dies bedeutet, dass man die Theorie effizienter Märkte weitgehend negiert und auf die Erfolg bringende Kraft seines Wissens, Könnens, Geschicks, Mutes oder Raffinements setzt.

Angesichts der Vielzahl von Mitteln und Wegen zum Anlageerfolg meinen Jünemann & Imbacher (2007: 77), dass Anlegen „mehr eine Kunst als eine Wissenschaft" wäre. Dies mag auf den einen oder anderen Fondsmanager zutreffen. In Bezug auf Kleinanleger passt meines Erachtens beides nicht. Die daraus ableitbare Bezeichnung des Anlegers als „Künstler" oder „Wissenschaftler" birgt die Gefahr, dass man die Tätigkeit zu stark heroisiert und mystifiziert – wobei es in der Praxis doch „nur" darum geht, Strategien, die die Ertrags- und Risikoziele eines Anlegers berücksichtigen, sinnvoll zu entwickeln und gekonnt umzusetzen. In diesem Sinne ist Anlegen vor allem Handwerk: überlegtes, gekonntes, qualitativ hochwertiges Handwerk.[59] Den „one best way" gibt es auch hier nicht. Und welche Tradingtechniken und Strategien man einsetzt, hängt vor allem davon ab, an welche Theorien man glaubt, wie detailliert und intensiv man die Dinge betreiben will, welche Risiken man eingehen möchte, wie viel Spannung man bei der Kapitalanlage sucht und wie viel Zeit man für diese Aufgaben aufzuwenden gedenkt. Gleich welche Techniken und Strategien man in der Praxis auch einsetzt – es bleibt stets von Bedeutung, wie man sie umsetzt. So hängt die Wirksamkeit von Techniken oder Strategien nicht nur davon ab, ob sie wissenschaftlich bewiesen sind, sondern auch, wie stark man an sie glaubt, mit welchem Einfühlungsvermögen und Geschick, mit welcher Motivation, Nachhaltigkeit und Hartnäckigkeit man sie in der Praxis umsetzt. Gefährlich kann es werden, wenn man heute dies und morgen jenes versucht – und dadurch zu einem immer hektischeren, mehr oder weniger orientierungslosen Handeln verführt wird.

Fehler von Anlegern – Verhaltensregeln für Anleger

In der populären Ratgeberliteratur findet man immer wieder Übersichten, in denen dargestellt wird, welche Fehler Anleger üblicherweise machen. Diese tragen dann Titel wie: „Die sieben Ursachen der Vermögensschwindsucht", „Zehn Verbote" oder

[59] Siehe ergänzend hierzu die Gedanken von Sennett (2008) zum „guten" Handwerk.

„The seven deadly Sins". Als Pendant hierzu gibt es auch Zusammenstellungen über das jeweils „richtige" Verhalten. Zumeist handelt es sich hierbei um umformulierte Fehlerlisten, die dann beispielsweise folgende Überschriften haben: „Die 7 Regeln des Asset-Management", „Sieben Tipps für einen Bärenmarkt", „Zehn Gebote", „10 goldene Regeln zum Erfolg" oder „20 Gebote für diszipliniertes Anlegen". Zum Nutzen dieser Listen meint Udo Perina (2007): „Fast jeder Finanzdienstleister, wie Banken und ähnliche Unternehmungen heute genannt werden, hat seine fünf, sieben, zehn oder gar zwanzig ‚goldenen' Börsenregeln. (…) In der Praxis sind solche Regeln allerdings so nützlich wie eine Badehose am Nordpol." Ich habe mir trotzdem die Mühe gemacht und zusammengetragen, welche Fehler hier üblicherweise genannt werden.[60] Nachstehend habe ich die typischen Anlegerfehler – getrennt nach (eher) technischen und psychologischen Ursachen – zusammengetragen, wobei diese Übersicht lediglich die zumeist genannten Fehler enthält, also bei weitem nicht vollständig ist:

(1) Primär technische Ursachen

- Keine klaren Vorstellungen über Anlageziele und die Anlagestrategie
- Zu geringe bzw. keine sinnvolle Diversifikation des Portfolios
- Überzogene Renditeerwartungen
- Unkenntnis der eigenen Risikobereitschaft
- Fehlende oder ungenügende Analyse vor einer Anlageentscheidung
- Falsche Zeitpunkte für Kauf und Verkauf
- Zu geringe Beachtung der Kosten
- Keine, zu geringe bzw. mangelhafte Performancekontrolle
- Keine bzw. mangelhafte Berücksichtigung von Stoppkursen

(2) Primär psychologische Ursachen

- Handlungen werden zu stark von Emotionen bzw. Gefühlen gelenkt
- Verlustbringer werden zu lange gehalten, Gewinner zu schnell verkauft

[60] Berücksichtigt wurden hierbei folgende Quellen: Bernstein (2002), Braun (2004), Daniel, Hirshleifer & Hong Teoh (2002), Dowling & Lucey, (o.J.), Kühn & Hartmann (2007), Jünemann & Imbacher (2007), Kommer (2002), Kostolany (1985), Ogger (2002), Pring (2000), Weber et al. (2007) und Zweig (2007).

- Selbstüberschätzung; Versuch, den Markt schlagen zu wollen
- Selektive Wahrnehmung; zu starke Orientierung an Vergangenheitsdaten
- Leichtgläubigkeit gegenüber Aussagen von Experten, Analysten und den Medien
- Zu starke Reaktionen auf Kursschwankungen
- Zu starke Orientierung an der Masse (Herdenverhalten)
- Zu wenig Geduld
- Zu geringe Disziplin
- Exzessives Handelsgebaren

Diese Aufstellung, die den Anlegern kein gutes Zeugnis ausstellt, umfasst nahezu alle wichtigen Aufgaben bei der Anlage von Kapital. Da ich in den folgenden Kapiteln auf die meisten Punkte näher eingehen werde, möchte ich sie an dieser Stelle nicht weiter erläutern. Ganz interessant und deshalb erwähnenswert sind noch die Überschriften der Fehler- und Empfehlungslisten, in denen – neben den symbolisch bedeutsamen Zahlen wie „7“ und „10“[61] – im positiven Fall die Begriffe „Gold“ und „Gebot“, im negativen Fall „Verbot“ und „Tod“ zu finden sind, deuten sie doch an, dass es hier um äußerst bedeutsame, geradezu lebensentscheidende Dinge zu gehen scheint.

[61] Die „7“ ist zum Beispiel ein Symbol für Gott und seine Allwissenheit, sie steht für Vollständigkeit, Perfektion, Sicherheit, Ruhe und Fülle (die sieben Todsünden bzw. Tugenden, die sieben Weltwunder, das Buch mit sieben Siegeln, das tapfere Schneiderlein erlegte sieben Fliegen auf einen Streich…); die „10“ enthält alle wichtigen Zahlen und folglich alle Dinge und Möglichkeiten, sie gilt als Paradigma der Schöpfung, als alles umschließend: Der Dekalog, Odysseus Rückkehr im zehnten Jahr etc.

4 Risiko und Risikobereitschaft

Die mit einem Investment verbundenen Risiken haben nicht nur starke Auswirkungen auf die Performance, sondern auch auf die Psyche der Anleger. In den Kapiteln 4.1 und 4.2 gehe ich zunächst etwas näher auf den Begriff „Risiko" ein und erläutere, wie Anleger die Chancen und Risiken einer Kapitalanlage bewerten und bei ihren Entscheidungen berücksichtigen können. In den Kapiteln 4.3 und 4.4 beschreibe ich das Zusammenwirken von Risikowahrnehmung, Risikobewertung und Risikobereitschaft sowie unterschiedliche Formen der Risikobereitschaft. In Kapitel 4.5 grenze ich die Begriffe „Anleger", „Spekulant" und „Spieler" gegeneinander ab, entwickle darauf aufbauend eine Anlegertypologie und stelle in Kapitel 4.6 einige von Banken eingesetzte Risikotests sowie einen praktikablen Ansatz zur Ermittlung der individuellen Risikobereitschaft vor. Zum Abschluss beschreibe ich in Kapitel 4.7 die Grundzüge von Persönlichkeitstests sowie hierauf basierende, neben Risiko- auch Persönlichkeitsmerkmale beinhaltende Anlegertests.

4.1 Die Allgegenwart von Risiken und Chancen

Gefahr und Risiko

Auch wenn man heute viel über Risiken spricht, bleibt doch häufig im Dunkeln, um was es überhaupt geht. Wie dies bei Fachbegriffen zumeist der Fall ist, spricht auch der Begriff Risiko nicht für sich selbst. Sein Sinn erschließt sich erst, wenn man ihn in einen größeren Rahmen einbettet und mit den Begriffen Gefahr, Wagnis, Ungewissheit und Unsicherheit konfrontiert.[1] Die Quellen des Wortes „Risiko" liegen wahrscheinlich im Arabischen. Der Begriff „rischio" taucht erstmals im 12. und 13.

---

[1] Siehe hierzu und zu den folgenden Ausführungen Bonß (1995), Luhmann (1990, 1991 und 2008), Sloterdijk (2005) sowie Sofsky (2005).

Jahrhundert in Italien auf.[2] Die Bewegung von Waren im Fern- und Seehandel war zu damaliger Zeit wohl eine planvolle, immer aber auch unsichere Angelegenheit, die man von nun an nicht mehr als Gefahr, sondern als Risiko bezeichnete. *Gefahren*, so könnte man sagen, ist man ausgesetzt, *Risiken* geht man ein – und der Kaufmann, der sie einging, war jemand, der etwas wagte bzw. riskierte. Die Gefahr, dass er durch einen Sturm oder Überfall sein Schiff verlor, sah er nicht als Ungewissheit oder schicksalhafte Bedrohung, sondern als ein unsicheres, aber zu berechnendes Wagnis, das er bewusst einging, getrieben vom Willen, Gewinn zu erwirtschaften. In diesem Sinne sind Gefahren Ereignisse, die sich unabhängig von den Handlungen einer Person ereignen (z.B. Erdbeben); Risiken hingegen sind immer auf das Handeln einer Person zurückzuführen. Gefahren kann man nicht ausschalten, man kann sich höchstens dagegen wappnen; gegen Risiken hilft, dass man entsprechende Handlungen unterlässt. So kann man die Gefahr eines Börsensturzes nicht ausschließen oder verhindern; das Risiko, durch einen Börsensturz Geld zu verlieren, kann man dadurch ausschließen, dass man nicht in Aktien investiert. Die Unterscheidung von Gefahr und Risiko beruht somit, wie Luhmann (1990: 148) sagt, auf einem Attributionsvorgang: hängt also davon ab, von wem etwaige Schäden verursacht wurden und wem sie damit auch zugerechnet werden können. Im Falle von Gefahren handelt es sich um eine Fremdzurechnung, im Fall von Risiken um eine Selbstzurechnung des Handelnden. Luhmann (1990: 148f) verdeutlicht dies anhand eines Beispiels wie folgt: „Nur für Raucher ist Krebs ein Risiko, für andere ist er nach wie vor eine Gefahr."

Ungewissheit und Unsicherheit

Eine zweite wichtige Unterscheidung ist die zwischen Ungewissheit und Unsicherheit. *Ungewissheit* bildet quasi den Hintergrund des Lebens. Alles Leben ist ungewiss, gewiss ist nur der Tod. Ungewissheit ist das Resultat der Unvorhersagbarkeit oder unseres Unwissens über die Zukunft, weswegen wir auch, wie Keynes einmal bemerkte[3], nichts Verlässliches über die Zukunft sagen können. Ungewissheit bildet eine anthropologisch tief sitzende Erfahrung des Menschen, wobei im Vorhinein auch nicht gesagt werden kann, ob das, was die Zukunft bringt, mit negativen oder

---

[2] Das allgemeinere und ältere deutsche Wort für Risiko war, wie Krämer & Machenthun (2003: 131) darstellen, interessanterweise der Begriff „Angst".
[3] Siehe hierzu Keynes (2002) sowie Moggridge (1977).

positiven Effekten verbunden sein wird. In diesem Sinne hat Ungewissheit immer einen Doppelcharakter.

Als *Unsicherheit* hingegen bezeichnet man einen bewusst wahrgenommenen Mangel an Sicherheit, bei dem es unterschiedliche Ausprägungen gibt. So wird dem risikoscheuen, konservativen Anleger ein anderer Umgang mit Unsicherheit attestiert als dem tollkühnen Spieler, der alles auf eine Karte setzt. Um Ängste zu reduzieren und Handlungsfähigkeit zu erreichen, müssen Unsicherheiten (zumindest längerfristig) relationiert, neutralisiert, verdrängt, ausgeblendet oder ausgeschaltet werden.[4] Aus diesem Grund werden Menschen immer wieder versuchen, Unsicherheiten vor allem dadurch zu entfliehen, dass sie diese durch Forschen, Analysieren, Nachdenken oder Kalkulieren in Sicherheiten verwandeln. So regt Unsicherheit zu Aktivitäten an; sie bietet alternative Möglichkeiten des Handelns, für die man sich frei entscheiden kann, führt zu Veränderungen und zum Beschreiten neuer Wege. Gleichzeitig verdeutlicht das mit der Unsicherheit verbundene Nicht-Wissen Grenzen in der Beherrschbarkeit der Welt, erzeugt Uneindeutigkeit, Frust, Abwehr und Verdrängung. Somit hat auch die Unsicherheit zwei Seiten: negative und positive, die von Menschen unterschiedlich wahrgenommen, bewertet und genutzt werden.

4.2 Der sinnvolle Umgang mit Risiken und Chancen

Die Rolle des Risikos in der Ökonomie

Dass Chancen und Risiken von Investments in einem unmittelbaren Zusammenhang stehen, ist offensichtlich seit langer Zeit bekannt. Auch Zola hat das Thema stark beschäftigt, der Saccard in *Das Geld* (2001: 164) sein neues Investitionsprojekt wie folgt anpreisen lässt: „Das Risiko, *darin* liegt alles, und in der Größe des Zwecks! Man braucht ein großartiges Projekt, dessen weiter Umfang die Phantasie ergreift, man braucht die Hoffnung auf bedeutenden Gewinn, auf einen glücklichen Lotteriezug, der die Kapitaleinlage verzehnfacht oder auch spurlos wegfegt. (...) Das über-

[4] So haben sich, wie Richter (2007: 151ff) darstellt, in der vulkanisch stark gefährdeten roten Zone um den Ätna, in der beim letzten Ausbruch 40 Prozent des Areals total zerstört wurden, zwischenzeitlich 600.000 Menschen zumeist widerrechtlich angesiedelt, die mit dieser ständigen Bedrohung nur fertig werden, indem sie sie verdängen oder ausblenden. Verdrängung oder Ausblenden von Unsicherheit ist sicher keine endgültige Lösung, kann unter solchen Umständen jedoch, wie Bonß (1995) sagt, als „Bedingung von Normalität" angesehen werden.

nommene Risiko ist freiwillig und auf eine unbegrenzte Zahl von Teilhabern ungleich verteilt sowie nach dem Vermögen und der Waghalsigkeit eines jeden bemessen. Man verliert, aber man gewinnt auch, man hofft auf eine gute Nummer, aber man muss auch stets auf eine schlechte gefasst sein, und die Menschheit hat keinen hartnäckigeren und glühenderen Traum, als den Zufall zu erproben, durch seine Laune alles zu erhalten." Im Mut zum Risiko erkennt man somit eine wichtige Funktion des Investors: Durch seine Risikofreude wird er zum Übernehmer, Bearbeiter und Umverteiler ökonomischer Risiken – und dadurch zum Finanzier von Innovationen und wirtschaftlichen Veränderungen.

Jede wirtschaftliche Betätigung, jedes Investment, beinhaltet gleichzeitig Chancen und Risiken. Die Frage ist „nur", wie man diese jeweils einschätzt – und welche Chancen man unter der Voraussetzung welcher Risiken schlussendlich wahrnimmt. Die Einschätzung von Chancen und Risiken hat dabei eine *objektiv-technische Seite*, bei der Tendenzen quantifiziert und bewertet werden, wobei das Ganze stets auf Annahmen beruht, wie sich die Dinge entwickeln könnten. Dies ist dann die *subjektive Seite* einer Risiko-Chancen-Einschätzung, die aus psychologischer Sicht wesentlich interessanter ist. Hier wird man auch große Unterschiede von Anleger zu Anleger feststellen: Wo die eine Person alles in düstersten Farben sieht, erkennt die andere bereits einen neuen Aufschwung. Auch wenn man Chancen und Risiken in detaillierter Form analysiert, quantifiziert und bewertet, wird Unsicherheit nicht in Sicherheit verwandelt, bleibt neben der Hoffnung auf eine positive Entwicklung stets auch ein Rest nicht reduzierbarer Ungewissheit. „Es gibt", wie Luhmann (1991: 37 und 28) sagt, „kein risikofreies Verhalten. (...) Man mag kalkulieren wie man will, und mag in vielen Fällen zu eindeutigen Ergebnissen kommen. Aber das sind nur Entscheidungshilfen. Sie bedeuten nicht, dass man, wenn man überhaupt entscheidet, Risiken vermeiden kann. (...) Absolute Sicherheit ist nicht zu erreichen. Irgendetwas kann immer passieren."

Die Anlage von Kapital erfordert neben einem sinnvollen Risiko- stets auch ein gesundes Chancenbewusstsein, mitunter auch ein gewisses Maß an Risikofreude. Aus diesem Grund schaut das „Janus-Gesicht der Börse", wie Goldinger (2002) sagt, „ängstlich und freudig zugleich". Eine zu starke Risikoscheu saugt Aufmerksamkeit auf, trübt die Stimmung, verursacht Unsicherheiten, erzeugt Verzagtheit und Ängstlichkeit – und beeinträchtigt schlussendlich das Lebensgefühl. Gegen Unsicherheit hilft, wie Sofsky (2005: 35) meint, die „Tugend des Mutes". Ohne einen gewissen

Wagemut ist ökonomisch sinnvolles Handeln kaum zu realisieren – und ohne Courage erzielen Anleger (in der Regel) nur einen geschmälerten finanziellen Ertrag.

Ziel Risikomündigkeit

Umfassende Kenntnis über die Chancen und Risiken von Kapitalanlagen sollte heute zum Wissen eines jeden Anlegers gehören. Was ein Anleger aber vor allem braucht, ist „Risikomündigkeit", das heißt die Fähigkeit, „auf der Basis der Kenntnis der faktisch nachweisbaren Konsequenzen von risikoauslösenden Ereignissen oder Aktivitäten, der verbleibenden Unsicherheiten und anderer risikorelevanter Faktoren eine persönliche Beurteilung der jeweiligen Risiken vornehmen zu können, die den Wertvorstellungen für die Gestaltung des eigenen Lebens sowie den persönlichen Kriterien zur Beurteilung der Akzeptabilität dieser Risiken (...) entspricht".[5] Zum einen zählt hierzu, dass er seine Risikobereitschaft, wie ich innerhalb dieses Kapitels noch darstellen werde, in etwas detaillierterer Form ermittelt; zum anderen, dass er beabsichtigte Investitionen auf ihre Chancen und Risiken hin analysiert. Zwischenzeitlich gibt es verschiedene „Werkzeuge", mit denen auch Kleinanleger die Chancen und Risiken von Wertpapieren bewerten können. In Anlage 2 habe ich einige Kennziffern, die man hierfür heranziehen kann, aufgeführt und kurz erläutert.

Risiken und Chancen bewerten

„Risiko ist", wie Krämer & Mackenthun (2003: 131) sagen, „ein Preis, den man bezahlen muss, um etwas anderes zu bekommen." Die wissenschaftlichen Bemühungen, den „Preis" von Risiken zu bestimmen, haben, wie Bernstein (2007) darstellt, eine sich über Jahrhunderte erstreckende Geschichte. Für Anleger bildet heutzutage vor allem die „Volatilität", die die Schwankungsbreite von Werten in der Zeit und damit das Kursrisiko eines Wertpapiers beschreibt, eine wichtige Risikokennziffer. Eine weitere, für Anleger wichtige Kennziffer ist das bereits erwähnte „Beta", das erkennen lässt, in welchem Maß ein Wertpapier die Veränderungen am Markt nachvollzieht, ob es also größeren oder geringeren Schwankungen unterworfen ist als der Gesamtmarkt. Eine dritte wichtige Kennziffer ist der „maximale Verlust". Wie die Bezeichnung erahnen lässt, zeigt sie an, wie hoch der größte Verlust eines Wertpapiers innerhalb einer bestimmten Periode war.

[5] Zitat wurde dem Abschlußbericht der Risikokommission (2003: 53) entnommen.

Darüber hinaus gibt es auch Kennziffern, die erkennen lassen, welche Chancen ein Investment bietet. Im Vordergrund steht hier für Anleger zunächst die „Performance", die erkennen lässt, welchen Wertzuwachs ein Wertpapier in einer bestimmten Periode hatte. Gleich interessant ist die „relative Performance", die Auskunft darüber gibt, wie sich der Wertzuwachs eines Wertpapiers zu seinem Vergleichsindex (z.B. dem DAX) verhält. Ein dritter, oft erwähnter Wert ist das „Alpha", das bei der Bewertung von Fonds wichtig ist. Der Wert Alpha zeigt, welche Überrendite ein Wertpapier im Vergleich zu ähnlichen Anlagen hatte. In diesem Sinne ist Alpha immer auch ein Hinweis, wie effektiv das Management eines Fonds die überlassenen Gelder investiert hat.

Die zuvor genannten Werte, wie fragwürdig ihre Annahmen aus statistischer oder praktischer Sicht auch sein mögen[6], beinhalten zumindest einen Hinweis, welches Chancen-Risiken-Verhältnis ein Wertpapier bietet – wobei alles, und dies ist die große Einschränkung, stets auf Vergangenheitswerten beruht. Aus diesem Grund hat der Anleger auch die schwierige Aufgabe, das, was er über die Vergangenheit erfährt, in die Zukunft zu projizieren. Ist er negativ gestimmt, wird er bei dieser Projektion Risiken stärker und Chancen vorsichtiger bewerten. Ist er positiv gestimmt, wird es umgekehrt sein. Da keine Kennziffer perfekt ist, ist es Aufgabe des Anlegers diejenigen auszuwählen, die in Bezug auf seine Einstellungen und Ziele die hilfreichsten sind. Wichtig ist, dass er sich durch eine spielerisch-erprobende Beschäftigung mit unterschiedlichen Chancen- und Risikowerten nach und nach auf ein Wissens- und Erfahrungsniveau bringt, das ihm die notwendige Sicherheit für seine Entscheidungen gibt – und auch die (mitunter unbegründete) Angst vor Risiken relativiert. Nur wenn ihm dies gelingt, wird er ein dauerhaftes Vertrauen in seine Entscheidungen finden, das dann auch verhindert, dass bei jeder kleineren Kursveränderung getroffene Entscheidungen in Zweifel gezogen und/oder hektisch reagiert wird.

Möglichkeiten zur Reduzierung von Risiken

Eine etwas detailliertere Betrachtung der Beziehung von Chancen und Risiken fand erst in den letzten Jahren den notwendigen Platz in den Planungen und Überlegungen der Anleger. Auslöser hierfür war vor allem die intensive Kommunikation über die von Markowitz entwickelte Portfoliotheorie in den Finanzmedien. Die Portfoliotheo-

---

[6] Siehe hierzu z.B. Malkiel (2000).

rie geht zunächst einmal davon aus, dass Investoren mehr oder weniger risikoscheu sind. Eine wesentliche Erkenntnis von Markowitz war, dass Anleger durch die geschickte Zusammenstellung ihres Wertpapierportfolios ihre Chancen verbessern können, ohne gleichzeitig auch die Risiken zu erhöhen. Dies ist jedoch nur der Fall, wenn sich die einzelnen Assets nicht in dieselbe Richtung verändern. In diesem Sinne setzt die Bildung eines chancenoptimierten Portfolios voraus, dass man Wertpapiere auswählt, die untereinander eine möglichst geringe, am besten sogar eine negative Korrelation[7] aufweisen, was jedoch in einer globalen, vernetzten Finanzwelt, in der sich immer mehr Märkte parallel nach oben oder unten entwickeln, immer schwerer zu realisieren ist. Auch eine geschickte Diversifikation wird deshalb – wie die Erfahrungen in neuerer Zeit zeigen – gerade dann, wenn man sie am dringendsten bräuchte, also bei stark einbrechenden Kursen, nur in einem beschränkten Maß zur Risikoreduzierung beitragen können.[8]

Das größte ökonomische Risiko: Der Crash

Das größte Risiko für den Anleger und das Ereignis, das die größten Ängste verursacht, ist der Crash. Er ist, wie Zola (2001, 477) dies beschrieben hat, „eine jener großartigen Katastrophen, die alle zehn bis fünfzehn Jahre wiederkehren, eine jener tödlichen Krisen der zum akuten Fieber ausgearteten Spielwut, welche die Börse dezimiert und wie ein Hauch des Todes darüber hinfegt". Crashs sind im Leben eines Anlegers wohl seltene, aber äußerst markante Ereignisse. Sie beeinflussen das Risikoverhalten von Anlegern ganz erheblich, auch wenn man durch sie selbst keine oder nur geringe Verlust erlitten hat. Der Crash schwebt – wie das von C.G. Jung beschriebene „kollektiv Unbewusste" – stets drohend über der Anlegergemeinde und beschäftigt diese mal etwas mehr, mal etwas weniger. Auch wenn ein Crash nicht wie ein Blitz aus heiterem Himmel kommt, mitunter, auf Grund von vorausgegangenen Blasenbildungen sogar absehbar ist, verursacht er doch tiefe Wunden in der Anlegerpsyche und bewegt viele Investoren, sich von einer Anlage in börsennotierte Wertpapiere für lange Zeit zu verabschieden. Blasenbildung und Crash, Wachstum und Zerfall stehen in einem unmittelbaren Zusammenhang – und wie es an jeder Börse Aufschwungphasen gibt, gibt es auch Abschwungphasen, wobei der Ab-

---

[7] Siehe hierzu die Erläuterungen in Anlage 2.
[8] Siehe hierzu Wolfstetter (2007).

schwung zumeist abrupter und steiler ist als der Aufschwung. So schrecklich ein Crash für viele Anleger ist, ermöglicht er doch gleichzeitig die Korrektur eines vorausgegangenen hemmungslosen Wachstums, und dient damit, wie Bataille dies beschrieben hat, einer „andersartigen Verschwendung unproduktiver Überschüsse“.[9] „Ein Crash ist“, wie Goldinger (2000: 150) aus einer ethnografischen Perspektive bemerkt, „der kollektiv realisierte Tributzoll an den Mammon, das virtuelle, ritualisierte Opfer zum Zweck der Erhaltung des Systems.“ Er ist ein notwendiger, nicht umgehbarer Teil des Systems, auf das man sich als Anleger einzurichten hat – und auch einrichten kann. Der Crash ist Teil des Spiels, „bei dem“, wie Keynes (2002: 131) sagt, „derjenige Sieger ist, der *schnapp* [ein Teil des Schnippschnapp-Spiels; HKW] weder zu früh noch zu spät sagt, der den Schwarzen Peter an seinen Nachbarn weitergibt, bevor die Partie aus ist, der sich seinen Stuhl sichert, wenn die Musik aufhört. Diese Spiele können mit Spannung und Genuss gespielt werden, obschon alle Spieler wissen, dass es der Schwarze Peter ist, der herumgeht, oder dass beim Aufhören der Musik einige der Spieler ohne Stühle sein werden.“ Dieses Spiel, das Keynes als „Wettkampf der Gerissenheit“ bezeichnete, ist schwierig, aber bewältigbar – sofern man gelernt hat, mit Chancen und Risiken sinnvoll umzugehen.

4.3 Risikowahrnehmung, Risikobewertung und Risikobereitschaft

Das Risikoverhalten von Anlegern ist von einer Vielzahl von Faktoren abhängig: von der Wahrnehmung von Risiken und ihrer Bewertung, von den Erfahrungen, Erwartungen, Gewohnheiten und Motiven des Anlegers sowie von seiner generellen Bereitschaft, Risiken einzugehen.[10] Da eine dieser Komplexität gerecht werdende integrative Theorie zum Risikoverhalten, wie Müller-Peters (1999) zu Recht feststellt, bislang weder in der Ökonomie noch in der Psychologie vorliegt, wird nachfolgend das in Abbildung 4.1 dargestellte Zusammenwirken der Faktoren Risikowahrnehmung, Risikobewertung und Risikobereitschaft in einer etwas ausführlicheren Form beschrieben.

---

[9] Siehe hierzu Bergfleth (1985).

[10] Siehe hierzu Plapp (2001) sowie Weber et al. (2007: 150ff).

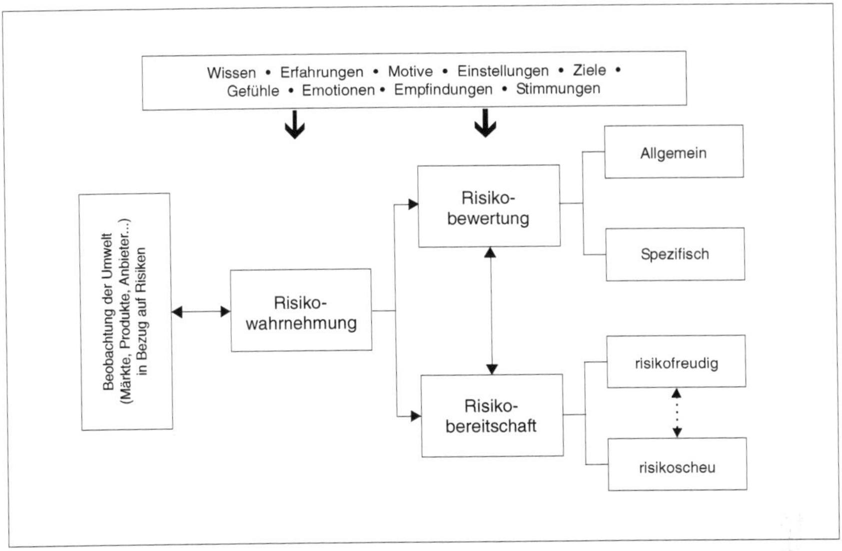

Abbildung 4.1: Risikowahrnehmung, Risikobewertung und Risikobereitschaft

(1) Risikowahrnehmung

Die Risikowahrnehmung umfasst die Aktivitäten, die ein Anleger erbringt, um die für ihn relevanten Märkte, Produkte und Anbieter zu beobachten. Abgeglichen und ergänzt werden die hierbei gewonnenen Daten mit einem bereits vorhandenen Wissen und früheren Erfahrungen, sowie mit Motiven, Zielen, Gefühlen und Empfindungen. Das Ergebnis der Risikowahrnehmung wird deshalb stets eine subjektive Erkenntnis der Lage sein, die erheblich von den objektiven Gegebenheiten – wer kennt diese eigentlich? – abweichen kann. Wahrnehmung ermöglicht – ganz generell gesagt – eben kein objektives Erkennen der Welt, ihr Ergebnis ist stets eine höchst subjektive „Konstruktion der Wirklichkeit“[11] durch die wahrnehmende Person. Aus diesem Grund werden unterschiedliche Personen, selbst wenn ihre Beobachterpositionen gleich sind, allein dadurch, dass sie Daten unterschiedlich erfassen, selektieren und aufnehmen, zu unterschiedlichen Bewertungen einer gegebenen Situation kommen.

[11] Siehe hierzu Watzlawick (1985) sowie Wahren (1987).

(2) Risikobewertung

Während die Risikowahrnehmung die Summe der wahrgenommen Daten umfasst, beinhaltet die Risikobewertung die hieraus abgeleiteten, risikobezogenen Schlussfolgerungen. Ganz generell können diese gegliedert werden in einen *allgemeinen Bereich*, der die Bewertung von Situationen und Märkten beinhaltet, sowie in einen *spezifischen Teil*, der dann zur Bewertung von konkreten Anlagemöglichkeiten (einzelnen Wertpapieren) führt. Wie die Risikowahrnehmung ist auch die Risikobewertung stets subjektiv, wird gesteuert von Wissen, Erfahrungen, Motiven, Einstellungen, Zielen, Emotionen, Gefühlen, Empfindungen und Stimmungen. So ist auch verständlich, dass Risikobewertungen, selbst wenn sie auf gleichen Wahrnehmungen beruhen, von Anleger zu Anleger ganz unterschiedlich ausfallen. Daten sind, wie ich im weiteren Verlauf noch darstellen werde, eben nichts Eindeutiges. Bedeutung und Sinn erhalten sie erst, wenn sie gedeutet und bewertet worden sind – und damit zu neuem Wissen, hier in der Form von Risikobewertungen, werden. Im Übrigen hat die unterschiedliche Einschätzung von Risiken auch Vorteile. „Wenn jedes Risiko von allen genau gleich bewertet würde", so Bernstein (2007: 134), „blieben nämlich viele Risikochancen ungenutzt" – und risikofreudige Menschen hätten wesentlich weniger Möglichkeiten Gewinne zu machen.

(3) Risikobereitschaft[12]

Welche Risiken wir eingehen und welches Maß an Risikobereitschaft wir zeigen, ist, wie Douglas & Wildavsky (1982) darstellen, zum einen kulturell geprägt und ein Teil dessen, wie wir uns psychologisch und sozial definieren.[13] Zum anderen wird die Risikobereitschaft von der aktuellen Risikowahrnehmung und Risikobewertung beeinflusst. Wie in Abbildung 4.1 angedeutet, bewegt sich der Grad der Risikobereitschaft zwischen den Polen risikofreudig und risikoscheu, wobei es keine allgemein akzeptierte Methode zu deren Bestimmung gibt, vielleicht auch gar nicht geben kann. *Risikofreudig* sind, wie Lopes (1987) dies beschreibt, insbesondere Personen, die überwiegend unternehmerisch-gewinnorientiert denken und handeln. Sie entsprechen dem Typus, den McClelland (1966) in seiner Motivationstheorie als „Entrepreneur"

[12] In der Literatur werden hierfür alternativ die Begriffe Risikoeinstellung, Risikoneigung, Risikopräferenz und Risikotoleranz verwendet.

[13] So berichtet man, dass die Risikobereitschaft in China wesentlich höher sein soll als in den westlichen Ländern.

bezeichnet hat: Personen, die zumeist hoch motiviert sind, gerne „spielen" und dabei auch bewusst größere Risiken eingehen. *Risikoscheu* hingegen sind Personen, deren Motive vorrangig sicherheitsorientiert sind, die primär nach dem „Safety-first"-Prinzip handeln, auch wenn sie dadurch mögliche Gewinne nicht realisieren.

4.4 Formen der Risikobereitschaft

Das Pendeln zwischen Gier und Furcht

Die Motive, die Menschen bewegen Risiken einzugehen, sind vielfältig. Zu nennen wären hier das Streben nach Gewinn und Erfolg, die Freude am Spiel oder die Suche nach dem Thrill. Das Streben nach Gewinn, das sicherlich eine gewisse Dominanz hat, dient häufig dazu, andere, tiefer liegende Motive zu befriedigen: zum Beispiel Bedürfnisse nach Macht, Status, Prestige, Unabhängigkeit, Bestätigung, Aufmerksamkeit und Anerkennung[14], oder das Bestreben, sein Leben quasi zu verlängern.[15] Die risikoreiche Jagd nach dem Kapitalgewinn bewegt sich dabei zwischen den Polen Gewinnstreben und Verlustangst, beziehungsweise – etwas pointierter ausgedrückt – zwischen den Polen Gier und Furcht. Die Bewegungen zwischen diesen Extremen, die Anleger bei steigenden oder fallenden Kursen immer wieder erleben, sind es, die nicht unerhebliche psychische Belastungen mit sich bringen, wobei selbst die Freude über größere Gewinne unvermittelt in Unsicherheit, Furcht oder Angst umschlagen kann: die Angst, diese wieder zu verlieren. Martinetz (2001: 26) beschreibt die Bewegungen zwischen diesen Polen aus Anlegersicht wie folgt: „Zu dumm nur, dass man als Anleger die zukünftigen Kurse nicht kennt. Wer selbst schon einmal in einem Chart gesteckt hat und nicht weiß, wie man die kleinen täglichen Zuckungen einer Aktie interpretieren soll, kann ein Liedchen davon singen, wie schnell Zuversicht in Unsicherheit, Spannung in Nervosität, Freude in Ärger um-

[14] Für Franck (1998) zählt die Aufmerksamkeit heutzutage zu den wichtigsten Quellen der Motivation. Hinsichtlich der Anerkennung unterscheidet Todorov (2001) zwei Formen, die in Bezug auf Anleger beide von Bedeutung sind: Die Anerkennung durch Unterscheidung (Distinktionsanerkennung – z.B. wenn man einen großen Coup gelandet hat), und die Anerkennung durch Übereinstimmung (Konformationsanerkennung – z.B. wenn man zur Gruppe derjenigen gehört, die richtig lag).

[15] So stellt Norman Brown (1986) in *Life against Death* einen Zusammenhang her zwischen dem Vermögen und dem Tod eines Menschen. Das Kapitalvermögen (das man z.B. in eine Stiftung einbringt) oder zu Lebzeiten erworbene Artefakte (die man z.B. einem Museum zur Verfügung stellt) dienen dann dazu, das Leben über seine endliche Existenz hinaus zu perpetuieren.

schlagen kann." An anderer Stelle berichtet Martinetz (2001: 145): „Bei meinen Geschäften mit den Aktien Gildemeister und Broadvision sind mir zwei Urängste des Börsianers begegnet. Die erste erfasst den Anleger, der ins Minus gerät: Er befürchtet, dass die Verluste noch zunehmen werden. Die zweite Urangst quält den Anleger, der sich im Plus befindet: Er hadert damit, dass seine Gewinne wieder verloren gehen könnten. So manch ein Anleger lebt ständig in Angst, denn ein Rückgang der Kurse bedroht jedes Depot."

Wunschdenken, Überoptimismus und erlernte Sorglosigkeit

Gefahr droht Anlegern, wenn das Streben nach Gewinnen in Unvorsichtigkeit, Überoptimismus, Wunschdenken oder eine erlernte Sorglosigkeit[16] umschlägt. *Wunschdenken* und *Überoptimismus* entwickeln sich vor allem in Phasen, in denen Kurse über längere Zeit steigen. Ein typisches Kennzeichen dieser beiden Phänomene ist, dass die Erwartungen nicht mehr durch die Realität gedeckt sind, oder, wie Zola (2001: 148) meinte, wenn „man den Geschmack am redlichen Gewinne" verloren hat. Eine *erlernte Sorglosigkeit* entwickelt sich in einem stetigen, sich verstärkenden Lernprozess, wenn Anleger nach einer Serie erfolgreicher Investments das Gefühl für Verluste verlieren und immer größere Risiken eingehen – und je länger die Erfolgsphase dauert, desto größer kann die Sorglosigkeit werden.

Dass der Wunsch nach möglichst hohen Gewinnen Anleger mitunter zu einem unvorsichtigen Handeln verleitet, zeigen die Finanzaffären über die in den Medien in letzter Zeit zunehmend berichtet wird. So haben beim Konkurs der Göttinger Gruppe, nach einem Bericht der *Süddeutschen Zeitung* der „größte Anlegeskandal der Republik", etwa 250.000 „leichtgläubige Anleger" über eine Milliarde Euro verloren.[17] Noch etwas unvorsichtiger waren die vielen Anleger, die mit den „luftigen Tipps des Bäckermeisters" – gemeint ist der „Vermögensberater" Markus Frick, „Deutschlands Stimme des Geldes" – innerhalb weniger Tage „einen dreistelligen Millionenbetrag" mit Penny-Stocks verzockt haben.[18] Da kann man sich nur der Meinung von Lowenstein (2007: 250) anschließen, der feststellte: „Das Finanzwesen ist oft so wunderbar gerecht; es bestraft den Leichtsinnigen mit besonderer Inbrunst."

[16] Siehe hierzu die Erläuterungen in Anlage 1 und die dort genannten Literaturhinweise.
[17] Berichte der *Süddeutschen Zeitung* vom 05.07.2007, 20.07.2007 und 08.05.2008.
[18] Berichte der *Süddeutschen Zeitung* vom 15.06.2007 und 16./17.06.2007; siehe hierzu auch Oberhuber (2007).

Prospect Theory und Zwei-Faktoren-Theorie

Bei der von Kahneman & Tversky entwickelten Prospect Theory steht das Risikoverhalten der Menschen im Zentrum des Interesses. Ein wesentliches Ergebnis der von ihnen durchgeführten Experimente war, dass die Versuchspersonen eine relativ starke Furcht vor Verlusten zeigten und sichere Entscheidungen gegenüber riskanten bevorzugten, sich also risikoscheu verhielten.[19]

> Den Testsituationen lag zumeist folgende Frage zugrunde: Wenn Sie vor der Wahl stehen, 1.000 Euro sicher zu erhalten, oder die Möglichkeit haben, an einem Spiel teilzunehmen, bei dem Sie die Chance haben, mit einer Wahrscheinlichkeit von 50 Prozent 2.000 Euro zu gewinnen, welche Alternative würden Sie wählen? Obwohl der Gewinn beim zweiten Angebot höher ausfiel, entschied sich die Mehrzahl der Teilnehmer für die risikofreie erste Alternative, was man als *Risikoaversion* bezeichnet. Sollten die Testperson hingegen wählen, ob sie einen sicheren Verlust in Höhe von 1.000 Euro einem möglichen Verlust in Höhe von 2.000 Euro, der ebenfalls nur mit einer Wahrscheinlichkeit von 50 Prozent eintreten würde, vorziehen, entschied sich die Mehrzahl für die zweite Möglichkeit. Sie klammerten sich hierbei an die Hoffnung, den Verlust doch noch abzuwenden, wobei die Angst vor dem Verlust etwa zweieinhalb mal so stark sein soll wie die Freude über einen Gewinn. Plötzlich sind sie, wie Kahneman & Tversky dies interpretieren, aus Angst vor Verlusten bereit, alles zu riskieren. Dieses Verhalten bezeichnet man dann als *Verlustaversion.*

Seit Veröffentlichung dieser Erkenntnisse wird Risikoscheu als gleichsam normales Verhalten von Anlegern betrachtet. Die Annahme, dass Anleger generell risikoscheu sind, ist – wie man in der täglichen Praxis leicht feststellen kann – zumindest fraglich. Unter Umständen wird der Anteil risikoscheuer Anleger etwas höher sein; in der Praxis findet man aber immer auch Personen, die über lange Zeiträume ausschließlich risikofreudig handeln. So stellte man in einer im Jahr 2005 vom Institut zur Zukunft der Arbeit (IZA) durchgeführten Befragung fest[20], dass sich die Bereitschaft

[19] Siehe hierzu Kahneman & Tversky (1979).

[20] Siehe hierzu Dohmen et al. (2005). Befragt werden in dieser Langzeitstudie 22.000 Personen aus 12.000 Haushalten. 2004 wurde der Fragenkomplex erstmals um Fragen zur Risikobereitschaft erweitert. Die Teilnehmer werden in diesem Zusammenhang gefragt, in welche Anlageformen sie einen Lottogewinn in Höhe von 100.000 Euro investieren würden. Um zu testen, inwieweit die Angaben mit dem tatsächlichen Verhalten korrelieren, machten die Wissenschaftler mit einer Teilgruppe ein Gewinnspiel. Festgestellt wurde hierbei, dass die Befragten, da die Antworten im Inter-

Risiken einzugehen „substanziell heterogen“ über die Befragten verteilte. Individuelle Unterschiede in der Risikobereitschaft wurden lediglich hinsichtlich des Alters (junge Menschen sind deutlich risikofreudiger), des finanziellen Status (sozial Schwache meiden Risiken eher als Wohlhabende), des Elternhauses (Menschen, deren Eltern eine geringe Ausbildung haben, sind eher risikoscheu) sowie des Geschlechts (Frauen sind weniger risikofreudig) festgestellt.

Lola Lopes, Psychologin an der Universität von Iowa, hat der Prospect Theory ihre „Two-Factor Theory for Risky Choice“ gegenübergestellt. Im Gegensatz zu Kahneman & Tversky versucht sie nicht, eine allgemeine Theorie zur Entscheidungsfindung in risikobehafteten Situationen zu entwickeln, sondern in Experimenten zu ergründen, wie sich das einzelne Individuum in Risikofragen verhält. Lopes unterscheidet in ihrer Zwei-Faktoren-Theorie zwei Motivbereiche: Die generellen Neigungen einer Person (dispositional factor) und die situationsbezogenen Faktoren (situational factor). Bei den *generellen Neigun*gen unterscheidet sie wiederum zwischen risikoscheuen, nach Sicherheit (security) strebenden, sowie risikosuchenden, nach Macht, Wachstum oder Leistung (potential) strebenden Motiven.[21] Diese beiden Motive treten jedoch nicht in Reinkultur auf. So stellt man in der Praxis fest, dass risikoscheue Anleger, wenn auch nur im begrenzten Maß, Risiken eingehen und nach Potential streben, wie auch risikofreudige Anleger zumeist bestrebt sind, etwas Sicherheit in ihre Portfolios einzubauen und deshalb geringe Teile ihres Kapitals in risikoarme Wertpapiere investieren. Der risikoscheue und der risikofreudige Anleger bilden dann, wie in Abbildung 4.2 dargestellt, die Eckpunkte eines Kontinuums, auf dem man beliebig viele Sicherheit-Potential-Kombinationen zwischen den Polen bilden kann. Die *situationsbezogenen Faktoren* beinhalten die sich in einer spezifischen Situation bietenden Chancen, ergänzt um Bestrebungen, die aus früheren Handlungen resultieren (z.B. den Wunsch, zuvor erlittene Verluste wieder wett zu machen). Die situationsbezogenen Faktoren können in der Summe dann dazu führen, dass sich die Risikobereitschaft einer Person insgesamt etwas nach oben (in Abbildung 4.2 von der Linie 1 zur Linie 2) oder nach unten (von Linie 1 zur Linie 3, also zu einer abnehmenden Risikobereitschaft) verschiebt.

view und ihr Verhalten beim Gewinnspiel sehr ähnlich waren, ihre Risikobereitschaft relativ gut einschätzen konnten.

[21] Aus diesem Grund wird die Zwei-Faktoren-Theorie auch als „SP/A Theory“ bezeichnet, wobei „S“ für „Security“, „P“ für „Potential“ und „A“ für „Aspiration“ steht.

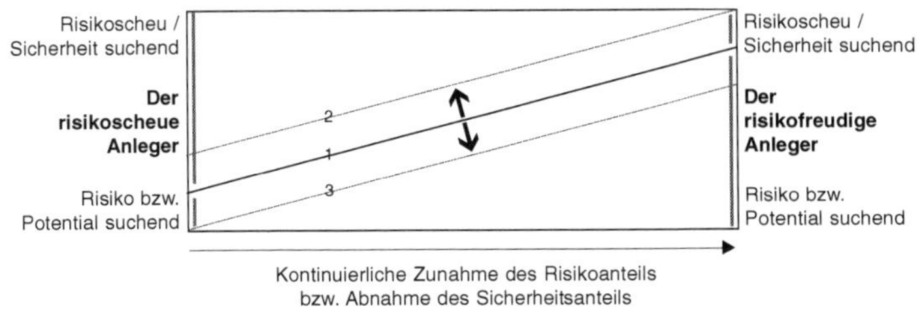

Abbildung 4.2: Lopes Zwei-Faktoren-Theorie

Aus der Lopesschen Zwei-Faktoren-Theorie lassen sich zwei wichtige Schlussfolgerungen ableiten: Zum einen sollte man nicht davon ausgehen, dass Anleger generell risikoscheu sind; zum anderen, dass die individuelle Risikobereitschaft nichts Stabiles ist, sondern durch situative Faktoren sowie durch die Erfahrung von Erfolgen und Misserfolgen beeinflusst wird. Dies führt dann dazu, dass ein risikoscheuer Anleger – zeitweise und im begrenzten Umfang – wagemutig wird und auch größere Risiken eingeht, beziehungsweise auch ein höchst risikofreudiger Anleger bei drohender Gefahr versucht, größere Teile seines Kapitals in einen sicheren Hafen zu bringen. Diese Annahmen werden durch verschiedene empirische Studien belegt[22], in denen festgestellt wurde, dass sich die emotionale Gestimmtheit der Anleger – und damit auch ihre Risikobereitschaft – der allgemeinen Stimmungslage in der Wirtschaft anpasst. Außerdem ist entscheidend, zu welchem Anlass die Risikobereitschaft ermittelt wird. So wird das Ergebnis, wie von Nitzsch & Rouette (2003a) bemerken, ein anderes sein, wenn die Risikobereitschaft im Zusammenhang mit weiterreichenden, für den Anleger bedeutsamen Überlegungen ermittelt wird (z.B. anlässlich der Festlegung eines Altersvorsorgeprogramms), als wenn der Anlass weniger wichtig ist (z.B. bei einer allgemeinen Beratung vor dem Kauf erster Fondsanteile).

[22] Siehe hierzu Shiller (2000: 61ff) sowie den Bericht der Deutschen Bundesbank vom Oktober 2005.

4.5 Vom risikoscheuen Anleger zum Spieler

In der Fach- und Ratgeberliteratur werden neben dem Begriff „Anleger“ auch die Begriffe „Spekulant“ und „Spieler“ verwendet. In den folgenden Ausführungen werde ich darstellen, wie man diese inhaltlich gegeneinander abgrenzen kann.

Ansätze zu einer Anleger-Typologie

Wie Stähli (2007) in einer historischen Betrachtung der Investorentätigkeit darstellt, gab es in der Vergangenheit bereits heftige Auseinandersetzungen darüber, ob die Aktivitäten an Börsen als höchst ehrenwerte, vernunftorientierte ökonomische Tätigkeit eines Investors, als vorrangig gewinnorientierte, die Massen aktivierende Spekulation, oder als ein menschliche Bedürfnisse befriedigendes, mitunter aber auch süchtig machendes Spiel einzuordnen sind. Betrachtet man die Literatur der letzten Jahre, wird diese Frage nur noch selten behandelt; außerdem gibt es keine durchgängige Verwendung der Begriffe „Anleger“, „Spekulant“ und „Spieler“. Malkiel (2000: 20f) zum Beispiel unterscheidet lediglich zwei Typen: „Kapitalanleger“ sowie „Spekulanten“ – und weist ausdrücklich darauf hin, dass sein Buch „nicht für Spekulanten gedacht ist“. Kostolany (2000) entwickelt in seiner *Börsenpsychologie* mehrere Differenzierungen: So unterscheidet er zwischen „Zittrigen“ und „Hartgesottenen“, „Haussiers“ und „Baissiers“ sowie „Pessimisten“ und „Optimisten“. Darüber hinaus beschreibt er ein Kontinuum zwischen den Eckpunkten „Investor“ und „Börsenspieler“, bei dem der „Spekulant“ dann „irgendwo in der Mitte“ steht. Im Gegensatz zu Malkiel favorisiert Kostolany den Typus des Spekulanten, den „Homo speculator“, den er auch näher beschreibt. Einen anderen Ansatz haben Goldberg & von Nitzsch (2004: 163ff). Die von ihnen beschriebenen „Typen von Marktteilnehmern“ basieren auf den Veröffentlichungen des Neurophysiologen Paul MacLean. Den Ausgangspunkt ihrer Typologie bilden die drei Bereiche des Gehirns: Kleinhirn, Zwischenhirn und Großhirn, denen sie die „Mentalitäten: Instinkt, Gefühl und Vernunft“ zuordnen. Darauf aufbauend entwerfen sie ihre drei Typen von Marktteilnehmern, die sie als „Bauchmensch“, „Herzmensch“ und „Kopfmensch“ bezeichnen. Zum einen ist der nahtlose Übergang von den Gehirnregionen zu Marktteilnehmern theoretisch sehr gewagt; zum anderen sind die gebildeten Typen eher an populärwissenschaftlichen Veröffentlichungen orientiert und aus psychologischer wie praxeologischer Sicht wenig brauchbar.

Anleger • Spekulant • Spieler

Wie unterscheidet man nun Anleger, Spekulanten und Spieler? Relativ einfach zu beantworten ist die Frage, was man als Anleger bezeichnet. Ein Anleger ist, wie Malkiel (2000: 20) sagt, eine Person, die in methodischer Form Wertpapiere kauft, „um daraus Gewinne in der Form von einigermaßen vorhersehbarem Einkommen zu gewinnen (Dividenden, Zinsen oder Mieten) und/oder einen langfristigen Wertzuwachs zu erzielen“. Hier gibt es sicherlich Unterschiede, wie risikoreich man diese Ziele anstrebt. Primäres Bestreben des Anlegers wird aber stets sein, eine angemessene, rentierliche Verzinsung seines Kapitals zu erhalten. Aus diesem Grund unterscheidet man in der Praxis die Anlegertypen zumeist auch in (1) sicherheitsorientiert-konservative, (2) rendite- bzw. ertragsorientierte sowie (3) in risiko- bzw. chancenorientierte Anleger.

Während die Beschäftigung mit finanziellen Fragen einen eher geringen Platz im Leben eines Anlegers einnimmt, wird sie beim Spekulanten und beim Spieler zu einem dominanten Aspekt. Anleger legen ihr Geld vor allem an, um spezifische Ziele (z.B. die Finanzierung einer größeren Anschaffung oder die Verbesserung des Einkommens im Alter) zu erreichen, wobei eine (Kurs-)Gewinnabsicht sicher vorhanden, aber nicht das dominante Anliegen ist. Spekulanten und Spieler hingegen haben zum einen das Ziel, durch den Einsatz ihres Kapitals Gewinn zu erzielen, zum anderen eine riskante Herausforderung zu bestehen und das Ringen um den Erfolg, bzw. den Thrill des Spiels um Alles oder Nichts zu erleben. Dahinter verbirgt sich häufig der Wunsch, ihren Einfluss, ihr Ansehen, ihre Macht, die ihnen entgegengebrachte Aufmerksamkeit und Anerkennung oder ihr Selbstwertgefühl zu erhöhen. Anleger haben eher bescheidene, mittel- bis langfristige Ziele und versuchen diese, wie Malkiel (2000: 21) sagt, unter Eingehung begrenzter Risiken „langsam aber sicher“ zu erreichen. Spekulanten und Spieler sind auf den schnellen, großen, mit Risiken verbundenen Gewinn aus. Die Handelsaktivitäten von Anlegern sind eher gering, die von Spekulanten, und vor allem von Spielern, zumeist exzessiv und hektisch.

Etwas schwieriger ist die Unterscheidung zwischen Spekulanten und Spielern zu beschreiben. Ein wesentlicher Unterschied dürfte sein, dass Spekulanten eher mittelfristig-strategisch in ökonomischen Kategorien denken, während bei Spielern vor allem das Abenteuer, der agonale Reiz, der Pleasure of the Thrill, das Spiel mit dem Zufall und der Sieg über den Markt oder Konkurrenten im Vordergrund stehen – mit der, wie Simmel (1919) sagt, ihnen stets inhärenten „Gewaltsamkeit des von Glück zu Verzweiflung und wieder zurück gerissenen Gefühls". Der Spekulant geht hohe, aber begründete Risiken ein, der Spieler hingegen Risiken um des Risikos willen. Der Spieler ist der Überzeugung, dass die menschliche Existenz nur zwei Zustände kennt: Glück oder Pech. Hat man Glück, wird Milch und Honig fließen – wenn das Glück gegen einen ist, kann man sowieso nichts ausrichten. Wichtig im Ringen um das Glück sind Härte, Gerissenheit und unbedingter Einsatz. In seiner Extremform, die Peterson (2007: 147f) als „pathological gambler"[23] bezeichnet, treibt ihn das blinde, rauschhafte, unersättliche Ringen um Alles oder Nichts. Dostojewski, der nicht nur ein großartiger Schriftsteller, sondern auch Psychologe war, hat dies in *Der Spieler* (2001: 179f) sehr schön beschrieben: „Ich war wie im Fieber und schob diesen ganzen Haufen Geld auf Rot. (...) Mit diesem Einsatz stand mein ganzes Leben auf dem Spiel. (...) Jetzt fühlte ich mich bereits als Sieger; ich fürchtete nichts, schlechterdings nichts mehr und warf viertausend Gulden auf Schwarz. (...) Es kam Schwarz. Von da an besinne ich mich weder auf die Höhe noch auf die Reihenfolge meiner Einsätze." Die fixe Idee, die das Handeln vieler Spieler beherrscht, beschreibt er wie folgt: „Ja, mitunter setzt sich ein ganz toller, anscheinend ganz unmöglicher Gedanke derartig im Kopf fest, dass man ihn schließlich für etwas Wirkliches hält. Und noch mehr: wenn eine solche Idee mit einem starken, leidenschaftlichen Wunsch verbunden ist, so betrachtet man sie manchmal am Ende sogar als etwas vom Schicksal Verhängtes, Unvermeidliches, Vorherbestimmtes, als etwas, was sich gar nicht anders zutragen kann!"

Dieses Spiel um Alles oder Nichts wird in der Literatur und in Filmen gerne thematisiert. So bildet in Zolas *Das Geld* der Kampf zwischen Gundermann (zumeist Spekulant, zeitweise aber auch Spieler) und Saccard (ein Nur-Spieler) um die Position des „Königs der Börse", der dann auch „Herr der Welt" wäre, den Kern der Handlung. In gleicher Weise ringen in Oliver Stones Film *Wall Street*[24] Gordon Gekko (ein Nur-Spieler; dargestellt von Michael Douglas) und Sir Larry Wildman (zumeist Spekulant, zeitweise aber auch Spieler) um den Sieg im Börsenspiel, wobei erstaunlich ist, dass am Ende die Nur-Spieler, also Saccard und Gekko, als Verlierer vom Platz gehen. Vielleicht liegt dies daran, dass der Spieler, den Kostolany (2000) als

[23] Peters stellt auf seiner Website (www.marketpsych.com) auch einen Fragebogen zur Verfügung, mit Hilfe dessen man feststellen kann ob man ein „pathologischer Spieler" ist.

[24] Die Geschichte von *Wall Street* knüpft an den Aufsehen erregenden Übernahmekampf von Sir James Goldsmith und Carl Icahn um die Papierfabrik Crown Zellerbach (im Film Teldar Paper) und die Fluglinie Trans World Airlines (im Film Bluestar Airline) an.

Parasit bezeichnet, moralisch gesehen doch zu weit vom normalen Publikum entfernt ist; noch weiter als der schon von der Allgemeinheit mit Argwohn betrachtete Spekulant, dem Ökonomen hingegen eine positive, Innovationen und wirtschaftliches Wachstum fördernde Funktion zuordnen.

Oliver Stones *Wall Street* und Zolas *Das Geld* zeigen eindrucksvoll, welche Bedeutung das Spiel an der Börse hat, was häufig auch zu einer Gleichsetzung von Spekulation und Spiel führt. Dies macht es auch schwer, zwischen Spekulanten und Spielern zu unterscheiden. Huizinga (2004: 64) stellt hierzu aus einer kulturgeschichtlich-anthropologischen Perspektive folgendes fest: „Man spielt am Roulettetisch und man ‚spielt an der Börse'. Im ersten Fall wird der Spieler zugeben, dass sein Handeln Spielen ist, im zweiten nicht. Kaufen und Verkaufen mit der Hoffnung auf unsichere Aussichten von Preissteigerung oder Preissenkung gilt als Teil des ‚Geschäftslebens', der ökonomischen Funktion der Gemeinschaft. In beiden eben genannten Fällen ist das Streben, Gewinn zu machen, maßgebend. Im ersten wird im Allgemeinen die reine Zufälligkeit der Chance zugestanden, wenn auch nicht völlig, denn es gibt ja ‚Systeme', um zu gewinnen. Im anderen Falle macht sich der Spieler irgendeinen Wahn vor, er könnte die zukünftige Tendenz des Marktes berechnen. Der Unterschied der Geisteshaltung ist äußerst gering." Martinetz (2001: 220) beschreibt den Reiz des Spiels, das Spektakuläre der Spekulation, aus der Sicht eines Kleinanlegers wie folgt: „Irgendwann kommt Ihnen der Gedanke, dass sich nicht alles um das Geld dreht, obwohl jeder so tut. Natürlich ist da die Hitliste der Gewinner, bei der die Tränen in die Augen schießen. Aber eigentlich geht es um den Zirkus drum herum, um die härtesten Manager, die zu Siegern werden, um die Experten, die die besten Empfehlungen aussprechen, und um die Unternehmen, die sich kräftig blamieren. Sie merken, dass nicht das goldene Kalb im Mittelpunkt steht, sondern der Tanz. Er ist es, den alle Börsianer vor allem brauchen. (...) Und kaum zu glauben, sobald es lustig wird und der Samba erklingt, dürfen Sie tatsächlich mitschwingen. Als Kleinanleger am Rande des Parketts wird Ihnen das Mitklatschen erlaubt, wenn die Großen der Branche, die Haie und Gekkos, zum wilden Tanz bitten. Doch wenn die Lichter ausgehen, wenn es traurig wird und der Blues ertönt, finden Sie sich plötzlich wieder mitten auf dem Parkett. Die Party ist vorüber, doch Sie zappeln immer noch. Und wenn Sie dann immer noch nicht genug haben von dem ganzen Theater, dann sind Sie (…) süchtig nach ihr, süchtig nach der Börse." Dieses spannende, nervenaufreibende Spiel, dieser Tanz ums Geld, ist nicht nur mit Freude und

Glücksgefühlen, sondern immer auch mit Stress, Leid, Angst, Verzweiflung und Wut verbunden. Dies sind dann die negativen Seiten, die, wie man den Berichten in Internetforen entnehmen kann, auch Kleinanleger in Crashzeiten aufs stärkste belasten.

In Abbildung 4.3 habe ich die zuvor genannten Kriterien geordnet, zusammengeführt sowie um einige Aspekte ergänzt. Hierbei differenziere ich fünf Anlegertypen: den sicherheits-, rendite- und gewinnorientierten Anleger, den Spekulanten und den Spieler, wobei die Übergänge zwischen diesen fließend sind. Da man auch unter Kleinanlegern einen nicht unerheblichen Anteil von Spekulanten und Spielern findet, könnte man die erstgenannten drei Typen als Anleger im klassischen Sinn, Spekulanten und Spieler hingegen als risikofreudige Formen des Anlegers bezeichnen. Geht es den klassischen Anlegern vorrangig um den kontinuierlichen, langfristigen, mit bestimmten Zwecken verbunden Aufbau eines Kapitalstocks, ergänzt um einen Wertzuwachs in Form von laufenden Erträgen oder Kurssteigerungen, sind Spekulanten- und Spieler-Anleger viel stärker am Gewinn und am Sieg interessiert, wobei dies beim letztgenannten Typus noch ergänzt wird um die Freude am Spiel. Zwischen dem gewinnorientierten Anleger und dem Anleger-Spieler ist – entsprechend seinen Intentionen und Handelsgewohnheiten – der „Trader", die moderne Form des Anlegers, einzuordnen. Im Vergleich zum klassischen Anleger ist sein Produktspektrum wesentlich breiter, umfasst z.B. auch Optionsscheine oder Knock-out-Produkte.

Von links nach rechts gelesen bilden Kapitalanleger eine aufsteigende Reihe (1) von einer an finanziellen Angelegenheiten eher desinteressierten, zu einer nervösen, an ökonomischen Angelegenheiten stark interessierten, die ständige Herausforderung suchenden Person, (2) von einem langfristig denkenden, an stetigem Wachstum interessierten, zu einem hektisch reagierenden, am schnellen Gewinn interessierten Investor, (3) von einer äußerst reduzierten zu einer geradezu entfesselten Risikofreudigkeit, sowie (4) von einem stark reduzierten zu einem sehr hohen gefühlsmäßigen Engagement. Die Zuordnung von Investoren zu den beschriebenen Typen ist in der Praxis zumeist nicht eindeutig. Dies liegt unter anderem daran, dass in jedem Anleger – wie Lopes (1987) dies beschrieben hat – zeitweise ganz unterschiedliche Ziele, Motive, Vorstellungen, Wünsche wirken werden. So wird auch der renditeorientierte Anleger bei steigenden Kursen den Wunsch haben, mal zu spekulieren oder einen bestimmten Betrag riskant als „Spiel"-Geld einzusetzen. Und viele Spekulanten und Spieler wären sicher froh, wenn sie in anhaltenden Baisse-Phasen einen Teil ihres Kapitals in risikoarmen Anlageformen „geparkt" hätten.

Anlegertypen	**Anleger** - sicherheitsorientiert	**Anleger** - renditeorientiert	**Anleger** - gewinnorientiert	**Spekulant**	**Spieler**
- Persönliche Grundeinstellung	Eher zurückhaltend-defensiv, normen-gebunden, gewissen-haft, introvertiert, gelassen	Ausgeglichen, relativ offen für neue Erfah-rungen, zielorientiert, vorausschauend-planend	Offen für neue Erfah-rungen, zielorientiert, eher extrovertiert, angespannt, umgäng-lich	Innovativ, neugierig, sucht neue Herausfor-derungen, extrovertiert, angespannt	Nervös, spontan, spielerisch-intuitiv, immer auf der Suche nach dem nächsten Thrill
- Interesse an finanziellen Fragen	Gering, finanzielle Themen sind für ihn absolut sekundär	Interessiert an finanziellen Themen	Stark interessiert an finanziellen Themen	Sehr stark interessiert an finanziellen Themen	Sehr stark interessiert an finanziellen Themen
- Ziele	Erhaltung und konti-nuierliches Wachstum des eingesetzten Kapitals	Eingesetztes Kapital wird als Investment betrachtet, das Rendite erarbeiten soll	Eingesetztes Kapital muß „arbeiten", sich vermehren, weiteres Kapital hecken	Möchte durch ge-schicktes Taktieren mittelfristig hohe Gewinne realisieren	Möchte Gewinn maxi-mieren und dies auch in einer möglichst geringen Zeit
- Motive / Motivation	Finanzielle Ziele erreichen, Vorsorge für später, Sicherheit schaffen	Gezielter Aufbau von Vermögen bzw. laufen-dem Einkommen („Rente")	Möchte nicht nur Ge-winn machen, sondern auch erfolgreich sein, Anerkennung, Selbst-bestätigung... finden	Möchte erfolgreich am Markt sein; Anerken-nung, Selbstbestäti-gung, Macht... sind für ihn wichtig	Entscheidend ist die Bewältigung einer Herausforderung, das Gefühl den Markt... besiegt zu haben
- Risikoeinstellung	Risikoscheu, Angst vor möglichen Verlusten	Risikobewußt, geht keine größeren Wag-nisse ein	Geht Risiken ein, wenn ein entprechender Ge-winn erwartet wird	Geht bei positiven Erwartungen auch höhere Risiken ein	Geht hohe Risiken ein, keine Scheu vor Kapitalverlusten
- Zeithorizont	Zumeist langfristig	Mittel- bis langfristig	Zumeist mittel- bis langfristig	Zumeist mittelfristig	In der Regel kurzfristig
- Handelsaktivitäten	Sehr gering	Eher gering bis mäßig	Relativ hoch	Hoch	Sehr hoch
- Zeitbudget für finan-zielle Aktivitäten	Nimmt sich fast keine Zeit für finanzielle Angelegenheiten	Nimmt sich ausreichend Zeit für finanzielle An-gelegenheiten	Nimmt sich relativ viel Zeit für finanzielle Angelegenheiten	Finanzielle Angelegen-heiten haben hohen Anteil am Zeitbudget	Finanzielle Angelegen-heiten sind für ihn von zentralem Interesse
- Gefühlsmäßiges Engagement	Sehr gering	Gering bis mittel	Mittel bis hoch	Hoch	Sehr hoch

Abbildung 4.3: Anlegertypen

4.6 Wege zur Ermittlung der individuellen Risikobereitschaft

Anleger-Typologien in Risikotests

Wie zuvor beschrieben, wird die Risikobereitschaft von vielen Faktoren beeinflusst. Wesentliche Kriterien hierbei sind, wie in Abbildung 4.1 dargestellt, die Risikowahrnehmung und die Risikobewertung, die überlagert werden vom Wissen, den Erfahrungen, Motiven, Einstellungen, Zielen, Gefühlen, Emotionen, Empfindungen und Stimmungen einer Person. Unterstützt werden kann die Ermittlung der Risikobereitschaft durch geeignete Hilfsmittel, z.B. in Form von Fragebogen oder PC-Programmen. Zwischenzeitlich gibt es auch Online bearbeitbare Anleger- bzw. Risikotests, bei denen der Anlegertyp mittels Fragen zum Risikoverhalten, zu den Anlageerfahrungen und zur Vermögenssituation sowie zu sonstigen Kriterien (Kenntnisse in finanziellen Angelegenheiten, Anlage- und Informationsverhalten, Produktkenntnisse, Strategien…) ermittelt wird. In Abbildung 4.4 sind stellvertretend neun Online-Tests dargestellt. Die ersten sechs sind einfache Risikotests, die folgenden drei sind inhaltlich wesentlich breiter angelegt und enthalten neben Risikoaspekten vermehrt Fragen zur Vermögenssituation, zur Einstellung, zu den Kenntnissen des Anlegers, zu seinem Anlage- und Informationsverhalten sowie zur Strategie.

Die ersten drei Tests sind in ihren Intentionen sehr ähnlich. Das Analysespektrum umfasst 10 bis 13 Fragen; als Ergebnis weisen sie zwischen drei und fünf Anlegertypen bzw. Risikoprofile aus, die nur zum Teil näher definiert oder beschrieben werden. Etwas anders aufgebaut ist der *Investment-Check* der ING-DiBa (Test 3), bei dem die Risikoanalyse mit einer Portfolioanalyse verbunden wird. Detailliertere Ergebnisse liefert der von MPC entwickelte *Risk-Reward Profiler* (Test 4), der neben einer Gesamtbeurteilung drei Detailanalysen zur Risikobereitschaft, zur Einstellung gegenüber Volatilitäten bzw. Stressanfälligkeit und zur Differenz dieser beiden Werte ausweist. Wesentlich komplexer und primär auf Risikoaspekte ausgelegt ist der *Risikotest* der Schweizer Kantonalbanken (Test 6). Das Ergebnis wird hier auch nicht mit Risikotypen, sondern in Form eines Risikoprofils mit einer sechs-stufigen Cockpitdarstellung dargestellt. Außerdem werden die Ergebnisse in etwas differenzierterer Form beschrieben. Eine gewisse Einheitlichkeit weisen die Bezeichnungen der Anlagetypen bzw. Risikoprofile aus. So wird in den meisten Fällen die niederste Risikostufe mit den Begriffen „Sicherheit“ oder „Konservativ“ versehen, die mittlere mit „Ertrag“ oder „Wachstum“ und die höchste mit „Chance“ oder „Spekulation“.

Anleger- und Risikotests* Bezeichnung / Quelle	Anzahl der Fragen	Fragen zum Risikoverhalten	Fragen zu den Anlageerfahrungen und zur Vermögenssituation	Fragen zur Einstellung, zu den Kenntnissen, zum Anlage- und Informationsverhalten, zur Strategie...	Darstellung bzw. Differenzierung der Ergebnisse nach Anlegertypen, Risikostufen....
1. „Sind Sie ein Versparer?" www.einfach-investieren.de	10	4 (40%)	-	6	3 Anlegertypen (grob beschrieben)
2. Deka „Anleger-Profil-Check" www.deka.de	11	5 (46%)	6	-	5 Anlegermentalitäten (nicht näher erläutert)
3. ING-DiBa „Investment-Check" www.ing-diba.de	13	7 (54%)	6	-	4 Risikoprofile (nicht näher erläutert)
4. MarketPsych „Risk-Reward Profiler" www.marketpsych.com	14	6 (43%)	3	5	Eine Gesamtbeurteilung und 3 Detailanalysen (jeweils kurz kommentiert)
5. FOCUS „Welcher Fondstyp sind Sie?" www.focus.de	15	6 (40%)	-	9	3 Anlegertypen (grob beschrieben)
6. Schweizer Kantonalbanken „Risikotest" www.bekb.ch oder www.trade-net.ch	25	11 (44%)	5	9	Cockpitdarstellung mit 6 Risikostufen und Erläuterungen
7. aixigo „Börsencoach" www.boersen-coach.com	34	19 (56%)	-	15	Auswertung in Bezug auf 3 Anlegertypen und Gesamtwert
8. MarketPsych „Investor Personality Test" www.marketpsych.com	74	18 (24%)	4	52	5 Persönlichkeitsmerkmale und 5 Bias-Kriterien
9. Dr.Kriechbaum „Börsen-Psychologie" • Teil 1: Börsenhandel • Teil 2: Persönlichkeitsmerkmale www.kriechbaum.eu	67 76) 143	38 (27%)	4	101	Einordnung der Werte in ein Koordinatensystem mit zwei Skalen (Clever <-> Naiv / Cool <-> Nervös) zzgl. „Note" für die Börsenhandelseignung

*Weitere allgemein zugängliche, kostenfreie Anleger- bzw. Risikotests werden beispielsweise angeboten unter: www.boerse-online.de, www.bild.de, www.hypotirol.com und www.bkb.ch.

Abbildung 4.4: Anleger- und Risikotests

Einerseits sind diese Tests ganz nett, erzeugen vielleicht auch ein „angenehm prickelndes Gefühl“[25]; andererseits werden sie einem reflexionsfähigen Anleger keine neuen Einsichten oder Erkenntnisse liefern. Wesentlich komplexer und inhaltlich breiter angelegt sind die Tests 7 bis 9. Ich möchte hier lediglich kurz auf den von Aixigo entwickelten *Börsencoach*[26] (Test 7) eingehen (auf die Tests 8 und 9 komme ich am Ende dieses Kapitels nochmals zurück). Beim Börsencoach, der auf den Erkenntnissen der Behavioral Finance aufbaut, wird ein „persönliches Rationalitätsprofil“ ermittelt. Bewertet werden dabei drei „typische Verhaltensweisen“[27] von Anlegern: (1) „Vorschnelles Handeln“, (2) „Einstandspreisorientierung“ und (3) „an Entscheidungen hängen“, wobei die Ergebnisse auch in Relation gesetzt werden zu den Werten anderer Teilnehmer. Ergänzend hierzu erhält der Befragte Informationen zu seinem Risikoverhalten, die auch in Bezug gesetzt werden zu seinen Fähigkeiten („Im Verhältnis zu Ihren Fähigkeiten agieren Sie zu vorsichtig/unvorsichtig“). Die erzielten Ergebnisse bezüglich des Entscheidungsverhaltens werden in detaillierter Form (jeweils im Vergleich zu den Ergebnissen anderer Teilnehmer) grafisch dargestellt und mit Hintergrundinformationen (Typbeschreibungen, theoretische Aspekte, Darstellung möglicher Gefahren, Beispiele und Tipps) unterlegt. Der Börsencoach liefert Anlegern brauchbare Aussagen zum Entscheidungs- und Risikoverhalten, konzentriert sich dabei jedoch auf einige wenige, in der Behavioral Finance diskutierte Verhaltensanomalien von Anlegern. Wie die anderen Tests liefert auch er keine konkreten Hinweise zur Bestimmung der individuellen Risikobereitschaft, was aber auch nicht seine Intention ist.

Ermittlung der Risikobereitschaft in der Anlageberatung

Die Ermittlung der individuellen Risikobereitschaft gilt heute als elementarer Bestandteil der Anlageberatung. So haben Banken schon seit längerer Zeit – wie im

---

[25] So die Überschrift eines Artikels zu Anlegertests in *Die Zeit*, 37/2002.

[26] Siehe hierzu Jünemann (1999), sowie Jünemann & Imbacher (2007). Bisher sollen über 100.000 Personen diesen Test absolviert haben. In der erstgenannten Veröffentlichung sind die Ergebnisse im Detail dargestellt.

[27] Die Bezeichnungen sind hier etwas unterschiedlich: Im Test selbst werden sie als „typische Verhaltensweisen“ bezeichnet, in der auf die Tests Bezug nehmenden Veröffentlichung von Jünemann (1999) als „Psychofallen“, und in der Veröffentlichung von Jünemann & Imbacher (2007) als „Anlegertypen“, wobei in diesen beiden Veröffentlichungen nicht nur drei sondern jeweils fünf Verhaltensweisen (zusätzlich: „Selbstüberschätzung“ / „Kontrollillusion“ sowie „übertriebene Angst“ / „Angst vor Kontrollverlust“) beschrieben werden.

Wertpapierhandelsgesetz (WpHG) ausgeführt – die Aufgabe, die Risikobereitschaft ihrer Kunden im Beratungsprozess zu erkunden, was jedoch, wie von Nitzsch & Rouette (2003: 1) in einem Forschungsbericht feststellen, in aller Regel nicht zufriedenstellend geschah. Dies lag vor allem „daran, dass manche Banken und Finanzdienstleister aus geschäftspolitischen Gründen den Aufwand minimieren wollen und sich mit einer sehr einfachen, kategorischen Abfrage der Risikobereitschaft zufrieden“ gaben, wobei selbst in den Fällen, in denen ein entsprechender Aufwand nicht gescheut wurde, „nicht ausreichend bekannt“ war, „wie sich die Risikobereitschaft valide feststellen lässt bzw. wie mit den psychologischen Effekten umzugehen ist, die in diesem Zusammenhang das Verhalten bzw. die Ermittlung beeinflussen“.

Die Feststellung der individuellen Risikobereitschaft ist ein absolut zentraler, aber auch schwieriger Teil in der Kommunikation zwischen Beratern und Anlegern. Die Schwierigkeit liegt zum einen im Grad des Betroffenseins der Akteure (derjenige der Risiken eingeht – und damit Betroffener – ist ausschließlich der Anleger), zum anderen in den Grenzen einer Verständigung über Risiken, bei der – insbesondere wegen der zumeist vorhandenen Wissens-Asymmetrien, aber auch wegen Verständigungsproblemen – ein Mehr an Kommunikation nicht zwingend auch zu einem besseren Verständnis führt.[28] Behindert wird die Kommunikation über Risiken nicht nur durch die von Banken gern gescheuten (Zeit- bzw. Kosten-)Aufwendungen und eine nicht ausreichende Qualifikation der Berater, sondern auch durch das häufig feststellbare Bestreben, dem Kunden weismachen zu wollen, dass man Risiken – z.B. durch Diversifikation – auf eine vernachlässigbare Restgröße reduzieren könne. Dies verhindert den Aufbau eines sinnvollen Risikobewusstseins und suggeriert eine Sicherheit, die insbesondere bei der Anlage in Aktien und Aktienfonds nicht gerechtfertigt ist.

Mit der Einführung der EU-Richtlinie „Markets in Financial Instruments Directive“ (kurz: MiFID) zum 01.11.2007 wurden die Anforderungen an die Beratungs- und Informationsleistungen der Banken und Finanzberater ausgeweitet und präzisiert.[29] So besteht die Pflicht, Kunden umfassend über die Höhe und Herkunft ihres Einkommens, nach regelmäßigen finanziellen Verpflichtungen sowie über ihren Beruf und Bildungsstand zu befragen. Außerdem müssen Kunden Risikoklassen zugeordnet werden, wobei hier unter anderem die Anzahl der getätigten Geschäfte, die Höhe der Finanztransaktionen und die Anlagestrategie von Bedeutung sind. Dazu gibt es in der

[28] Siehe hierzu den Bericht von Oehler & Kohlert (2008) sowie Jungermann & Belting (2004).
[29] Siehe hierzu z.B. Öchsner (2007a).

MiFID (relativ) klare Kriterien, die weit über die derzeit von Banken praktizierten Risikoeinstufungen hinausgehen. So müssen sie im Rahmen des Suitability-Tests prüfen, ob der Kunde die mit den zur Auswahl stehenden Produkten verbundenen Risiken verstehen kann, ob die Investition den Anlagezielen des Kunden entspricht, und ob die Risiken, die sich aus dem Investment ergeben können, für ihn insgesamt tragbar sind. Außerdem haben Banken und Finanzberater gegenüber Klein- bzw. Privatkunden eine erhöhte Informations-, Warn- und Dokumentationspflicht.

Spannend ist nun, wie die Banken und Finanzberater mit diesen Forderungen in der Praxis umgehen – vor allem, wie sie die Aufgaben innerhalb des Suitability-Tests lösen. In der Vergangenheit hat man es sich hier relativ einfach gemacht.[30] So ermittelte man die Risikoneigung eines Kunden beispielsweise mit folgenden Fragen: „Betrachten Sie sich bei der Geldanlage als konservativ oder risikobereit?“, oder, schon etwas komplexer: „Von welchen Gefühlen lassen Sie sich in ihren Anlagen hauptsächlich leiten?“.[31] Als mögliche Antworten sind dann vorgesehen: „1. Sicherheit, 2. kontinuierlicher Ertrag, 3. Chancen nutzen, 4. Risiken eingehen, 5. Spekulation suchen“. Wurde diese Frage beantwortet, hatte man auch schon das für den Kunden „richtige“ Produkt: das auf ihn zugeschnittene Musterportfolio bzw. den passenden Fonds. Banken, Vermögensberater, Fondsgesellschaften und Versicherungen haben üblicherweise drei, vier oder fünf Musterportfolios bzw. Strategiefonds im Angebot, die sie Kunden gerne als allumfassendes, auf ihre individuelle Risikobereitschaft hin abgestimmtes Investment anbieten. So bekommt der „sicherheitsorientierte“ bzw. „konservative Anleger“ einen „Sicherheit plus“- oder „Relax“-Fonds angeboten, der „ertrags“- bzw. „risikobewusste Anleger“ einen „Balanced“-, „moderate Growth“- oder „Wachstum aktiv“-Fonds und der „chancenorientierte“ bzw. „spekulative Anleger“ einen „Chance aktiv“- oder „Power“-Fonds.[32] Auf diese Weise suggeriert man eine detaillierte Analyse sowie eine individuelle Bedürfnisse berücksichtigende Produktauswahl, liefert aber nur oberflächliche, vorkonfektionierte Dienstleistungen – und das häufig auch noch zu überhöhten Preisen (gemeint sind hier die

---

[30] Siehe hierzu die von Böll & Hetzer (2007) veröffentlichten Ergebnisse eines Praxistests zur Qualität der Anlageberatung von sechs Finanzinstituten sowie die von Oehler & Kohlert (2008) veröffentlichten Ergebnisse von 90 Beratungsgesprächen, die – wegen fehlender Zeit, Kompetenzen und Hilfsmittel – zumeist unprofessionell bzw. (aus Anlegersicht) unbefriedigend verliefen.

[31] Die Fragen und Antwortmöglichkeiten wurden den Unterlagen von Banken entnommen.

[32] Die Begriffe wurden den Online-Informationen bzw. Prospekten folgender Anbieter von Finanzprodukten entnommen: Cortal Consors Vermögensmanagement, Deka, DWS, Fidelity, ING-DiBa, Meinl Bank, UBS, MLP und Gothaer Versicherung.

Ausgabeaufschläge und Managementkosten). Dies ist für die Finanzindustrie relativ einfach und einträglich; ob es auch für Anleger gut ist, erscheint höchst fraglich.

Ermittlung des Risikoanteils und der individuellen Risikobereitschaft

Die zuvor beschriebenen Online-Tests sind „Wegweiser", die Anlegern erste grobe Hinweise zu ihrer Risikobereitschaft liefern. Sie haben aber auch Nachteile. Zu bemängeln ist zum einen die fehlende Transparenz: Man gibt einige Daten ein und erhält ein knappes, zumeist nicht näher erläutertes Ergebnis, erkennt aber nicht, aus welchen Gründen die „Maschine" zu diesem gekommen ist. Man weiß dann lediglich, dass man ein „zufriedener Balancemensch", „vorausschauender Geldplaner", oder ein „risikobewusster Anleger" ist. Das andere Problem ist, dass diese Typologisierungen nicht anschlussfähig sind, insbesondere keine Hinweise enthalten, wie man den Übergang zur Gestaltung bzw. Auffächerung seines Portfolios finden kann. Bank- und Vermögensberater schaffen diesen Übergang, indem sie – wie zuvor dargestellt – ihren Kunden ein auf einen Typus (nicht auf die jeweilige Person) hin abgestimmtes Produkt oder Musterdepot anbieten. Eine sinnvolle, der individuellen Risikobereitschaft und den jeweiligen Bedürfnissen des Anlegers gerecht werdende Anlagestrategie hat man auf diesem Weg aber nicht annähernd gefunden.[33]

In Bankenkreisen wird gerne die Geschichte eines Mannes erzählt, der wegen der von ihm eingegangenen Risiken nicht mehr schlafen konnte. Daraufhin fragte er einen Freund, was er nun machen solle. Dieser gab ihm den Rat, seinen Risikoanteil so lange zu verringern, bis er wieder schlafen könne.[34] Was in dieser Geschichte auf physisch-intuitive Weise gelöst werden soll, ist die Königsdisziplin bei der Anlage von Kapital (und auch der Anlageberatung): die Bestimmung des Risikoanteils, also des Teils eines Portfolios, den ein Anleger in risikoreicheren Wertpapieren anlegen sollte. Zu den risikoreicheren Anlageformen zählen Wertpapiere, die stärkeren (Markt-)Schwankungen unterliegen und damit auch größere Risiken beinhalten. Dies sind insbesondere Aktien, Aktienfonds, aktienlastige Mischfonds, Hedgefonds, auf Aktien bezogene ETFs und Indexzertifikate. Der andere Teil eines Portfolios wird als „risikoloser Teil" bezeichnet und besteht beispielsweise aus schwankungsarmen, weitgehend wertstabilen Anleihen, Renten und Rentenfonds, Immobilienfonds und

[33] Siehe ergänzend hierzu Jungermann & Belting (2004: 246ff).

[34] Hierzu passt auch einer der besseren Sprüche Kostolanys (2000: 153): „Wer gut schlafen will, kauft Anleihen, wer gut essen will, bevorzugt Aktien."

Geldmarktanlagen – wobei ergänzt werden muss, dass auch diese Anlageformen, mit Ausnahme der Geldmarktanlagen, nicht risikofrei sind, aber wesentlich weniger risikobehaftet als die zuvor genannten risikoreichen Assets.

Die zentrale Aufgabe von Anlegern ist, eine Entscheidung darüber zu treffen, welchen Anteil ihres Vermögens sie in risikoreicheren Wertpapieren anlegen möchten: ob dies beispielsweise 10, 50 oder gar 100 Prozent sein sollen. Über diese Entscheidung steuern Anleger nicht nur ihr Risiko, sondern auch ihre Gewinn- bzw. Verlustmöglichkeiten. In vereinfachter Form wird dies beispielsweise über die immer wieder empfohlene Daumenregel „Hundert minus Lebensalter" gelöst. Demnach sollte ein 30-Jähriger etwa 70 Prozent seines Kapitals in risikoreiche Anlageformen investieren, ein 60-Jähriger hingegen lediglich 40 Prozent. Diese Regel ist zwar einfach, berücksichtigt aber weder die Erfahrungen und das Wissen eines Anlegers in finanziellen Angelegenheiten, noch sein Humankapital, seine derzeitige und die zu erwartende finanzielle Situation, seine Ziele und gefühlsmäßigen Bedürfnisse oder seine generelle Einstellung zum Risiko. So stellt Martin Weber (2007: 206) auch die (berechtigte) Frage: „Wieso soll ein Rentner, der einen Teil seines Einkommens für die Enkel zurücklegt, nicht mehr in Aktien anlegen, als es die Faustformel vorsieht – auch wenn er damit die ‚optimale' Aktienquote überschreitet?"

Nachfolgend wird beispielhaft dargestellt, in welcher Form Anleger (am besten in Begleitung eines Beraters, ansonsten alleine[35]) den Risikoanteil ihres Portfolios – und damit auch ihre Risikobereitschaft – in einer fundierten, sinnvollen, nicht allzu aufwendigen Form ermitteln können.[36] Meines Erachtens sind bei der Ermittlung des Risikoanteils insbesondere folgende fünf Kriterien von Bedeutung (siehe hierzu Abbildung 4.5 sowie die in Anlage 3 dargestellten Fragen):

(1) Die Erfahrungen, das Wissen, die Einstellung und Interessen des Anlegers
Aus verschiedenen Untersuchungen weiß man, dass der Erfolg beim Umgang mit riskanten Anlageformen insbesondere vom Wissen, den Erfahrungen, der Einstellung und den Interessen eines Anlegers abhängen. Anleger, die hier Schwächen bzw. Defizite haben, sollten nur geringe Risiken eingehen.

---

[35] Diese wichtige Aufgabe wird zwischenzeitlich gerne auf den Anleger verschoben, der sich dann, wie Zydra (2008c) meint, „vor einer Beratung möglichst selbst (...) über die eigene Risikobereitschaft und die Renditeerwartungen im Klaren sein" soll.

[36] Die Vorgehensweise wird dabei anhand eines stark vereinfachten, das Prinzip lediglich verdeutlichenden Verfahrens mit jeweils einer Frage pro Kriterium dargestellt.

(2) Die Stetigkeit des Einkommens des Anlegers

Ein zweiter wichtiger Aspekt ist, ob der Anleger ein in der Höhe gleiches, regelmäßiges, weitgehend gesichertes Einkommen erwarten kann. Ist dies nicht oder nur bedingt der Fall, sollte er seine Investitionen eher kurz- bzw. mittelfristig sehen, und deshalb auch keine zu hohe Risiken eingehen.

(3) Die finanzielle (Ausgangs-)Situation des Anlegers

Personen, die bereits über ein größeres Vermögen verfügen und deshalb auch eine hohe Risikotragfähigkeit haben, sollten ihr Kapital eigentlich nicht risikoreich anlegen, obwohl sie dies – ohne Gefahr für ihre laufenden Bezüge bzw. ihren gewohnten Lebensstandard – gut tun könnten.[37] Personen hingegen, die Lücken in ihrer Finanzplanung erkennen, „müssten" ihr Kapital eigentlich relativ risikoreich anlegen, in der Hoffnung, diese Lücken durch entsprechende Kursgewinne schließen zu können, wobei dies mit dem Risiko verbunden ist, dass sie das Wenige, das sie bereits haben, nun auch noch verlieren.

(4) Die Risikobereitschaft des Anlegers (im engeren Sinne)

Es gibt verschiedene Möglichkeiten, die Risikobereitschaft (im engeren Sinne) quantitativ zu erfassen. Hilfreich sind hier Fragen, bei denen ein Anleger, wie in Anlage 3 dargestellt, eine von ihm präferierte Alternative aus verschiedenen Gewinn-Verlust-Varianten auswählen kann. Bedeutsam ist bei solchen Auswahlkriterien vor allem der zweite Wert, der den akzeptablen maximalen Verlust darstellt – und im Sinne des Framing die einseitige Fokussierung auf mögliche Gewinne sicherlich etwas dämpft. Hier zeigt sich dann auch, wie risikobereit ein Anleger wirklich ist.

(5) Verhalten in Verlustphasen / Ausfall-Risiko

Eine andere Möglichkeit zur Quantifizierung der Risikobereitschaft ist die Feststellung des Verhaltens in Verlustphasen, insbesondere der Bereitschaft, temporäre Zielverfehlungen oder Verluste hinzunehmen. So kann man, wie in Anlage 3 dargestellt, beispielsweise fragen, über welchen Zeitraum man bereit ist, ein angestrebtes Renditeziel nicht zu erreichen (Shortfall- oder Ausfall-Risiko genannt), oder gar einen zeitweisen Verlust zu akzeptieren.

---

[37] In diesem Sinne sagt Kostolany: „Wer viel Geld hat, *kann* spekulieren; wer wenig Geld hat, *darf nicht* spekulieren; wer kein Geld hat, *muss* spekulieren". Jonathan Clement, Kolumnist des *Wall Street Journal,* bezeichnet dies, als „Paradox des Investierens".

In Abbildung 4.5 ist dargestellt, wie man die Risikobereitschaft auf der Basis der zuvor genannten Kriterien ermitteln kann. Zur Veranschaulichung der Vorgehensweise habe ich zwei reale Fälle beschrieben:

Ermittlung der Risikobereitschaft *Fall 1:*	**Risikoquoten** (entsprechend den Werten in Anlage 3)	**Bedeutung / Prioritäten / Gewichtungen:** I	II	III	IV	V	**Multiplikator** (Risikoanteil x Gewicht)
1. Erfahrungen, Wissen...	55	90	70	50	30	(10)	550
2. Stetigkeit Einkommen	35	90	70	50	(30)	10	1.050
3. Finanzielle Situation	55	(90)	70	50	30	10	4.950
4. Risikobereitschaft	50	90	(70)	50	30	10	3.500
5. Ausfall-Risiko	50	90	70	(50)	30	10	2.500
Summe Multiplikatoren							12.550
Risikoanteil in Prozent (Summe Multiplikatoren / 250)							50 %

Ermittlung der Risikobereitschaft *Fall 2:*	**Risikoquoten** (entsprechend den Werten in Anlage 3)	**Bedeutung / Prioritäten / Gewichtungen:** I	II	III	IV	V	**Multiplikator** (Risikoanteil x Gewicht)
1. Erfahrungen, Wissen...	40	90	70	(50)	30	10	2.000
2. Stetigkeit Einkommen	50	90	70	50	30	(10)	500
3. Finanzielle Situation	25	90	70	50	(30)	10	750
4. Risikobereitschaft	30	(90)	70	50	30	10	2.700
5. Ausfall-Risiko	30	90	(70)	50	30	10	2.100
Summe Multiplikatoren							8.050
Risikoanteil in Prozent (Summe Multiplikatoren / 250)							32 %

Abbildung 4.5: Ermittlung der individuellen Risikobereitschaft

- Fall 1 basiert auf einem 35-jährigen Freiberufler, der größere Lücken in seiner Alterssicherung erkennt, bereits über ein gutes Wissen und reichhaltige Erfahrungen mit Kapitalanlagen verfügt, eher gewinnorientiert eingestellt ist und längerfristige Anlageziele verfolgt.

- Fall 2 bezieht sich auf einen 50-jährigen Angestellten, dessen finanzielle Ausgangslage relativ gesichert und der deshalb eher renditeorientiert eingestellt ist, über ein mittelprächtiges Wissen und Erfahrungen im Umgang mit Kapitalanlagen verfügt und in Sachen Risiko eher vorsichtig agiert.

Bei der Ermittlung des Risikoanteils gehen die beiden Personen wie folgt vor:

(1) In einem ersten Schritt beantworten sie die in Anlage 3 aufgelisteten Fragen 1 bis 5 und tragen die Ergebnisse – jeweils dargestellt in einer prozentualen Risikoquote – in die Spalte 2 der Tabelle „Ermittlung der Risikobereitschaft" (Abbildung 4.5) ein.

(2) Im zweiten Schritt überlegen sie, welche Bedeutung die dargestellten fünf Kriterien für sie besitzen (das Kriterium mit der höchsten Bedeutung hat Priorität I, das mit der geringsten hat Priorität V) und kreisen diese entsprechend ein. Wichtig hierbei ist, dass die Kriterien in eine individuelle, für die jeweilige Person „passende" Reihenfolge gebracht werden, so dass am Ende jedes der fünf Kriterien einer spezifischen Priorität zugeordnet ist – und damit jede Priorität einmal belegt wurde. Hierbei handelt es sich um einen wichtigen, vor allem intuitiv zu bewältigenden Abwägungsprozess, bei dem es (immer wieder) um die Frage geht: Was ist für mich wichtig(er), und was ist für mich weniger wichtig? So hat für den 35-jährigen Freiberufler (Fall 1; oberes Beispiel in Abbildung 4.5) die finanzielle Situation, die eine starke Unterdeckung in der Zukunft erkennen lässt, die höchste Bedeutung, das Ausfall-Risiko hingegen, weil er ja noch einen langen Anlagezeitraum vor sich sieht, eine geringere. Auch wenn hier wegen fehlender Maßstäbe intuitiv gearbeitet werden muss, bedeutet es nicht, dass diese Vorgehensweise zu schlechten oder fragwürdigen Ergebnissen führt.[38] Ganz im Gegenteil. Auf diese Weise wird der Anleger gezwungen, sich aus ganz unterschiedlichen Perspektiven mit seinen Erfahrungen, seinem Wissen, seinen Interessen, Wünschen, Motiven, Gefühle und seiner Einstellung zu risikorelevanten Faktoren zu beschäftigen – wobei er in diesem Prozess, wenn er sinnvoll durchlaufen wird, auch die notwendige gedankliche Tiefe, Einsicht und Sicherheit erreicht.

---

[38] Siehe hierzu die Ausführungen zur Intuition und zum Bauchgefühl in den Kapiteln 3.4 und 7.2.

(3) In einem dritten Schritt werden die in der Spalte „Risikoquoten“ eingetragenen Werte mit den eingekreisten Prioritäten- bzw. Gewichtungsfaktoren der jeweiligen Zeilen multipliziert und die Ergebnisse in die Spalte „Multiplikator“ eingetragen. Danach wird die Summe aller Multiplikationen ermittelt und deren Wert durch 250 dividiert. Ergebnis ist ein prozentualer Risikoanteil, den der Anleger seiner Anlagestrategie zugrunde legen kann. Will man nun noch prüfen, in welcher Relation dieses Ergebnis zu anderen Vorgehensweisen steht, kann man in Abbildung 4.3 zunächst seinen Typus fixieren und danach in Anlage 3 (Punkt 6) schauen, welcher Risikoanteil diesem Typus zugeordnet ist. Nehmen wir an, dass die Person von Fall 1 sich auf der Basis der in Abbildung 4.3 genannten Kriterien als „gewinnorientierten Anleger“ einstuft, dessen Risikoanteil – wie er in Anlage 3 feststellt – in etwa zwischen 40 und 75 Prozent liegt. Im Vergleich hierzu hat er (siehe hierzu Abbildung 4.5) einen Risikoanteil von 50 Prozent ermittelt und kann nun überlegen, ob er mit diesem Ergebnis zufrieden ist, oder ob er ihn, aus welchen Gründen auch immer, intuitiv noch etwas nach oben oder unten verschieben möchte.

Zwischenzeitlich durchgeführte Tests zeigen, dass die zuvor beispielhaft beschriebene Vorgehensweise einerseits einfach genug und damit auch für den „normalen“ Anleger gut zu bewältigen ist.[39] Andererseits zwingt sie Anleger zur Auseinandersetzung mit verschiedenen, für ihre Entscheidung wesentlichen Aspekten und erzeugt damit die notwendige Tiefe, um den Risikoanteil eines Portfolios und damit das für einen Anleger so wichtige Maß der individuellen Risikobereitschaft bestimmen zu können. „Es gehört“, wie Luhmann (1991: 51) sagt, „zur Riskanz des Risikos, dass die Einschätzung mit der Zeit variiert.“ Veränderungen der ökonomischen Lage und der Einkommenssituation, neues Wissen und neue Erfahrungen führen zwangsläufig zu Veränderungen der individuellen Risikobereitschaft. Dies bedeutet, dass die Ermittlung der Risikobereitschaft keine Einmalaktion sein darf, und jeder Anleger diese in vernünftigen Abständen überprüfen sollte.[40] In diesem Sinne ist – aus einer psychologischen Perspektive betrachtet – auch ein an der Risikobereitschaft ausgerichtetes jährliches Rebalancing wesentlich wichtiger als das in der Ratgeberliteratur stets empfohlene finanztechnische Rebalancing.

[39] Wem die zuvor beschriebene Gewichtung der risikobestimmenden Kriterien zu aufwendig oder zu schwierig erscheint, kann aus den ermittelten fünf Risikoquoten einen Mittelwert bilden. Der auf diese Weise ermittelte Wert weicht bis zu sechs Prozent (+/-) vom gewichteten Wert ab.

[40] Siehe hierzu Jungermann & Belting (2004: 248) sowie Zweig (2007: 142ff und 168f).

4.7 Vom Risikotest zum Persönlichkeits- und Anlegertest

Bei der Anlage von Kapital wirkt eine Vielzahl von Persönlichkeitseigenschaften zusammen, so zum Beispiel die Entschluss- und Entscheidungsfreudigkeit einer Person, ihre Belastbarkeit und Diszipliniertheit, ihre Durchsetzungsfähigkeit, ihre Risikofreude, Selbstsicherheit und geistige Beweglichkeit, ihr Maß an Offenheit, Neugierde, Leistungsstreben und Lernwilligkeit, wobei diese Eigenschaften noch von den jeweils herrschenden Gefühlen, Emotionen, Empfindungen und Stimmungen beeinflusst werden. Eine grundsätzliche Frage ist deshalb, welche Aspekte bzw. Teile der Gesamtpersönlichkeit in einen Test einbezogen werden sollten, um zu vernünftigen Aussagen zu kommen. Wie zuvor dargestellt, wird in den einfachen Tests[41] der Fokus auf relativ wenige risikorelevante, anlegertypische oder persönlichkeitsorientierte Aspekte begrenzt, damit aber eine große Zahl von Faktoren, die das Risikoverhalten gleichfalls beeinflussen, außer Acht gelassen. Im Gegensatz hierzu wird in den nachfolgend beschriebenen Persönlichkeits- und Anlegertests der inhaltliche Horizont erheblich verbreitert, was einen wesentlich komplexeren und auch detaillierteren Blick auf die Anlegerpersönlichkeit ermöglicht.

Persönlichkeitstests

Nachfolgend werden zunächst zwei bekannte Persönlichkeitstests in ihren Grundzügen vorgestellt, die auf breiter Ebene Persönlichkeitseigenschaften in die Analyse einbeziehen, die vielfach (auch) bei der Anlage von Kapital und der Beurteilung der Risikobereitschaft von Bedeutung sind.

(1) Der wohl bekannteste Persönlichkeitstest ist der *Big-Five-Test*, dessen ursprüngliche Form vor nahezu 50 Jahren entwickelt wurde. Ausgangspunkt war, dass sich Aussagen, die Offiziersanwärter der amerikanischen Luftwaffe bei der Beurteilung ihrer Kameraden verwendeten, trotz der zunächst verwirrenden Vielfalt der Begriffe im Prinzip auf fünf Persönlichkeitseigenschaften bzw. Charakterzüge konzentrieren ließen: die so genannten „Big Five“. In zahlreichen weltweit durchgeführten Folgeuntersuchungen (allein in Deutschland nahmen hieran etwa 11.000 Personen teil) konnte dieses Phänomen bestätigt werden. Der auf diesen Erkenntnissen aufbauende, in einer einfachen Form 48 Fragen umfassende Big-Five-Test, sowie sein Nachfol-

[41] Beispiele hierfür sind die Tests 1 bis 5 in Abbildung 4.4.

ger, der 60 Fragen umfassende NEO-FFI, werden heute vor allem in der Schul-, Studien-, Berufs- und Organisationsberatung sowie in der klinischen Psychologie eingesetzt.[42] Der NEO-FFI weist Werte in folgenden fünf Dimensionen aus, die sich jeweils in die in Klammern gesetzten sechs Merkmale untergliedern: (1) Extraversion (Geselligkeit, Herzlichkeit, Durchsetzungsfähigkeit, Aktivität, Erlebnishunger und Frohsinn), (2) Neurotizismus (Ängstlichkeit, Reizbarkeit, Depression, Befangenheit, Impulsivität und Verletzlichkeit), (3) Offenheit für Erfahrungen (Phantasie, Ästhetik, Gefühle, Handlungen, Ideen und Werte), (4) Gewissenhaftigkeit (Kompetenz, Ordnungsliebe, Pflichtbewusstsein, Leistungsstreben, Selbstdisziplin und Besonnenheit) sowie (5) Verträglichkeit (Vertrauen, Freimütigkeit, Altruismus, Entgegenkommen, Bescheidenheit und Gutherzigkeit). Schon diese grobe Übersicht zeigt, dass viele der genannten Persönlichkeitsmerkmale auch bei der Anlage von Kapital bedeutsam sind und Big-Five- bzw. NEO-FFI-Tests somit ganz gute Aussagen zur Anlegerpersönlichkeit ermöglichen, weswegen sie gerne auch in Anlegertests integriert werden.

(2) Pompian (2006) hingegen plädiert für den in den USA populären *Myers-Briggs Type Indicator* (kurz: MBTI), sieht in ihm ein geeignetes Instrument zur Typologisierung bzw. risikoorientierten Einstufung von Anlegern. Der MBTI basiert auf C.G. Jungs Lehre von den psychologischen Typen, die vor mehr als 50 Jahren von Isabel Briggs Myers und Katharine Cook Briggs in einen Fragebogen zur Einschätzung der Persönlichkeit übertragen wurden. Basis des MBTI ist die Einteilung menschlicher Erlebens- und Verhaltensformen in folgende vier Dimensionen: (1) Extraversion vs. Introversion (kurz: E vs. I; beschreibt, wie Personen in Interaktion zur Welt stehen, ob sie also eher außen- oder innenorientiert sind), (2) Sensing vs. Intuition (kurz: S vs. N; beschreibt, in welcher Form Personen Sinneseindrücke erfassen, wobei der sensorische Mensch an detailorientierten, exakten, realen Informationen interessiert ist, der intuitive Mensch hingegen stärker an Spekulationen oder Vermutungen), (3) Thinking vs. Feeling (kurz: T vs. F; beschreibt die Art und Weise, wie Personen Entscheidungen treffen, ob dies nachdenkend, rational, auf Grund vorliegender Informationen geschieht, oder stärker durch Gefühle und Emotionen beeinflusst wird)

[42] Siehe hierzu Borkenau & Ostendorf (1993) sowie in allgemeiner Form Asendorpf (2004). Zwischenzeitlich gibt es den Big-Five-Test auch in einer etwas vereinfachten Online-Version unter www.outofservice.com/bigfive. Inhaltlich ähnlich ist der ebenfalls Online bearbeitbare unter www. stangl-taller.at/arbeitsblaetter/Test zugängliche ESV-Test, der ebenfalls 48 Fragen umfasst.

sowie (4) Judging vs. Perceiving (kurz: J vs. P; beschreibt, wie Personen Entscheidungen treffen, ob sie dies eher in strukturierter, planmäßiger, prinzipientreuer, oder spontaner, flexibler, neue Erkenntnisse berücksichtigender Form tun). Die befragte Person kann auf der Basis ihrer Testergebnisse einem der 16 Persönlichkeitstypen zugeordnet werden, die sich aus der Kombination der vier Verhaltensformen ergeben, und mit jeweils vier Buchstaben charakterisiert werden. In diesem Sinne beschreibt beispielsweise „INFJ" eine eher introvertierte, intuitive, gefühlsorientierte, planvoll handelnde Person. Wie Pompian (2006: 275ff) anhand der Befragung von 100 Anlegern festgestellt hat, sollen INFJ-Typen eher pessimistisch und risikoscheu, ESTP-Typen hingegen überzogen selbstsicher, unrealistisch in ihren Erwartungen und risikofreudig sein. Auch hier kann man feststellen, dass viele im Test erfasste Persönlichkeitsmerkmale bei der Anlage von Kapital von Bedeutung sind, weswegen auch MBTI-Tests ganz gute Aussagen zur Anlegerpersönlichkeit erwarten lassen.

Anlegertests

Die nachfolgend beschriebenen drei Anlegertests beinhalten Fragen der zuvor beschriebenen Persönlichkeitstests, die um Fragen zur Risikoeinstellung und zu sonstigen Aspekten ergänzt werden, weswegen sie eine Mischung aus Persönlichkeits- und Risikotests darstellen.

(1) So beinhaltet der von MarketPsych entwickelte *Investor Personality Test*[43] (Test 8 in Abbildung 4.4) insgesamt 74 Fragen zum Risikoverhalten, zu den Anlageerfahrungen, zum Wissen, zum Tradingverhalten, zur bevorzugten Anlagestrategie und zu den Persönlichkeitseigenschaften. Die letztgenannten Fragenkomplexe nehmen den größten Teil ein und basieren, wie Peterson (2007: 155ff) sagt, auf den Faktoren des NEO-Tests von Johnson[44], der wiederum aus dem Big-Five hervorgeht. Die Auswertung ist detailliert, umfasst mehrere Druckseiten mit Aussagen zu den „Personality Factors", ergänzt um einen „Bias Report". Die einzelnen Kriterien werden näher erläutert; außerdem werden die Ergebnisse in grafischer Form dargestellt. Die Aussagen zu den Persönlichkeitsfaktoren sind gegliedert in die Bereiche: (1) Gewissenhaftigkeit/Planung und Organisation, (2) Emotionalität/Stressanfälligkeit, (3) Ex-

[43] Dieser Test wie auch einige andere (z.B. ein „Trader Personality Test" und ein „Trader's Brain Scan") sind kostenlos und können Online unter www.marketpsych.com durchgeführt werden.
[44] Siehe hierzu www.personal.psu.edu/j5j/IPIP/.

traversion/Neigung zum Optimismus, (4) Offenheit/Experimentierfreude sowie (5) Verträglichkeit/Kooperationsbereitschaft. Der „Bias Report“ umfasst folgende fünf Bereiche: (1) Neigung zu übermäßigem Selbstvertrauen und Überoptimismus, (2) Feststellungen zur Risikoaversion, emotionalen Verletzbarkeit und Verlustkontrolle, (3) Aussagen zur Selbstdisziplin und zur Neigung, riskante Investments zu tätigen, (4) Neigung zu wenige oder zu viele Informationen zu sammeln bzw. bei Entscheidungen zu berücksichtigen sowie (5) Aussagen zum Herdenverhalten. Wie Peterson (2007: 160ff) meint, lassen sich auf der Basis des Investor Personality Test – den nach Aussagen von MarketPsych zwischenzeitlich über 20.000 Personen absolviert haben – auch allgemeingültige Aussagen über das Verhalten von Anlegern machen, die aber (noch) sehr vage erscheinen.

(2) Der von Kriechbaum entwickelte *Börsen-Psychologie*-Test (Test 9 in Abbildung 4.4) beinhaltet 143 Fragen, davon betreffen 67 den „Börsenhandel“ und 76 „bestimmte Persönlichkeitsmerkmale“. Bei den Fragen zum Börsenhandel geht es vor allem um die Themen: Risikoverhalten, Anlageverhalten, Kenntnisse, Erfahrungen und Verhaltensweisen im Umgang mit Kapitalanlagen. Die Fragen zu den Persönlichkeitsmerkmalen ähneln denen des Big-Five; die hohe Anzahl ist darauf zurückzuführen, dass viele Fragen mit umgekehrten Vorzeichen (wahrscheinlich zu Kontrollzwecken) quasi doppelt gestellt werden. Die Darstellung der Ergebnisse ist stark reduziert, enthält lediglich vier Werte: eine Gesamtbewertung sowie zwei Skalenwerte zum „Anlegerverhalten“, ergänzt um einen Gesamtwert „bedeutende Persönlichkeitseigenschaften für den Börsenhandel“. Die beiden Skalenwerte zum Anlegerverhalten kann man (näherungsweise) in ein Koordinatensystem mit den Achsen „der Clevere ↔ der Naive“ und „der Coole ↔ der Nervöse“ einordnen. Innerhalb dieses Koordinatensystems unterscheidet Kriechbaum dann folgende vier Anlegertypen: „Der typische Gewinner“, „der nervenschwache Profi“, „der nervenstarke Amateur“ und „der typische Verlierer“. In Anbetracht der Vielzahl der Fragen fallen die ausgewiesenen Ergebnisse spärlich aus.

(3) Pompian (2006: 285ff) hat in Anlehnung an den MBTI einen stark vereinfachten, auf finanzielle Aspekte ausgerichteten Test mit 15 Fragen entwickelt, der neben Persönlichkeits- auch Risikoaspekte beinhaltet. Das Testergebnis umfasst – im Gegensatz zum MBTI – lediglich drei Persönlichkeitsdimensionen: (1) Idealist vs. Pragmatist, (2) Framer vs. Integrator, und (3) Reflector vs. Realist, wobei diese Di-

mensionen jeweils als Kontinuum verstanden werden. Das Ergebnis wird in einer dreiteiligen Buchstabenkombination dargestellt (Beispiel „PFR“, steht für: Pragmatist, Framer, Realist) und mit einem etwas oberflächlichen, nicht so richtig Sinn machenden Scoring bzw. (Könnens-)Rating der unterschiedlichen Typen abgeschlossen. Hierbei erhält beispielsweise der IFR-Typ die Note: „Needs Improvement“, der PFR-Typ „Good“, und ausschließlich der PnR-Typ die Beurteilung „Excellent“. Warum dies so ist wird nicht weiter erläutert.

Möglichkeiten und Grenzen von Risiko-, Persönlichkeits- und Anlegertests

Da die Börse, wie „Adam Smith“[45] (1976) zu Recht meint, ein teurer Ort ist, sich selbst kennen zu lernen, ist es für Anleger ratsam, sich mittels Anleger- und/oder Persönlichkeitstest in etwas detaillierterer Form über ihre Stärken und Schwächen zu informieren. Ganz gute Erkenntnisse liefert hierbei der Investor Personality Test (Test 8 in Abbildung 4.4), da er anlegerspezifische Aspekte in den Vordergrund stellt und detaillierte, sowie kommentierte Ergebnisse liefert. Will man lediglich wissen, welchem Anleger- bzw. Risikotyp man entspricht, bieten sich zum einen die in Abbildung 4.4 vorgestellten Tests 1 bis 6 an, mit deutlichen Vorteilen für den etwas umfassenderen Risikotest der Schweizer Kantonalbanken, wobei ich eine Selbsteinstufung anhand der in Abbildung 4.3 dargestellten Merkmale, weil sie wesentlich transparenter ist, bevorzugen würde. Typologische Begrifflichkeiten, die diese Tests liefern, sind jedoch, wie Søren Kierkegaard einmal bemerkte, lediglich „Schilder“, die kaum zu erkennen geben, was sich hinter ihnen verbirgt – einen aber, wie er selbst einmal erlebte[46], leicht zu falschen Annahmen und Handlungen verleiten.[47] Will man hingegen feststellen, wie hoch der Risikoanteil im Portfolio sein sollte, kann die in Kapitel 4.6 beschriebene Vorgehensweise – aus der sich auch Aussagen zur individuellen Risikobereitschaft und zum Anlegertyp ableiten lassen – wertvolle Hilfe leisten.

---

[45] Hinter dem Pseudonym „Adam Smith“ verbirgt sich George J. W. Goodman, ein Finanzjournalist und über viele Jahre Beobachter der Wall Street.

[46] Kierkegaard ging mehrmals an einem Geschäft vorbei, an dem folgendes Schild angebracht war: „Hier wird ihre Wäsche gewaschen und gebügelt“. Als seine Hausangestellte eines Tages krank wurde brachte er seine Wäsche in dieses Geschäft, musste aber erfahren, dass es sich um ein Unternehmen handelte, das lediglich Schilder herstellt und dieses als Muster für seine Tätigkeit anbrachte.

[47] Siehe ergänzend hierzu Brafman & Brafman (2008: 105ff).

5 Von den Anlagezielen zur Asset Allocation

In den folgenden Ausführungen stehen die planenden und zielsetzenden Aufgaben eines Anlegers im Zentrum der Betrachtung. Hierzu werde ich in Kapitel 5.1 zunächst auf die Ziele und Motive von Anlegern, in Kapitel 5.2 auf die Verbindung von Motiven, Zielsetzungen und Handlungen eingehen. In Kapitel 5.3 werde ich die Funktionen, Formen und Inhalte von Zielen und in Kapitel 5.4 die Umsetzung von Anlagezielen in eine Asset Allocation beschreiben. Im abschließenden Kapitel 5.5 gehe ich dann noch auf Fragen und Probleme ein, die in diesem Umsetzungsprozess häufig auftauchen.

5.1 Anlageziele, Anlagemotive und Vorsorgeproblematik

Anlageziele und Anlagemotive im Wandel der Zeit

In Erhebungen der Gesellschaft für Konsumforschung (GfK) wurden 1953 erstmals Fragen zum Thema Sparen gestellt.[1] 59 Prozent der Haushalte gaben seinerzeit an, dass sie sparen. Für 70 Prozent war das Ziel ihrer Sparbemühungen, Geld für geplante Anschaffungen zurückzulegen; in 20 Prozent der Fälle wurde die Sicherung gegen Notfälle als Anlagemotiv genannt. Bemerkenswert ist, dass zu dieser Zeit noch 40 Prozent der Befragten das so genannte Strumpfsparen bevorzugten – zum Teil aus Angst vor einem plötzlichen Wertverlust, aber auch wegen der damals noch mangelnden Angebote der Geldinstitute. In einer 1996 durchgeführten Erhebung wurden erhebliche Unterschiede zu den Werten von 1953 festgestellt. So gaben etwa 65 Prozent der befragten Bundesbürger an, zum Zweck der Vorsorge bzw. als Rücklage für Notfälle zu sparen. Etwa 50 Prozent der Befragten hatten die Finanzierung größerer Anschaffungen als Sparziel, etwas über 20 Prozent den Aufbau von Vermögen

[1] Die folgenden Daten wurden der Veröffentlichung von Szallies (1999) entnommen.

und etwa 40 Prozent die Sicherung der finanziellen Bedürfnisse im Alter.[2] Eine nochmalige Verschiebung der Werte zeigen die Ergebnisse einer im Jahr 2005 durchgeführten Umfrage. Auf die Frage, welche Sparziele als wichtig angesehen werden, nannten 88 Prozent der Befragten die Altersvorsorge, 64 Prozent das Eigenheim und ein gleich hoher Prozentsatz die Ausbildung und Familie. 52 Prozent der Befragten wollten Kapital für zukünftige Anschaffungen ansammeln und 48 Prozent für den Urlaub sparen.[3]

Die Grundstruktur der Anlagemotive lässt sich – in Anlehnung an die Ausführungen von Szallies (1999) und Müller-Peters (1999) – in die traditionellen Motive Sicherheit und Liquidität, sowie in die aus den neueren Formen des Umgangs mit Geld resultierenden Motive: Reiz, Renditestreben, Leistung und Selbstwertbestätigung gliedern. Während bei der Mehrheit der Anleger noch die traditionellen Motive überwiegen, haben bei jüngeren Anlegern die Bedürfnisse nach Anregung, Leistung, Erprobung der eigenen Kompetenz, Selbstbeweis und Freizeitgestaltung eine zunehmende Bedeutung. Anlegen ist damit zu einem Teil der von Gerhard Schulze (1993) beschriebenen Erlebnisgesellschaft geworden. Erlebnisorientierung ist, wie Schulze sagt, die unmittelbarste Form einer Suche nach Glück. Man investiert Geld, Zeit und Aktivitäten und erwartet hierfür möglichst schnell den entsprechenden Gegenwert. Der eher spielerische, rendite- und risikoorientierte Umgang mit Geld verschafft die gesuchten Reize – und, wenn es gut geht, auch das angenehme Gefühl von Erfolg, Selbstwertbestätigung, verbunden mit einer Erhöhung des subjektiven Glücksempfindens. Dahinter steht eine grundlegende Gemeinsamkeit in unserer Gesellschaft: die Idee eines aktiven, interessanten, herausfordernden, aufregenden, lohnend empfundenen Lebens. Die „Notwendigkeit der freien Wahl“: zu wissen, welche Aktie, welchen Optionsschein oder welches Rohstoffzertifikat man zu welchem Zeitpunkt kaufen oder verkaufen soll, bilden nicht nur eine ständige Herausforderung, sondern haben, wie Fischer et al. (1994) und Schuster (2001: 51f und 90f) meinen, insbesondere für gut informierte, leistungsorientierte Anleger einen nicht unerheblichen Freizeitwert. Am Anfang eines solchen Erlebnis-„Projektes“ steht die Auswahl von Ob-

[2] Siehe hierzu Adelt & Feldmann (1999). Befragt wurden im Auftrag der DEKA Bank von der psychonomics GmbH 4.981 Personen. Die Werte beziehen sich jeweils auf die Altersgruppe zwischen 14 und 50 Jahren; die Werte von Personen über 50 Jahre weichen hiervon etwas ab.

[3] Die Befragung wurde im Rahmen des Altersvorsorgereports vom Institut für Finanzdienstleistungen (iff) durchgeführt; veröffentlicht vom Deutschen Institut für Altersvorsorge unter dem Titel *Altersorsorge als Sparziel* (im Internet zugänglich unter www.dia-vorsorge.de/downloads).

jekten, mit deren Hilfe man glaubt, seine Vorstellungen und Wünsche erreichen zu können. Angesichts der enormen Ausdehnung der Möglichkeiten ist der notwendige Auswahlprozess – und die damit verbundene Unsicherheit – das erste Problem, das Menschen in einer Erlebnisgesellschaft zu bewältigen haben.[4] Erschwerend kommt hinzu, dass die einzelnen Objekte sich in ihrem Gebrauchswert kaum unterscheiden, weswegen man bei Entscheidungen häufig auf ästhetische Kriterien angewiesen ist. Hierbei treten dann Aspekte der Modernität, der Angesagtheit, des Design und des Image verstärkt in den Vordergrund – und gleichzeitig deren Nützlichkeit bzw. Funktionalität in den Hintergrund. Entscheidend ist jedoch, wie brauchbar das gewählte Objekt in seinem Gebrauch schlussendlich ist: vor allem, inwieweit es die Wünsche der Individuen befriedigt. Ist dies nicht oder nur bedingt der Fall, stellt sich Enttäuschung ein. Aus diesem Grund sagt Schulze (1993: 14): „Am Anfang eines Erlebnisprojektes steht Unsicherheit, am Ende ein Enttäuschungsrisiko." Diese Probleme lassen sich, wie man auch bei der Anlage von Kapital sehr gut sehen kann, nicht völlig beseitigen.

Basis einer Anlagestrategie: Das Gesamtvermögenskonzept

Die bisherigen Ausführungen konzentrierten sich auf die Anlage von Geld in Kapitalmarktprodukte. Die Strategie eines Anlegers in finanziellen Angelegenheiten sollte jedoch breiter angelegt sein und, wie Malkiel (2000: 279ff) und Weber (2007: 166ff) meinen, sein Gesamtvermögen umfassen. Hierzu zählt nicht nur sein Geldvermögen bestehend aus Barvermögen, Geldmarktkonten und Wertpapieren, sondern auch seine Kapital- und Risiko-Versicherungen, sein Immobilien- und Anlagevermögen sowie sein Humankapital (gemeint ist hiermit der Wert der zukünftigen Einkommen aus selbständiger oder unselbständiger Arbeit). Der letztgenannte Vermögensteil wird insbesondere bei jungen Menschen der mit Abstand größte Teil des Gesamtvermögens sein und bedarf schon deshalb besonderer Beachtung. So kann die Investition in Aus- oder Weiterbildung wesentlich sinnvoller und auch rentierlicher sein, als die Anlage in einen Investmentfonds. Aus diesem Grund wird es stets sinnvoll sein, vor der Entwicklung einer Anlagestrategie zunächst ein Gesamtvermögenskonzept zu erstellen, das nicht nur den gegenwärtigen Status, sondern auch eine länger-

[4] Siehe hierzu auch die von Peter Gross (1994) beschriebenen Probleme des Lebens in einer „Multioptionsgesellschaft".

fristige, nach vorne gerichtete Perspektive (Motto: Was ist mir in meinem Leben wichtig; wo will ich hin, was möchte ich erreichen... und wie will ich das bewerkstelligen?) beinhaltet.

Die Vorsorgeproblematik

Ein immer wichtiger werdendes, mit hohen Unsicherheiten verbundenes Anlagemotiv ist die Vorsorge fürs Alter. Zum einen, weil über die finanzielle Situation eines in weiter Ferne liegenden Lebensabschnitts entschieden wird, zum anderen, weil hier Entscheidungen zu treffen sind, die mit schwer zu prognostizierbaren Entwicklungen verbunden sind. Die allgemeine Einstellung der Bundesbürger in Bezug auf den Ruhestand ist bei 40 Prozent „ein wenig pessimistisch“, bei 22 Prozent „sehr pessimistisch“.[5] Neun von zehn Deutschen glauben zwischenzeitlich, dass die Leistungen der gesetzlichen Rente im Alter kein gutes Auskommen mehr sichern[6] – trotzdem vertrauen 75 Prozent immer noch auf sie, obwohl das Rentenniveau, das 1990 (bei Normalverdienern) noch bei 49 Prozent lag, inzwischen auf etwas unter 40 Prozent gesunken ist. Jeder zweite Bundesbürger rechnet im Ruhestand mit monatlichen Nettoeinnahmen zwischen 1.000 und 2.000 Euro. Doch die Aussichten, solche Einnahmen zu erreichen, werden immer schlechter. Schon heute verfügt jeder dritte Rentnerhaushalt über Nettoeinkünfte von weniger als 1.000 Euro im Monat.[7] Ein Ausgleich der Versorgungslücke wäre, wie Reinhold Schnabel in einer Veröffentlichung vom Deutschen Institut für Altersvorsorge (2003) darstellt, nur durch erhebliche Sparleistungen erreichbar. Da gut 40 Prozent der Rentnerhaushalte lediglich über ein Sparvermögen von unter Euro 10.000 verfügen, ist es ihnen nicht möglich, die sich ständig vergrößernde Versorgungslücke durch Erspartes zu schließen. Ein entspannter Lebensabend in gesicherten finanziellen Verhältnissen wird dadurch für Viele zu einer unerreichbaren Vision; der Kampf um jeden Euro ersetzt bei ihnen den Traum von schönen Reisen oder vom Leben in einer angenehmen Altersresidenz. Dies alles ist vielen Menschen bewusst, doch Konsequenzen werden zu selten gezo-

[5] Veröffentlichung des Deutschen Institut für Altersvorsorge (DIA) zu den *Einstellungen zum Ruhestand in verschiedenen Ländern*; im Internet zugänglich unter: www.dia-vorsorge.de/daten_fakten.
[6] Ergebnis einer im Auftrag des Bundesverbands der Banken (BdB) im Jahr 2007 durchgeführten Umfrage bei 1.000 Bundesbürgern durch das Ipos-Institut (siehe Kühn, Mertgen & Wenzl, 2007).
[7] Ergebnisse einer im Auftrag der Delta Lloyd Deutschland AG Anfang 2007 bei 1.000 Bundesbürgern durchgeführten Umfrage der Cobus Marktforschung GmbH, veröffentlicht in der Studie *Kundenkompass Vermögensanlage ab 50* (siehe Delta Lloyd & Birkner, 2007).

gen. Nur wenige Menschen über 50 verfügen über eine ausreichende Finanzplanung. Über 70 Prozent der Bürger verlassen sich bei der Wahl ihrer Altersvorsorgestrategie auf ihr eigenes Urteil; nur jeder Fünfte holt sich zusätzliche Informationen von Verwandten oder Bekannten.[8]

Warum aber klaffen das Wissen um die Vorsorgeproblematik und die Bereitschaft, dagegen sinnvoll anzugehen, so auseinander? Zum einen gibt es immer mehr Menschen, die einfach nicht das Geld haben um mehr für eine bessere Altersversorgung zu tun. Zum anderen gibt es ganz unterschiedliche Gründe, die Menschen davon abhalten, hier stärker aktiv zu werden. Von Bedeutung sind einerseits *technisch-ökonomische* Faktoren: zum Beispiel die Schwierigkeit, die wachsende Zahl unterschiedlichster Angebote zur Altersversorgung (betriebliche Altersvorsorgeprogramme, klassische Rentenpolicen, Sofortrenten, Fondspolicen, Riester- oder Rüruprenten) zu erfassen und zu beurteilen, aber auch die Schwierigkeiten, die mit der Bewertung von weit in die Zukunft reichenden Entscheidungen zwangsläufig verbunden sind.[9] Hinzu kommen die eher *psychologischen* Aspekte: das bedrückende Gefühl, das eine Auseinandersetzung mit dem Alter mit sich bringt, aber auch die geringe Motivation, sich heute mit einem Problem auseinander zu setzen, das erst zu einem wesentlich späteren Zeitpunkt relevant wird – und darüber hinaus noch die aktuellen Konsumwünsche in vielen Fällen beschränkt.[10] Zusammenfassend kann man feststellen, dass das Thema Altersvorsorge, wie in einer jüngst durchgeführten Studie[11] ermittelt wurde, von vielen Menschen als eher fremd, lästig, kompliziert, ja mitunter geradezu Furcht einflößend empfunden wird, wobei die Autoren der Studie jedoch nicht ausschließen, dass diese Argumente vorgeschoben sein könnten, quasi die Rationalisierung einer gewissen Verweigerungshaltung darstellen, und damit auch eine kleine Portion Selbstbetrug beinhalten.

---

[8] Siehe hierzu Delta Lloyd & Birkner (2007).

[9] Siehe hierzu die Ausführungen von Langer & Klos (2007), wobei z.B. bei Riesterfonds, wie Zydra (2008b) darstellt, die erreichbaren Endbeträge um bis zu 45 Prozent auseinanderklaffen.

[10] So wurde in den USA bei der Umsetzung des SMarT-Plans (eines Programms zur Altersvorsorge, wobei „SMarT" für „Save More Tomorrow" steht) festgestellt, dass die Bereitschaft, für seine Altersvorsorge etwas zu tun, deutlich höher ist, wenn dies keine unmittelbaren Konsumeinschränkungen zur Folge hat Das Programm wurde von Thaler & Benartzi (2004) begleitet; siehe hierzu auch Weber et al. (2007: 202ff), Heuser (2008: 138ff) und Stewart (2005).

[11] Hierbei wurden im Auftrag des Deutschen Instituts für Altersvorsorge (DIA) 26 Bundesbürger im Alter von Ende 20 bis Mitte 40 vom Forschungsinstitut empirica in ausführlichen Interviews befragt. Die Daten wurden veröffentlicht auf der Website der DIA (www.dia-vorsorge.de) sowie (teilweise) auch von Reiche (2007).

5.2 Zielsetzung und Motivation

„Lohhausen" ist überall

Dietrich Dörner, Psychologe an der Universität Bamberg, fasst in *Die Logik des Misslingens* (2007) die Erkenntnisse aus verschiedenen, unter seiner Regie durchgeführten Experimente zum Entscheidungsverhalten zusammen. Die Versuchspersonen hatten hierbei die Aufgabe, durch entsprechende Investitionen für das Wohlergehen eines Landes (Tanaland) bzw. einer Stadt (Lohhausen) zu sorgen. Die Ergebnisse waren mehr oder weniger katastrophal, Parallelen zum realen Handeln aber, wie Dörner sagt, offenkundig: Man handelte ohne vorherige Situationsanalyse, berücksichtigte weder Fern- noch Nebenwirkungen, beschäftigte sich mit Nebensächlichkeiten, flüchtete in unsinnige Aktivitäten – und glaubte dabei, trotz erkennbarer Misserfolge, auch noch an die Richtigkeit seiner Handlungen. Ursache für die Fehlleistungen war, dass man mit der Komplexität, Dynamik und Intransparenz der Entscheidungssituationen nicht zurechtkam. Bessere Entscheidungen kann man, wie Dörner darstellt, in komplexen, dynamischen, intransparenten Situationen nur treffen, wenn man klare Ziele hat, Handlungsmodelle konstruiert, systematisch relevante Informationen sucht, Maßnahmen sinnvoll plant und umsetzt, deren Effekte kontrolliert und aus möglichen Abweichungen lernt. Auch bei der Analyse des Verhaltens von Anlegern kann man feststellen, dass diese – zumindest in vielen Fällen – keine klaren Ziele haben, ihre Aktivitäten nicht ausreichend genug planen, deshalb häufig unmotiviert oder hektisch handeln, erreichte Ergebnisse nicht sinnvoll analysieren und deshalb aus ihren Fehlern auch nicht die notwendigen Schlussfolgerungen ziehen, weshalb sich die Empfehlungen von Dörner auch eins zu eins auf die Handlungen von Anlegern übertragen lassen.

Die Verbindung von Motivation und Zielsetzung

Unter Motivation versteht man einen psychischen Prozess, der einerseits eine aktivierend-energetische, andererseits eine kognitiv-richtungsgebende Komponente hat.[12] Der *kognitiv-richtungsgebende* Aspekt lenkt die Überlegungen und Handlungen einer Person, damit ein Zustand, den sie zukünftig gerne erreichen möchte, auch erreicht werden kann; der *aktivierend-energetische* Aspekt beinhaltet den Aufbau der not-

[12] Siehe hierzu im Detail zum Beispiel Wiswede (2007).

wendigen Spannung, die sie dann zu entsprechenden Aktivitäten bewegt. Definiert man Ziel als einen in der Zukunft liegenden, angestrebten Zustand, erkennt man einen deutlichen Bezug zur Motivation. Motivation und zielorientiertes Handeln stehen somit in einem engen Zusammenhang: Zum einen unterstützt der richtungsgebende Aspekt der Motivation die Auswahl und Erreichung von Zielen, zum anderen werden viele Ziele nur erreicht, wenn eine ausreichende energetische Spannung vorhandenen ist.

Zwischenzeitlich gibt es eine Vielzahl von Motivationstheorien, die man ganz grob in Inhalts- und Prozesstheorien unterscheiden kann. *Inhaltstheorien* beschäftigen sich mit der Art und Wirkung von Motivation. Sie lassen sich beispielsweise danach unterscheiden, ob sie sich, wie die Bedürfnishierarchie von Maslow, primär auf die richtungsgebende Komponente konzentrieren, oder, wie die Theorie der Leistungsmotivation von McClelland, auf die energetische Komponente der Motivation. *Prozesstheorien* hingegen – wie das nachfolgend beschriebene Rubikon-Modell – versuchen zu erklären, welche Funktionen die Motivation in unterschiedlichen Handlungsphasen hat.

Das Rubikon-Modell

Das von Heckhausen & Gollwitzer entwickelte Rubikon-Modell[13] betrachtet die Entwicklung und Formen von Motivation im Handlungsverlauf, wobei sie zwischen den motivationalen Aspekten bei der Zielauswahl und den darauf folgenden Handlungen zur Zielerreichung unterscheiden, und deshalb, wie in Abbildung 5.1 dargestellt, Handlungen in die aufeinander folgenden Phasen Abwägen, Planen, Handeln und Bewerten gliedern. Heckhausen bezeichnet lediglich die erste und letzte Phase als Motivation, die Phasen 2 und 3 hingegen als Volition. Der Terminus „Motivation" bezieht sich somit auf Phänomene, welche das Setzen und Überprüfen von Zielen betreffen, der Begriff „Volition" hingegen auf Aktivitäten, die mit der Umsetzung zu tun haben. Zur Verdeutlichung des Phasenablaufs habe ich im unteren Teil von Abbildung 5.1 beispielhaft die Aktivitäten eines Anlegers bei der Entwicklung und Umsetzung einer Anlagestrategie dargestellt. Die Inhalte, Aufgaben und Bewusstseinslagen in den vier Phasen können wie folgt zusammengefasst werden:

[13] Siehe hierzu beispielsweise Heckhausen & Heckhausen (2006), insbesondere den Beitrag von Achtziger & Gollwitzer in diesem Sammelband.

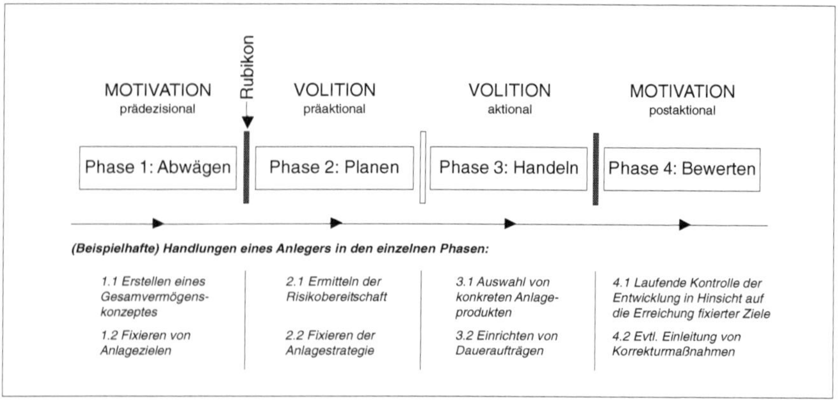

Abbildung 5.1: Das Rubikon-Modell der Handlungsphasen

(1) In Phase 1 sollte sich ein Handelnder darüber klar werden, welche Wünsche oder Anliegen er in die Tat umsetzen möchte. Seine Aufgabe hierbei ist, in einem ersten Schritt durch Abwägen verschiedener Möglichkeiten möglichst konkrete Vorstellungen über wünschenswerte Ziele zu entwickeln, und in einem zweiten Schritt diese auf ihre Realisierbarkeit hin zu überprüfen. Erkennt er, dass die gewählten Ziele realisierbar sind, gilt es, diese inhaltlich möglichst präzise zu fixieren. Nur wenn Wünsche, Erwartungen und Realisierungschancen möglichst wirklichkeitsnah, also weder zu optimistisch noch zu pessimistisch eingeschätzt sind, können wünschenswerte, gleichzeitig aber auch realisierbare Ziele formuliert werden.

Der Punkt, an dem Wünsche und Erwartungen in konkrete Ziele umgeformt werden, wird von Heckhausen – in Anlehnung an Cäsars Überschreiten des gleichnamigen Grenzflusses, den er mit der Bemerkung: „Die Würfel sind gefallen“ kommentiert haben soll – als „Rubikon“ bezeichnet.

(2) In Phase 2 geht es nun darum, anhand von Strategien und dem Entwurf von Plänen zu prüfen, wie man die in Phase 1 fixierten Ziele erreichen kann. Die hierzu notwendige gedankliche Klärung soll auch gewährleisten, dass sich der Aufmerksamkeitsfokus auf relativ wenige Aspekte verengt, damit in der Folge benötigte Informationen gezielt aufgenommen werden können.

(3) In Phase 3 werden die zuvor gefassten Pläne in konkrete Handlungen umgesetzt. Der Handelnde sollte sich hierbei auf seine Umsetzungshandlungen konzentrieren und überlegen, welche Vorgehensweisen, Aktivitäten und Hilfsmittel es ihm ermöglichen, den Umsetzungsprozess – im Sinne der gesetzten Ziele – möglichst erfolgreich zu gestalten.

(4) In der abschließenden Phase 4 werden die erreichten Handlungsergebnisse auf ihre Wirksamkeit hin analysiert und geprüft, ob Korrekturmaßnahmen notwendig sind. Rückmeldungen über erreichte (Zwischen-)Ergebnisse führen, wenn sie positiv sind, zu einer sich verstärkenden, wenn sie negativ sind, zu abnehmender Motivation und Volition.

Die Stärke der Motivation und Volition sowie der Erfolg bei der Umsetzung der Ziele hängen, so die Erkenntnisse der Motivationspsychologie[14], vor allem davon ab, wie bedeutsam, wünschenswert und machbar die Ziele für den Handelnden sind, wie er sich mit ihnen identifiziert, welche Herausforderungen sie an ihn stellen, wie stark der Wille zur Umsetzung ist, wie eindeutig, konkret und detailliert die Ziele fixiert sowie daraus folgernde Handlungen geplant wurden, und mit welcher Disziplin sie umgesetzt werden.

Ein Praxisbeispiel zum Rubikon-Modell

Ich möchte die Gedanken des Rubikon-Modells nun auf den Anlagebereich übertragen und dies anhand eines konkreten Beispiels verdeutlichen (siehe hierzu die Bemerkungen im unteren Teil von Abbildung 5.1). Ausgangspunkt meines Beispiels bildet der in Kapitel 4.6 bereits erwähnte 35-jährige Freiberufler, der, nachdem er bislang lediglich punktuell für besondere Ereignisse bzw. Anschaffungen Geld gespart hat, nun beschließt, eine zukunftsorientierte Anlagestrategie zu erstellen.

(1) Zunächst entwickelt er einen Gesamtvermögensplan. Ins Zentrum seiner Überlegungen stellt er die Frage, welche finanziellen Ziele er in den nächsten zehn Jahren realisieren möchte. Nach längerem Nachdenken, Abwägen und Überprüfen der zutage geförderten Ideen wählt er folgende Ziele: Zum einen möchte er in zehn Jahren eine Eigentumswohnung erwerben und hierfür jährlich 7.500 Euro Eigenkapital

[14] Siehe hierzu insbesondere Achtziger & Gollwitzer (2006), Kleinbeck (2006), Oettingen & Gollwitzer (2002) sowie Wahren (2002).

ansparen. Zum anderen möchte er fünf Prozent seines Einkommens für eine zusätzliche Alterssicherung anlegen, wodurch sich sein zukünftiges Sparvolumen auf insgesamt 12.000 Euro pro anno bzw. auf 1.000 Euro pro Monat beläuft.

(2) In Phase 2 ermittelt er zunächst den Risikoanteil seines Portfolios anhand des in Kapitel 4.6 beschriebenen Verfahrens. Den hierbei festgestellten Wert in Höhe von 50 Prozent legt er seinen weiteren Planungen zugrunde, möchte ihn aber, angesichts der Turbulenzen auf den Finanzmärkten, in einigen Monaten nochmals überprüfen. Hiervon ausgehend fixiert er folgende Grenzwerte für seine Anlagestrategie: Im risikobehafteten Teil sollen 20 Prozent in einen europäische Werte beinhaltenden ETF investiert werden, 20 Prozent in einen weltweit anlegenden Aktienfonds und zehn Prozent in einen Emerging Markets-Fonds. Im weniger risikobehafteten Teil plant er jeweils 25 Prozent in Renten- und Immobilienfonds anzulegen.

(3) Zur Umsetzung seiner Pläne sammelt er in Phase 3 zunächst Informationen zur Performance und zu den Risikofaktoren der in Frage kommenden Anlageprodukte, bewertet diese und wählt für jede Asset-Klasse einen Fonds aus. Außerdem eröffnet er bei einer Direktbank ein Depot und schließt für die ausgewählten Fonds monatliche Sparpläne ab. Auf diese Weise stellt er sicher, dass die Ansparleistungen mit hoher Regelmäßigkeit erfolgen.

(4) In Phase 4 analysiert er vierteljährlich die Entwicklung seines Depots anhand von Performance- und Risikokennziffern. Außerdem überprüft er, ob die eingeschlagene Strategie zielführend ist und eventuelle Korrekturmaßnahmen notwendig sind.

5.3 Funktionen, Formen und Inhalte von Zielen

Ziele: Dreh- und Angelpunkt der Handlungssteuerung

„Ziele bilden“, wie Kleinbeck (2006: 255) sagt, „den Dreh- und Angelpunkt bei der psychischen Steuerung menschlichen Handelns. (...) Ohne Ziele sind Handlungen undenkbar. Sie steuern den Einsatz der Fähigkeiten und Fertigkeiten von Menschen bei ihren Handlungen und richten ihre Vorstellungen und ihr Wissen auf die angestrebten Handlungsergebnisse hin aus.“ Darüber hinaus ermöglichen sie, die Wirkungen und damit den Erfolg vollzogener Handlungen im Nachhinein zu bewerten. Aus diesem Grund ist es für jeden Anleger wichtig, Klarheit über seine Anlageziele zu erhalten: aus welchen Gründen, auf welchen Wegen, mit welchen Mitteln, in welchen Zeiträumen und mit welchen Effekten er welche finanziellen Ziele erreichen möchte. Beobachtet und analysiert er darüber hinaus in reflexiver Form seine Handlungen bei der Umsetzung der Ziele, kann auf der Basis der hierbei gewonnenen Erkenntnisse ein qualifizierter Lernprozess eingeleitet und ein systematischer Ausbau von Wissen und Kompetenzen erreicht werden. Wenn ein Anleger diesen (Handlungs-, Lern- und Entwicklungs-)Prozess, den man sich als spiralförmigen Kreislauf von Handlungen vorstellen kann, sinnvoll gestaltet, wird er die notwendige Motivation und Volition aufbringen, seine Ziele auch über längere Zeiträume zu verfolgen – mit, wie die Ergebnisse von Untersuchungen[15] zeigen, guten Aussichten auf Erfolg.

Inhalte und Formen von Zielen

Im Anlagebereich gibt es zahlreiche Möglichkeiten, Ziele in inhaltlicher Form zu bilden. So können sich Anleger – wie zuvor beispielhaft dargestellt wurde – das Ziel setzen, monatlich oder jährlich eine bestimme Geldsumme anzulegen, oder in einer gewissen Zeitspanne eine bestimmte Summe für spezifische Zwecke anzusparen. Darüber hinaus gibt es für Anleger die Möglichkeit, in unterschiedlichster Form Rendite-, Performance- und/oder Risikoziele zu fixieren.

Ziele können konkret oder vage, absolut oder relativ formuliert werden. Vage zum Beispiel ist das Ziel: „Ich möchte eine gute Performance erreichen“, konkret hingegen: „Ich möchte im Jahr 2009 eine Performance von 6 Prozent erreichen.“ Das letztgenannte Ziel ist – aus einer anderen Perspektive betrachtet – ein absolutes Ziel; ein relatives Ziel hingegen ist: „Die Wertentwicklung meiner Aktienfonds soll im Jahr 2009 mindestens der des MSCI World-Index entsprechen.“ Man fixiert im letztgenannten Fall also keinen absoluten Wert, sondern definiert eine Relation zu einem Vergleichswert.

Aus der Zielpsychologie weiß man, dass konkret formulierte Ziele zu besseren Ergebnissen führen.[16] Vage formulierte und allgemeine Ziele hingegen bieten kaum Orientierung. Sie machen deshalb zumeist auch wenig Sinn. Ob man nun absolute oder relative Ziele formuliert, hängt vor allem davon ab, wie stark Ergebnisse von Ereignissen oder Entwicklungen, die man selbst nicht steuern kann, beeinflusst wer-

[15] Siehe hierzu Achtziger & Gollwitzer (2006) und Kleinbeck (2006).
[16] Siehe hierzu z.B. Reber (2007: 131f) und Wahren (2002: 85ff).

den. Da Anleger lediglich den Risikoanteil ihres Portfolios, nicht aber die Marktentwicklung beeinflussen können, wird es sich anbieten, Ziele relativ zu einem Vergleichsindex, oder, bei stärker differenzierten Portfolios, auch in Bezug zu mehreren Indizes zu fixieren.

Da Ziele sich stets auf Zustände beziehen, die in der Zukunft liegen, wir aber über diese nichts Verlässliches wissen, bleibt einem, wie Luhmann (1991: 43) sagt, nichts anderes übrig, als „rückwärts in die Zukunft“ zu blicken. Aus diesem Grund ist es auch ganz natürlich, dass man sich, wenn man Erwartungen an die Zukunft formulieren soll, an den Erfahrungen der Vergangenheit orientiert, was man als „adaptive Erwartungsbildung“ bezeichnet.[17] Hierbei tauchen in der Praxis üblicherweise zwei Probleme auf: Zum einen haben Anleger, weil sie sich zu stark an den Werten der jüngsten Vergangenheit orientieren, Schwierigkeiten, die Renditen der Vergangenheit richtig einzuschätzen.[18] Zum anderen wurde in Umfragen festgestellt, dass Anleger die Renditen von Aktien und Anleihen sowie zukünftige Entwicklungen generell zu optimistisch einschätzen, was in der Folge auch dazu führt, dass Performanceziele häufig unrealistisch hoch angesetzt werden.[19]

Leistungsziele, so eine Regel der Zielpsychologie, sollen herausfordernd, aber erreichbar sein. Entsprechen sie diesem Grundsatz, wird die Wahrscheinlichkeit, dass man sich aktiv für ihre Umsetzung einsetzt, hoch sein.[20] Wichtig ist deshalb, dass Anleger bei der Festlegung von Zielen den, wie Barry Schwartz (2006) sagt, „richtigen Teich“ finden: unter Berücksichtigung ihrer Portfoliostruktur weder zu optimistische noch zu pessimistische Performanceziele fixieren. Zu hoch angesetzte Ziele erzeugen, wenn sie nicht erreicht werden, Gleichgültigkeit, Unzufriedenheit, Stress und Demotivation – oder haben die Tendenz, dass man sie ganz aus den Augen verliert. Zu gering angesetzte Ziele behindern den notwendigen Aufbau von Spannung, Motivation und Anstrengungsbereitschaft.

---

[17] Siehe hierzu Storbeck (2007a) und Zweig (2007: 46).

[18] Siehe hierzu die von Zweig (2007: 82f) zitierten Ergebnisse diverser Untersuchungen.

[19] So wurde beispielsweise im „n-tv Depotcheck 2007“, an dem 24.000 Anleger teilnahmen, eine durchschnittliche Renditeerwartung von 9,7 Prozent ermittelt. Im Vergleich hierzu meint Martin Weber (2007a), dass Anleger bei einem mit Aktien, Anleihen und Immobilien bestückten Portfolio mit einer Rendite von „rund 2,5 Prozent real nach Steuern“ rechnen sollten, ein Wert, der ganz erheblich von den zumeist positiv gestimmten Erwartungen der Anleger abweicht. Weiter meint er, dass der Vermögenserhalt im Vordergrund der Überlegungen eines Anlegers stehen sollte und „jede positive reale Rendite schon ein Erfolg ist“.

[20] Siehe hierzu Wahren (2002: 86f).

5.4 Die passende Asset Allocation entwickeln

Portfoliooptimierung nach finanzwissenschaftlichen Kriterien

Hat ein Anleger seine Ziele definiert, kann er dazu übergehen, die Grundzüge seiner Anlagestrategie zu fixieren. Dies erfordert, dass er seine Risikobereitschaft ermittelt und damit den Anteil seines Portfolios, den er in risikoreicheren Wertpapieren anlegen möchte. Die innerhalb des Wertpapiermanagements formulierten Prinzipien zur Portfoliooptimierung[21] bieten hierbei – theoretisch betrachtet – einige brauchbare Hinweise. So ist es zum einen wichtig, dass ein Anleger bei der Gestaltung seines Portfolios nicht nur die Rendite der in Frage kommenden Assets betrachtet, sondern auch deren Risiken; zum anderen, dass er sein Portfolio – unter Berücksichtigung von Korrelationen – ausreichend diversifiziert. Alle weitergehenden Bemühungen, insbesondere die immer wieder propagierte Empfehlung, ein effizientes Portfolio (im Markowitzschen Sinne) zu gestalten, lassen sich, da die hierfür benötigten Zukunftsdaten (Renditen, Volatilitäten, Korrelationen) nicht zur Verfügung stehen, in der Praxis nicht umsetzen. Außerdem berücksichtigen die üblichen Optimierungsprogramme in ihren Berechnungen nicht annähernd alle möglichen Alternativen, sondern nur diejenigen, die ihnen der Bediener (zumeist ein Berater mit Eigeninteressen, Vorlieben, Zeitproblemen…) vorgibt. Aus diesem Grund erhält man auch nur Optimierungs-Vorschläge, die durch entsprechende Eingaben vorgeprägt sind – das Ganze jedoch „scientifically optimized by the rules of Harry Markowitz, a Nobel Prize winner. Hallelujah!“, wie Meir Statman (2005: 4) ironisch bemerkt.[22] Interessant in diesem Zusammenhang ist, dass Markowitz, als es darum ging, seine eigene Altersversorgung aufzubauen, der von ihm entwickelten Theorie untreu wurde, und sein

[21] Siehe hierzu z.B. Steiner & Bruns (2002: 7ff und 89ff).

[22] Da ich die Funktionsweise und Qualität der Optimierungsprogramme besser kennen lernen wollte, habe ich im April 2007 bei Comdirekt für mein Depot, das zu diesem Zeitpunkt 21 Positionen enthielt, einen Depotcheck durchführen lassen. Empfehlung war, dass ich etwas über 95 Prozent meines Depots umschichten sollte, wodurch sich – bei leicht steigendem Risiko – die Performance um 1,3 Prozent verbessert hätte. Im Oktober des gleichen Jahres habe ich dann am „n-tv Depot-Check 2007“ teilgenommen, der in Kooperation mit Comdirekt durchgeführt wurde. Der Depotinhalt war nahezu unverändert, das Optimierungsprogramm war das gleiche. Die Empfehlung war diesmal, dass ich 43 Prozent meines Depotwertes umschichten sollte, wodurch sich die Performance um 1,4 Prozent verbessert, gleichzeitig aber das Risiko etwas mehr als verdoppelt hätte. Ich denke, dass man diese Ergebnisse – und das, was unter Umständen an Intentionen dahinter steht – nicht weiter kommentieren muss. In diesem Sinne meint auch Statman (2005a: 3): „If you've ever tried an MV optimizer, you know what I'm talking about“.

Kapital nach einer einfachen Faustformel relativ risikoarm anlegte. In einem Interview mit der Zeitschrift *Money* beschrieb er die Grundzüge seiner Portfoliostrategie wie folgt (zitiert nach Zweig, 2007: 4f): „Ich hätte die historischen Kovarianzen der beiden Anlageformen kalkulieren und auf dieser Basis ein effizientes Limit setzen sollen. Stattdessen habe ich mir meinen Kummer vorgestellt, wenn der Aktienmarkt explodieren würde und ich nicht dabei wäre – oder er in den Keller sacken würde und ich alles in Aktien angelegt hätte. Ich wollte meine zukünftige Reue minimieren. Also habe ich meine Beiträge zu 50% zwischen Renten und Aktien aufgeteilt." Auch Markowitz ist, wie Statman (2005a: 4) meint, offensichtlich „a normal person like the rest of us, affected by cognitive biases and emotions", der an dem Punkt, an dem er seine nobelpreisgekrönte Theorie bei der Gestaltung des eigenen Portfolios hätte anwenden können, außer Stande war dies zu tun.

Die Behavioral Portfolio Theory

Im Gegensatz zur Markowitzschen Portfoliotheorie, die einseitig auf finanzwirtschaftlich-rationale Aspekte ausgerichtet ist, will die von Hersh Shefrin & Meir Statman propagierte Behavioral Portfolio Theory (kurz: BPT)[23] verstärkt psychologische Aspekte, so wie sie sich im Alltag eines Anlegers zeigen, in ihr Modell integrieren. Ausgangspunkt der BPT bildet das von Friedman & Savage beschriebene, auch von Lopes in ihren Experimenten festgestellte Paradox, dass Menschen gleichzeitig risikoavers und riskant handeln – zum Beispiel (gleichzeitig) Versicherungsverträge abschließen und an Lotterien teilnehmen. So steckt in jedem risikoaversen Anleger auch der Wunsch, mit einem Teil seines Kapitals in einer etwas riskanteren Anlage Gewinne zu machen, und in jedem risikofreudigen Anleger das Bestreben, zumindest Teile seines Kapitals in rentierlichen, sicheren Investments anzulegen. Shefrin & Statman bezeichnen das Streben nach kontinuierlicher Rendite und Sicherheit, wie in Abbildung 5.2 dargestellt, als „Downside Protection", das Streben nach Gewinn, Wertsteigerung und Wachstum als „Upside Potential". Innerhalb des Upside Potentials unterscheiden sie noch zwischen einem wachstumsorientierten und einem spekulativen Teil, dem so genannten „Spielgeld". Martinetz (2001: 48) beschreibt das Bedürfnis nach Spekulation aus Anlegersicht wie folgt: „Doch etwas fehlte mir bei

[23] Siehe hierzu z.B. Shefrin & Statman (2000), Shefrin (2002), Statman (2003, 2005 und 2005a) sowie Curtis (2004).

meiner Langfriststrategie. Nur die Kurse steigen zu sehen, ohne aktiv mitzumischen, erschien mir langweilig. Mit dem neu gefassten Vertrauen in meine Anlegerfähigkeit überkam mich auch wieder die Lust auf den Börsenkitzel. (...) Mein Glaube kehrte zurück, mit ein bisschen Aktivität regelmäßig kleine Gewinne mitnehmen zu können und so Rendite zu machen.“ Auf diese Weise befriedigen Anleger auch die Bedürfnisse ihres hedonistischen, am Vergnügen interessierten Selbst, das sich, wie Fudenberg & Levine (2006) in Experimenten festgestellt haben, im ständigen Kampf mit dem rational-planenden Selbst befindet.[24] Aus diesem Grunde sollten sich Anleger klar werden, welchen Teil ihres Vermögens sie als Spielgeld für riskante Geschäfte einsetzen wollen, und diesen im Rahmen ihrer Zielsetzungen auch fixieren.[25]

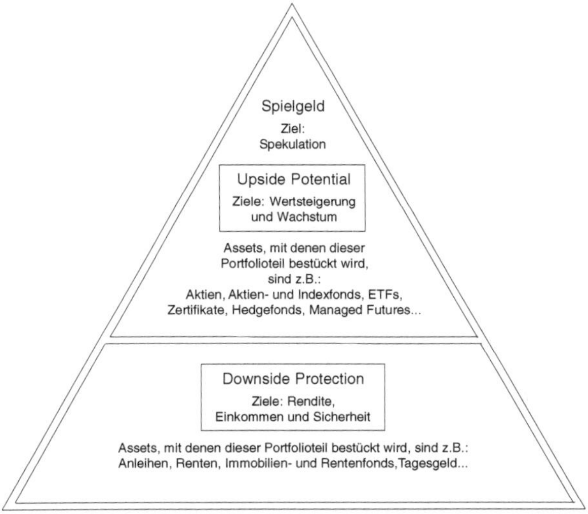

Abbildung 5.2: Portfolio in Form einer gestaffelten Pyramide

[24] Dieser Konflikt wird in der Literatur üblicherweise als Agency-Konflikt bezeichnet; siehe hierzu Häring & Storbeck (2007: 11f), Weber (2007: 25 und 193) sowie Kiehling (2001: 64 und 122).

[25] In der Ratgeberliteratur wird üblicherweise empfohlen, dass der Prozentsatz, der als Spielgeld eingesetzt wird, bei maximal zehn Prozent liegen sollte (siehe hierzu z.B. Zweig, 2007: 57).

Auch bei der BPT ist für einen Anleger wichtig, dass er herausfindet, wie hoch der risikobehaftete Anteil seines Portfolios, das Upside Potential sein soll. Hierbei könnte ihm die in Kapitel 4.6 vorgestellte Vorgehensweise zur Ermittlung der Risikobereitschaft behilflich sein, die ja das gleiche Ziel hat. Hat er den für ihn passenden (Behavioral-)Risikoanteil gefunden, kann er sein Portfolio, wie in Abbildung 5.2 dargestellt, mit den passenden Assets bestücken. Bei der BPT stehen somit nicht finanzwissenschaftlich-rationale Aspekte im Zentrum der Überlegungen, sondern vorrangig „Wohlfühl"-Faktoren. Wichtig sind nicht die Korrelationen der Assets untereinander, sondern das Wechselspiel zwischen der Risikostruktur eines Portfolios und den Gefühlen. Gesucht wird nicht ein effizientes Portfolio, sondern eines, das den Bedürfnissen und vor allem dem Nerven- bzw. Gefühlskostüm eines Anlegers entspricht: Ein Portfolio mit dem er sich wohl fühlt und mit dem er, auch wenn es kein optimales Ertrags-Risiko-Verhältnis aufweist, „gut schlafen" kann – im Prinzip das, was auch Markowitz, als es um die Gestaltung seiner Altersvorsorge ging, angestrebt hat. Gerhard Roth (2007: 196f) formuliert diesen Aspekt wie folgt: Am wichtigsten ist, mit einer Entscheidung „leben" zu können, „und das ist nur bei denjenigen Entscheidungen der Fall, die in Übereinstimmung (Kongruenz) mit meinem emotionalen Erfahrungsgedächtnis getroffen werden."

Von der Anlagestrategie zur Asset Allocation

Hat man die Anlagestrategie und damit den Risikoanteil eines Portfolios fixiert, kommt die Aufgabe, den risikofreien und risikobehafteten Teil in Asset-Klassen[26] aufzuteilen und für diese passende Wertpapiere zu suchen. Wie Bernstein (2006: 94f) darstellt, sollte ein Portfolio zwischen vier und sieben Asset-Klassen umfassen. Im zuvor dargestellten Praxisbeispiel hat sich unser Freiberufler für die Aufteilung in fünf Asset-Klassen entschieden, von denen drei dem risikobehafteten Teil (Upside Potential) und zwei dem risikofreien Teil (Downside Protection) zuzuordnen sind.

Die bis hierher beschriebenen Aufgaben eines Anlegers bestimmen – wie Finanzwissenschaftler meinen – auch weitgehend den Erfolg. So soll nach einer Untersuchung von Brinson, Singer & Beebower (1991) die Zusammensetzung eines Portfolios, also die Struktur der Asset Allocation, mit 91,5 Prozent zur Performance beitra-

[26] Asset-Klassen in diesem Sinne sind, wie in Abbildung 5.2 dargestellt, im sicherheitsorientierten Teil z.B. Anleihen oder Immobilienfonds, im wachstumsorientierten Teil z.B. Aktienfonds oder aktienbasierte ETFs.

gen.[27] Der Rest entfällt auf die Auswahl der Wertpapiere, das so genannte Stock-Picking, das Timing und andere Faktoren. Diese Aussage, die in der Ratgeberliteratur und der Community die „Aura eines Evangeliums" (Larry Elkin) hat, wurde durch Folgeuntersuchungen etwas relativiert, wobei wohl entscheidend ist, welche Daten man im Vergleich berücksichtigt.[28] Egal, wie hoch man den Performancebeitrag der Asset Allocation-Struktur beziffert, bleibt doch aus psychologischer Sicht die Erkenntnis, dass die Festlegung der Risikostruktur eines Portfolios ganz wesentlich zum Wohlbefinden eines Anlegers beiträgt – sicher auch mehr, als die Überlegungen zur „richtigen" Aktie oder zum „richtigen" Kaufzeitpunkt.

5.5 Aufgaben und Probleme bei der Gestaltung der Asset Allocation

Wie man beim Aufbau einer Asset Allocation vorgehen sollte, ist ein zentrales Thema der Anlegerliteratur. In den folgenden Ausführungen werden einige Aufgaben, die hierbei üblicherweise angesprochen werden, aus einer vorrangig psychologischen Perspektive betrachtet.

Über den Wert und Unwert des Planens

Zukunftsorientiertes Planen und Entscheiden beinhaltet neben einem vergangenheits- und gegenwartsbezogenen Wissen immer auch ein zukunftsorientiertes Nichtwissen. Das Zusammenspiel von Wissen und Nichtwissen ähnelt, wie Willke (2002: 11f) sagt, „der Bewegung von Blinden in systemischen Kontexten, in denen sie sich orientieren können, obwohl ihnen nahezu alle Details unbekannt sind". Doch unser so mühsam erarbeitetes Wissen von heute ist morgen von gestern und damit Vergangenheit. Und während sich die Realität ständig weiter entwickelt, entfernt sie sich auch immer weiter von unserem ursprünglichen Wissen und unseren Annahmen – ohne sich von diesen völlig zu entkoppeln. Zukunftsorientierung ist deshalb nur mit einer sinnvollen Bindung an die Vergangenheit möglich. Der Philosoph Odo Mar-

[27] In einer zuvor von Brinson, Hood & Beebower (1986) durchgeführten Untersuchung lag dieser Anteil gar bei 93,6 Prozent. In den Broschüren der Finanzindustrie findet man auch andere Werte, die dann – aus welchen Gründen auch immer – zumeist bei 80 Prozent liegen.

[28] Siehe hierzu Ibbotson & Kaplan (2000) sowie die Berichte von Statman (2000) und Drobetz & Köhler (2002).

quardt (2003) hat dies auf die einfache und einprägsame Formel gebracht: „Zukunft braucht Herkunft." Wir laufen somit, wie Brodbeck (2007: 39) sagt, „mit dem Rücken voran in eine Zukunft, die wir durch einen Blick in die Vergangenheit (...) planen und erkennen wollen". Doch die von uns prognostizierte Zukunft erreichen wir nie – zumindest nicht in der Form, in der wir sie geplant haben. In diesem Sinne haben Zielsetzungen, Planungen und Strategien vor allem den Zweck, die Flexibilität sowie die Änderungs- und Anpassungsfähigkeit zu erhöhen.[29] Ziele, Strategien, Pläne und einmal getroffene Entscheidungen sollten deshalb auch nicht als etwas Sakrosanktes, für die Ewigkeit Konstruiertes angesehen werden. Sie sind immer wieder zu überprüfen, zu überdenken und, sofern notwendig, an zwischenzeitlich eingetretene Veränderungen anzupassen. Dies alles gilt nicht nur für Kleinanleger, sondern auch für die Experten der Finanzindustrie, die mit ihren Prognosen nicht selten daneben liegen, und doch Tag für Tag weitere Analysen und Prognosen erstellen, „angetrieben von der Hoffnung", wie Vopel sagt[30], „*besseres* und *anschlussfähigeres* Wissen zu erzeugen als die Kollegen".

Die Qual der Wahl – Umgang mit Komplexität

Wie zuvor dargestellt, kann heute ein Anleger seine Wertpapiere aus einem Spektrum von über 350.000 Produkten auswählen – was Chance und Bürde zugleich ist. In der Praxis gibt es drei Wege, diese komplexe Aufgabe zu bewältigen: Der erste und sicher einfachste ist, sich einen geeigneten Fachmann zu suchen, dem man die Auswahl überträgt, oder der einen bei der Suche unterstützt. Eine zweite Möglichkeit ist, sich in detaillierter Form durch eine Unmenge von Produktinformation zu wühlen, diese zu analysieren und mit Einsatz von differenzierten Bewertungsmethoden in einem mehrstufigen Prozess diejenigen Titel herauszufiltern, die den eigenen Bedürfnissen am besten entsprechen. Menschen, die diese Vorgehensweise bevorzugen, könnte man als „Maximierer" bezeichnen. Der Gegentyp, der den dritten Weg wählt, ist der „Satisficer".[31] Dieser sucht nicht die maximale Lösung, sondern gibt sich mit einem Ergebnis zufrieden, das seinen Ansprüchen genügt. Dies findet er nicht mit exzessiven Analysen, sondern häufig mit einfachen, aber wirkungsvollen Faustregeln und Heuristiken.

---

[29] Siehe hierzu Ormerod (2006).
[30] Zitiert nach Zeuch (2007: 122).
[31] Siehe hierzu Schwartz (2006: 87f), Gigerenzer (2007: 14f) sowie die Ausführungen in Kapitel 7.1.

Diversifizieren – aber nicht zu breit

In der Ratgeberliteratur wird zumeist empfohlen, Portfolios möglichst detailliert zu gestalten und in einem mehrstufigen, kaskadenförmigen Verfahren nach Regionen, Branchen, Unternehmensgrößen etc. zu untergliedern. Bei Kleinanlegern würde dies schnell zu einer übermäßig aufwendigen, kostenintensiven, damit eher sinnlosen Zersplitterung von Portfolios führen. Aus psychologischer Sicht hingegen scheint viel wichtiger zu sein, dass Anleger das Gefühl haben, ihr Portfolio – und die Bewegungen in ihm – zu überblicken und zu verstehen, was bei einem übermäßig diversifizierten Portfolio kaum noch möglich ist. Wie in Kapitel 3.7 dargestellt, genügen etwa 20 Titel, um eine ausreichende Diversifikation zu erreichen. Investiert man in Fonds oder ETFs, kommt man, da sich diese bereits aus einer Vielzahl von Titeln zusammensetzen, auch mit weniger Positionen aus. Schon aus diesem Grund wird es für Kleinanleger sinnvoll sein, statt in Aktien in Fonds oder ETFs zu investieren. Fonds und ETFs haben gegenüber einem Investment in Aktien auch den Vorteil, dass sie – da man sich auf größere Einheiten konzentriert – den Recherche-, Analyse- und Kontrollaufwand erheblich reduzieren, was sicher auch der Psyche eines Anlegers zugute kommt.[32]

Bewältigung von Hindernissen bei der Auswahl konkreter Produkte

Die Auswahl konkreter Produkte wird nicht nur durch deren Vielfalt, sondern auch durch sich widersprechende Meinungen und Empfehlungen erschwert. So findet seit einigen Jahren in der Wissenschaft und den Finanzmedien eine Auseinandersetzung darüber statt, ob ETFs gegenüber Fonds zu bevorzugen sind. Hierbei stehen die derzeit dominierenden Vertreter der Theorie effizienter Märkte, die vehement für eine Investition in ETFs plädieren[33], den Befürwortern aktiv gemanagter Fonds gegenüber. Informiert man sich über die Entwicklung von Fonds etwas näher, stellt man fest, dass es genügend aktiv gemanagte Fonds gibt, die über viele Jahre besser abschneiden als der vergleichbare Index und deshalb auch vorzuziehen sind.[34]

---

[32] Siehe ergänzend hierzu den Artikel von Lewis (2008a).

[33] Siehe hierzu Malkiel (2000: 268), Sharpe (2002) und Swensen (2005: 206f und 315ff) – wobei John Bogle, der Erfinder dieser Anlageprodukte, jüngst Zweifel an der Sinnhaftigkeit vieler neu entwickelter ETFs geäußert hat (siehe hierzu Wherry, 2007, und Winderl, 2008).

[34] So berichtet die Stiftung Warentest über die Ergebnisse eines Fondsdauertests unter der Überschrift: „Und sie lohnen sich doch“, folgendes: „Die Langzeitbeobachtung dieser Produkte zeigt

Ähnlich sieht es bei der Frage aus, ob Anleger ihr Portfolio mit Zertifikaten bestücken sollen. Zertifikate haben sich zwischenzeitlich – vor allem unterstützt durch die intensive, zumeist positive Berichterstattung der Medien[35] – zu einem relativ bedeutsamen, vor allem die Zielgruppen Spekulanten und Spieler[36] ansprechenden Finanzprodukt entwickelt, wobei es wenige Wirtschaftssektoren gibt, in denen täglich so viele neue Ideen lanciert werden. Dies hat einerseits dazu geführt, dass Kleinanleger heute die Möglichkeit haben, in Bereiche (z.B. Rohstoffe) zu investieren, die früher lediglich institutionellen Investoren zugänglich waren, andererseits aber immer komplexere Produkte angeboten werden, bei denen das hoch getriebene Wissen der Entwickler mit dem gesteigerten Nichtwissen der Anleger und ihrer Berater korrespondiert – weswegen, wie die *Süddeutsche Zeitung* vom 19.09.2007 berichtet, Banken bereits dazu übergegangen sind, den Kreis der Zertifikate, die Kunden angeboten werden sollen, auf einige wenige zu begrenzen. Gleichzeitig mehren sich Meldungen, in denen über zu hohe bzw. versteckte Kosten, intransparente Strukturen, Kursmanipulationen und Abzocke bei Zertifikaten berichtet wird. So gipfelt eine Untersuchung von Böll & Dühle (2007: 129) in der Feststellung: „Die Geldhäuser machen mit den Kunstprodukten ein Vermögen – die Anleger aber so gut wie nie“. Außerdem beinhalten sie ein mitunter nicht unerhebliches Emittentenrisiko.

Diese Beispiele verdeutlichen zweierlei: Zum einen, dass durch das fast schon kongeniale Zusammenwirken von Finanzindustrie, Analysten und Medien (auch) im Finanzbereich ständig neue Moden und Mythen produziert werden, die das Verhalten der Anleger in subtiler Form zu beeinflussen versuchen.[37] Zum anderen, dass viele

---

deutlich: Fonds, über deren Aktienzusammensetzung Manager entscheiden, können deutlich besser abschneiden als Indexfonds. (...) Fazit: Wem es nichts ausmacht, sein Depot ein- oder zweimal im Jahr zu kontrollieren, für den sind aktiv gemanagte Fonds (...) die beste Wahl“ (Quelle: *Finanztest*, 3/2008, S.22-31; siehe ergänzend hierzu auch Sauren, Guseck & Hall, 2008).

[35] Ich möchte dies anhand eines Beispiels verdeutlichen: So hatte die *Süddeutsche Zeitung* vom 19.09.2007, die an diesem Tag insgesamt 44 Seiten umfasste, in ihren redaktionellen Teil eine 12-seitige Beilage „Derivate & Zertifikate“ integriert (dies ist immerhin über ein Viertel des Gesamtumfangs), in der – unterlegt von Werbung und „bewegten Fotos aus dem Ballett und modernem Tanz“ – Anleger relativ einseitig und unkritisch über die neuen Produktformen informiert wurden, wobei auch nicht zu erkennen war, ob die einzelnen Beiträge von Experten, Redakteuren der *Süddeutschen* oder von Mitarbeitern der werbenden Finanzinstitute verfasst wurden.

[36] Folgerichtig bewertet CortalConsors Zertifikate nicht nur nach Rendite- und Risikoaspekten, sondern auch danach, welche „Spannung“ sie beim Anleger erzeugen, wobei z.B. Index-Zertifikate einen höheren Spannungsfaktor haben als Bonus-Zertifikate (siehe hierzu den CortalConsors Investors Guide 10/07: 16).

[37] Siehe hierzu Schuster (2001: 133ff).

Expertenmeinungen, Empfehlungen oder Medienberichte bei weitem nicht so neutral, objektiv oder anlegerfreundlich sind, wie sie sich präsentieren. Für Anleger bedeutet dies, dass sie aufgefordert sind, eine kritisch-distanzierte Position gegenüber den Empfehlungen von Experten, Medien und der Finanzindustrie einzunehmen – und weitgehend eigenverantwortlich den für sie jeweils besten Weg zur Anlage ihrer Finanzmittel zu finden. Außerdem dürfte es für sie nicht sinnvoll sein, den immer schneller wechselnden, zumeist auch heftig beworbenen Moden zu folgen. Wichtiger wäre, dass sie trotz der „Attraktivität" der auf sie einströmenden Angebote und Empfehlungen ruhig bleiben – und möglichst stetig ihre wohl überlegten Ziele verfolgen sowie mit Augenmaß ihre Pläne umsetzen.

Ambiguitätsaversion und Home Bias[38]

Menschen haben das Bedürfnis, dass sie die Dinge, mit denen sie sich beschäftigen, überblicken und „im Griff haben". Wenn sie zwischen Alternativen wählen sollen, von denen die eine – was ihre Inhalte und mögliche Auswirkungen betrifft – bekannt und sicher, die andere hingegen weitgehend unbekannt und unsicher ist, werden sie sich zumeist für die sichere entscheiden. Investiert ein Anleger in Aktien eines Unternehmens, das ihm vertraut ist, obwohl die Zukunftsaussichten eines vergleichbaren, ihm jedoch unbekannten Unternehmens besser beurteilt werden, zeigt er ein Verhalten, das in der Behavioral Finance als *Ambiguitätsaversion* bezeichnet und den Entscheidungsschwächen zugeordnet wird. Investiert ein Anleger überproportional in Aktien seines Heimatlandes, weil er die Verhältnisse dort und die Leistungsfähigkeit der Unternehmen besser beurteilen kann, bezeichnet man dies als *Home Bias*, ein Verhalten, das der zuvor genannten Ambiguitätsaversion sehr ähnlich ist und in der Behavioral Finance ebenfalls als Schwäche angesehen wird.

Dass man diese Verhaltensweisen als Schwäche bezeichnet, resultiert zumeist aus der finanzwissenschaftlichen Annahme, dass eine möglichst vielfältige, globale Streuung Risiken reduziert, was selbst aus finanzwissenschaftlicher Sicht – bedingt durch die weltweite Verknüpfung der Börsen – heute nur noch begrenzt gilt. Auch aus anderer Sicht ist fraglich, ob eine Bevorzugung bekannter oder vertrauter Werte schädlich ist. So hat Gigerenzer (2007) festgestellt, dass bei Auswahlproblemen die Konzentration auf das Bekannte in vielen Fällen zu besseren Ergebnissen führt. Si-

---

[38] Siehe hierzu die Erläuterungen und Literaturhinweise in Anlage 1.

cherer und wohler wird sich ein Anleger auf jeden Fall fühlen, wenn er den Eindruck hat, seine Investments und die damit verbundenen Risiken überschauen und einzuschätzen zu können. Und dieses Gefühl wird sich bei Investments in Unternehmen, die ihm nichts sagen, bzw. in Ländern, dessen wirtschaftliche Rahmenbedingungen, Gepflogenheiten, Gesetze... er nicht kennt, nur bedingt einstellen. Auch hier zeigt sich, dass die Erkenntnisse der Behavioral Finance und die daraus abgeleiteten Empfehlungen, da sie sich einseitig an finanzwissenschaftlichen Kriterien orientieren, aus psychologischer Sicht durchaus fragwürdig sein können.

Das Thema Disziplin – und die Kunst, Pläne aufzugeben

Für Goldberg & von Nitzsch (2004: 257) ist Disziplin „das von vielen gesuchte Geheimrezept, das zu immer neuen Gewinnen führen soll".[39] „Disziplin" bedeutet in diesem Zusammenhang, dass man an einmal fixierten Zielen, Strategien, sowie an getätigten Investitionen (weitgehend) unbeirrt festhalten soll. Begründet wird dies mit dem Hinweis, dass Aktien, über längere Zeiträume betrachtet, im Wert stets steigen, und ein zu starkes Reagieren auf kurzfristige Veränderungen zu einem exzessiven, die Rendite schmälernden Handeln führt. Auf der Basis spezifischer, vorrangig ökonomischer Annahmen und Erkenntnisse mag dies sinnvoll sein, aus psychologischer Sicht ist es eher fraglich – vor allem weil niemand sagen kann, ab welchem Punkt es Sinn macht, einmal festgelegte Strategien und Ziele oder getätigte Investitionen doch in Frage zu stellen. (Die Zeiten, in denen es angeraten war Aktien zu kaufen und dann Schlaftabletten zu nehmen, sind – da sind sich die Fachleute zwischenzeitlich weitgehend einig – sicher vorbei.)

Eng verknüpft mit dem Thema Disziplin ist der zuvor bereits erwähnte, von Thaler & Shefrin (1981) beschriebene *Agency-Konflikt*, nach dem in jedem Menschen ein ständiger Kampf zwischen einem rationalen Planer und einem intuitiven Macher stattfindet.[40] Aus der Psychologie weiß man, dass eine feste Bindung an Ziele einerseits positive Effekte hat, Orientierung ermöglicht und Motivation zur Verfolgung der gewählten Ziele erzeugt, ein rigides Festhalten an fragwürdig gewordenen Zielen

---

[39] Ähnliche Empfehlungen findet man beispielsweise bei Jünemann & Imbacher (2007), Lundell (2000) und Peterson (2007).

[40] Siehe hierzu Weber et al. (2007: 25 und 193) sowie Kiehling (2001: 64 und 122). Mit Bezug auf die Freudsche Instanzenlehre könnte man den „rationalen Planer" mit dem Normen, Ideale, Leit- und Weltbilder verkörpernden „Über-Ich" vergleichen, den „intuitiven Macher" hingegen mit dem weitgehend im Unbewussten wirkenden, triebhaften „Es".

hingegen nicht sinnvoll ist und eher zur Demotivation führt. Klare Ziele, Strategien und Pläne sind deshalb für jeden Anleger wichtig. Sie ermöglichen ihm, Vorhaben dauerhaft zu verfolgen und den ständigen Kampf zwischen Planer und Macher – zumindest über größere Strecken – im Sinne des Planers zu gestalten. Gleichzeitig muss man aber auch die Fähigkeit haben, Ziele, Strategien oder Pläne aufzugeben oder zu modifizieren, wenn sich diese als undurchführbar oder gar unsinnig erweisen – was vielen Menschen, wie man aus Untersuchungen[41] weiß, schwer fällt. Neben einem hohen Maß an Disziplin benötigen Anleger deshalb, so widersinnig dies auch erscheinen mag, (gleichzeitig) auch ein hohes Maß an Flexibilität, vor allem repräsentiert in der Fähigkeit, ihr Verhalten an der jeweiligen Situation auszurichten. Dies beinhaltet insbesondere die Fähigkeit, einen einmal eingeschlagenen Weg zu verlassen, wenn man erkennt, dass geplante Handlungen zu nichts führen.[42]

[41] Siehe hierzu Westerhoff (2008).

[42] Siehe ergänzend hierzu Jullien (1999 und 2006), der den in unserer Kultur verankerten, relativ starren zielorientiert-planenden Verhaltensweisen, das vorausschauende, gleichzeitig aber auch flexible, sich primär an der jeweiligen Situation orientierende Verhalten, wie es in China seit langer Zeit propagiert und praktiziert wird, gegenüberstellt.

6 Informationsbeschaffung und Meinungsbildung

Die Beschaffung, Deutung und Bewertung von Informationen zählt zu den zentralen Aufgaben eines Anlegers. In den folgenden Ausführungen werde ich zunächst den Begriff „Information“ von anderen Begriffen abgrenzen und danach darstellen, wie bedeutsam diese für Anleger sind. In Kapitel 6.2 gehe ich auf Probleme ein, die durch die Funktionsweise der Massenmedien verursacht sind, und stelle in Kapitel 6.3 die wichtigsten Informationsquellen für Anleger vor. In Kapitel 6.4 beschreibe ich dann typische Probleme, die bei der Aufnahme und Bewertung von Informationen entstehen, und zeige in Kapitel 6.5, wie man sie reduzieren kann.

6.1 Die Bedeutung von Informationen und Wissen für Anleger

Zeichen • Daten • Information • Wissen

Obwohl wir den Begriff „Information“ nahezu täglich verwenden, überrascht, wie wenig man im Prinzip über ihn weiß. In einem informationstheoretischen Wissensverständnis unterscheidet man die aufeinander aufbauenden Begriffe: Zeichen, Daten, Information und Wissen, die ich nachfolgend kurz voneinander abgrenzen und erläutern möchte.[1] Zeichen bilden die Grundelemente im informationellen Bereich. Sie bestehen vor allem aus Buchstaben und Ziffern. Zeichen werden zu Daten, wenn sie durch Codierung in einen sinnvollen Zusammenhang gebracht werden. Fasst man die Zeichen „A“, „k“, „t“, „i“ und „e“ zusammen, werden sie zum Begriff „Aktie“. Zu einer Information werden Daten, wenn sie von einem Beobachter durch einen selektiven Akt der Aufmerksamkeit zunächst erfasst und danach in einen Kontext von Relevanzen bzw. Bedeutungen eingebunden werden, der für diesen Beobachter – in Bezug zu einer vorausgegangenen Information – eine Differenz erkennen lässt;

[1] Siehe hierzu z.B. Wahren (2000: 280f), Willke (2002: 15ff) sowie Breidbach (2008).

man könnte auch sagen eine Neuigkeit darstellt. Wenn ich hingegen heute etwas erfahre, über das ich bereits gestern informiert wurde, ist die zuletzt empfangene Nachricht für mich keine Information. In diesem Sinne definiert Gregory Bateson (1983: 488) Information als einen „Unterschied, der bei einem späteren Ereignis einen Unterschied ausmacht".

Informationen entstehen somit in einem zweistufigen Prozess, wobei der erste Schritt voraussetzt, dass ein Individuum aus dem unendlichen Datenmeer spezifische Daten herausselektiert, die es dann in einem zweiten Schritt deutet und versteht. Ich möchte vor allem auf die Begriffe „deuten" und „verstehen" noch etwas näher eingehen. *Deuten* oder mit Bedeutung versehen meint: Daten erhalten erst durch die individuelle Zuordnung von Bedeutung und Sinn ihren spezifischen Wert für einen Empfänger. So wird beispielsweise die Nachricht, dass Unternehmen X Unternehmen Y übernehmen möchte, von unterschiedlichen Analysten unterschiedlich verstanden, gedeutet, bewertet – und damit auch mit einem stets individuellen Sinn versehen.[2] In der Luhmannschen Systemtheorie hat vor allem das *Verstehen* eine Schlüsselstellung.[3] Verstehen im Sinne der Systemtheorie bedeutet unter anderem, dass man zwischen *Information* und *Mitteilung* unterscheidet. Sobald man eine empfangene Nachricht als Mitteilung auffasst, weiß man, dass der Sender der Nachricht: (1) über viele Nachrichten verfügt, er (2) daraus nur eine bestimmte, die mir übermittelte ausgewählt hat und mir somit (3) viele alternative oder widersprechende Nachrichten nicht mitgeteilt wurden. So wissen wir, dass die Mitteilungen, die wir über die Medien oder die Werbung erhalten, von diesen aus einem riesigen Angebot möglicher Nachrichten nach subjektiven Kriterien herausgepickt wurden, in vielen Fällen bruchstückhaft, einseitig und tendenziös weitervermittelt werden, möglicherweise sogar einen manipulativen Charakter haben – und somit keine Informationen im eigentlichen Sinn, sondern Mitteilungen darstellen. Luhmann beendet seine Ausführungen über *Die Realität der Massenmedien* (1996: 215) deshalb mit der provokanten Frage: „*Wie* ist es möglich, Informationen über die Welt und über die Gesellschaft als Informationen über die Realität zu akzeptieren, wenn man weiß, *wie* sie produziert werden?" (An anderer Stelle gibt er hierauf eine Antwort: Möglich wird dies über Vertrauen, das man auf der Basis von Erfahrungen nach und nach aufbaut. Deshalb vertraut und glaubt man der einen Quelle, der anderen eben nicht.)

---

[2] Siehe hierzu Weick (1995).

[3] Siehe hierzu Luhmann (1984 und 1996) und Berghaus (2004).

Festzuhalten ist, dass es „die" Information im Allgemeinen somit nicht gibt; Informationen also stets an eine Person gebunden sind, die diese in einer spezifisch-individuellen Weise deutet, versteht und mit Sinn versieht. Zu (neuem) Wissen werden Informationen erst, wenn sie von einem Beobachter mit einem bereits vorhandenem Wissen und individuellen Erfahrungen abgeglichen und verwoben werden. Die Generierung von Wissen kommt somit ausschließlich durch menschliche Aktivitäten zustande. Wie bei der Information gilt auch hier, dass Wissen immer von einer Person entwickelt wird, und damit als das Wissen dieser Person auch ausschließlich an diese gebunden ist. Maschinen und elektronische Speichermedien haben bzw. beinhalten kein Wissen; sie verarbeiten und speichern auch keine Informationen sondern lediglich Daten.

Betrachtet man Informationen im zuvor beschriebenen Sinn, erscheint die Theorie effizienter Kapitalmärkte, nach der die Kurse von Wertpapieren alle Informationen enthalten, in einem anderen Licht. Da Informationen erst durch subjektive Deutung entstehen, können Kurse keine Informationen beinhalten. Wirklichkeitsnäher wäre die Feststellung, dass die Kurse von Wertpapieren die unterschiedlichen Deutungen und Interpretationen von Daten und die daraus abgeleiteten Hoffnungen sowie Befürchtungen der jeweils handelnden Akteure widerspiegeln, und sich durch das Zusammenspiel der darauf aufbauenden (Nachfrage- und Angebots-)Kommunikationen im Laufe der Zeit verändern. Auf welche Daten die Akteure dabei zurückgreifen, wie sie diese deuten, interpretieren, gewichten und mit Sinn versehen, mit welchem Wissen sie diese verbinden und welche (jeweils subjektiven) Hoffungen oder Befürchtungen sie daraus ableiten, könnte man, wenn man dies als hilfreich erachtet, vielleicht vermuten – im Prinzip aber wird es immer ein Rätsel bleiben.

Wie bedeutsam sind Informationen und Wissen für den Erfolg von Anlegern?

Der Umgang mit Informationen und das Wissen über finanzielle Angelegenheiten, die so genannte „financial literacy" (finanzielle Bildung)[4], sind wichtige Faktoren bei der Anlage von Kapital. Ohne Informationen und Wissen kann man weder motivierende Anlageziele fixieren, noch eine vernünftige Asset Allocation entwickeln, noch in sinnvoller Form Wertpapiere kaufen und verkaufen. Aus Anlegersicht bedeutsam

[4] Siehe hierzu Brost & Rohwetter (2005), Commerzbank (2003), Häcker (2007 und 2007a), Willis (2008) sowie die Informationen auf der Website des iff - Institut für Finanzdienstleistungen e.V. (www.iff-hh.de) und des Bundesverband Verbraucherzentrale (www.verbraucherbildung.de).

ist hierbei vor allem das übergeordnete System- oder Metawissen: zum Beispiel zu wissen, wie die Finanzmärkte funktionieren und nach welchen Regeln Wertpapiere gehandelt werden, mit welchen Vor- bzw. Nachteilen die unterschiedlichen Wertpapierarten, Asset-Klassen und Vertriebswege von Wertpapieren verbunden sind, vor allem aber zu wissen, wie man Quiet-Quality-Informationen erkennt und wo man solche erhält. Im Vergleich hierzu wird das aktuelle Tageswissen – die Kenntnis der letzten Kurse, der neuesten Expertenmeinungen und Gerüchte oder der täglich wechselnden Kauf- und Verkauftipps – zu einem mehr oder weniger sekundären Wissen.

Ein Kennzeichen der Wissensgesellschaft ist, dass die Summe der Informationen, die heute Entscheidern zur Verfügung stehen, das Aufnahmevermögen der Menschen bei weitem übersteigt. Umschrieben wird dies gern mit den Schlagworten „Informationsüberflutung“ oder „Paradox der Wissensgesellschaft“, deren bedeutsamster Effekt ist, dass man in der Vielfalt der zur Verfügung stehenden Informationen das, was man eigentlich sucht oder benötigt, immer schwerer oder gar nicht mehr findet – in der Informationsflut somit einen Informationsmangel erlebt. Andererseits „leidet“ der „moderne Mensch“ unter dem Bedürfnis, möglichst alles erfassen zu wollen, was Peter Gross (1994: 27) wie folgt beschreibt: „Man hat das Gefühl, nie aufhören zu können und steht unter Druck, die täglich hereinströmenden Nachrichten zu verarbeiten, (...) umzuformen, zu verwerfen und neu zu konstruieren. Man hat Angst, den Anschluss ans Weltgeschehen zu verpassen, nicht mehr mithalten zu können. Man gerät (...) unter Realisierungsdruck.“ Aus diesem Grund wird die Gewinnung von Daten, die üblicherweise ja als ein Mittel zur Lösung von Problemen angesehen wird, vielfach selbst zum Problem. Mögliche Folgen der exzessiven Informationsaufnahme sind, dass wir uns – etwas drastisch gesagt – „blöd informieren“[5], oder, wie Neil Postmann (1990) es noch drastischer ausgedrückt hat, „zu Tode informieren“. Greift man auf weniger pointiert formulierende psychologische oder medizinische Quellen zurück, stellt man fest, dass immer häufiger über Menschen berichtet wird, die, da sie sich dem Einfluss der Medien zu stark aussetzen, unter einem, wie Alain Ehrenberg (2001 und 2004) dies nennt, „erschöpften Selbst“ leiden, unter Umständen gar zur

[5] So berichten *Times-Online* („Why texting harms your IQ“) und *Spiegel-Online* („Kann man sich blöd informieren?“) am 22.4.2005 über eine Studie des Psychiatrischen Institutes am King's College, bei der in Tests mit über 1.000 Probanden festgestellt wurde, dass Personen, die übermäßig im Internet surften, mailten und simsten, einen um 10 Prozent geringeren IQ hatten. Außerdem litten sie unter Müdigkeit, Lethargie sowie unter akuten Konzentrationsproblemen. Siehe hierzu auch den viel diskutierten Beitrag von Carr (2008) zu den Wirkungen des Internet.

Depression neigen. Möglichkeiten, einer Informationsüberflutung zu entkommen, sind – neben der nahe liegenden generellen Reduzierung des Medienkonsums – eine bewusste(re) Auswahl der Informationen, denen man sich freiwillig aussetzt, vor allem aber der Erwerb von Medienkompetenz, gemeint ist hiermit die Fähigkeit, die Medien und ihre Inhalte den eigenen Zielen und Bedürfnissen entsprechend zu nutzen.[6]

Ein weiteres Kennzeichen der Wissensgesellschaft ist, dass das Wissen der Menschen wohl ständig zunimmt, gleichzeitig aber auch ihr Nichtwissen wächst. Dies bedeutet, dass mehr Wissen nicht größere Gewissheit, sondern tendenziell mehr Ungewissheit produziert; mehr Wissen somit auch nicht erlaubt, Unsicherheit in Sicherheit zu transformieren – was ja insbesondere für Anleger bedeutsam wäre. Eine wichtige Fähigkeit in der Wissensgesellschaft ist deshalb, wie Willke (2002: 11) sagt, „Expertise im Umgang mit Nichtwissen zu generieren". Dies erfordert, dass man zunächst einmal die Hoffnung auf das Erreichen eines kompletten, umfassenden, alle Ungewissheiten und Unsicherheiten aufhebenden Wissens aufgibt, und sich in einer eher sokratischen, demütigen, ironischen Form mit der Beschränktheit seines Wissens bzw. einem vernünftigen Teilwissen zufrieden gibt – wobei dies nicht notwendigerweise impliziert, dass man, wie zuvor dargestellt, deshalb auch schlechtere Entscheidungen treffen müsste.

In diesem Zusammenhang wird dann auch verständlich, dass der Aufwand, den man zur Erfassung von Informationen betreibt, nicht unbedingt mit Erfolg korreliert. So haben Untersuchungen von Luigi Guiso & Tullio Japelli (2006) zu dem Ergebnis geführt, dass Anleger, die zwischen zwei und vier Stunden pro Woche für das Erfassen von börsenrelevanten, vorrangig tagesaktuellen Informationen aufwendeten, in ihrer Performance eher schlechtere Ergebnisse hatten als solche, die weniger Informationen sammelten. Ein Grund hierfür war, dass Anleger, die mehr Informationen erfassten, in der Folge wesentlich intensiver handelten und auf diese Weise ihre Rendite schmälerten. Zu ähnlichen Ergebnissen kamen Forscher der Universität Innsbruck bei Experimenten mit Studenten.[7] Während die Teilnehmer mit dem höchsten Wissen auch die besten Ergebnisse erreichten, erzielten völlig uninformierte Versuchspersonen bessere Renditen als solche mit durchschnittlichem Wissen. Schließen kann man hieraus, dass Halbwissen nicht nur wenig hilfreich, mitunter

[6] Siehe hierzu Baacke (1997) und Berghaus (2004).
[7] Siehe hierzu Huber et al. (2006) sowie den Bericht von Hammer (2007).

sogar schädlich ist, Anleger tendenziell dazu verleitet, ihre Kompetenzen zu überschätzen und auf der Basis fragwürdiger Informationen exzessiv zu handeln.[8]

6.2 Anleger und Massenmedien

Die Bedeutung und Wirkung der Massenmedien

„Was wir über unsere Gesellschaft, ja über die Welt, in der wir leben, wissen, wissen wir durch die Massenmedien. (…) Andererseits wissen wir so viel über die Massenmedien, dass wir diesen Quellen nicht trauen können. Wir wehren uns mit einem Manipulationsverdacht, der aber nicht zu nennenswerten Konsequenzen führt, da das den Massenmedien entnommene Wissen sich wie von selbst zu einem selbstverstärkenden Gefüge zusammenschließt." Luhmann (1996: 9) hat mit diesen wenigen Sätzen, die seine Veröffentlichung *Die Realität der Massenmedien* einleiten, sehr schön beschrieben, welche enorme Bedeutung die Massenmedien für uns haben – vor allem aber auch, welche Probleme wir im Umgang mit diesen haben. Printmedien (Zeitungen, Zeitschriften, Bücher) und elektronische Medien (Radio, Fernsehen, Internet) versorgen uns heutzutage rund um die Uhr und in einem nie gekannten Ausmaß mit Nachrichten, Werbung und Unterhaltung. Massenmedien bilden für uns „außengeleitete Menschen", wie schon David Riesman (1960) festgestellt hat, die Nabelschnur zur Welt. Sie versorgen uns nicht nur mit Neuigkeiten, sondern prägen auch unsere Orientierung und Weltsicht, wirken auf unsere Stimmungen – und beeinflussen damit in einem nicht unerheblichen Maß unsere wirtschaftlichen Entscheidungen.

Der Finanz- und Börsenbereich in den Massenmedien

„Lesen *Sie* denn nicht die Zeitungsartikel über die Aktien? (...) Ich lese sie allabendlich, Papa bringt mir die Zeitungen mit. Er hat sie schon gelesen, aber ich muss sie nochmals vorlesen ... Man wird nie müde, so herrlich ist alles, was sie versprechen ... Wenn ich zu Bette gehe, habe ich den Kopf voll und träume nachts davon. (...) Vorgestern haben wir zum Beispiel den gleichen Traum gehabt, wir lasen auf der Straße Hundertsousstücke schaufelweise auf; das war sehr unterhaltend!" Zola (2001: 393)

[8] Siehe hierzu Beck (2008: 46ff).

beschreibt hier sehr schön, in welchem Maß schon vor über 100 Jahren Berichte über den Finanzmarkt die Menschen bewegte, ja geradezu in Verzückung versetzte. Die Intensität, mit der in den Medien über die Themenbereiche Wirtschaft, Börse und Geld berichtet wird, hat sich insbesondere seit Beginn der 90er Jahre erheblich verstärkt. Gab es zuvor nur spärliche Hinweise zur Entwicklung von Unternehmen, Bilanzen und Kursen, hat – parallel zum sich entwickelnden Börsenboom – ein Boom der Wirtschaftsberichterstattung stattgefunden.[9] „Business" wurde zum „glamourösen Ressort", Berichte über die Entwicklung an Aktien-, Devisen- und Rohstoffbörsen, über Finanz- und Anlageinstrumente, über kollektive Hoffnung und Träume sowie über die Stars und Sternchen der Kapitalmärkte zu zentralen Themen in der Berichterstattung. Die Tageszeitungen bauten den Wirtschaftsteil aus, der bei vielen Publikationen – was den Umfang betrifft – heute den Kulturteil bei weitem übertrifft. Darüber hinaus informieren die überregionalen Zeitungen ihre Leser täglich Online über die Entwicklung der Börsen, sowie über die aktuellen Kurse von Wertpapieren. Ergänzt wird dies durch eine ständig steigende Zahl von Fachzeitschriften und Magazine, in denen Leser rund um das Thema Geldanlage informiert werden. Beschleunigt wurde die Medialisierung des ökonomischen Sektors vor allem durch die verstärkte Hinwendung der elektronischen Medien zu Wirtschaftsthemen. Heute informieren nicht nur die öffentlich rechtlichen und privaten Sender mehrmals täglich – unterlegt mit Tickerbändern – ausführlich über die Themen Wirtschaft, Börse und Geld, sondern vor allem die vorrangig auf Wirtschafts- bzw. Börsenaspekte fokussierten Sender wie n-tv, Bloomberg TV, N24 und DAF, wobei die meisten noch crossmedial mit anderen Infokanälen verlinkt sind. Ergänzt wird diese Medienfront um die klassische Ratgeberliteratur, um unzählige Internet-Informationsquellen, Boards und von Finanzinstituten geförderte Internetforen, um eine kaum mehr zu überschauende Zahl von Börsen- bzw. Anlegerbriefen, sowie um die heute überall präsente Werbung der Finanzindustrie. Dies alles verdeutlicht, welche Bedeutung die Wirtschaftsberichterstattung zwischenzeitlich in den Medien einnimmt. Doch wie sehr sich auch Anleger um Informationen bemühen, besteht in der Regel eine nicht unerhebliche Asymmetrie im Vergleich zum Informationsstand der „Sender", was häufig auch dazu führt, dass Anleger Engagements oder Risiken eingehen, die sie bei Kenntnis aller Details wahrscheinlich nicht eingegangen wären.[10]

[9] Siehe hierzu und zu den folgenden Ausführungen Schuster (2001, 2003 sowie 2003a).
[10] Siehe hierzu Commerzbank (2003: 9).

Die zunehmende Medialisierung des Wirtschaftslebens war begleitet von einer Abkehr von konventionellen Selektions- und Präsentationsmustern. Nicht mehr der objektive, kritisch-distanzierte Nachrichtenwert, sondern der Nutzwert und die praktische Verwertbarkeit von Nachrichten bestimmte nunmehr die Berichterstattung – und die Medien wurden damit, wie Schuster (2001a) sagt, immer stärker zum „Agenten" der Finanzindustrie. Man wollte den Leser – im Sinne eines „Personal Finance-Journalismus" – fortan nicht nur mehr informieren, sondern, indem man ihn mit Prognosen und Tipps versorgt, insbesondere in finanziellen Angelegenheiten „beraten". So teilt die *Süddeutsche Zeitung* am 23.10.2007 (S.19) ihren Lesern in eigener Sache folgendes mit: „Die *Süddeutsche Zeitung* will ihren Lesern helfen, sich besser zurechtzufinden. Sie wird daher die Wirtschaftsberichterstattung deutlich ausbauen. Ab dieser Ausgabe wird der Wirtschaftsteil an fünf Tagen pro Woche um eine Seite wachsen. Wir werden insbesondere den Themen ‚Geld' und ‚Private Finanzen' mehr Platz einräumen. Ab Mitte Januar widmen wir dem ‚Geld' von Dienstag bis Samstag in der Regel sogar täglich drei Seiten: Wie bewegt es die Menschen und ihr Leben? Wie gehen sie damit um? Und wie lässt es sich am besten verwenden?" Gleichzeitig veränderten sich die Art der Darstellung und die Sprache. Das Außergewöhnliche, Spektakuläre tritt in den Vordergrund, Fakten eher in den Hintergrund. Interessant ist das Positive; das Negative wird gerne ausgeklinkt – oder ins Positive gewendet. Auf diese Weise versucht man nicht nur mehr Aufmerksamkeit, sondern vor allem eine höhere Leserbindung zu erreichen.

Zumindest finanziell genutzt haben diese Veränderungen den Anlegern wenig. So bewegen die von den Medien ausgesprochenen Kaufempfehlungen und Tipps Anleger zwar zu verstärkten Handelsaktivitäten[11], ermöglichen diesen aber – da sie vielfach erst zu einem Zeitpunkt publiziert werden, an dem Entwicklungen ihren Höhepunkt bereits erreicht oder gar überschritten haben – nur in wenigen Fällen die Realisierung von signifikanten Überrenditen. Die Behauptung, die Wirtschaftsmedien würden mit ihren Empfehlungen den Anlegern einen Vorteil verschaffen, hält somit, wie in ersten Recherchen ermittelt wurde[12], einer Überprüfung nicht stand.

Insgesamt gesehen haben die Medien jedoch ganz wesentlich dazu beigetragen, wirtschaftliche Fragen – und vor allem die Börse – einem breiten Publikum näher zu

[11] Siehe hierzu die Ergebnisse der von Barber & Odean (2001a) sowie Malmendier & Shanthikumar (2007) durchgeführten Untersuchungen.
[12] Siehe hierzu insbesondere Schuster (2001 und 2003) sowie Ogger (2002).

bringen. So sind wir heute, wie Stäheli (2007: 310ff) sagt, alle in das Börsengeschehen inkludiert, ohne selbst an der Börse zu sein. Das Börsengeschehen hat Publikumscharakter erlangt und die ganze Gesellschaft wird zum kritischen, mitunter auch erstaunten Beobachter des ständigen Auf und Ab der Kurse. Die Finanz- und Börsenmedien haben hierbei eine dreifache Funktion[13]: Zum einen sind sie „Anheizer", Beschleuniger und Verstärker von Börsenstimmungen, bringen die notwendige Bewegung in die Märkte, was unter anderem dazu führte, dass seit Mitte der 90er Jahre die Anzahl der Aktien- und Aktienfondsbesitzer, sowie die von ihnen getätigten Umsätze erheblich angestiegen sind. Ihre zweite Funktion ist die eines „Störers", in der sie, wie Shiller (2000: 90ff) und Surowiecki (2007: 321f) meinen, im erheblichen Maße zur Bildung der äußerst unangenehmen, das System destabilisierenden Spekulationsblasen beitragen. In ihrer dritten Funktion sind sie einerseits „Wirt", der die Community mit wohlfeilen Geschichten, ergreifenden Storys und – im Falle von Crashs – auch mit Trost spendenden Ratschlägen versorgt, zum anderen „Parasit", der sich für diese Dienste gut entlohnen lässt. Bemerkenswert ist dabei nicht nur, in welchem Umfang unsere gesellschaftliche Kommunikation von ökonomischen Themen dominiert wird, sondern auch, in welcher Form dieses geschieht. Zur Veranschaulichung dessen werde ich nachfolgend auf vier Aspekte eingehen: (1) Auf die autopoietische Funktionsweise der Wirtschaftsmedien, (2) ihre Sprache, (3) das Spektakel, das sie veranstalten, und (4) auf ihren Informations- und Wahrheitsgehalt.

(1) Es gibt wohl keinen Sektor, in dem die Lust und der Drang, alles, was sich in einem System abspielt, zu erfassen, zu deuten, zu dekonstruieren, zu interpretieren, zu diskutieren und der Allgemeinheit wiederum in verschiedenster Form verfügbar zu machen, so groß ist wie im Finanzbereich. Börsenkurse, Jahres- und Quartalszahlen, Zukunftsprognosen, Gerüchte und Berichte über Kapitalerhöhungen, Vorstandsveränderungen, Aufsplittungen und Fusionen, Stellungnahmen von Wirtschaftspolitikern und Notenbankpräsidenten, Meinungen von Bankern, Einschätzungen von Gurus, Experten und Analysten... werden heute rund um die Uhr veröffentlicht – und, kaum dass sie gesendet und gedruckt wurden, von dazu Berufenen und Unberufenen in einem nicht enden wollenden autopoietischen Prozess wieder gedeutet, dekonstruiert, interpretiert und diskutiert. Und am Ende eines Börsentages, einer Woche oder eines Jahres wird nochmals zurückgeschaut und – mit zumeist gegen-

[13] Siehe hierzu die von Serres (1987: 12f und 36f) beschriebene Parasitenkette.

sätzlichen Argumenten – erklärt, was zuvor geschah, und warum es so kommen musste wie es kam. Ergebnis ist ein permanenter Strom völlig überinterpretierter Daten, in dem ein Anleger geradezu zu versinken droht. Die Aufgabe, das für ihn Bedeutsame, Sinnvolle und Weiterführende aus dieser Kakophonie herauszufiltern, stellt hohe Anforderungen an seine Medienkompetenz, wobei insbesondere die sich widersprechenden Deutungen und Auslegungen – da sie mit unterschiedlichen Appellen verbunden sind – Anleger in mitunter problematische double bind-Situationen[14] führen. Das Ganze erinnert an den preisgekrönten Filmklassiker *Rashomon* von Akira Kurosawa, in dem vier Zeugen den Tathergang eines Mordes anlässlich einer Gerichtsverhandlung völlig unterschiedlich aber plausibel schildern. „Das Entsetzliche ist", sagt zu Beginn des Films ein die Szene beobachtender Mönch, „dass es keine Wahrheit zu geben scheint" – was auf die prinzipielle Unmöglichkeit verweist, Geschehenes zu objektivieren (auch Rashomon-Effekt genannt).

(2) Sprache ermöglicht es, Erfahrungen zu organisieren und zu klassifizieren, sowie Erlebtes, Erinnertes oder Erwünschtes (be-)greifbar zu machen. Erst wenn wir ein Repertoire von Begriffen und Prädikaten haben, können wir etwas als Etwas erkennen und verstehen: z. B. als Möglichkeit oder Notwendigkeit, als Chance oder Risiko. Neben dieser positiven Seite von Sprache gibt es auch eine negative. Sie macht sich vor allem dort bemerkbar, wo Worthülsen, Parolen, Schönfärbereien, falsche Logiken und „Bilder", oder der Jargon von Branchen und Cliquen das Verstehen behindern und die Menschen zu fragwürdigen Handlungen verleiten. Wie jeder Lebensbereich verfügt auch die Finanz- und Börsenwelt über spezifische Ausdrucksweisen, Redeformen, Begriffe, Sprachmarotten, Metaphern und Phrasen, was auf der Empfängerseite eine spezifische Hermeneutik, also die Fähigkeit zur Auslegung erfordert. So zählen die Begriffe „Bulle" und „Bär", die die grundlegende Dualität des Börsengeschehens versinnbildlichen sollen, mittlerweile zur Alltagssprache und sind nahezu jedem Bundesbürger vertraut. Wenn es aufwärts geht spricht man von einer „Rally": da steigen dann „Kursraketen" auf, wird „neues Geld wird in den Markt gepumpt" und die Menschen verfallen in einen „Geld-Rausch". Im schlechten Fall „reagiert die Börse verschnupft", gerät „der DAX unter die Räder", herrscht „blanke Angst", werden „Kleinanleger geschlachtet" oder findet gar ein „Blutbad"

[14] Beim double bind erhält eine Person in einer für sie bedeutsamen Situation zwei sich widersprechende Aufforderungen, über die sie mit dem „Absender" nicht diskutieren, andererseits aber der Situation auch nicht entfliehen kann; siehe hierzu Bateson (1983) sowie Watzlawick et al. (1980).

statt, das dann in eine „Katerstimmung“ und ein „großes Wundenlecken“ mündet. Erschwert wird das Verstehen vor allem auch durch den zunehmenden Einsatz von Anglizismen, der, wie Gburek (2008) meint, in keinem Bereich so ausgeprägt ist wie in der Finanzbranche. Begriffe wie „Contango“, „Backwardation“ und „Markt-exposure“ gehören heute zur Alltagssprache der Anlegerwelt – und wenn jemand fragt, was sie bedeuten, wird er mit weiteren Anglizismen überschüttet. Das von den Medien in Infobroschüren und Prospekten verwendete Finanz-„Denglisch“, diese mitunter schon kabarettreife Mischung aus Deutsch und ungefiltertem Englisch, verkompliziert für Anleger die Orientierung und verschleiert eher Sachverhalte als es zu deren Aufklärung beiträgt. Thomas Steinfeld (2007) kommt deshalb nach einer Analyse der Sprache in den Finanzmedien nicht ohne Grund zu folgendem Ergebnis: „Es gibt keinen öffentlichen Ort, an dem der Leser so nachdrücklich das Gefühl gewinnen muss, auf höchst verlässliche Art und Weise so wenig zu erfahren, wie in den bildträchtigen Analysen der ökonomischen Lage.“ Bemerkenswert ist auch die Veränderung im Einsatz alltäglicher Begriffe. Früher war es beispielsweise üblich, bei der Abgabe von Prognosen die Verben „vermuten“, „glauben“, „erwarten“ oder „annehmen“ zu verwenden („Wir vermuten, dass der DAX…“), wobei diese Begriffe auch die Unsicherheiten widerspiegeln, die mit einer Prognose verbunden sind. Heute hingegen werden sie fast durchweg durch den Begriff „sehen“ ersetzt („Wir sehen den DAX…“). Da man nur reale, bereits vorhandene Dinge sehen kann, wird durch die Verwendung eines anderen Begriffs Unsicherheit verschleiert und Sicherheit suggeriert – und man erzeugt das, was Esposito (2007) eine „realistische Fiktion“ nennt. Vielleicht handelt es sich hier nur um eine Sprachmarotte. Unter Umständen verbirgt sich auch mehr dahinter: eine veränderte (Welt-)Anschauung verbunden mit der Hoffnung, die Ordnung des Marktes nun endlich durch-„schaut“ zu haben.

(3) Eine dritte Besonderheit der Finanz- und Börsennachrichten ist, dass der Sachinhalt immer geringer und das Spektakel drum herum immer bedeutsamer wird. Hierdurch rücken die vornehmsten Funktionen des Journalismus: „Informationen ausgraben, aufarbeiten und kritisch hinterfragen“, und das Ziel, auf diese Weise ein „angemessenes Bild der Wirtschaft herzustellen“[15], zunehmend an die zweite Stelle. Wurden früher Nachrichten über die Wirtschaft und die Börse eher nüchtern und trocken

[15] Siehe hierzu im Detail Schuster (2003a: 11).

übermittelt, werden sie heute durch die Art der Präsentation, flottere Sprachformen, die begleitende Bildsprache, vor allem aber durch Emotionalisierung und Personalisierung aufgemotzt. Berichtet man über einen Vorstand oder Fondsmanager, werden nach dem Motto: „Sein Haus, sein Auto, sein Boot, seine Frau…“, auch privateste Details angesprochen. Die Sprache ist hip und cool. Berichte über problematische Börsensituationen werden um möglichst drastische Bilder ergänzt, die ein Durcheinander sich in höchster Erregung bewegender Menschen zeigen: ihre Kleidung ist zerknittert, die Gesichter sind gezeichnet von den Ereignissen, eine Hand stützt das Kinn oder die in Falten gelegte Stirn, der Blick geht ins Leere, fassungslos und erschöpft registrieren sie die Ereignisse. Die Bildsprache verdeutlicht dadurch nicht nur die Ereignisse, sondern überhöht sie und versucht, den an sich schon dramatischen Vorkommnissen den Anstrich einer Katastrophe zu geben – was zwangsläufig Wirkungen auf die Nachrichten aufnehmenden Menschen hat: Stimmungen erzeugt und die Entwicklung von Befürchtungen oder Ängsten beschleunigt. Auf diesem Weg hat die von Guy Debord (1996) beschriebene „Gesellschaft des Spektakels“ – in der die Medien sich vor allem aufgerufen sehen, ihr Publikum zu unterhalten – nun auch Eingang in den Bereich der Wirtschaft gefunden.

(4) Der vierte Aspekt betriff die Objektivität oder Glaubhaftigkeit, man könnte auch sagen den Wahrheitsgehalt der Finanz- und Börsenmedien, mit dem es nicht zum Besten bestellt ist. Dies zeigt sich, wie Schuster (2003a) darstellt, beispielsweise daran, dass Pseudo-Events behandelt, zu Marktdaten passende Geschichten kreiert, ein möglichst dauerhafter Optimismus vorgespielt sowie negative Tendenzen und offensichtliche Fehlentwicklungen eher negiert oder kaschiert werden. Themen und Anlageinstrumente, die vor allem die Finanzindustrie interessieren, werden lanciert und wohlwollend über Produkte von Gesellschaften berichtet, die entsprechende Werbebudgets platzieren.[16] Ein hoher Anteil der Informationen – insbesondere die werbenden – kommen dem sehr nahe, was der Philosoph Harry Frankfurt (2006: 54 und 61ff) als „Bullshit“ bezeichnet, dessen Wesen nicht darin liegt, „dass er *falsch* ist, sondern dass er *gefälscht* ist“: „Der Bullshitter muss uns nicht täuschen und nicht einmal täuschen wollen, weder hinsichtlich der Tatsachen noch hinsichtlich seiner Vorstellung von den Tatsachen. Er versucht aber immer, uns über sein Vorhaben zu täuschen. Das einzige unverzichtbare und unverwechselbare Merkmal des Bullshit-

[16] Siehe hierzu Häring & Storbeck (2007: 189ff).

ters ist, dass er in einer bestimmten Weise falsch darstellt, worauf er aus ist. Das ist der entscheidende Unterschied zwischen ihm und dem Lügner. Sowohl der Bullshitter als auch der Lügner erwecken den (allerdings falschen) Eindruck, sie wollen etwas Wahres mitteilen. (...) Ein aufrichtiger Mensch sagt nur, was er für wahr hält, und für den Lügner ist es unabdingbar, dass er seine Aussage für falsch hält. Der Bullshitter ist außen vor: Er steht weder auf der Seite des Wahren noch auf der des Falschen. Anders als der aufrichtige Mensch und der Lügner achtet er auf die Tatsachen nur insoweit, als sie für seinen Wunsch, mit seinen Behauptungen durchzukommen, von Belang sein mögen. Es ist für ihn gleichgültig, ob seine Behauptungen die Realität korrekt beschreiben. Er wählt sie einfach so aus oder legt sie sich so zurecht, dass sie seiner Zielsetzung entsprechen." So ist es in den Veröffentlichungen der Finanzindustrie fast schon üblich, dass „Vernebelungstaktiken"[17] eingesetzt werden um z.B. die Kosten, Risiken und die wirkliche Performance von Wertpapieren geschickt zu verschleiern.

Die Funktionsweise, die Ziele und die Art der Berichterstattung der Medien im Finanz- und Börsenbereich machen es einem Anleger schwer, sich möglichst gezielt und objektiv zu informieren – und selbst dort, wo es nicht um Meinungen oder Interpretationen, sondern um klare, quantifizierbare Daten geht, hat er mit unterschiedlichsten Informationen zu kämpfen.[18] Nicht ohne Grund vergleicht Taleb (2005: 106) die Informationen der Finanzmedien mit den Sirenengesängen der Odyssee und meint, dass sie „im Allgemeinen" nicht nur „nutzlos sind, sondern dass sie einen vergiften können"; Eugene Fama bezeichnet sie gar als „businessman's pornography"[19]. Von grundlegender Bedeutung ist deshalb, dass Anleger um die von Luhmann beschriebene Differenz von Information und Mitteilung bzw. von objektiver Berichterstattung und subjektiver Einschätzung wissen, ihren Umgang mit den Finanz- und Börsenmedien an diesen Unterscheidungen orientieren und die für sie wesentlichen Daten kritisch deuten, interpretieren und in hilfreiche Informationen bzw. brauchbares Wissen transformieren.

[17] Siehe hierzu im Detail Shefrin (2000: 186ff).

[18] Bemerkbar macht sich dies z.B. bei den Performance- und Risikokennziffern von Fonds, die von Quelle zu Quelle zum Teil erheblich differieren. Aus diesem Grund wäre es angebracht, wenn der Staat, wie dies auch Shiller (2008) vorschlägt, bestimmte Grundinformationen bereitstellt.

[19] Zitiert nach Lewis (2008a); wie Schuster (2001: 222) sagt, wurden die Begriffe „Investment-Pornographie" und „Finanz-Pornographie" in den USA zwischenzeitlich zum geflügelten Wort zur Beschreibung der Funktionsweise der Wirtschaftsmedien.

6.3 Quellen der Information

Die Meinungsmacher: Experten, Analysten, Gurus und Moderatoren

Da die Anlage von Kapital ein von vielen Gefahren und Ungewissheiten geprägtes Handeln ist, haben Anleger ein starkes Bedürfnis von fachkundigen Personen zu erfahren, was die Zukunft wohl bringen wird. Man versucht auf diesem Weg Unsicherheiten zu reduzieren – wobei man im Prinzip weiß, dass es keinen auch nur annähernd sicheren Blick in die Zukunft gibt. Trotz allem tritt heute in den unterschiedlichen Medien eine immer zahlreicher werdende Gemeinde von Experten, Analysten, Gurus, Propheten und Moderatoren auf, die die Anlegergemeinde mit ihren Expertisen, Einschätzungen, Vermutungen, Hypothesen, Prognosen, Meinungen aber auch ihrem Rat versorgt.

In Abbildung 6.1 wurden die unterschiedlichen Rollen bzw. Funktionen dieser Informationslieferanten innerhalb eines Koordinatensystems nach zwei Kriterien geordnet: Beim ersten Kriterium wird danach unterschieden, ob die Expertise bzw. der Rat mehr auf den Fachkenntnissen oder der besonderen Persönlichkeit des Ratgebenden basiert, beim zweiten, ob die Kompetenz des Ratgebenden eher auf finanziellen Erfolgen oder auf seiner medialen Präsenz bzw. Bekanntheit beruht. So gründet die Kompetenz der *Börsen-Legende* Benjamin Graham, dem Erfinder des Value-Investing, wie auch von David Swensen, dem äußerst erfolgreichen Manager des Stiftungsvermögens der Yale University, einerseits auf einem profunden akademischen Fachwissen, andererseits auf ihren finanziellen Erfolgen. Gleiches gilt für über viele Jahre hin erfolgreich arbeitende *Fondsmanager* wie Peter Lynch, Jens Ehrhardt oder Peter E. Huber. Die Expertise dieser Personen ist in der Regel fachlich gut fundiert und konzentriert sich vor allem auf Aussagen zu bestimmten Anlageformen und Handelstechniken. Ähnlich gelagert und zu bewerten sind die Empfehlungen von *Experten*, die über ein absolut profundes Wissen im Anlagebereich verfügen. Zu diesen gehören Wissenschaftler aus dem Finanzbereich, z.B. Burton Malkiel und Martin Weber, sowie seriöse Sachbuchautoren wie William Bernstein, Peter Bernstein und Nassim Taleb. Im Gegensatz zum erstgenannten Personenkreis können Experten nicht auf außergewöhnliche finanzielle Erfolge verweisen, ihre Bedeutung beruht vielmehr auf der Qualität ihrer Veröffentlichungen und die damit zumeist einhergehende Präsenz in den Medien.

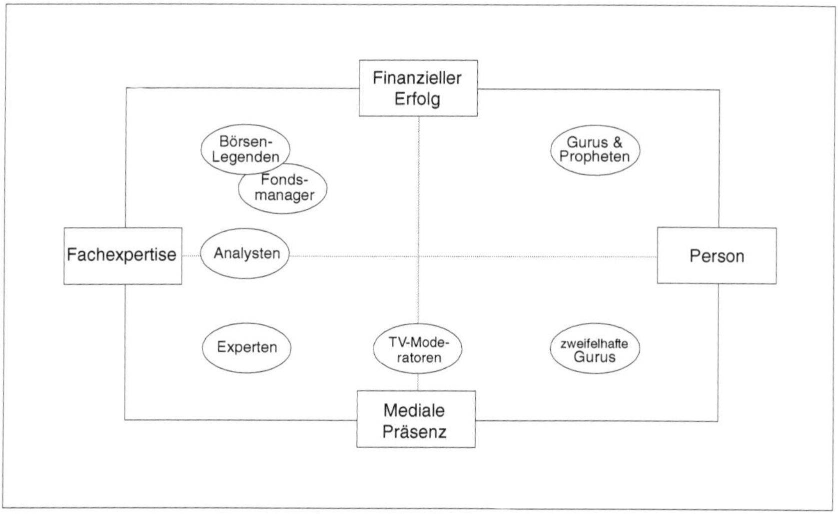

Abbildung 6.1: Die Meinungsmacher

Die von *Analysten* – zumeist Angestellte von Banken, Fondsgesellschaften und Ratingagenturen – erarbeiteten Informationen beinhalten üblicherweise tiefergehende Untersuchungen zur Entwicklung von Branchen, Unternehmen oder Regionen, sowie daraus abgeleitete Zukunftsprognosen, wobei die von ihnen gelieferten Daten in jüngerer Zeit verstärkt kritisiert werden. Bemängelt wird vor allem die Qualität der Prognosen, die zu oft daneben liegen[20], die Objektivität der Aussagen, die in vielen Fällen von den Interessen der Finanzindustrie beeinflusst erscheinen[21], die absolute Dominanz von Kauf-Empfehlungen, während Verkauf-Empfehlungen hingegen eher selten sind[22], sowie die Gleichförmigkeit ihrer Einschätzungen, bei denen man mitunter das Gefühl hat, dass sie eher bestrebt sind sich dem Mainstream anzugleichen, als eine unorthodoxe Meinung zu vertreten. Eine Ursache hierfür könnte, wie Keynes (2002: 133) einmal meinte, sein, dass es für den Ruf von Analysten besser ist, „konventionell zu versagen, als unkonventionell erfolgreich zu sein".

[20] Siehe hierzu beispielsweise Häring & Storbeck (2007: 128f), Malkiel (2000: 165ff), Mörsch (2008), Schuster (2001: 157ff), Shefrin (2000: 53ff) sowie Storbeck (2006 und 2007).

[21] Siehe hierzu Hammer (2007b), Mörsch (2008), Piel (2003: 106ff) und Shefrin (2000).

[22] Siehe hierzu Mörsch (2008), Schuster (2001: 71) sowie Zydra (2008a).

Im Gegensatz zu dem auf der linken Seite eingeordneten Personenkreis, deren Kompetenz vor allem auf ihrer Fachkunde bzw. Expertisefähigkeit gründet, leiten *Gurus* und *Propheten* ihr Prestige vorrangig aus ihren Voraussagen und Statements der Vergangenheit, ihren medial verbreiteten „Weisheiten", oder aus ihren finanziellen Erfolgen ab, die sie in den Augen der Anlegergemeinde zu achtens- und verehrenswerten Persönlichkeiten werden ließ. Typische Beispiele für diese Art von Ratgebern sind Warren Buffet, George Soros und André Kostolany, wobei Soros heute lieber als Theoretiker gesehen, Kostolany nicht mehr als „Börsenguru", sondern als „Börsenprofessor"[23] bezeichnet werden möchte. Ihnen gegenüber stehen die eher zweifelhaften Ratgeber. Beispielhaft genannt seien hier Bernd Förtsch, der in vielen Medien aktive „Mister Dausend"[24], sowie Markus Frick, der wegen der Angreifbarkeit seiner Empfehlungen und Praktiken in der *Zeit* als „zweifelhafter Guru"[25] bezeichnet wurde. Ein wichtiges Kennzeichen *zweifelhafter Gurus* ist, dass sie ihre (vielfach nicht uneigennützigen) Weisheiten und Empfehlungen vor allem über teure Börsenmagazine sowie über Telefon- bzw. Internet-Hotlines verkaufen.

Als „Guru" bezeichnet man im Hinduismus spirituelle Lehrer, die ihre Schüler auf der Suche nach Wissen und Erlösung mit ihren religiösen, philosophisch-kryptischen Aussagen leiten und begleiten. Ein „Prophet" hingegen ist jemand, der eine Botschaft von einer Gottheit durch eine Vision erhalten hat, und diese nun an seine Mitmenschen weiterleitet. Sehr ähnlich sind die Funktionen der Börsengurus und -propheten. Ihre zumeist nicht weiter begründeten, mitunter banalen Weisheiten werden von ihrer Anhängerschaft – im Glauben an die Allwissenheit und Unfehlbarkeit der Verkünder – mit Ehrfurcht aufgenommen, gedeutet und mit Sinn aufgeladen. Beispielhaft hierfür sind die (Pilger-)Berichte, die ansonsten rational denkende Experten über die Hauptversammlungen von Berkshire Hathaway und den dort auftretenden Warren Buffett schreiben. Aus psychologischer Sicht verbirgt sich dahinter – auch wenn wir in einer postheroischen Zeit leben – der Wunsch nach Orientierung und Führung: nach dem starken, charismatischen Anführer („Alpha"), an dem man – im Sinne des Schindlerschen Modells der Psychodynamik von Gruppen[26] – sein Verhalten ausrichten kann; der als Projektionsfläche für die geheimen Ängste und Wünsche dient,

[23] Zitiert nach Kostolany (2000: 245).
[24] Siehe hierzu Schuster (2001: 132 und 147f), Goepfert (2007) sowie Öchsner (2007b).
[25] Zitiert nach Morchner (2002).
[26] Siehe hierzu Schindler (1957) und Neuberger (1988).

seiner Anhängerschaft (den „Gammas") den Weg in einer unübersichtlich gewordenen, von vielen Gefahren bedrohten Welt weist, und das eher passive Aufgehen in einer Gemeinschaft von Gleichgesinnten ermöglicht.[27] In diesem Sinne haben Gurus auch keine primär fachlich-ratgebende Funktion – die von den Experten (den „Betas") übernommen wird – sondern vor allem eine Orientierung schaffende, von eigener Verantwortung befreiende und damit die Psyche entlastende Funktion.

Die *TV-Moderatoren*, die man sowohl in den öffentlich-rechtlichen wie auch in den privaten Sendeanstalten findet, stellen eine Mischung aus ratgebenden Experten und Gurus dar. Beispiele hierfür sind Frank Lehmann („Börse im Ersten") oder Raimund Brichta (n-tv „Telebörse"). Einerseits versorgen sie ihre Zuschauer mit tagesaktuellem Wissen, andererseits versucht man sie durch eine hohe TV-Präsenz sowie durch crossmediale Aktivitäten in die Position von Gurus zu bringen, die dann auch imstande sind, eine treue Zuschauergemeinde an sich zu binden.[28]

Auch wenn die Empfehlungen von Experten nicht immer hilfreich, unter Umständen sogar kontraproduktiv sind, die Prognosen von Analysten häufig daneben liegen oder sich widersprechen, die Weisheiten der Gurus, Propheten und Moderatoren mitunter wie Plattheiten daherkommen, haben sie für viele Anleger doch eine nicht unerhebliche Bedeutung, da sie in der unübersehbaren Flut von Informationen – aus einer psychologischen Perspektive betrachtet – sachorientierte Haltepunkte, personale Orientierung, familiäre Geborgenheit, in schwierigen Lagen aber auch Mut oder Trost, sowie psychische Entlastung bieten. Aus diesem Grund ist es wichtig, dass Anleger lernen, hilfreiche Experten von den weniger hilfreichen, objektiv-neutrale Analysten von den abhängigen, glaubhafte Gurus, Propheten und Moderatoren von den zweifelhaften zu unterscheiden.[29] Zu finden ist somit der seriöse, vertrauensvolle Ideengeber – man könnte auch sagen Coach –, dessen auf Objektivität, Fachkompetenz und Glaubhaftigkeit gründende Expertise, Einschätzungen oder Empfehlungen einem Anleger auch weiterhelfen. Zu erkennen ist er an seinen bisherigen Aktivitäten, Erfahrungen und Erfolgen, seiner Glaubhaftigkeit und Sprache, seinem Auftreten, der Art seiner Kommunikation und der Darstellung von Sachverhalten, sowie an dem Umfeld, in dem er sich präsentiert.

---

[27] Wobei dies, zumindest in Teilen, auch in Bezug auf andere Meinungsmacher gilt.
[28] Siehe hierzu Schuster (2001: 89ff).
[29] Bernard Stiegler (2008: 41) bezeichnet dies als „Kontrolle der Aufmerksamkeit" bzw. als „dialektische Verantwortung zu Denken".

Formen direkter Kommunikation

Die Möglichkeiten direkter Kommunikation von Anlegern kann man ganz grob in drei Bereiche gliedern: in die Kommunikation mit Anlage- und Finanzberatern, in Gespräche mit Familienangehörigen, Verwandten, Bekannten und Arbeitskollegen sowie in die Kommunikation, die unter Gleichgesinnten z.B. in Internetforen oder Aktienclubs stattfindet, von denen es mittlerweile fast 7.000 geben soll.[30] Welche Art von direkter Kommunikation bevorzugt wird, hängt vor allem von den persönlichen Vorlieben und vom Kenntnisstand des Anlegers ab. So stimmen weniger informierte Anleger ihre Entscheidungen gerne mit Anlage- und Finanzberatern ab, oder holen sich Tipps im Gespräch mit Bekannten und Kollegen. Besser informierte Anleger hingegen kommunizieren bevorzugt in verbaler Form in Aktienclubs oder Anlegervereinen bzw. in schriftlicher Form in Internetforen. Gleich wie man den Nutzen solcher Kommunikationen bewertet, haben sie aus psychologischer Sicht eine nicht unerhebliche Bedeutung, da sie die Menschen zwingt, ihre Gedanken, Ansichten, Fragen oder Probleme, bevor man sie ausspricht, zu ordnen und in eine kommunizierbare, das heißt für andere verstehbare und nachvollziehbare Form zu bringen. In diesem Sinne verändert, was immer wir sagen oder schreiben, nicht nur die anderen, sondern immer auch uns selbst. Auf diesem Weg bringt die Kommunikation mit anderen Personen (auch) Klarheit in die eigenen Gedanken; konkretisiert und erweitert vorhandene Wünsche, Ziele und Handlungsabsichten. Jede Aussage ist somit auch eine Einsage – und jede Kommunikation auch Autokommunikation, Autosuggestion und Autopoiesis. Reden und Schreiben werden damit zu Wegen der Selbst-Erzeugung, Selbst-Versicherung, Selbst-Verwirklichung und Selbst-Erhaltung: „Im Reden verzaubern (machen) wir uns selbst", wie Neuberger (1985) sagt. In diesem Sinne ist es für jeden Anleger wichtig, über seine Vorhaben, gleich mit wem, zu kommunizieren, wobei dieser Andere – sofern er seine Gedanken in einem Anleger- bzw. Investitionstagebuch festhält – auch er selbst sein kann.

Internetforen, Boards, Chatrooms und Blogs

Im Bereich der Finanzen gibt es zwischenzeitlich eine Vielzahl von Foren, Boards, Chatrooms und Blogs, in denen Anleger ihr Wissen, ihre Erfahrungen sowie Informationen austauschen. So treten allein bei *Wallstreet:online*, eines der größten virtu-

---

[30] Siehe Endres (2007).

ellen Finanzforen Deutschlands, täglich bis zu 10.000 Anleger in Kontakt zueinander. Hier hat zwischenzeitlich eine große Zahl von „professionellen Laien" ein Podium erklommen, die nicht nur ihr spezifisches Wissen unter die Leute bringen, sondern häufig auch in kritischer Distanz zu den Meinungen von Experten oder den Anpreisungen der Finanzindustrie stehen.[31] Das Online-Dauergeplauder der Beteiligten schafft eine eingeschworene Gemeinschaft Gleichgesinnter, quasi eine virtuelle Familie, in der sich die Teilnehmer geborgen fühlen. Im Zentrum des Interesses stehen dabei weniger nüchterne Nachrichten zu DAX-Werten, sondern vor allem solche zu exotischen Investments, die durch die individuellen Prognosen und Tipps, sowie durch unter die Teilnehmer gebrachte Gerüchte und (vermeintliche) Hintergrundinformationen emotional aufgeladen werden.

Hat man schon bei der Kommunikation unter Anwesenden den Eindruck, dass sie nur in wenigen Fällen wirklich funktioniert, scheint eine gelingende computervermittelte Kommunikation noch unwahrscheinlicher zu sein. Im Vergleich zur verbalen Kommunikation gibt es hier wesentlich mehr Teilnehmer, die als Besserwisser auftreten, unerwünschte Ratschläge geben, soziale Distanzen ignorieren, Personen mit geringerem Wissen zurechtweisen, oder aggressiv argumentieren – Verhaltensweisen, die in den Foren immer wieder zu heftigen Diskussionen über den kommunikativen Umgang miteinander, die so genannte Netiquette, führen. Bernd Graff (2007) beschreibt seine negativen Erfahrungen mit den Teilnehmern von Internetforen wie folgt: „Sie zerfleddern jedes Thema. Sie tun dies aber oft anonym und noch öfter von keiner Sachkenntnis getrübt. Sie zetteln Debattenquickies an, pöbeln nach Gutsherrenart und rauschen dann zeternd weiter. Sie erschaffen wenig und machen vieles runter. Diese Diskutanten des Netzes sind der Diskurstod, getrieben von der Lust an Entrüstung." Gefördert werden die störenden Verhaltensweisen, die auch von den hierfür eingesetzten Administratoren kaum gebremst werden können, zum einen durch die Anonymität der Teilnehmer, zum anderen durch sich schnell bildende Wissens-, Macht- und Präsenzhierarchien, die selbst mutige Neueinsteiger in eine devote Haltung zwingen. Dies ist auch der Grund, weswegen sich in virtuellen Gemeinschaften schnell ein Kreis dominanter, intensiv austauschender Diskutanten bildet, deren Kommunikation sich, wenn die notwendigen Positions- und Machtkämpfe

---

[31] Derzeit wird kontrovers darüber diskutiert, welchen Wert oder welche Bedeutung dieses Laienwissen hat. Siehe hierzu z.B. Nowotny (1999 und 2005), Kremp (2007) sowie Sanger (Mitbegründer von Wikipedia; 2007).

ausgetragen sind, bald im Kreise dreht und dadurch für andere Teilnehmer eher uninteressant wird. Aus diesem Grund bieten viele Foren – neben den durchaus nützlichen Eigenschaften – nach einer gewissen Zeit für die „Alten" kaum mehr Neues und für die „Newcomer" häufig Verdruss.

Börsenbriefe

Die wichtige Funktion der Berater übernehmen heute vielfach Börsenbriefe, die Anlegern in unterschiedlichster Form zur Verfügung stehen. Neben teuren, (angeblich) exklusiven Veröffentlichungen, gibt es eine Vielzahl von kostenlosen Exemplaren, die zumeist über das Internet distribuiert werden, und eher seriösen Publikationen stehen höchst fragwürdige gegenüber. Ihnen gemein ist vor allem, dass sie den Lesern ungewöhnlich hohe Renditen in Aussicht stellen. Überschriften wie „Die einfache Art reich zu werden: 16.800% Gewinn" oder „4.311,37% in 2 ¼ Jahren", sind keine Jokes, sondern fast schon Normalität. Als „Beweis" wird dann auf Fälle verwiesen, in denen so eine Performance theoretisch – vorausgesetzt man hätte zum niedrigsten Kurs gekauft und zum höchsten verkauft – möglich gewesen wäre. Auf diese Weise werden Erwartungen geweckt, die nichts mit der Realität zu tun haben, Anleger aber animieren, ihr Geld in die angepriesenen Wertpapiere zu investieren – was in vielen Fällen den Herausgebern ermöglicht, ihre Bestände, mit denen sie sich zuvor eingedeckt haben, zu möglichst hohen Kursen wieder zu verkaufen.[32]

Gerüchte

„Woher kam diese Nachricht? Niemand wusste es, sie kam aus jedem Munde zugleich, selbst aus den Pflastersteinen. Irgend jemand hatte sie mitgebracht, und alle wiederholten sie mit einem Getöse, welches zum lauten Gedröhne einer Äquinoktialflut anschwoll. In rasenden Sprüngen begannen die Kurse inmitten des schauderhaften Lärms zu steigen. (...) Bei diesem gewaltigen Schieben und Drängen, in der aufs höchste aufgeregten, für alle Torheiten reifen Umgebung, machte (...) dieses Gerücht von einer neuen Emission von fünfzig Millionen selbst die vernünftigsten Leute wahnwitzig. Von den bescheidensten Wohnungen bis zu den Hotels des Adels, von dem Stübchen der Hausdiener bis zum Empfangssaal der Herzoginnen, in allen Köpfen loderte es hell auf, allerwärts wuchs die günstige Voreingenommenheit zum

[32] Siehe hierzu die Berichte von Perina (2006) und Hammer (2007a).

blinden, heldenmütigen und kriegerischen Glauben." Gerüchte haben seit jeher eine große Bedeutung im Finanzbereich und, wie das Zitat aus Zolas *Das Geld* (2001: 288 und 337) zeigt, auch erhebliche Auswirkungen auf die Gefühle und Handlungen von Anlegern. Während Nachrichten auf konkreten Vorgängen basieren, vermischen sich im Gerücht Wahres und Falsches – und der Wahrheitsgehalt wird immer geringer, je weiter es sich von seinem Ursprung entfernt.[33] Gerüchte entwickeln und verbreiten sich wie ein Virus oder eine Seuche auf epidemische, konturlose, unkontrollierte Weise. Sie sind komplexe, verschlüsselte Nachrichten, erregend und scheinbar plausibel zugleich; sie verquicken Erfahrungen mit Hoffnungen oder Befürchtungen, und drücken aus, was sich anders nicht sagen lässt, wobei ein wesentliches Merkmal von Gerüchten im Finanzbereich ist, dass sie großartig-positive, mitunter aber auch unheilvoll-gefährliche Entwicklungen ankündigen. Ein typisches Beispiel hierfür ist ein Gerücht, über das *Spiegel Online* am 20. März 2008 folgendes berichtet: „Der oder die Täter lancierten am Markt die Falschmeldung, wonach eine Zeitung in Kürze einen Artikel über Probleme bei der britischen Halifax Bank of Scotland (HBOS) veröffentlichen werde. Dieser Bericht werde einen ‚Kundenansturm auf die Bank' auslösen. In einer E-Mail eines ‚anonymen Bankers' wurde außerdem verbreitet, HBOS habe um Notfallgespräche bei der Bank of England gebeten – was ebenfalls nicht stimmte." Die Börse reagierte angesichts der Anfang 2008 herrschenden allgemeinen Finanzkrise auf dieses Gerücht hypernervös, und der Kurs von HBOS stürzte innerhalb kürzester Zeit um 17 Prozent ab. Die Finanzaufsicht ermittelte danach gegen einen Spekulanten, der durch Ausnutzung der absehbaren Kursturbulenzen einen Tagesgewinn von 130 Millionen Euro realisiert haben soll.

Gerüchte sind nicht für alle Menschen gleich interessant. Während sich das Handeln von Investoren, wie Stäheli (2007) darstellt, vorrangig an Wissen und „richtigen" Informationen orientiert, agiert der Spieler vorzugsweise auf der Basis von Gerüchten. Auch viele Kleinanleger hoffen über Gerüchte Zugang zu exklusiven Informationen und damit Teilhabe am inneren Kreis der Börsenkommunikation zu erlangen – wobei sich das auch mit der Hoffnung verbindet, bei der Aufteilung des Gewinnkuchens dabei zu sein. Allport & Postman beschreiben die Entwicklung und Funktionen von Gerüchten wie folgt[34]: „Was sie treibt, sind die starken Interessen der an ihnen Beteiligten. Der mächtige Einfluss dieser Interessen bewirkt, dass Gerüchte

[33] Siehe hierzu Neubauer (1998: 201ff).
[34] Zitiert nach Neubauer (1998: 217).

als rationalisierendes Mittel dienen: sie erklären, rechtfertigen und verleihen den beteiligten Gefühlen einen Sinn. Manchmal ist die Beziehung zwischen Interessen und Gerücht so eng, dass wir das Gerücht schlicht als eine Projektion beschreiben können". Eine moderne Variante des Gerüchts bilden die millionenfach versendeten Spam-Mails, in denen die Empfänger „aus gut unterrichteter Quelle" über die nun „unmittelbar bevorstehende Kursexplosion" von Penny Stocks informiert werden. Der Amerikaner Joshua Cry hat, wie die *Süddeutsche Zeitung* am 26.06.2007 (S.19) berichtet, jeweils 1.000 Stück dieser Papiere in einem virtuellen Depot für insgesamt 71.000 Dollar angelegt. Nach etwas mehr als einem Jahr waren von seinem ursprünglichen Investment noch gerade einmal 10.000 Dollar übrig.

Informationen der Finanzindustrie

Die Werbewirtschaft hat in den letzten Jahren einen äußerst bedeutsamen Kundenkreis für sich gewonnen: die Finanzindustrie. Heute tragen Banken, Fonds- und Zertifikateanbieter sowie Finanzdienstleister den Wettbewerb nur noch zu einem geringen Teil über ihre Produkte und Konditionen aus, sondern setzen zunehmend auf Werbung, Marke und Image. In der Folge wird der Sachinhalt in ihren Veröffentlichungen immer geringer und der appellativ-persuasive Teil immer größer. Und in dem Maße, in dem sich der Anteil emotionaler Appelle gegenüber rationalen Argumenten erhöht, gewinnt auch der visuell-ästhetische Teil, repräsentiert durch grafische Elemente und Bilder, immer mehr an Bedeutung. So könnten viele Informationsschriften von Banken oder Fondsgesellschaften – wenn man die eher spärlichen Texte mal außer Acht lässt – auch Imagebroschüren von Armani, BMW, Boss, Cartier, Porsche oder Prada sein. Auf diese Weise möchte man Finanzprodukte, die eher abstrakt und langweilig sind, mit Emotionen aufladen. Nun ist die emotionale Aufladung von Sachinformationen nichts Verwerfliches. Kritisch wird es, wenn man den Eindruck erweckt, man würde Sachverhalte in objektiver Form darstellen, die Inhalte und die Darstellung jedoch so „zurechtgebogen" hat, dass sie (nahezu) ausschließlich die eigenen Zielsetzungen und Intentionen unterstützen. Auch hier ist es wichtig, dass sich Anleger der Differenz von Information und Mitteilung bewusst sind, und die Werbemittel sowie Veröffentlichungen der Finanzindustrie mit der gebotenen kritischen Distanz aufnehmen.

6.4 Typische Probleme bei der Informationsaufnahme und -bewertung

Die Aufgabe der Wahrnehmung besteht darin, Daten so aufzunehmen und zu bewerten, dass wir die für uns relevanten Umweltverhältnisse erkennen und zukünftige Entwicklungen abschätzen können. Insbesondere in der Kognitions-, Wahrnehmungs- und Gestaltpsychologie werden verschiedenste Probleme behandelt[35], die Menschen daran hindern, diese Aufgaben in einer sinnvollen Form zu bewältigen, wobei eine Vielzahl der hierbei zu Tage geförderten Erkenntnisse Eingang in die Behavioral Finance gefunden haben und dort in einer vertiefenden Form untersucht wurden.[36] In den folgenden Ausführungen gliedere ich diese Probleme in drei Bereiche: (1) in Erfassungs- und Selektionsprobleme, (2) Probleme, die durch die Art der Darstellung bedingt sind, sowie (3) in Bewertungsprobleme.

(1) Probleme bei der Erfassung von Daten

Selektive Wahrnehmung und Wahrnehmungsabwehr sind zwei in der Psychologie seit langem bekannte Probleme bei der Erfassung von Daten.[37] Mit *selektiver Wahrnehmung* wird eine Informationsauswahl bezeichnet, bei der man nur einen Teil dessen aufnimmt was zur Verfügung steht. Der Rest wird, weil er einem nicht gefällt oder nicht ins Konzept passt, vernachlässigt. So beschäftigen sich viele Anleger bevorzugt mit Daten, die ihre Meinung, Prognosen oder Hoffnungen bestätigen, bzw. „übersehen“ (zumeist unbewusst) Daten, die diese in Frage stellen. Ist eine selektive Wahrnehmung – weil Fakten zu präsent werden – nicht mehr möglich, bleibt nur noch, diese auszublenden, bewusst nicht wahrzunehmen oder sie als unglaubwürdig, manipuliert bzw. als gefälscht zu deklarieren, was man dann als *Wahrnehmungsabwehr* bezeichnet. Suchen Menschen hingegen ganz gezielt nach Informationen, die ihre Vorurteile, Wünsche, Annahmen, Überzeugungen, Hoffnungen oder Prophezeiungen bestätigen, bezeichnet man dies als *Confirmation Bias*.

Informationen kann man nach dem Grad ihrer Verfügbarkeit unterscheiden. So gibt es für jeden Anleger neben gut und leicht zugänglichen Daten auch solche, die

[35] Siehe hierzu Guski (2000) sowie Wahren (1987: 16ff).
[36] Sofern die nachfolgend genannten Probleme Gegenstand der Behavioral Finance sind, können Definitionen, alternative Begriffe und weiterführende Literaturhinweise der Anlage 1 entnommen werden.
[37] Siehe hierzu z.B. Schuler (1980) sowie Wahren (1987: 16ff).

nur auf komplizierten Wegen zu erhalten sind, oder deren Beschaffung mit einem erhöhten Zeit- und Kostenaufwand verbunden ist. Wie in Untersuchungen festgestellt wurde, schätzen Entscheider die Bedeutung von Informationen umso höher ein, je zugänglicher, vertrauter und eingängiger diese sind, oder je neuer bzw. aktueller sie einem erscheinen, was man als *Verfügbarkeitsheuristik* bezeichnet.

Insbesondere die Gestaltpsychologie hat sich mit der Frage beschäftigt, wie Menschen wahrnehmen. Für Gestaltpsychologen ist die Summe dessen, was man wahrnimmt, qualitativ etwas anderes und vor allem auch mehr, als die Summe der zur Verfügung stehenden, wahrnehmbaren Elemente. So werden beispielsweise einzelne Punkte, die auf einer imaginären Kreislinie angeordnet sind, (sofern eine ausreichende Dichte vorliegt) als Kreis wahrgenommen. Dieses Mehr (Surplus), das dem Gesamtbild eine zusätzliche, vom Rezipienten erzeugte Qualität gibt, unterliegt gewissen Gesetzmäßigkeiten, den Gestaltgesetzen.[38] Das *Prinzip der Ähnlichkeit und Gleichheit* führt dann dazu, dass die Suche nach Gleichartigem dominiert, das *Prinzip der Vollständigkeit*, dass man bevorzugt Informationen aufnimmt, die die offenen Stellen in einem erahnten Bild füllen. Solche Wahrnehmungsverzerrungen findet man häufig auch bei Anlegern. Vermutet beispielsweise jemand, dass Kurse steigen, wird er bevorzugt Daten aufnehmen, die mit dieser Vermutung konform sind. Werden solche Daten kurz hintereinander aufgenommen, verdichtet sich die Vermutung schnell zur absoluten Gewissheit.

(2) Probleme durch die Art der Darstellung von Daten

Wie wir Daten wahrnehmen wird vor allem auch durch die Art der Darstellung, gemeint sind hiermit der Rahmen und die Bezüge, in denen sie präsentiert werden, beeinflusst. So werden grafische Elemente, Statistiken und Bilder insbesondere im Bereich der Finanzmedien gerne dazu eingesetzt, Sachverhalte zu verzerren, zu kaschieren, zu beschönigen oder gar zu verfälschen. In der Psychologie und der Behavioral Finance wird diese bewusste Beeinflussung als *Framing* bezeichnet. Ein immer wieder zitiertes Experiment zum Framing-Effekt, das „Asian Disease Problem", wurde von Kahneman & Tversky (2000: 4f) mit Studenten in zwei verschiedenen Gruppen durchgeführt und hatte folgendes Szenario:

[38] Siehe hierzu beispielsweise Maas & Weibler (1990a: 74ff).

> Die erste Gruppe erhielt folgenden Text: Stellen Sie sich vor, die USA würden sich auf den Ausbruch einer seltenen asiatischen Krankheit vorbereiten, die voraussichtlich 600 Menschenleben fordert. Zwei alternative Programme zur Bekämpfung der Krankheit wurden ausgearbeitet. Die erwarteten Konsequenzen für diese Programme sind aufgrund exakter wissenschaftlicher Untersuchungen wie folgt: Wenn Programm A umgesetzt wird, werden 200 Menschen gerettet. Wenn Programm B umgesetzt wird, besteht eine Wahrscheinlichkeit von einem Drittel, dass 600 Menschen gerettet werden, und eine Wahrscheinlichkeit von zwei Drittel, dass niemand gerettet wird. Welches der zwei Programme würden Sie vorziehen? Gleichzeitig gaben Kahneman & Tversky einer zweiten Gruppe dasselbe Problemszenario, formulierten jedoch die Programme zur Bekämpfung wie folgt: Wenn Plan C umgesetzt wird, werden 400 Menschen sterben. Wenn Programm D umgesetzt wird, gibt es eine Wahrscheinlichkeit von einem Drittel, dass keiner stirbt, und eine Wahrscheinlichkeit von zwei Drittel, dass 600 Menschen sterben werden.

In der ersten Gruppe wählten 72 Prozent Programm A und 28 Prozent Programm B, in der zweiten hingegen nur 22 Prozent Programm C und 78 Prozent Programm D. Obwohl Programm A und C identische Folgen hatten (es werden jeweils 200 Menschen gerettet und 400 sterben), entschieden sich – beeinflusst durch einen anderen Frame – in der ersten Gruppe 72 Prozent, in der zweiten Gruppe lediglich 22 Prozent für dieselbe, lediglich anders formulierte Alternative. Ein verblüffendes Ergebnis, das die Wirkungen einer positiven Formulierung, den so genannten Optimismus-Effekt, veranschaulicht.

(3) Probleme bei der Deutung und Bewertung von Daten

Daten werden, wie zu Beginn dieses Kapitels dargestellt, erst durch die subjektive Deutung des Rezipienten zu Informationen. In diesem Sinne gilt: Nichts spricht für sich, alles muss gedeutet, bewertet und mit Sinn unterlegt werden. Bei der Deutung und Bewertung wird man zwangsläufig auf das zurückgreifen, was man zu einem früheren Zeitpunkt erfahren hat, beziehungsweise auf das, was man denkt oder erhofft. In diesem Sinne ist jede Information etwas vom Wahrnehmenden „Gemachtes“, eine von ihm „erfundene“ bzw. „konstruierte Wirklichkeit“[39], die sich aus dem zusammensetzt, was man an Daten aufgenommen hat, ergänzt um das, was man

[39] Siehe hierzu die Beiträge von Ernst von Glasersfeld und Heinz von Förster in dem von Paul Watzlawick (1985) herausgegebenen Sammelband: *Die erfundene Wirklichkeit.*

aufgrund von Erfahrungen, bereits vorhandenem Wissen, durch Denken und Hoffen hinzufügt. Bei diesem Konstruktionsprozess kommt es zu verschiedensten Problemen, die nachfolgend kurz umrissen werden.

Mit dem Begriff *Ankern* beschreibt man in der Psychologie den Umstand, dass im Prozess der Wahrnehmung ein nun zugängliches, neues Datum mit bereits vorhandenen bzw. bekannten Daten in Verbindung gebracht wird – ein im Prinzip notwendiger Vorgang, um überhaupt etwas erkennen, deuten und bewerten zu können. Der in der Behavioral Finance verwendete Begriff *Verankerungsheuristik* hingegen bezeichnet die Neigung, dass wir unsere Deutungen zu stark an anderen, mitunter auch irrelevanten Gedächtnisinhalten ausrichten, was in der Folge, wie Experimente[40] zeigen, zu krassen Fehldeutungen führen kann. Vergleichbar sind die aus der Psychologie bekannten Verzerrungen durch Vorurteile und Stereotype. Als *Vorurteil* wird hierbei eine alogische, erfahrungsgemäß nicht abgesicherte Verallgemeinerung bezeichnet; als *Stereotyp* eine verfestigte, schematische, objektiv weitgehend unrichtige Denkhaltung. Vorurteile und Stereotype haben, setzt man das Ziel einer möglichst objektiven Wahrnehmung voraus, häufig negative Wirkungen. Ihr Vorteil hingegen ist, dass sie uns in vielen Situationen helfen, komplexe Sachverhalte möglichst schnell auf ein überschaubares Maß zu reduzieren, weswegen sie von Evolutionsbiologen geradezu als Voraussetzung unserer Existenz angesehen werden. Eine ähnliche Funktion haben die bereits angesprochenen *Heuristiken*. Auch hier geht es primär darum, Komplexität auf ein verarbeitbares Maß zu reduzieren. Sinnvoll angewendet ermöglichen sie, wie Gigerenzer (2007) an vielen Beispielen zeigt, dass man gute Entscheidungen schnell treffen kann. Negative Effekte können auftreten, wenn man – wie dies in der Behavioral Finance mittels der Theorie der *Repräsentativitätsheuristik* beschrieben wird – Wahrscheinlichkeiten und Zusammenhänge auf Grund von Denkmustern falsch einschätzt oder fragwürdige Vergleiche zieht und hierdurch zu zweifelhaften Erkenntnissen gelangt.

Informationen können auch durch Uminterpretationen, das Hedonic Framing, die Illusion of Validity oder Primacy- bzw. Recency-Effekte verzerrt werden. Eine *Uminterpretation* von Informationen ist überall dort zu beobachten, wo es um die Bewertung nicht völlig eindeutiger Sachverhalte geht, und der Spielraum, der sich dem Rezipienten bietet, im Sinne der eigenen Motive und Bedürfnisse genutzt wird. Man

[40] Siehe hierzu z.B. Goldberg & von Nitzsch (2004: 66f), Stephan (1999) und Schwartz (2006: 71ff).

dreht also die Daten so, dass sie ins eigene Konzept passen. Nahezu gleich funktionieren das *Hedonic Framing* und die *Schönfärberei*, bei der ein Rezipient Daten in ein für ihn angenehmes, günstiges Licht rückt, und sich auf diesem Weg Zufriedenheit verschafft. Bei der von Shefrin (2000: 75f) beschriebenen *Illusion of Validity* hingegen wird nichts verändert, vielmehr hält man trotz besserem Wissen an falsch erkannten Daten fest bzw. sucht aktiv nach solchen – und erreicht dadurch, ein bereits vorhandenes Wissen oder eine bestehende Ansichten nicht ändern zu müssen. Außerdem spielt die Reihenfolge, in der man Daten aufnimmt, eine Rolle. So orientieren sich Menschen beim *Primacy-Effekt* übermäßig an die zuerst erhaltenen, beim *Recency-Effekt* hingegen an die zuletzt erhaltenen Daten, und gelangen auf diese Weise zu verzerrten, fragwürdigen Informationen.

6.5 Ansatzpunkte zur Verbesserung

Reaktionsmöglichkeiten auf Wahrnehmungsprobleme

Wie zuvor dargestellt, gibt es verschiedene Mechanismen, die Anleger daran hindern, Informationen in einer möglichst sinnvollen, objektiven Form zu erfassen. Zum einen verhindern die selektive Wahrnehmung, die Wahrnehmungsabwehr, die Verfügbarkeitsheuristik, der Confirmation Bias-Effekt und das eine oder andere Gestaltgesetz, dass wir die für uns bedeutsamen Informationen möglichst wertneutral-objektiv aus der Masse der verfügbaren Daten selektieren. Zum anderen verfälschen und verzerren Framing-Effekte, Vorurteile, Stereotype, Verankerungs- und Repräsentativitätsheuristiken, Uminterpretationen, das Hedonic Framing, die Illusion of Validity sowie Primacy- und Recency-Effekte die Umsetzung von Daten in Informationen und führen damit in vielen Fällen zu fragwürdigen Erkenntnissen. Zu ergänzen ist diese Problemliste um Verhaltensweisen, die insbesondere bei Anlegern häufig anzutreffen sind: die *zwanghafte Suche nach Mustern*[41], die Beobachter dazu verleitet, Ordnungen und Zusammenhänge zu erkennen, wo keine sind; das Problem der *Zahlenblindheit*[42], gemeint ist hiermit die häufig anzutreffende Unfähigkeit, Ungewissheiten und Risiken angemessen bewerten zu können; sowie der Effekt bloßer *Wiederholungen*[43],

[41] Siehe hierzu z.B. Beck (2008: 18ff), Peterson (2007: 246f) und Zweig (2007: 66ff).
[42] Siehe hierzu Gigerenzer (2005: 42).
[43] Siehe hierzu Reber (2007: 63ff und 77f).

der die Wahrscheinlichkeit, dass Daten, die wir mehrfach erhalten, für wahr gehalten werden, wesentlich erhöht.

Da viele der zuvor beschriebenen Mechanismen zumeist unterhalb der Bewusstseinsschwelle und weitgehend automatisch ablaufen, kann man sie auch nur in einem geringen Maß beeinflussen. Die Möglichkeiten, Daten in einer weitgehend unverstellten, unverfälschten, wertneutralen oder gar objektiven Form wahrzunehmen, sind somit stark eingeschränkt. Was bleibt, ist die Erkenntnis, dass Wahrnehmungen stets Konstruktionen sind, und wir deshalb in Bezug auf die Objektivität und Qualität unserer Wahrnehmungsprozesse ein erhebliches Maß an Vorsicht walten lassen müssen. Außerdem sollte man lernen, sich bei der Wahrnehmung quasi selbst über die Schulter zu schauen, und auf diesem Weg überprüfen, welche Mechanismen vorhanden sein könnten, die unsere Wahrnehmungen tendenziell behindern, in falsche Bahnen lenken oder gar verfälschen. Wenn man weiß, wie die Wahrnehmung „funktioniert", kann dies ein erster wichtiger Schritt sein, zukünftig weniger Fehler zu machen und seine Wahrnehmungsfähigkeiten in genereller Form zu verbessern.

Mehr ist nicht immer besser, weniger oft mehr

Heinrich Böll hat in einer kleinen Geschichte, der er den Titel *Der Wegwerfer* gab, den Angestellten eines Unternehmens beschrieben, dessen einzige Aufgabe war, zweimal am Tag die eingehende Post zu sichten und alles wegzuwerfen, was für die Organisation nicht von Bedeutung ist, nutzlose Arbeit verursacht und von den eigentlichen Aufgaben deshalb eher ablenkt. Auf diese Weise ersparte der „geübte Wegwerfer" seinem Unternehmen mit einer Stunde Sortiertätigkeit – neben anderen Effekten – täglich einhundert Stunden Arbeitsaufwand. Wie zuvor ausgeführt, stellt das Bestreben, möglichst viele Informationen zu erfassen, keine Erfolgsstrategie dar, hingegen kann eine bewusste Reduktion sogar zu positiven Effekten führen. Diese Reduktion kann einerseits dadurch erreicht werden, dass man eine bewusste Distanz zu den Medien aufbaut und auf diese Weise eine „kluge Unerreichbarkeit" sicherstellt.[44] Zum anderen kann man durch den Einbau von Filtersystemen Informationen gezielt von sich fernhalten – und das, was einen doch noch erreicht, sofern ein Nutzen nicht ohne weiteres erkennbar ist, möglichst schnell wegwerfen, sich also als „geübter Wegwerfer" im Böllschen Sinne betätigen.

[44] Siehe hierzu Meckel (2007: 27) sowie Stäheli (2007: 250).

Ersetzt werden könnte das exzessive, von festen Vorstellungen geleitete, auf bestimmte Merkmale fixierte Sammeln von Informationen auch durch so etwas wie die von Freud beschriebene „freischwebende Aufmerksamkeit", bei der man Entwicklungen in seiner Umwelt mit der Absicht verfolgt, panoramaartig Eindrücke zu sammeln und Zusammenhänge in ihrer Bedeutung zu verstehen. Wichtige Ansatzpunkte liefert auch das von Luhmann (1984) beschriebene Modell der „Beobachtung von Beobachtern", bei dem es (auch) darum geht, verdichtete Informationen zu erhalten. So macht es einen Unterschied, ob man als Anleger – wenn man z.B. auf der Suche nach einem geeigneten Fonds ist – das Verhalten von Fondsmanagern oder das von Dachfondsmanagern beobachtet, da letztere ja die Aufgabe haben, als „Beobachter von Beobachtern" – Luhmann bezeichnet dies als Beobachtung zweiter Ordnung – das Verhalten anderer Beobachter, der in Frage kommenden Fondsmanager, von einer übergeordneten Perspektive aus zu beobachten. Auf diese Weise erhält man quasi automatisch eine professionell durchgeführte, komprimierte Analyse der Qualität von Fondsmanagern, und damit auch wertvolle Hinweise, in welche Fonds man investieren könnte. Als Anleger in der Position eines „Beobachter von Beobachtern von Beobachtern" – dies ist dann eine Beobachtung dritter Ordnung – das Verhalten von relativ wenigen Dachfondsmanagern zu beobachten, ist außerdem zeitsparender als selbst die Ergebnisse einer großen Zahl von Fondsmanagern zu analysieren.[45]

Zahlenverständnis fördern

Häufig bewerten Anleger, da sie ein zu geringes Zahlenverständnis haben, Daten nicht richtig, und kommen dadurch zu fragwürdigen Schlussfolgerungen. Gigerenzer (2005: 309ff) hat ein dreistufiges Programm beschrieben, mit dem man das Zahlenverständnis fördern, und die Fähigkeit, „mit Risiken und Wahrscheinlichkeiten umzugehen", verbessern kann. In einem ersten Schritt sollte man lernend erkennen, dass „nahezu alle Ereignisse in der realen Welt mit Ungewissheiten verknüpft sind". Der zweite Schritt „umfasst die Bekämpfung sowohl innerer als auch äußerer Quellen der Unwissenheit". Hier gilt es zu lernen, wie man Risiken einschätzt, welche Ungewissheiten üblicherweise mit Schätzungen einhergehen, und wie man durch vernünftige

[45] Gleiches gilt für Organisationen, die die Aufgabe haben, die Entwicklung von Fonds bzw. von Fondsmanagern in professioneller Form zu beobachten und zu bewerten (z.B. Morningstar, Standard & Poor, Feri oder Sauren). Aufgabe wäre dann, die (Rating-)Organisation zu finden, deren Bewertungssystem die besten Schlüsse über die Qualität von Fonds oder Fondsmanagern ermöglicht.

Einschätzungen Risiken stärker reduziert. In einem dritten Schritt sollte man erkennen, wie die Art der Darstellung die Bewertung und das Verständnis von Daten beeinflusst – vor allem aber, wie man mittels Veränderung in der Darstellung Daten besser verstehen kann. „Das Herumprobieren mit Darstellungen" und das damit verbundene „Darstellungslernen" hilft uns, wie Gigerenzer sagt, „nicht nur dabei, die Zahlen zu verstehen (die Phänomene zu beschreiben), sondern erleichtert es uns auch, die richtigen Schlüsse aus den Zahlen zu ziehen".

Entwicklung von Medien- und Informationskompetenz

Heute zählt das, was man als Medien- und Informationskompetenz bezeichnet, zu den Schlüsselqualifikationen eines Anlegers. Unter „Medienkompetenz" versteht man hierbei die Fähigkeit, die unterschiedlichen Medien (Zeitungen, Zeitschriften, Bücher, Fernsehen, Internet etc.) sowie ihre Inhalte den eigenen Zielen und Bedürfnissen entsprechend zu nutzen.[46] Etwas enger und für unsere Zwecke präziser gefasst ist der Begriff „Informationskompetenz".[47] Er umfasst eine Reihe von Fähigkeiten, die dem Einzelnen einen zielorientierten, kompetenten und effizienten Umgang mit Informationen ermöglichen. Dies schließt – mit Bezug auf Anleger – vor allem das problembezogene Erkennen seines Informationsbedarfs, die Entwicklung von Suchstrategien, die Identifikation geeigneter Quellen und die Fähigkeit zur Aufbereitung, Analyse, Evaluation, Strukturierung, Bewertung und Weiterverarbeitung der erfassten Daten ein.

Kunst des Erinnerns – Kunst des Vergessens

Wichtig für das Wahrnehmen und Deuten ist, dass man sich an Vergangenes erinnern kann. Da aber das Gedächtnis nur eine begrenzte Aufnahmefähigkeit hat, benötigen wir neben der so wichtigen Kunst des Erinnerns, der ars memoriae, vor allem auch eine Kunst des Vergessens, eine ars oblivionalis.[48] Erinnern und Vergessen sind komplementäre Akte – und unser Gedächtnis hat die Aufgabe, Informationen danach zu unterscheiden, was zu speichern ist und was vergessen werden kann. Vergessen ist somit nicht als etwas Negatives oder als Verlust anzusehen, sondern, wie Luhmann

---

[46] Siehe hierzu Baacke (1997).
[47] Siehe hierzu Koechlin & Zwaan (1998) sowie Hapke (2007).
[48] Siehe hierzu Gigerenzer (2007: 30ff), Smith & Emrich (1996), Weinrich (1997) sowie Freuds *Notiz über den ‚Wunderblock'* (1975a).

(1997: 579f) sagt, als notwendige Voraussetzung des Lernens und der Evolution. Das Vergessen entlastet uns und macht frei, neue oder andere Informationen aufzunehmen. „Die Hauptfunktion des Gedächtnisses liegt", wie Luhmann sagt, „also im *Vergessen*, im Verhindern der Selbstblockierung des Systems durch ein Gerinnen der Resultate früherer Beobachtungen." Betrachtet man die Informationen, die ein Anleger typischerweise sammelt, wird vieles von dem, was er einmal erfahren hat, irgendwann obsolet, verliert an Bedeutung, Relevanz oder Sinn[49] – und sollte deshalb aus seinem Gedächtnis gelöscht werden. Problematisch hierbei ist aus psychologischer Sicht der Umgang mit besonders kritischen Ereignissen, bei denen zu unterscheiden ist in Ereignisse oder Dinge, die man vergessen sollte, und solche, die man auf keinen Fall vergessen darf.

Entwicklung einer zeitdiagnostischen Souveränität

Peter Sloterdijk (o.J.) hat in einem Vortrag die kognitiven Leistungen umrissen, die notwendig sind, um sich in einer ständig wandelnden Welt zu orientieren, in größeren Zusammenhängen zu handeln, und sich dabei – angesichts der Eskalation von Informationen – vor einer „deprimierenden Überlastung zu bewahren": somit eine Fähigkeit zu entwickeln, die er als „zeitdiagnostische Souveränität" bezeichnet. Bei der Erläuterung des Begriffs bezieht sich Sloterdijk unter anderem auf die vielfach zitierte These des Staatsrechtlers Carl Schmitt, nach der „souverän ist, wer über den Ausnahmezustand entscheidet". In einer Welt, in der die „Dialektik von Regel und Ausnahme" zunehmend außer Kraft gesetzt wird, setzt dies, wie Sloterdijk sagt, insbesondere voraus, dass Individuen lernen, in Normal- und Ausnahmezustände zu unterscheiden. In Bezug auf Anleger bedeutet dies, dass sie sich nicht von jeder Sensations-, Negativ- oder Positiv-Meldung der Wirtschaftsmedien in Unruhe versetzen lassen. Dass sie deren Berichte, Empfehlungen und Appelle mit einer freischwebenden Aufmerksamkeit begleiten, eigenverantwortlich und selbstbewusst entscheiden, welche Daten sie aufnehmen, wie sie diese interpretieren und welche Bedeutung bzw. Handlungsrelevanz sie ihnen zuordnen – und damit souverän festlegen, wann ein weiterführende Handlungen notwendig machender Ausnahmezustand vorliegt, und wann nicht.

---

[49] Dies betrifft vor allem die so genannten Tagesinformationen (Wertpapierkurse, Meldungen von Unternehmen, Charts, Expertentipps…).

7 Entscheiden und Handeln

In diesem Kapitel werden Themen behandelt, die mit dem Kauf und Verkauf von Wertpapieren in Beziehung stehen. Hierzu werden in Kapitel 7.1 einleitend die Grundlagen sowie einige Besonderheiten ökonomischer Entscheidungen beschrieben. In den Kapiteln 7.2 und 7.3 werde ich darstellen, wie Verstand und Gefühle bei der Entscheidungsfindung zusammenwirken, und welche Wirkungen Stress, Furcht, Panik und Angst auf die Handlungen von Anlegern haben. In Kapitel 7.4 beschreibe ich einige spezifische, auf Anleger bezogene Entscheidungs- und Handlungsproblematiken, in Kapitel 7.5 Ansätze zur Erklärung von Massenphänomenen. In Kapitel 7.6 werden Ansatzpunkte zur Verbesserung des Handelsverhaltens vorgestellt und in Kapitel 7.7 der Frage nachgegangen, wie brauchbar die Empfehlungen sind, die mit Hilfe von Börsensprüchen vermittelt werden.

7.1 Grundlagen und Besonderheiten ökonomischer Entscheidungen

Zur Entwicklung der Entscheidungstheorien

Mit dem Begriff „Entscheiden“ verbindet man in erster Linie ein mehr oder weniger überlegtes, abwägendes, zielorientiertes Handeln, bei dem mögliche Optionen unter Berücksichtigung ihres Wertes und der Wahrscheinlichkeit ihres Eintretens bewertet werden. In der Entscheidungsforschung werden Situationen untersucht, in denen sich eine Person zwischen mindestens zwei Optionen entscheiden muss, also eine Option gegenüber einer anderen präferiert. In diesem Zusammenhang wurden verschiedene Theorien entwickelt, die das Entscheidungsverhalten normativ beschreiben. Die bekanntesten sind die von John von Neumann & Oskar Morgenstern (1947) entwickelte Expected Utility Theory (Erwartungsnutzen-Theorie; kurz: EUT-Theorie) und die von Leonard Savage (1954) formulierte Subjective Expected Utility Theory (Theorie des subjektiv erwarteten Nutzens; kurz: SEU-Theorie). Beide Theorien setzen eine mathematische Bewertung von Nutzen- und Erwartungskriterien durch einen rational handelnden Entscheider voraus, der dann jeweils die Alternative bevorzugt, die den höchsten Nutzen verspricht. Wie in Kapitel 3 dargestellt, handeln Menschen im Alltag jedoch eher nach dem Prinzip einer „Bounded Rationality“, streben also zufrieden stellende Lösungen an, und ersetzen bei der Bewertung einen möglichen rechnerisch-ökonomischen Nutzen gerne durch die für sie jeweils bedeutsamen Effekte, die mit den zur Auswahl stehenden Möglichkeiten verbunden sind. Außerdem werden ihre Entscheidungen – wie insbesondere in den Experimenten der Behavioral Finance festgestellt wurde – durch unterschiedlichste Faktoren und Umstände, aber auch durch die Komplexität und Intransparenz der Situationen, in denen sie zu treffen sind, negativ beeinflusst.[1] Noch einen Schritt weiter gehen die Modelle einer ökologischen Rationalität, die Neurophysiologie und die Neuroökonomie, bei denen unter anderem die Wirkungen von Gefühlen, Stimmungen oder Emotionen auf wirtschaftliche Entscheidungen betrachtet werden. Die Entwicklung der Entscheidungstheorien ist somit gekennzeichnet von einer zunehmenden Entfernung vom Modell des Homo oeconomicus, und einer sich verstärkenden Hinwendung zu den Begrenzungen menschlicher Wahrnehmungs-, Entscheidungs- und Problemlösefähigkeit. Dies bedeutet, dass man bei der Betrachtung und Bewertung des Entscheidungs- bzw. Handelsverhaltens von Anlegern neben rationalen Aspekten zunehmend Limitierungen bei der Aufnahme und Deutung von Daten, Framingeffekte, Entscheidungsanomalien, vor allem aber auch Gefühle, Stimmungen sowie Emotionen berücksichtigt.

Maximierer vs. Satisficer

Menschen lassen sich danach unterscheiden, in welcher Form, mit welchen Intentionen und mit welchem Aufwand sie ihre Ziele anstreben. Barry Schwartz (2006: 87ff) beschreibt mit dem „Maximierer“ und dem „Satisficer“ zwei Entscheidertypen, die die Endpunkte eines Kontinuums bilden. Der *Maximierer* ist stets auf der Suche nach dem Optimum. Um dies zu finden, sammelt er in aufwendiger Form Informationen, bildet hieraus eine Vielzahl von Alternativen und bewertet diese mit mathematischen

[1] Schaub (2006) beispielsweise beschreibt etwa 50 typische Fehler bei der Entscheidungsfindung, so z.B. den Planungsoptimismus, Fehler bei der Situationsanalyse und Schwerpunktbildung, die Überbewertung aktueller Motive, das thematische Vagabundieren, das Wunschdenken, das Durchwursteln oder das „ballistische Entscheidungsverhalten“ (funktioniert nach dem Motto: fire and forget).

Verfahren. Ein *Satisficer*[2] hingegen begnügt sich mit dem, was seiner Meinung nach „gut genug“ ist. Er besitzt durchaus anspruchsvolle Ziele, Kriterien und Maßstäbe, erfüllt aber eine Alternative seine Vorstellungen, unternimmt er keine weiteren Anstrengungen zur Suche nach einer noch besseren. Der Unterschied zwischen den beiden besteht somit vor allem darin, dass der Satisficer relative Maßstäbe hat und sich mit dem aus seiner Sicht Ausgezeichneten zufrieden gibt, der Maximierer hingegen mit seinen absoluten Maßstäben stets das Beste anstrebt – weswegen er seine Suche nach der ultimativen Lösung selbst dann nicht aufgibt, wenn er eine Entscheidung gefällt hat. Betrachtet man das Ganze aus Effizienzgesichtspunkten, also im Vergleich von „Kosten“ (Zeitaufwand, psychische Belastungen) und erreichten Effekten, ist der Satisficer der wirkliche Maximierer, da er mit einem wesentlich geringeren Aufwand ein ihn zufrieden stellendes Ergebnis erreicht. In diesem Sinne liegt dieser Typologie eher eine Geisteshaltung als ein Effizienzkriterium zugrunde.

Natürlich sind wenige Menschen absolute Maximierer. Entscheidend ist jedoch, dass sie danach streben, dieses Ziel zu erreichen. Maximierer glauben an die Möglichkeit, durch immer komplexere Vorgehensweisen oder Methoden zu noch besseren Entscheidungen zu gelangen. Sie klammern sich hierbei an ein Wissen von gestern und versuchen auf diese Weise Nichtwissen in Wissen zu verwandeln, was mit erheblichen Unsicherheiten verbunden ist und Entscheidungen in eine völlig falsche Richtung lenken kann. Dem Satisficer ist diese Problematik bekannt. Er bemüht sich deshalb auch nicht, das jeweils Optimale zu finden, sondern gibt sich mit einer aus seiner Sicht guten Lösung zufrieden. Diese findet er auch nicht mit exzessiven Analysen, sondern mit einfachen, aber wirkungsvollen Faustregeln und Heuristiken. Ob man selbst eher ein Maximierer oder Satisficer ist, kann man beispielsweise anhand der von Schwartz entwickelten, 13 Fragen umfassenden „Maximierungs-Skala“ (2006: 90f) feststellen.

Die Art des Vorgehens hat nicht unerhebliche Auswirkungen auf die Befindlichkeit der Akteure. Insgesamt gesehen gewinnt der Maximierer, wie Schwartz (2006: 88ff) meint, weniger Zufriedenheit aus seiner Wahl als der Satisficer. In diesem Zusammenhang berichtet Schwartz von einer Studie in der festgestellt wurde, dass Menschen mit hohen Maximierungs-Werten sich weniger glücklich fühlten, weniger optimistisch waren, höhere Depressionswerte aufwiesen, häufiger zur Reue und zum

[2] Schwartz wählt den Begriff „Satisficer“ in Anlehnung an die Ausführungen von Herbert Simon zur „Bounded Rationality“ (siehe hierzu Kapitel 3.2).

Bedauern getroffener Entscheidungen neigten, insgesamt somit weniger Zufriedenheit in ihrem Leben empfanden. Einschränkend fügt er hinzu, dass in der Studie wohl Maximierung mit Unglücklichsein korreliert, dies aber nicht besagt, dass Maximierung Unglücklichsein verursacht.

Der Einsatz von Heuristiken

An dieser Stelle möchte ich nochmals auf die bereits angesprochenen Heuristiken zurückkommen, die Anlegern helfen, mit wenig Aufwand sinnvolle Entscheidungen treffen zu können, also im Sinne eines Satisficers zu handeln. Heuristiken und Faustregeln – auch als „Regeln des vernünftigen Mannes" bezeichnet – basieren auf Erfahrungen, Intuitionen, Empfindungen (beispielsweise das bekannte „Bauchgefühl") und Instinkten.[3] Sie sind schnell, weil mit ihnen ein Problem innerhalb kurzer Zeit gelöst werden kann, und sie sind einfach, weil man mit einer stark eingegrenzten Zahl von Informationen auskommt. Für Anleger bietet sich insbesondere der Einsatz von Rekognitions-, Take-the-Best- und Tallying-Heuristiken an:

(1) *Rekognitions-Heuristiken* können eingesetzt werden, wenn man eine Wahl zwischen verschiedenen Alternativen zu treffen hat, aber nur über ein stark eingeschränktes, partielles Wissen verfügt. Die Entscheidungsregel hierbei ist: Die wiedererkannte Alternative hat stets den höheren Wert. In diesem Sinne wäre also die Aktie eines dem Entscheider bekannten Unternehmens der Aktie eines Unternehmens vorzuziehen, von dem er noch nie gehört hat. Gigerenzer (2007: 37f) gibt hierzu folgendes Beispiel:

> Im Jahr 2000 veranstaltete das Wirtschaftsmagazin *Capital* ein Börsenspiel mit mehr als 10.000 Personen. Die Teilnehmer konnten aus einem zuvor festgelegten Kreis von 50 internationalen Aktien ihr individuelles Portfolio zusammenstellen. Die meisten Teilnehmer, darunter auch der Chefredakteur von *Capital*, bestückten ihr Portfolio auf der Grundlage umfangreicher Recherchen und unter Einsatz von Optimierungsmethoden. Das von Gigerenzer & Ortmann zusammengesetzte Portfolio beruhte nicht auf Expertenwissen und raffinierter Software, sondern auf dem Urteil von 100 zufällig befragten Berliner Straßenpassanten (50 Frauen und 50 Männer), die zumeist so wenig

[3] Siehe hierzu Gigerenzer (2004 und 2007), Gigerenzer & Gaissmaier (2006), Gigerenzer & Todd (1999) sowie Luhmann (1994).

von Aktien verstanden, dass viele von ihnen nicht einmal die Namen der zur Auswahl stehenden Titel kannten. Zusammengesetzt wurde das Portfolio dann aus den Aktien, die von den befragten Passanten am häufigsten wieder erkannt wurden. Das auf diese Weise zusammengesetzte Portfolio erzielte bessere Gewinne als 88 Prozent aller eingereichten Vorschläge und war auch wesentlich erfolgreicher als das vom *Capital*-Chefredakteur zusammengestellte. In einer zweiten Studie wurden die Ergebnisse von Frauen und Männern verglichen. Dabei erkannten die Frauen insgesamt weniger Aktien, doch das Portfolio, das von ihnen auf Grund der Bekanntheit zusammengestellt wurde, erzielte einen höheren Gewinn als das der Männer. In einem weiteren Experiment investierte Gigerenzer zum Beweis, dass er sich „selbst an das halte, was er predige", rund 50.000 Euro in ein Portfolio, das ebenfalls nach dem Prinzip der Namenswiedererkennung zusammengesetzt wurde, wobei die Auswahl auch hier eine schlecht informierte Passantengruppe traf. Nach sechs Monaten hatte dieses Portfolio um 47 Prozent zugelegt und schnitt damit besser ab als der Markt und viele von Finanzexperten gemanagte Fonds. „In diesen Studien", so fasst Gigerenzer seine Erfahrungen zusammen, „zahlte sich partielle Ignoranz gegenüber umfassendem Wissen aus. War das nun ein einmaliger Glücksfall, wie Finanzberater eilig einwandten? Da es keine narrensichere Investitionsstrategie gibt, wird die Namenswiedererkennung nicht immer den Sieg davon tragen. (...) Doch es gibt nur wenige Anhaltspunkte dafür, dass Berater besser prognostizieren können als der Zufall."

Wie in vielen anderen Fällen prallen auch in Bezug auf die Tauglichkeit von Rekognitions-Heuristiken unterschiedliche Meinungen aufeinander. So vertritt Peter Lynch, über viele Jahre erfolgreicher Manager des Fidelity Magellan Funds, eine ähnliche Position wie Gigerenzer. Von anderen Ratgebern hingegen werden „Kaufen, was man kennt"-Investitionen strikt abgelehnt und mit dem Begriff „Mere-Exposure-Effekt" negativ belegt.[4]

(2) Sind die in Frage kommenden Optionen bekannt, kann man für die Wahl zwischen Alternativen *Take the Best-Heuristiken* einsetzen. Hierzu bestimmt man zunächst ein wichtiges Kriterium, Attribut oder Merkmal (Cue) der zur Auswahl stehenden Objekte, und vergleicht dann die Werte der in Frage kommenden Alternativen bei diesem Cue. Die Entscheidungsregel ist: Man stoppt mit der Informations-

[4] Beim Mere-Exposure-Effekt hängt das Urteil davon ab, wie oft etwas gezeigt oder erwähnt worden ist. Positiv beurteilt werden Dinge oder Ereignisse, die zuvor häufig erwähnt wurden. Siehe hierzu Zweig (2007: 104ff).

suche wenn man eine Alternative gefunden hat, bei dem sich der Cue deutlich von den Werten der anderen Alternativen unterscheidet. Hätte man bei der Auswahl unter verschiedenen Fonds den Cue „Performance der letzten 3 Jahre" festgelegt, würde man – ohne weitere Kriterien zu prüfen – den Fonds wählen, der bei diesem Kriterium den höchsten Wert hat. Weisen die ermittelten Werte nur minimale Unterschiede auf, kann man in einem zweiten Durchgang einen weiteren Cue bestimmen, anhand dessen man dann seine Wahl trifft. Gigerenzer & Gaissmaier (2006) bezeichnen diese erweiterte Form der Take the Best-Methode als *Tallying-Heuristiken.* Wie Gigerenzer (2007) anhand von Beispielen zeigt, sind solche Heuristiken nicht nur einfach in der Anwendung, sondern ermöglichen in vielen Fällen auch zumindest gleich gute, häufig sogar bessere Ergebnisse als komplexe Auswahlprozesse mit elaborierten mathematischen Methoden.

Die Suche nach Dissonanzfreiheit

Kognitive Dissonanz (gedanklicher Missklang) entsteht, wenn zwei miteinander nicht vereinbare Gedanken, Erwartungen, Wünsche oder Absichten in Opposition zueinander stehen. Häufig treten solche Dissonanzen auf, wenn neue Erkenntnisse einer zuvor gebildeten Meinung oder früher getroffenen Entscheidungen widersprechen. Nach der Theorie der kognitiven Dissonanz versuchen Menschen solche Unstimmigkeiten, die sie als unangenehm empfinden, möglichst schnell zu beseitigen.[5] Dies kann beispielsweise dadurch geschehen, dass man dissonante Informationen, die gegen eine getroffene Entscheidung sprechen, ignoriert, abwertet oder umdeutet, konsonante Informationen hingegen, die eine getroffene Entscheidung im Nachhinein als sinnvoll erscheinen lassen, förmlich sucht. Die Theorie der kognitiven Dissonanz hat vor allem bei Anlageentscheidungen eine nicht unerhebliche Bedeutung, da vielfach versucht wird, vollzogene Handlungen im Nachhinein zu überprüfen und/oder mit alternativen Handlungsmöglichkeiten zu vergleichen. Stellt man hierbei fest, dass eine Entscheidung nicht optimal war, führt dies zu Reuegefühlen[6], zu Verzerrungen in der Wahrnehmung (ignorieren, abwerten und umdeuten von neuen Informationen) oder zum Versuch, getroffene Entscheidungen durch eine gegenläufige Handlung nachträglich zu revidieren und damit quasi ungeschehen zu machen.

[5] Siehe Wiswede (2007: 82ff).
[6] Siehe hierzu Zweig (2007: 211ff).

Treffen Frauen bessere Anlageentscheidungen?

Aussagen darüber, was Frauen oder Männer jeweils besser können, haben derzeit eine hohe Popularität. So findet man auch in der Wirtschaftspresse häufig Artikel in denen berichtet wird, dass Frauen die besseren Anlagestrategen sind, weniger Risiken eingehen, weniger auf Kredit zocken, weniger hektisch kaufen und verkaufen und außerdem mehr Geduld und Feingefühl in finanziellen Angelegenheiten zeigen. Bezugspunkt für diese Berichte ist zumeist eine von Barber & Odean (2001) durchgeführte Untersuchung, bei der die Entwicklung von 160.000 Aktiendepots über einen längeren Zeitraum analysiert wurde. Ein wichtiges Ergebnis dieser Studie war, dass häufiges Handeln die Rendite schmälert. Beim Vergleich von weiblichen und männlichen Depotinhabern wurde außerdem festgestellt, dass Männer 45 Prozent häufiger handelten als Frauen – was zur Folge hatte, dass die Rendite[7] der Männer um 1,4 Prozent niedriger war. Alleinstehende Männer handelten sogar 67 Prozent mehr; ihre Rendite lag 2,3 Prozent unterhalb der von alleinstehenden Frauen. Ursache für das häufigere Handeln der Männer war, wie Barber & Odean meinen, vor allem ein überzogenes Selbstvertrauen (Overconficence).

In einer jüngst von Niessen & Ruenzi (2007) durchgeführten Vergleichsanalyse des Anlageverhaltens von männlichen und weiblichen Fondsmanagern wurde festgestellt, dass Frauen Risiken stärker meiden, weniger extreme Anlagestrategien wählen, einmal gewählte Ziele dauerhafter verfolgen und deshalb ihre Depots auch nicht so häufig umschichten wie ihre männlichen Kollegen – wobei das vorsichtigere Anlageverhalten der Fondsmanagerinnen zum Teil auch darin begründet war, dass sie über kleinere Kapitalvolumina verfügten. Keinen Unterschied feststellen konnten sie hingegen bei der erreichten Performance. Hier streuten die Ergebnisse der Männer wohl stärker, waren aber nicht schlechter als die der Fondsmanagerinnen. Auch in einer von Jörg (2005) durchgeführten Befragung zum Investitionsverhalten Schweizer Akademiker[8] wurde festgestellt, dass sich Frauen risikoscheuer als Männer verhielten. Ergänzt man den Vergleich jedoch um die Kriterien Ziele, Wissen und Informationsverhalten, nivellieren sich die Unterschiede zwischen Männern und Frauen. Bedeutsamer als das Geschlecht scheinen bei der Beurteilung der Risikofreudig-

[7] Bewertet wurde hierbei die jährliche, risiko-adjustierte Nettorendite.

[8] Befragt wurden Personen aus den Berufsgruppen Medizin, Pädagogik, Pharmazie, Recht und Wirtschaft. In die Analyse eingeflossen sind 2.316 Fragebogen, die zu 49 Prozent von Frauen und 51 Prozent von Männern beantwortet wurden.

keit die Faktoren Ziele, Wissen, Interesse und Informationsverhalten zu sein. Wer sich z.B. für Geldanlagen interessierte und regelmäßig Informationen sammelte, legte sein Kapital – egal ob Mann oder Frau – risikoreicher an. Zu ähnlichen Erkenntnissen kommt Häusel (2001), der aufgrund empirischer Studien vermutet, dass finanzielle Entscheidungen nicht vom Geschlecht, sondern eher von den Motiv- und Persönlichkeitsstrukturen einer Person abhängen. Von Bedeutung sind hierbei, wie Häusel festgestellt hat, insbesondere die individuellen „Sicherheits- bzw. Stabilitäts-, Macht- sowie Reiz-/Risiko-Lust Dispositionen".

Beeinflussen Hormone unsere Entscheidungen?

Wie Angela Knight, Vorsitzende des Londoner Verbandes für Privatkunden-Investmentmanager einmal gesagt haben soll, „investieren Frauen mit dem Kopf, Männer mit Testosteron". Dass dieses Bonmot nicht ganz unbegründet zu sein scheint, zeigen jüngst durchgeführte Untersuchungen. Coates & Herbert (2008), zwei Neurowissenschaftler der Universität Cambridge, haben 17 Londoner Börsianer über acht aufeinander folgende Arbeitstage begleitet und hierbei den Einfluss des Hormonsystems auf ihre Handelsaktivitäten untersucht.[9] Jeweils vor und nach dem Tageshauptgeschehen wurden den untersuchten Personen Speichelproben entnommen, die sie auf Mengen des Stresshormons Cortisol und auf Testosteron analysierten. Beide Hormone gehören zur Klasse der Steroide, die sich auf die Stimmung und die Entscheidungsfindung auswirken. Die festgestellten Hormonmengen verglichen sie mit den täglich erwirtschafteten Gewinnen und Verlusten der Börsianer. Die Personen, die am Morgen einen hohen *Testosteron*-Spiegel hatten, erzielten an diesem Tag auch überdurchschnittliche Gewinne. Grund hierfür – so die Vermutung – ist der „Gewinner-Effekt", nach dem Personen mit einem hohen Testosteronspiegel ein höheres Selbstvertrauen sowie eine stärkere Lust auf das Eingehen von Risiken entwickeln. Übersteigt der Testosteronwert jedoch einen kritischen Bereich, wie dies z.B. bei sich bildenden Spekulationsblasen der Fall ist, kann dies auch nachteilige Effekte haben: Anleger dazu verführen, Risiken zu unterschätzen, Euphorie und Sensationslust auslösen und die Lust auf Risiko obsessiv werden lassen. Insbesondere in Zeiten verstärkter Volatilitäten stellten Coates & Herbert auch wechselnde Mengen von *Cortisol* bei den Teilnehmern fest. Cortisol schärft die Aufmerksamkeit zur Wahr-

[9] Siehe hierzu in zusammenfassender Form University of Cambridge (2008) sowie Palmer (2008).

nehmung von Stimmungsumschwüngen und zur Erfassung negativer Entwicklungen, dämpft gleichzeitig aber auch die Lust auf das Eingehen von Risiken. Auch hier können sich, wenn die Ausschüttung zu lange andauert, negative Effekte einstellen, wobei dies, wie Palmer (2008) meint, im Extrem zu einer gelernten Hilflosigkeit führen kann. Journalisten sehen anhand dieser Untersuchungsergebnisse schon neue Zeiten im Börsengeschehen heraufziehen. Coates & Herbert hingegen sind etwas vorsichtiger: einerseits sind sie auf Grund ihrer bisherigen Erkenntnisse sicher, dass Hormone einen Einfluss auf Entscheidungen haben; andererseits stellen sie aber auch fest, dass man angesichts des geringen Umfangs bisheriger Analysen die Zusammenhänge noch wesentlich tiefer untersuchen muss.

7.2 Der Einfluss von Gefühlen, Stimmungen und Emotionen

Aktualität und Bedeutung von Gefühlen

Gefühle sind „in". Sie sind, wie Antonio Damasio (2003) sagt, „derzeit eines der heißesten Themen in der Neurowissenschaft" – wobei die Neurowissenschaften wiederum eines der heißesten Themen in der Wissenschaftslandschaft sind. War es in der Vergangenheit erstrebenswert möglichst „cool"[10] zu sein, also seine Gefühle im Sinne der Apatheia zu beherrschen, geht es heute vor allem darum, Ratio und Gefühle, wenn man sie schon nicht ausschließen kann, im Sinne eines „emotional cool" gut ausbalancieren zu können. Eva Illouz (2007) beschreibt in *Gefühle in Zeiten des Kapitalismus* wie sich heutzutage ökonomische und emotionale Diskurse und Praktiken gegenseitig durchdringen: dass man einerseits wohl erkennt, wie bedeutsam Gefühle für unsere ökonomischen Handlungen sind, andererseits aber fordert, dass man nach rationalen Prinzipien handelt und dabei auftauchende Gefühle möglichst gut in den Griff bekommt. Techniken hierzu werden vor allem in den Kursen zum Selbstmanagement und der Ratgeberliteratur vermittelt. So findet man auch in den

[10] Siehe hierzu Bröckling et al. (2004), Lethen (1994) sowie Poschardt (2000). Für Bröckling et al. (2004: 41f) beschreibt „Cool" „ein spezifisches Verhältnis zur Arbeit und zur Warenwelt, den souveränen Einsatz des Selbst als Produktivkraft, die Kompetenz im Konsum von Marken und Moden". Jemand der „cool" ist, ist „ökonomisch effizient", „hat seine Gefühle im Griff, handelt kontrolliert", und bildet damit ein Gegenbild „zur Kultur der Betroffenheit". Poschardt (2000: 11) definiert „Cool" wie folgt: „‚Cool' sein heißt, nicht verführt werden können, wenn man es nicht will. Es heißt, nicht verletzt werden können, wenn man es nicht will".

Veröffentlichungen für Anleger immer wieder Hinweise auf die negativen Wirkungen von Gefühlen und Emotionen, verbunden mit der Forderung, diese zu unterdrücken. Aus diesem Grund gehen auch Fonds dazu über, Fondsmanager durch quantitative Programme (Quants) zu ersetzen, bei denen Investitionsentscheidungen ausschließlich nach sachorientiert-rationalen Kriterien von Computerprogrammen getroffen werden. Da in jüngerer Zeit selbst kleinere Kurseinbrüche übermäßig hohe Verluste bei diesen Quant-Fonds verursachten, versucht man nun das einzuschließen, was man eigentlich ausschließen wollte: die Programme so zu erweitern, dass sie neben den üblichen Finanzdaten auch die aus der Behavioral Finance bekannten „menschlichen Schwächen" berücksichtigen.[11]

Gefühle • Affekte • Emotionen • Stimmungen • Empfindungen

Wenn man sich mit dem Thema „Gefühle" etwas näher beschäftigt, fangen die Schwierigkeiten schon bei den Begriffen an. So setzt man die Begriffe „Gefühl", „Affekt", „Emotionen", „Stimmungen" und „Empfindungen", die jeweils Ähnliches bezeichnen, nicht nur in der Alltagssprache, sondern auch in den Wissenschaften zumeist relativ unpräzise, „mehr nach Gefühl" ein. Auch wenn man sich in der Psychologie, Soziobiologie, Neurologie und Philosophie seit einiger Zeit verstärkt mit Gefühlen beschäftigt, beginnt sich die Begriffsverwendung erst langsam zu vereinheitlichen. Unter dem Oberbegriff „Gefühle" differenziert man heute üblicherweise folgende Empfindungen:[12]

(1) Bei den *Gefühlen im engeren Sinne*, hierunter fallen z.B. Vertrauen, Heimweh, Liebe oder Weltschmerz, handelt es sich um länger andauernde Phänomene, die auch als Hintergrundgefühl, oder als Grundtönung bezeichnet werden. Sie stehen (zumeist) in keinem unmittelbaren Zusammenhang zu einem Erlebnis, einer Situation oder einem Objekt, sondern bauen sich über längere Zeiträume auf, was auch darauf hinweist, dass sie eine kognitive Komponente haben. Ein für Anleger typisches Gefühl im engeren Sinne ist beispielsweise das Vertrauen in die Märkte, das sich in länger anhaltenden Aufschwungphasen sukzessiv aufbaut. Eine Sonderform bilden die *erkennenden* bzw. *intuitiven Gefühle*, die sich in folgenden Äußerungen zeigen:

[11] Siehe hierzu Selbach (2007).
[12] Siehe hierzu im Detail Engelen (2007), Hartmann (2005), Hastedt (2005) und Wollheim (2001).

„Ich habe kein gutes Gefühl bei der Sache" oder „Mein Gefühl sagt mir, sei vorsichtig". Auch hier erkennt man einen Bezug zu Erinnerungen und kognitiven Prozessen.

(2) *Emotionen* zählen, im Gegensatz zu den Gefühlen, zu den Affekten, also Empfindungen, die sich der Kontrolle weitgehend entziehen. Sie sind schwer zu fassende Seelenregungen und bilden einen großen Teil dessen, was uns im Innersten bewegt. Auch wenn sie nicht das Resultat intellektueller Anstrengungen sind, können sie durchaus rational oder vernünftig sein. Typische Emotionen sind Furcht, Angst, Freude, Reue, Panik, Trauer oder Zorn. Sie zeigen sich als unmittelbare Reaktion auf Ereignisse oder Situationen, haben also in der Regel eine konkrete Ursache. So sind auch die Ängste von Anlegern zumeist nicht unbegründet oder gar irrational, haben sie doch ihre Ursache in vorausgegangenen Kurseinbrüchen. Emotionen umfassen neben dieser Bewertungskomponente auch eine Erregungskomponente, die sich z.B. an Schweißabsonderungen oder Herzfrequenzen messen lässt. Außerdem besitzen sie eine energetisch-motivationale Komponente, die Menschen zu Handlungen antreibt. Sind die auslösenden Reize verschwunden, legen sich auch die Emotionen. Im Gegensatz zu den Gefühlen sind sie deshalb zumeist nur von kürzerer Dauer.

(3) Auch *Stimmungen*, hierzu zählen z.B. Fröhlichkeit, Langeweile, Unlust oder Melancholie, fallen in den Bereich der affektiven Phänomene, sind aber merklich weniger intensiv als Emotionen. Stimmungen haben den Charakter von Tönungen: Sie können eine Ursache haben, sind aber eher ungreifbar und nicht auf etwas Konkretes hin gerichtet. So entwickelt sich bei Anlegern eine gewisse Unlust zur Investition vor allem dann, wenn Märkte sich über längere Zeiträume ohne erkennbare Tendenz seitwärts bewegen. Martin Heidegger (1984: 136) hat Stimmungen in *Sein und Zeit* in der ihm typischen Art wie folgt charakterisiert: „Die Stimmung überfällt. Sie kommt weder von ‚Außen' noch von ‚Innen', sondern steigt als Weise des In-der-Welt-Seins aus diesem selbst auf."

(4) Bei den *Empfindungen*, die ebenfalls den Affekten zuzuordnen sind, handelt es sich um das, was man auch als Körpergefühle bezeichnet. So empfinden wir beispielsweise Schmerzen, Wärme oder Kälte, Ekel oder ein Kribbeln im Bauch. Dass sich auch erfolgreiche Finanzprofis von Empfindungen leiten lassen, zeigen folgende Beispiele: George Soros hat seinem Sohn schon in jungen Jahren immer wieder zu erklären versucht, aus welchen vernunftorientierten Gründen er sich für welche

Transaktionen entschieden hat. Der Sohn hingegen beschreibt die Entscheidungsgrundlagen des Vaters wie folgt: „Der verändert seine Position im Markt stets, wenn er starke Schmerzen im Rücken bekommt.“[13] Peter Lynch meint, „dass es nicht der Kopf, sondern der Bauch sei, der über das Schicksal des Anlegers bestimmt“,[14] und John Maynard Keynes (2002: 137) stellte einmal fest, dass man „in der Schätzung der Aussichten einer Investition“ nicht nur die „Nerven und Hysterien“, sondern auch die „Verdauung“ der Verantwortlichen und deren „Wetterabhängigkeit“ berücksichtigen müsse.

Wie Hastedt (2005: 19f) vorschlägt, lässt sich die Typologie von Gefühlen in zwei konzentrischen Kreisen denken: In den inneren Kreis gehören die affektiven Phänomene, also die Emotionen, Stimmungen und Empfindungen, die den Kern der Gefühle ausmachen. Den äußeren Kreis bilden die Gefühle im engeren Sinne, sowie die erkennenden, intuitiven Gefühle, die auch mit anderen Bereichen in Verbindung stehen, insbesondere den bewussten Erinnerungen. Diese Typologie lässt schon erahnen, dass die unterschiedlichen Formen von Gefühlen das Erleben und Verhalten von Anlegern unterschiedlich beeinflussen.

Rationalität der Gefühle

Es gibt unterschiedliche Wege, sich mit Gefühlen in wissenschaftlicher Form zu beschäftigen.[15] So konzentrieren sich die physiologischen und soziobiologischen Theorien vorrangig auf angeborene, automatisierte bzw. evolutionär-umweltbezogene Emotionen, während bei den kognitiven Theorien die Beeinflussung von Einschätzungen oder Bewertungen durch Gefühle im Zentrum des Interesses stehen: beispielsweise die Frage, inwieweit Ängste, Wünsche oder körperliche Empfindungen die Wahrnehmung oder Entscheidungen von Anlegern beeinflussen. Der kognitive Ansatz stellt den Urteilscharakter von Emotionen in den Vordergrund und schreibt ihnen damit einen wahrheitsfähigen Erkenntnischarakter zu. Mit anderen Worten: Gefühle helfen uns, angemessene(re), sinnvolle(re) oder nützliche(re) Entscheidungen treffen zu können, weswegen de Sousa (1997), ein wichtiger Vertreter dieser Theorie, seiner Veröffentlichung den Titel *Die Rationalität des Gefühls* gegeben hat. Gefühle beeinflussen unser Erleben und Verhalten somit nicht nur in negati-

---

[13] Zitiert nach Traufetter (2007: 33).
[14] Zitiert nach Schellenberger (2000: 155).
[15] Siehe hierzu im Detail z.B. Engelen (2007: 11ff) sowie Hartmann (2005: 38ff).

ver Weise, sondern auch positiv. Gefühle können blockieren, handlungsunfähig machen, zerstören oder zur Raserei treiben, sie können uns aber auch helfen, mit den Unwägbarkeiten des Lebens besser fertig zu werden. Sie zeigen uns, was wir anstreben und was wir vermeiden sollten; sie motivieren uns zu Handlungen und helfen, in komplexen, untransparenten Situationen möglichst schnell sinnvolle Entscheidungen treffen zu können. Um dies zu erreichen, sind Gefühle mit kognitiven Komponenten wie Überzeugungen, Urteilen oder Bewertungen verbunden, wobei die kognitive Komponente ein wesentlicher Teil des Gefühls ist. Dies macht es dann auch möglich, Gefühle auf ihre Vernünftigkeit oder Angemessenheit hin zu befragen.

Erkenntnisse der Neurophysiologie und Neuroökonomie

Antonio Damasio und Gerhard Roth, zwei anerkannte Hirnforscher, verbinden die Erkenntnisse der Neurophysiologie mit den Erkenntnissen der Philosophie und Psychologie. Auch wenn sie wichtige Begriffe unterschiedlich definieren und die Prozesse im Hirn etwas anders beschreiben, sind beide doch der Meinung, dass Gefühle und Emotionen das Erleben und Verhalten der Menschen ganz erheblich beeinflussen.[16] Strittig scheint unter Fachleuten nur noch zu sein, inwieweit die Gefühle unser Verhalten und unsere Entscheidungen determinieren, also inwieweit wir in unseren wirtschaftlichen Entscheidungen frei und damit auch für diese verantwortlich sind. Das Spektrum der Meinungen hier ist breit, reicht einerseits von Forschern, die den Gefühlen wohl eine hohe, aber nicht dominante Bedeutung einräumen, bis hin zu Experten, die uns als weitgehend unfreie, von Gefühlen gesteuerte Wesen sehen.[17]

Auch in der Neuroökonomie, die sich insbesondere mit der Analyse ökonomischen Verhaltens beschäftigt, geht es vorrangig um die Frage, inwieweit Gefühle unser Handeln beeinflussen. Ihr Ziel ist es, wie Camerer, Loewenstein & Prelec (2005) sagen, die „black box" Hirn etwas zu öffnen, um dadurch die Gedanken und Gefühle, die unsere ökonomischen Entscheidungen lenken, „direkt messen" zu können. Die neuronalen Aktivitäten, die hierbei feststellbar sind, unterscheiden sie, wie in Abbildung 7.1 dargestellt, nach zwei Dimensionen innerhalb einer Vierfeldmatrix wie

[16] Siehe hierzu Damasio (1997 und 2005), Bechara & Damasio (2005) sowie Roth (2003 und 2007).

[17] So meint beispielsweise der Bielefelder Hirnforscher Hans Markowitsch (2007): „Unser Handeln ist durch die Verschaltungen in unserem Gehirn determiniert. (...) Der freie Wille ist eine Illusion." Siehe hierzu auch den von Geyer (2004) herausgegeben Sammelband zum Thema *Hirnforschung und Willensfreiheit* sowie Nassehi (2008).

folgt[18]: (1) *Kognitiv*: Hierbei handelt es sich um Aktivitäten, die zu spezifischen Erkenntnissen führen, z.B. was man anstrebt oder ob etwas wahr oder falsch ist (typisch hierfür sind Urteile, Absichten und Erkenntnisse); (2) *Affektiv*: Hierunter fallen Aktivitäten, die sich in Emotionen (Angst, Freude), Stimmungen (Fröhlichkeit, Unlust), oder körperlichen Empfindungen (Schmerz, Kribbeln im Bauch) äußern; (3) *Kontrollierte Prozesse*: Sie sind dem Individuum bewusst, verlaufen nacheinander, erfordern eine gewisse Anstrengung und sind einer Analyse zugänglich; (4) *Automatische Prozesse*: Sie sind dem Individuum nicht bewusst, verlaufen parallel, ohne Anstrengung und sind einer Analyse nicht bzw. nur bedingt zugänglich.

Vierfeldmatrix neuronaler Aktivitäten und Prozesse	(1) **Kognitiv**	(2) **Affektiv**
(3) **Kontrollierte Prozesse**: - seriell - anstrengend - bewusst - introspektiv - guter Zugang	I Gebiet der Standardökonomie	II Gebiet der „darstellenden Künste"...
(4) **Automatische Prozesse**: - parallel - ohne Anstrengung - reflexiv - kein introspektiver Zugang	III Sehen, Sprechen, körperliche Bewegungen...	IV Gebiet der verhaltensorientierten Analyse

Abbildung 7.1: Vierfeldmatrix neuronaler Prozesse nach Camerer et al.

In Kombination dieser Kriterien bilden Camerer et al. (2005: 19ff) vier Analysefelder (Felder I bis IV), wobei menschliches Verhalten zumeist das Resultat einer Interaktion aller vier Felder ist. Für Ökonomen interessant sind insbesondere die Felder I und IV: Feld I beinhaltet das, was in der Ökonomie als rationales Entscheiden und Verhalten bezeichnet wird; Feld IV hingegen ist das Feld der Emotionen, Stimmun-

[18] Camerer et al. (2005: 15ff) greifen bei der inhaltlichen Ausgestaltung der Matrix, wie sie sagen, insbesondere auf die Erkenntnisse von Kahneman, Damasio und Gollwitzer zurück. Siehe hierzu auch Lehmann-Waffenschmidt et al. (2007).

gen und Empfindungen, das aus neuroökonomischer Sicht auch am interessantesten erscheint. Aus neuroökonomischer Sicht besonders bedeutsam ist die Verknüpfung der kognitiv-rationalen Erwägungen (Feld I), die im präfrontalen Cortex ablaufen, mit den Emotionen, Stimmungen und Empfindungen (Feld IV), die im limbischen System beheimatet sind. Ohne diese Verknüpfung ist der Mensch, laut Damasio (1997), wie gelähmt.

Das Zusammenspiel von Verstand und Gefühlen[19]

Der Zweck des Denkens ist, wie Damasio sagt, das Entscheiden, und jede Entscheidung basiert auf Gefühlen und Emotionen. Deshalb gibt es, wie Roth meint, auch keine rein rationalen Entscheidungen, höchstens „rein rationale Abwägungen". Entscheidungen brauchen einen emotionalen Anstoß. Aus purem Verstand heraus könne der Mensch nicht sinnvoll handeln – und ein Mangel an Gefühlen kann eine genauso wichtige Ursache für irrationales Verhalten sein wie ein Zuviel an Gefühl. Verstand und Gefühle bilden somit kein Gegensatzpaar; sie arbeiten nicht gegeneinander, sondern miteinander – zumeist zuverlässig, mitunter aber auch nicht. Das Zusammenwirken von Verstand und Gefühlen bei der Entscheidungsfindung kann, wie Damasio dies beschreibt, auf zwei Arten stattfinden: (1) Stehen Entscheidungen an, werden bei der *semi-intuitiven* Art die zur Verfügung stehenden objektiven Daten im präfrontalen Cortex, ohne dass uns dies bewusst wird, mit früheren Erfahrungen und Gefühlen abgeglichen und ergänzt. So werden beispielsweise bei der Entscheidung, welchen Fonds man wählen soll, die objektiven Daten zur Performance und zur Volatilität um die Erfahrungen und Gefühle erweitert, die man mit dieser Art Fonds oder den jeweiligen Anbietern hatte. Das Ergebnis der Wahl ist eine Mischung aus rational-verstandesmäßigen Überlegungen, Erfahrungen und Gefühlen – und sollte, wie Roth sagt, für den Entscheider vor allem „emotional akzeptabel" sein. Die Gefühle bilden dabei ein „automatisches Warnsignal", das im negativen Fall auf mögli-

[19] Die folgenden Ausführungen beziehen sich auf die Veröffentlichungen von Damasio (1997) und von Roth (2003 und 2007). Rainer Maria Rilke hat in einem kleinen Gedicht das geheimnisvolle Zusammenwirken von „Geist" und „Gefühl", und die Bedeutung, die Gefühle hierbei haben, aus einer anderen Perspektive wie folgt beschrieben: „Was unser Geist der Wirrnis abgewinnt, / kommt irgendwann Lebendigem zugute; / wenn es auch manchmal nur Gedanken sind, / sie lösen sich in jenem großen Blute, / das weiterrinnt.... // Und ists Gefühl: wer weiß, wie weit es reicht / und was es in dem reinen Raum ergibt, / in dem ein kleines Mehr von schwer und leicht / Welten bewegt und einen Stern verschiebt."

che Gefahren hinweist, im positiven Fall das Begehren vergrößert, und der präfrontale Cortex einen „Horchposten", der die mit den Alternativen verbundenen Vorstellungsbilder anhand der ihnen anhaftenden Emotionen überprüft. (2) Bei der zweiten Art, der *rein-intuitiven*, werden Entscheidungen vollkommen unbewusst getroffen. Typisch hierfür sind die so genannten Bauchentscheidungen. Das emotionale Signal ist dabei so stark, dass es die Aufmerksamkeit und die Entscheidungsfindung vollkommen lenkt. Dies wäre beispielsweise der Fall, wenn die Entscheidung über den Verkauf von Aktien ausschließlich von der Angst vor einem möglichen Kurseinbruch bestimmt wird.

Da die emotionalen Signale körperbezogen sind, bezeichnet Damasio sie als „somatische Marker". Um die Theorie der somatischen Marker zu beweisen, führte er zusammen mit Antoine Bechara mehrere Experimente durch. Eines davon ist das so genannte Glückspielexperiment, das die Funktionsweise und Wirkungen des ventromedialen präfrontalen Cortex veranschaulicht.[20]

> Das Glückspielexperiment wurde zu Vergleichszwecken mit gesunden Personen und Personen mit einer Schädigung des ventromedialen präfrontalen Cortex, der unter anderem zuständig ist für die Risikoabschätzung und die Bewertung von Gewinnen und Verlusten, durchgeführt. Jeder Teilnehmer erhielt zu Beginn ein Darlehen von 2.000 US-Dollar. Ziel des Spiels war, das Startkapital zu vermehren. Die Versuchspersonen saßen dabei an einem Tisch; vor ihnen lagen vier Stapel mit verschiedenfarbigen Spielkarten, nachfolgend A, B, C und D genannt. Das Spiel selbst bestand darin, so lange von einem der vier Stapel jeweils eine Karte umzudrehen, bis der Versuchsleiter – nach maximal 100 Zügen – das Spiel beendete. Ferner wurden die Teilnehmer darüber informiert, dass sie mit jeder Karte, die sie umdrehten, Geld verdienen, aber auch verlieren können. Nahmen sie eine Karte von den Stapeln A oder B, gewannen sie zu Beginn jeweils 100 Dollar, während das Aufnehmen einer Karte von Stapel C oder D nur 50 Dollar Gewinn einbrachte. Nach einer bestimmten Anzahl von Karten brachte das Aufnehmen vom Stapel A oder B auch Verluste, die bis zu 1250 Dollar gehen konnten. Auch bei der Aufnahme von Karten aus den Stapeln C und D kam es dann zu Verlusten, die jedoch im Durchschnitt weniger als 100 Dollar betrugen. Langfristig führten somit Karten der Stapel C und D zu Gewinnen, während die aus den Stapeln A und B größere Verluste verursachten.

[20] Siehe hierzu Damasio (1997: 285ff) sowie Bechara & Damasio (2005: 344ff).

> Gesunde wie geschädigte Teilnehmer zeigten zu Beginn des Experiments eine Vorliebe für die Stapel A und B, bei denen man mehr gewinnen konnte. Während der ersten 30 Karten wechselten die nicht geschädigten Teilnehmer – wegen der erkennbar hohen Verluste – zu den Stapeln C und D, und hielten in der Mehrzahl der Fälle auch bis zum Ende des Experiments an dieser Strategie fest. Teilnehmer mit einer Schädigung des präfrontalen Cortex hingegen drehten immer mehr Karten der Stapel A und B um. Trotz hoher Verluste blieben sie bei ihrer Vorliebe für diese Stapel, so dass sie schon nach halber Spieldauer ihr Startkapital verspielt hatten und zusätzliche Darlehen aufnehmen mussten. Eingetretene Verluste führten, wie Damasio schlussfolgert, bei den Teilnehmern mit einer Schädigung des ventromedialen präfrontalen Cortex nicht zur Bildung somatischer Marker, und ermöglichten diesen nicht das Erkennen nachteiliger Handlungsalternativen. Die gesunden Teilnehmer hingegen lernten, beeinflusst von ihren somatischen Markern, negative Effekte allmählich zu erkennen und in der Folge darauf auch zielorientiert zu reagieren.
>
> In Folgeexperimenten, bei denen zusätzlich auch die Hautleitfähigkeit der Teilnehmer im Verlauf der Experimente gemessen wurde, zeigten sich, nachdem bei den ersten beiden Stapeln vermehrt Karten mit hohen Verlusten umgedreht wurden, bei den gesunden Teilnehmern interessante Veränderungen. Unmittelbar vor der Auswahl einer Karte aus den Stapeln A und B – das heißt, während sie noch überlegten, ob sie eine Karte aus diesen Stapeln nehmen sollten – begannen ihre Handflächen zu schwitzen und sie griffen intuitiv zu den Karten der Stapel C und D. Damasio interpretiert dies so: „Die Gehirne normaler Versuchspersonen lernten allmählich ein schlechtes Ergebnis vorherzusagen und signalisierten die relative Nachteiligkeit des betreffenden Stapels, bevor tatsächlich eine Karte umgedreht wurde." Erst etwa zehn Karten später wurde dies den Teilnehmern auch bewusst, und sie konnten erklären, welche die guten und welche die schlechten Stapel waren.

Interessant hierbei ist, dass Gefühle bewusste Entscheidungen nicht nur beeinflussen, sondern diesen auch vorauseilen. Dies führt dann dazu, dass man intuitiv Entscheidungen trifft, deren Gründe einem erst später bewusst werden.

Bauchgefühl und Intuition

Seit einiger Zeit wird in Zeitschriften und der Ratgeberliteratur verstärkt darauf hingewiesen, bei Entscheidungen (auch) auf seine Gefühlen zu achten: auf seinen „Bauch" zu hören oder seinen Intuitionen zu vertrauen. Damasio (1997: 256) bezeichnet Intuition „als geheimnisvollen Mechanismus, mit dessen Hilfe wir zur Lösung eines Problems gelangen, ohne darüber nachzudenken". Gerhard Roth (2007) setzt die Begriffe „Bauchgefühl" und „Intuition" relativ frei ein, ohne sie inhaltlich näher zu bestimmen oder voneinander abzugrenzen. Auch Gigerenzer (2007: 25) unterscheidet nicht zwischen Baugefühl und Intuition. Beide Begriffe bezeichnen, wie er ausführt, ein Urteil, das „1. rasch im Bewusstsein auftaucht, 2. dessen tiefere Gründe uns nicht ganz bewusst sind und 3. das stark genug ist, um danach zu handeln". Bauchentscheidungen und intuitive Entscheidungen sind somit Urteile, die sich weitgehend unbewusst bilden und vorrangig durch Gefühle, Emotionen und Erfahrungen bestimmt sind, weswegen Gladwell (2005: 17ff) sie als „adaptiv Unbewusstes" bezeichnet. Wie Gigerenzer (2007: 26) sagt, besteht das Bauchgefühl aus zwei Elementen: zum einen aus einer einfachen Faustregel, die es andererseits aber auch versteht, sich die evolvierten Fähigkeiten des Gehirns zunutze zu machen. Die Faustregel ermöglicht rasches Entscheiden; die Fähigkeit des Gehirns besteht vor allem darin, Objekte oder Vorgänge schnell zu erkennen, zu bewerten und sich in diesem Prozess lernend weiter zu entwickeln.

Bauchentscheidungen und intuitives Handeln bieten sich an, wenn man unter Zeitdruck steht, wenn die Thematik komplex, Anfangs- und Randbedingungen unklar, sowie zukünftige Entwicklungen und Risiken nicht einschätzbar sind: Kriterien, die in vielen Fällen auch auf die Anlage von Kapital zutreffen. Wichtig ist jedoch, dass man die „Intelligenz des Unbewussten" gezielt nutzt: Faustregeln sinnvoll einsetzt und die Fallstricke intuitiver Entscheidungen umgeht. Dies sind zum einen die in der Behavioral Finance beschriebenen Probleme bei der Situationseinschätzung (z.B. Anker- und Framing-Effekte) und der Entscheidungsfindung (z.B. eine Risikoaversion); zum anderen, dass man mit Stress, Furcht und Angstgefühlen etwas bewusster umgeht.

Strategie des unbewussten Entscheidens

Dijksterhuis et al. (2006) haben in *Science* eine viel beachtete Studie über Experimente zur Strategie des „unbewussten Entscheidens" veröffentlicht.[21] In den ersten beiden Experimenten sollten die Testpersonen zwischen vier hypothetischen Autos eine Auswahl treffen. Lagen der Entscheidung lediglich vier Merkmale zugrunde (einfache Entscheidungssituation), trafen diejenigen die beste Entscheidung, die

---

[21] Siehe hierzu auch Dijksterhuis et al. (o.J.) sowie Traufetter (2007 und 2007a).

bewusst, intensiv und in rationaler Form darüber nachdachten. Lagen der Entscheidung zwölf Merkmale zugrunde (komplexe Entscheidungssituation), schnitten diejenigen besser ab, die vom Versuchsleiter im Experiment gezielt abgelenkt wurden und somit eine eher intuitive Entscheidung treffen mussten. In zwei anderen Experimenten wurden die Teilnehmer gefragt, wie zufrieden sie mit ihren Kaufentscheidungen waren. Handelte es sich um einfache Produkte, wie zum Beispiel Zahnpasta oder Schuhe, waren sie zufriedener, wenn sie zuvor bewusst über ihre Entscheidung nachgedacht hatten. Bei teureren Produkten hingegen waren diejenigen zufriedener, die eher gefühlsmäßig entschieden. Dijksterhuis und seine Kollegen schlossen daraus, dass es bei wenig komplexen Entscheidungen zumeist besser sein wird, gründlich nachzudenken, wobei in komplexen Situationen hingegen eher intuitive Entscheidungen von Vorteil zu sein dürften. Eine Ursache für dieses zunächst irritierende Ergebnis könnte sein, dass der menschliche Verstand – wie auch in anderen Untersuchungen festgestellt wurde[22] – schon bei mäßig komplexen Entscheidungen Tendenzen einer Überforderung zeigt, ein andere, dass das Unbewusste über eine größere Datenverarbeitungskapazität verfügt. Fraglich ist, ob diese Erkenntnisse, die ja vor allem in Experimenten zur Auswahl von Konsumgütern gewonnen wurden, auf Entscheidungen, die bei der Anlage von Kapital zu treffen sind, übertragen werden können. Auch wenn man hier Zweifel hegt bleibt die Erkenntnis, dass es durchaus sinnvoll sein kann, wenn Anleger (auch) bei komplexen Entscheidungen auf ihre Gefühle hören – eine Feststellung, die sich im Übrigen mit den Empfehlungen zur Ermittlung der Risikobereitschaft und den Prinzipien der Behavioral Portfolio Theory[23] deckt.

7.3 Starke Gefühle: Stress, Furcht, Panik, Angst und Trauer

Vor kurzem ereignete sich mal wieder das, was Anleger am meisten fürchten: ein Crash. Nachdem der DAX Anfang des Jahres 2008 innerhalb von drei Wochen 20 Prozent, der Tec-DAX sogar 28 Prozent einbüßte, berichtete die *Süddeutsche Zeitung* am 22.01.2008 – einen Tag nach dem höchsten Tagesverlust des DAX seit dem 11. 09. 2001 – auf Seite 1 von „nackter Panik", „Furcht" und „Ängsten" bei Anlegern. Die daraufhin folgenden Empfehlungen deckten alle Möglichkeiten ab: Während

[22] Siehe hierzu die Zusammenfassung von Untersuchungen durch Dörner (2007) über Entscheidungsprobleme in komplexen, vernetzten und dynamischen Handlungssituationen.
[23] Siehe hierzu die Ausführungen in den Kapiteln 4.6 und 5.4.

ZDF-Börsenexperte Franz Zink den Verkauf von Aktien empfahl, meinte Martin Weber (2008), Professor für Bankbetriebslehre, in der *Zeit*: „Die Anleger sollten statt des Aktienteils in der Zeitung ein wenig Feuilleton lesen." Da in Crash-Situationen höchste Unsicherheit herrscht und nirgends eindeutige Zeichen erkennbar sind, was getan werden soll, sind sie Ursache erheblicher psychischer Belastungen – erzeugen die von Gerhard Roth (2003) sogenannten „starken Gefühle": Stress, Panik, Furcht und Angst. Dies gilt nicht nur für Kleinanleger, sondern auch für Broker und Fondsmanager. Auch letztere leiden in Börsenkrisen unter Dauerstress, der zu dauerhaften Angstzuständen, Burnout und Depressionen führen kann.[24] So zeigten sich bei einer von Alden Cass in den USA jüngst durchgeführten Untersuchung bei Brokern erhebliche Gefühlssprünge in Zeiten stark volatiler Märkte: 61 Prozent zeigte Symptome einer klinischen Depression, ein Viertel litt gar unter schweren Depressionen, wobei diese Quote dreimal so hoch ist wie bei Durchschnittsamerikanern.

Die Stresstheorien von Lazarus und Hobfoll

Ich stelle nachfolgend zwei Stresstheorien vor, die insbesondere die mit der Anlage von Kapital in Verbindung stehenden Stressreaktionen erhellen können. Nach der *kognitiv-transaktionalen Stresstheorie* von Lazarus[25] entwickelt sich psychologischer Stress aus der Interaktion eines Individuums mit der Umwelt. Im Mittelpunkt steht hierbei die subjektive Bewertung einer spezifischen Situation oder eines Ereignisses durch eine Person, die, wie Lazarus darstellt, in drei Phasen abläuft: Bei einer primären Situationsbewertung (Phase 1) wird zunächst einmal festgestellt, ob die aktuellen Ereignisse mit einer *Bedrohung* (zum Beispiel einem bereits eingetretenen bzw. zukünftig eintretenden Verlust), oder mit einer positiv zu wertenden *Herausforderung* verbunden sind. Im Falle einer Bedrohung entwickelt das Individuum Angst, bei einem bereits eingetretenen Verlust Ärger, Wut oder Verzweiflung, bei einer Herausforderung hingegen ein eher positives emotionales Empfinden. In der folgenden sekundären Bewertung (Phase 2) wird geprüft, inwieweit die eigenen Fähigkeiten ausreichen, die Situation zu bewältigen. Ist dies nicht der Fall entsteht Stress. Empfängt man in der Folge neue Erkenntnisse über die Umwelt oder über die eigenen Bewältigungsfähigkeiten, führt dies (Phase 3) zu einer Neubewertung der Situa-

[24] Siehe hierzu den Bericht von Pitzke (2007), dem auch die folgenden Daten entnommen wurden, sowie Oldag (2008).
[25] Siehe Lazarus & Folkman (1984), Bamberger (2007) und Tausch (2006).

tion. Welche Gefühle man in einer schwierigen Situation entwickelt, hängt somit weitgehend von einem selbst ab: Von der subjektiven Bewertung eines Ereignisses und der Einschätzung eigener Bewältigungsfähigkeiten, bei der man einerseits auf Erwartungen und Sollwerte, andererseits auf Erinnerungen, Erfahrungen und Gefühle zurückgreift. Drohende oder bereits eingetretene Verluste werden somit bei vielen Menschen belastende Gefühle in der Form von Spannungen, Stress, Furcht oder Angst auslösen, wobei diese, im Vergleich von Individuum zu Individuum, unterschiedlich stark ausgeprägt sind. Außerdem können sich in solchen Situationen körperliche Symptome z.B. in Form von Appetit- und Schlaflosigkeit, Verstopfung und Durchfall oder Kopf-, Bauch- und Rückenschmerzen bemerkbar machen.

Bei der von Hobfoll entwickelten *Conservation of Resources Theory*[26] (Theorie der Ressourcenerhaltung; kurz: COR-Theorie) steht nicht die von Lazarus postulierte Diskrepanz von Umweltanforderungen und Bewältigungsfähigkeiten im Zentrum, sondern das generelle Streben nach Erhalt von Ressourcen. Hobfoll geht davon aus, dass Menschen primär dazu neigen, die eigenen Ressourcen zu schützen und neue aufzubauen. Stress tritt auf, wenn ein Ressourcenverlust droht, eingetreten ist oder beim Versuch, Ressourcen zu vermehren, kein angemessener Gewinn erzielt wird. Hobfoll gliedert die Ressourcen in vier Bereiche: (1) Objektressourcen (Haus, Auto und andere Vermögensgegenstände), (2) Bedingungsressourcen (berufliche Position, Gesundheit...), (3) persönliche Ressourcen (Fähigkeiten und Eigenschaften der Person) sowie (4) Energieressourcen (Geld, Zeit und Wissen). Das erste Prinzip der COR-Theorie sagt, dass Ressourcenverluste eine stärkere Wirkung haben als Ressourcengewinne, wobei den größten Stress der Wertverlust erzeugt, den man erleidet, und nicht das Ereignis, das zu diesem führt (z.B. der Kurseinbruch an Börsen). Das zweite Prinzip beruht auf der Annahme, dass Menschen Ressourcen investieren um neue Ressourcen hinzu zu gewinnen bzw. um ihren Gesamtbestand zu erhöhen. Individuen mit vielen Ressourcen sind, wie Hobfoll meint, weniger verletzlich gegenüber Verlusten. Außerdem können sie ihre Ressourcen eher gewinnbringend einsetzen. Individuen mit geringen Ressourcen hingegen sind von Verlusten stärker getroffen; sie sind auch weniger prädestiniert, Gewinnspiralen zu etablieren. Stattdessen erwachsen ihnen aus anfänglichen Verlusten – da man mit jedem Verlust anfälliger und verletzlicher wird – weitere Verluste, die das Individuum auch daran hindern, stress-

[26] Siehe hierzu Hobfoll & Buchwald (2004).

reiche Situationen zu überwinden. Man erkennt an diesen Erläuterungen, dass die COR-Theorie wie gemacht zu sein scheint für Anleger und auch Erkenntnisse bestätigt, die man aus der Behavioral Finance kennt.

Die Möglichkeiten zum Abbau von Stress sind vielfältig. Sie hängen insbesondere davon ab, wie intensiv bzw. verfestigt die Symptome sind und welcher Stresstyp man ist.[27] Ein Großteil der für Anleger typischen Stressoren kann in folgenden vier Schritten merkbar reduziert werden: (1) Da viele Stresssituationen durch aufgenommene Daten ausgelöst werden, sollte man sich zunächst einmal klar werden, auf welchen Wegen, in welcher Form und in welcher Intensität man Nachrichten zu den Themen Geld und Börse aufnimmt – und was davon, in Anbetracht der eigenen Ziele und Interessen, wirklich notwendig und förderlich ist. Viele Anleger kommen hier zu der Erkenntnis, dass man bei der Informationsaufnahme einiges reduzieren und dadurch unnötige Stressoren beseitigen kann. In diesem Sinne könnte auch die Empfehlung von Weber, statt des Börsenteils mal das Feuilleton zu lesen, ganz hilfreich sein. (2) Da die meisten Nachrichten „getönt" sind, sollte man in einem zweiten Schritt klären, wie man mit diesen umgeht: wie man sie deutet, bewertet und wie man sich von ihnen beeinflussen lässt. Viele Anleger kommen hier zu der Erkenntnis, dass man Nachrichten zu unkritisch aufnimmt, zu wenig in Gesamtzusammenhänge integriert, dass man sie zu schnell und oberflächlich bewertet und sich von ihnen zu schnell in Aufregung versetzen lässt – also nicht über das verfügt, was Sloterdijk als „zeitdiagnostische Souveränität" bezeichnet. Anders betrachtet bedeutet es, dass man lernt, insgesamt etwas „cooler" zu reagieren: sich nicht verführen zu lassen, wenn man es nicht will – und auf diese Weise die Kontrolle eigenen Verhaltens als Schutz erkennt. (3) In Schritt drei sollte man prüfen, welche Ziele man sich gesetzt hat und welche Forderungen hieraus resultieren. Sind die angestrebten Ziele sehr hoch oder zu anspruchsvoll, setzt man sich selbst unter einen nicht unerheblichen Druck und erzeugt Stress – vor allem wenn man erkennt, dass man sie verfehlen wird. (4) In einem vierten Schritt geht es darum, in einer Stresssituation angemessen zu handeln. Wichtig hierbei ist vor allem, dass man automatisch ablaufende Handlungssequenzen unterbricht, also auf einen Stress auslösenden Impuls nicht direkt mit einer Handlung reagiert. Solche „Breaks" ermöglichen, etwas Abstand vom Stress auslösenden Ereignis zu gewinnen, die Gefühle zu beruhigen, nochmals über die positiven und ne-

[27] Siehe hierzu und den folgenden Ausführungen Bamberger (2007: 69ff), Tausch (2006: 87ff) sowie Peterson (2007: 304ff).

gativen Seiten einer Situation sowie über mögliche Handlungsalternativen und deren Folgen nachzudenken.

Angst, Furcht, Panik und Depression

Fritz Riemann (1985) stellt in der Einleitung seiner Veröffentlichung *Grundformen der Angst* folgendes fest: „Angst gehört unvermeidlich zu unserem Leben. In immer neuen Abwandlungen begleitet sie uns von der Geburt bis zum Tode. Die Geschichte der Menschheit lässt immer neue Versuche erkennen, Angst zu bewältigen, zu vermindern, zu überwinden oder zu binden." Weiter meint er: „Es bleibt wohl eine unserer Illusionen, zu glauben, ein Leben ohne Angst leben zu können; sie gehört zu unserer Existenz und ist eine Spiegelung unserer Abhängigkeiten." Angst zu haben ist somit nichts Außergewöhnliches, sondern eine ubiquitäre Erscheinung heutiger Gesellschaften:[28] eine Emotion, die unser Leben ständig begleitet; eine, wie Heidegger sagte, „Grundbefindlichkeit des eigentlichen Daseins".

Psychologisch gesehen ist die Angst zunächst einmal von der Furcht zu unterscheiden.[29] Furcht benötigt ein bestimmtes Objekt vor dem man sich fürchtet; Angst hingegen ist mehr ein diffuses Gefühl der Besorgnis und Bedrohung, das sich entwickelt, wenn man nicht weiß, was auf einen zukommt, jedoch das Gefühl hat, dass es gefährlich werden könnte. Treten äußerst starke Ängste plötzlich auf, bezeichnet man dies als Panik. Im psychologischen Bereich wird dieser Begriff heute für eine der häufigsten Angsterkrankungen, die Panikattacke, verwendet. Panikattacken zeichnen sich neben den körperlichen Symptomen (Herzklopfen, Enge- und Druckgefühl, Zittern, Schwitzen) vor allem dadurch aus, dass sie mit Kampf- oder Fluchttendenzen verbunden sind. Von der Angst deutlich zu unterscheiden ist auch die Depression, die ebenfalls zu den affektiven Störungen zählt. Ihre Symptome sind eine länger anhaltende Niedergeschlagenheit, ausgeprägte Traurigkeit, Teilnahmslosigkeit und Verzweiflung, das sogenannte Schwarz-Sehen, Grübelzwang, der Verlust des Interesses an Tätigkeiten des Alltagslebens sowie ein Gefühl der allgemeinen Hilflosigkeit.[30]

Besonders stark, mitunter sogar panisch, ist die Furcht der Anleger vor einen Crash und dem damit verbundenen Verlust des Kapitals. Angst vor Kapitalverlust

---

[28] Nachdem Ängste in den letzten Jahren stark zugenommen haben, bildeten sie – neben der Wohlbefindensforschung – ein Schwerpunktthema beim diesjährigen International Congress of Psychology.
[29] Siehe z.B. Freud (1975c: 222f) sowie Roth (2003: 332).
[30] Siehe hierzu Ehrenberg (2001 und 2004), Hell (2003) und Niklewski & Riecke-Niklewski (1998).

zählt – auch wenn dies in den üblichen Tabellen selten aufgeführt wird – zu den bedeutsamen Stressoren. Um Angst besser verarbeiten zu können, werden häufig Abwehrmechanismen aktiviert. Typisch hierfür sind das *Verleugnen* und das *Verdrängen*, bei dem Angst erregende Informationen ignoriert, umgedeutet oder ins Unterbewusste abgeschoben werden. Hieran anknüpfend könnte man die Empfehlung, in Crashzeiten statt des Wirtschaftsteils das Feuilleton zu lesen, auch als Abwehrmechanismus interpretieren.

Angst ist in der Regel nicht gefährlich. Sie entstammt natürlichen Wurzeln und ist – biologisch gesehen – zumeist auch sinnvoll: als Reaktion auf und zur Überwindung von als bedrohlich, ungewiss oder unkontrollierbar empfundenen Situationen geradezu überlebensnotwendig. Jede Entwicklung, jeder Reifungsschritt des Menschen kann mit Angst verbunden sein, da er uns in etwas Neues, bisher nicht Gekanntes führt. Öffnen wir uns dem Neuen, nehmen wir die Angst an, erleben sie bewusst und geben ihr nicht mehr Macht als ihr zusteht, lässt uns dies reifen. Somit hat auch Angst, wenn man sie „ohne Angst" betrachtet, einen Doppelaspekt: Einerseits kann sie Menschen lähmen, andererseits – sofern sie sich im Rahmen des nicht Krankhaften bewegt – aber auch aktivieren. Angst „lähmt nicht nur", wie Søren Kierkegaard (1992) einmal sagte, „sondern enthält die unendliche Möglichkeit des Könnens, die den Motor menschlicher Entwicklung bildet". So kann sie Anleger – im Sinne vorsorgender Maßnahmen – z.B. dazu animieren, wesentlich bewusster mit Risiken umzugehen, Informationen über Marktentwicklungen oder neue Anlageprodukte bewusster aufzunehmen und kritisch(er) zu interpretieren, oder schnell umsetzbare Notstops für Kurseinbrüche zu entwerfen. Solche Maßnahmen erhöhen nicht nur die Erfolgschancen, sie reduzieren auch Stress und Angst.

Bei den Bemühungen um eine Angstreduzierung ist es zunächst einmal angebracht, zwischen realen, Furcht einflößenden Gefahren und eher diffusen, Angst machenden Emotionen zu unterscheiden.[31] Droht eine reale Gefahr, ist zu überlegen, mit welchen Aktivitäten man diese mindern oder ganz abwehren kann. Empfindet man hingegen eine nicht konkret zuordenbare Angst, sollte man versuchen, sich mit diesem Gefühl auseinanderzusetzen. Aus diesem Grund ist die erste Maßnahme einer Angstreduzierung, dass man Ängste erkennt und bewusst aufnimmt. Wenn man die Angst als Angst (das heißt nicht als Folge einer wirklichen Gefahr) erkannt hat, ist

[31] Siehe hierzu und zu den folgenden Ausführungen Bandelow (2006: 229ff) sowie Schmidbauer (2005: 180ff).

das einfachste Rezept, sie zu ignorieren. Das klingt zunächst einmal paradox und ist es im Prinzip auch, wobei dies nur für harmlose, nach einer kritischen Prüfung als unsinnig erkannte Ängste gilt – denn hat man die Unbegründetheit bzw. Haltlosigkeit einer leichten Angst erkannt, kann man sie zumeist auch ignorieren. Bei sich verstärkenden, lang anhaltenden (pathologischen) Angststörungen hingegen ist es angebracht, einen Arzt, Psychologen oder Psychotherapeuten zu konsultieren.

Reue und Trauer

Reue stellt sich ein, wenn man erkennt, dass man eine Entscheidung hätte anders treffen, oder in einer bestimmten Situation hätte anders handeln sollen.[32] Insbesondere bei Anlegern ist das Gefühl der Reue häufig anzutreffen – vor allem wenn sie feststellen, dass sie nicht zu besten Preisen ge- bzw. verkauft oder eine gewinnbringende Möglichkeit nicht wahrgenommen haben. Die Intensität der Reue hängt davon ab, welche Ansprüche man an sein Handeln stellt. Besonders anfällig für Reuegefühle sind deshalb Maximierer, da man – wenn man nur lange genug sucht – stets eine Alternative findet, die ein besseres Ergebnis gebracht hätte. Handelt man auf Empfehlung von Dritten (Guru, Experte, Berater...), wird der Unmut mit einem nicht zufrieden stellenden Ergebnis gerne auf diese in Form einer Schuldzuweisung abgewälzt – ein Verhalten das manchmal hilft, Reuegefühle etwas zu mildern. Um dem Gefühl der Reue zu entgehen, entwickeln Anleger mitunter eine *Regret Aversion*. Hierbei handelt es sich um eine Handlungsblockade, bei der man eine Entscheidung, aus der Furcht, sie später zu bereuen, erst gar nicht trifft.

Trauer ist eine Emotion, die nach starken Verlusten eintritt. Der Verlust muss sich dabei nicht auf eine Person beziehen, sondern kann auch ideelle Werte (z.B. Lebensziele), den sozialen Rang (z.B. der Verlust einer bedeutenden Stellung) oder finanzielle Verluste betreffen. Sigmund Freud war einer der ersten, der sich systematisch mit dem Gefühl der Trauer beschäftigte. In seiner 1917 veröffentlichten Schrift *Trauer und Melancholie* entwarf Freud ein psychoanalytisches Modell der Trauerreaktion und prägte den Begriff „Trauerarbeit“[33]. Trauerarbeit bedeutet, dass nach starken Verlusten innerhalb eines Trauerprozesses folgende Schritte zu vollziehen sind: In einem ersten Schritt ist der Verlust als Realität zu akzeptieren, im zweiten der Trau-

[32] Siehe hierzu Schwartz (2006: 165ff), Shefrin (2000: 143ff) sowie Zweig (2007: 211ff).
[33] Siehe hierzu Freud (1975b).

erschmerz zu erfahren, im dritten ist die Anpassung an eine veränderte Umwelt und in einem vierten, abschließenden Schritt die gefühlsmäßige Ablösung vom verlorenen Objekt zu vollziehen. Absolviert man diese Schritte nicht, bleibt die Bindung an das verlorene Objekt erhalten, was wiederum das Eingehen neuer Bindungen erschwert oder gar unmöglich macht. Dies erklärt auch, warum Personen, die mit Aktien starke Verluste erlitten und den darauf folgenden Trauerprozess nicht sinnvoll durchlaufen haben, nicht mehr in diese Anlageform investieren. Für Anleger ist somit wichtig, sich von größeren Verlusten zunächst einmal emotional zu lösen. Erst wenn dies geschehen ist, sollten sie Neuengagements eingehen.

7.4 Typische Entscheidungs- und Handlungsproblematiken

In der Psychologie sowie in der Behavioral Finance wurde in den letzten zwei Jahrzehnten eine Vielzahl von Problemen erforscht und beschrieben, die Menschen daran hindern, im Umgang mit Geld möglichst sinnvolle Entscheidungen zu treffen.[34] Nachfolgend gliedere ich diese in (1) Einschätzungs- und Urteilbildungsprobleme sowie in (2) Entscheidungs- und Handlungsprobleme.

(1) Einschätzungs- und Urteilbildungsproblematiken

Die Probleme bei Investitionsentscheidungen fangen damit an, dass man die Lage falsch oder verzerrt einschätzt. Typisch hierfür sind die Ignoranz bzw. Geringschätzung von kleinen Veränderungen (*Bigness Bias*), die Tendenz normale Wahrscheinlichkeiten zu ignorieren (*Ignoring the Base Rate*), die Neigung auch bei voneinander unabhängigen Ereignissen Zusammenhänge zu sehen (*Gambler's Fallacy*), die Tendenz sichere Ereignisse bzw. Erwartungen gegenüber unsicheren übermäßig stark zu bevorzugen (*Certainty-Effekt*), die Neigung das zu überschätzen, was man vor dem Eintritt eines Ereignisses bereits „wusste" oder vermutete (*Hindsight Bias*), sowie die Neigung die Gewinner der Vergangenheit zu optimistisch, Verlierer hingegen zu pessimistisch einzuschätzen (*Investoren-Überreaktions-Hypothese*). Zur Verdeutlichung, wie schwer es ist, solche Fehler – selbst wenn man sie kennt – nicht zu machen, möchte ich eine Passage aus einem Interview zitieren, das De Bondt und Thaler

[34] Siehe hierzu und zu den folgenden Ausführungen die Erläuterungen in Anlage 1 mit den dort genannten Quellen.

mit dem *Wall Street Journal* führten. Auf die Frage, warum es ihnen – entgegen der von beiden stets propagierten Empfehlung, in Verlierer zu investieren – so schwer fällt, dies zu tun, antwortete Taler: „Es macht Angst in diese Aktien zu investieren. (...) Als einige von uns letztes Jahr daran dachten, Geld nach dieser Strategie zu investieren, da bekamen die Leute kalte Füße, als sie die Liste mit den Verlierern sahen, die wir zusammengestellt hatten. Es sah schrecklich aus." De Bondt ergänzte: „Die Theorie besagt, dass ich sie kaufen sollte, aber ich weiß nicht, ob ich das auch ertragen könnte."[35]

(2) Entscheidungs- und Handlungsproblematiken

„Gewinne laufen lassen, Verluste begrenzen" ist eine alte Börsenregel, die auch in der Ratgeberliteratur gern zitiert wird, mitunter auch als *das* Erfolgsrezept angepriesen wird. Beobachtet man hingegen das konkrete Verhalten der Anleger, neigen diese, wie Odean (1998) bei Depotanlaysen festgestellt hat, zu einem gegenteiligen Verhalten: Sie realisieren Gewinne zu früh und lassen Verluste zu lange laufen – ein Verhalten, das man als *Dispositionseffekt* bezeichnet. Hierfür gibt es üblicherweise zwei Begründungen: Zum einen verspüren Anleger einen inneren Widerwillen sich von Investments zu trennen, solange sie nicht ihren Einstandspreis erzielen konnten, während sie bei solchen, die sich in der Gewinnzone befinden, befürchten, dass sie einen bereits erreichten Vorteil nun wieder verlieren. Zum anderen bezieht man sich auf die Erkenntnisse der Prospect Theory, nach der Menschen in Verlustsituationen risikofreudiger werden, in Gewinnsituationen hingegen Risiken eher meiden. Weber et al. (2007: 98f) beschreiben dieses Verhalten mit folgendem Beispiel:

> „Gemäß der Theorie sind die meisten Entscheider nach Gewinnen risikoscheu, wohingegen sie nach Verlusten risikofreudig werden. Dieses Verhalten ist jenem am Roulettetisch ähnlich: Hat unser Spieler Glück gehabt und ist mit einem Schlag um 500 Euro reicher, stellt sich die Frage, ob er weiterspielen wird. Wird er die 500 Euro wieder einsetzen und die Chance, den Gewinn auf 1.000 Euro zu verdoppeln, nutzen? Oder fürchtet er, alles zu verlieren? ‚Wie gewonnen, so zerronnen', würde der glückliche Gewinner der Prospect Theory zufolge fürchten und das Spiel beenden. Anders sieht es aus, wenn ein Spieler bei seinem ersten Spiel am Roulettetisch Pech hat und 500 Euro verliert. In der Hoffnung, das Casino nicht als Verlierer zu verlassen, spielt

[35] Zitiert nach Shefrin (2000: 102).

er weiter. Entscheider sind eher bereit, weitere Risiken auf sich zu nehmen, wenn sie sich momentan im Verlustbereich wägen. Ausgehend von einem bereits erzielten Gewinn von 500 Euro, ist die Verdoppelung des Gewinns auf 1.000 Euro nicht attraktiv genug, um das Risiko, wieder auf null zurückzufallen, kompensieren zu können. Auf der anderen Seite ist, ausgehend von einem Verlust von 500 Euro, die Möglichkeit, wieder auf null zu kommen, so attraktiv, dass sie das wahrgenommene Risiko eines möglicherweise doppelt so großen Verlusts überkompensiert."

Wie Weber (2007: 95) meint, unterliegen circa zwei Drittel aller Privatinvestoren dem Dispositionseffekt. Das andere Drittel zeigt demnach ein gegenteiliges Verhalten, das man dann als *House Money Effect* bezeichnet: die Tendenz, Gewinne, die man im Spiel oder bei Spekulationen gemacht hat, risikobereiter wieder einzusetzen.

Mit dem Dispositionseffekt und der Wertfunktion der Prospect Theory unmittelbar verbunden ist die *Verlustaversion*, nach der man Verluste wesentlich stärker wahrnimmt als Gewinne – sich also über einen Verlust von 500 Euro wesentlich stärker ärgert, als man sich über einen Gewinn in gleicher Höhe freut, wobei der Ärger zweieinhalb mal größer sein soll als die Freude.[36] Shefrin (2000: 27 und 220) verbindet mit der Verlustaversion auch eine andere Problematik: die Eigenart, zwischen rechnerischen und realisierten Verlusten zu unterscheiden. Rechnerische Verluste sind Verluste, die man bislang zwar erlitten hat, die aber, weil noch nicht realisiert, lediglich auf dem Papier stehen („Papierverluste"). Zu realisierten Verlusten werden sie, wenn man die Wertpapiere verkauft und bei der Gegenüberstellung von Kosten und Erlösen einen Verlust feststellt. Dies ist auch der Grund weswegen viele Anleger Wertpapiere, die einen Verlust aufweisen, nicht verkaufen und auf eine unter Umständen eintretende Verbesserung der Performance hoffen, oder sogar dazu übergehen, bei einem ins Minus geratenen Wertpapier nachzukaufen, und dadurch „gutes Geld dem schlechten hinterher zu werfen", was man dann als *Sunk Cost Effect* bezeichnet. Shefrin (2000: 27) beschreibt die Schwierigkeiten, mit denen sich Anleger in Verlustsituationen konfrontiert sehen, beispielhaft wie folgt:

„Viele Kunden wollen jedoch nie mit Verlust verkaufen. Sie wollen die Hoffnung nicht aufgeben, mit einer bestimmten Investition Geld zu verdienen oder sie wollen wenigstens wieder an den Punkt kommen, wo sie ohne Verlust verkaufen können. Diese Plus-Minus-Null-Sucht, ‚Get-Evenitis', hat wahrscheinlich schon mehr Unheil

---

[36] Siehe hierzu z.B. Shefrin (2000: 27).

in Investmentportfolios angerichtet als irgend etwas anderes. (...) Investoren, die Verluste akzeptieren, können ihren Lieben nicht mehr einreden: ‚Liebling, es ist nur auf dem Papier ein Verlust. Warte nur ab. Es wird sich alles wieder wenden.‘“[37]

Ich möchte an dieser Stelle nochmals Zola (2001: 382) zitieren, der die Zwänge eines unter starken Verlustaversionen leidenden Menschen wie folgt beschrieben hat: „O, meine Liebe, ich bin zwar voll Vertrauen, aber ich zittere trotzdem: sich um sein Leben zu wehren, will nichts heißen, das Schlimmste ist, sein Geld (...) zu verteidigen.“

Ein weiteres Phänomen ist die häufig anzutreffende Neigung von Anlegern, ein übermäßiges Vertrauen in ihre Fähigkeiten zu entwickeln, was man in der Behavioral Finance als *Overconfidence (Bias)* bezeichnet. Typisch hierfür ist, dass Anleger ihr Wissen und Können überschätzen – und deshalb glauben, aufgrund ihrer Informationen und Kompetenzen den Markt schlagen zu können. Barber & Odean (2001) vermuten, dass ein übersteigertes Selbstvertrauen auch die Ursache für ein zu hohes Handelsvolumen ist: eine Überschätzung der eigenen Fähigkeiten Anleger also dazu verleitet, weit häufiger zu handeln als vernünftig wäre. Als weitere Folgen der Selbstüberschätzung sehen Belsky & Gilovich (1999: 159) einen Mangel an planerischer Vorbereitung auf die Zukunft, sowie eine Vorliebe für Investments, über die sie eigentlich zu wenig wissen.

Der Neigung, seine Fähigkeiten zu überschätzen, stehen Verhaltensformen gegenüber, die Entscheidungen bzw. Handlungen eher bremsen oder verhindern. Zu nennen wären hier das Bestreben, Fehlentscheidungen zu vermeiden (*Regret Aversion*), die Tendenz, Bewährtes zu erhalten und die Dinge nicht zu verändern (*Status Quo Bias*), die übermäßige emotionale Bindung an ein Engagement (*Sentimental Attachment*) sowie die *Entscheidungslähmung*, also die Unfähigkeit, sich in einer konkreten Situation zu entscheiden bzw. zu handeln. Martinetz (2001: 46) beschreibt aus Anlegersicht seine Entscheidungslähmung wie folgt:

„Je mehr die Aktien fielen, umso heftiger geriet ich in die Zwickmühle. Woran sollte ich mich halten? An die alte Regel, Verluste zu begrenzen, oder an meinen Vorsatz, ein Jahr die Finger vom Depot zu lassen? Sollte ich die langfristige Strategie, die ich gerade erst fest entschlossen meinen Anlageentscheidungen zugrunde gelegt hatte, nach so kurzer Zeit schon wieder verwerfen und verkaufen? Wäre ich dann nicht völ-

[37] Shefrin hat diese Textpassage einer Veröffentlichung von Leroy Gross entnommen.

lig verunsichert, wenn alles wieder von vorne begänne, das Abwägen irgendwelcher Unternehmen und die Suche nach einer guten Investition? Es war zum Heulen. Diese Börsenkrise, die ich eigentlich erwartet hatte, erwischte mich auf ganzem Depot und war der Tiefschlag für mein Anlegerbewusstsein. Ich konnte mich nicht entscheiden. Wie Vogel Strauß steckte ich den Kopf in den Sand; von der Börse wollte ich endgültig nichts mehr hören."

Ich möchte diese Problemliste der Behavioral Finance im Bereich des Handelns um zwei Aspekte ergänzen: Dies ist zum einen die *Gefahr des schnellen Orderns*, die man vor allem bei Online- und Daytradern findet und, wie Shefrin (2000: 148f) meint, verursacht wird durch einen überzogenen Optimismus und eine zu positive Selbsteinschätzung. Zum anderen sind es die Probleme, die in der *Nachentscheidungsphase* auftreten können, insbesondere die Frage, ob man nun alles richtig gemacht hat – oder ob man alles doch hätte ganz anders machen sollen. Dieses „Nachkarteln", wie man im Schwäbischen sagt, das von manchen Anlegern perfekt beherrscht wird, kann zu erheblichen Zweifeln an der Sinnhaftigkeit einer Entscheidung, zu Verunsicherungen und Unzufriedenheit führen – wobei dies, wie folgender Bericht von Martinetz (2001: 44) zeigt, auch die Entscheidung nicht zu handeln, betreffen kann[38]:

> „Ich schloss mich der Meinung vieler Experten an, dass die Aktien nach fast zwei Jahren ununterbrochenen Anstiegs völlig überteuert waren und nahm mir vor, den nächsten kräftigen Kurseinbruch abzuwarten. Dann sollte es ja möglich sein, gute Aktien zu erheblich niedrigeren Preisen kaufen zu können. Doch die Kurse stiegen immer weiter. Von einem Kursrückgang war weit und breit nichts zu sehen. Und mit jeder Woche, die es weiter aufwärts ging, wurde ich unruhiger. Schließlich war ich wieder flüssig und mein Geld lag unverzinst auf dem Verrechnungskonto meines Depots herum. Nicht nur, dass ich während des monatelangen Anstiegs eine negative Rendite erzielt hatte: Jetzt, wo die Party ihren Höhepunkt erreichte, war ich noch nicht einmal investiert. Das setzte allem die Kleinanlegerkrone auf und machte mich ganz krank."

[38] Siehe ergänzend hierzu Johnson (2007).

Herdentrieb, Informationskaskaden, Imitation und Tipping Point

Die *Theorie des Herdentriebs*[41], eine vorrangig wirtschaftwissenschaftliche Theorie, unterscheidet sich deutlich von der Theorie der Massenpsychologie. In ihr steht nicht das wahnhaft-irrationale Verhalten der Massen im Zentrum des Interesses, sondern das Entscheidungsverhalten eines Individuums, das sich – so der Kern dieser Theorie – vorrangig am zuvor praktizierten Verhalten anderer Personen orientiert und dabei konkrete Daten eher vernachlässigt. Nachdem man auch in der Herdentrieb-Theorie über viele Jahre einfach voraussetzte, dass sich Anleger in kritischen Situationen wie Lemminge oder Schafe, also irrational verhalten, zeigen zwischenzeitlich durchgeführte Untersuchungen, dass dies offensichtlich nicht oder nur im begrenzten Maße der Fall ist. So wurden in einem von Drehmann, Oechssler & Roider (2005) in Zusammenarbeit mit McKinsey durchgeführten Finanzmarktspiel, bei dem die über 6.000 Teilnehmer verschiedene Aktien handeln konnten, nur geringe Anzeichen für ein Herdenverhalten gefunden. Im Gegensatz zur populären Meinung folgten die Teilnehmer keineswegs dem Verhalten anderer Investoren. Die meisten ließen sich bei ihren Entscheidungen primär von den ihnen vorliegenden Fakten und nicht von den ihnen ebenfalls mitgeteilten Entscheidungen ihrer Vorgänger leiten. Manche Teilnehmer entschieden sich gerade dann gegen den Kauf einer Aktie, wenn sie erfuhren, dass diese zuvor von Anderen gekauft wurde.

Zwischenzeitlich unterscheidet man zwischen einem *rationalen Herdenverhalten*, das wohl auf Informationen beruht und bei dem es auch gute Gründe gibt, der Herde zu folgen, sowie einem *irrationalen Herdenverhalten*, bei dem Anleger einfach der Masse folgen, ohne belegen zu können, auf der Basis welcher Informationen sie dies tun. Außerdem gibt es die Möglichkeit, zwischen negativen und positiven Effekten des Herdenverhaltens zu unterscheiden. Ein *negativer Effekt* ist die durch das Herdenverhalten verursachte Bildung von Preisblasen, ein *positiver Effekt*, dass das Verhalten der Masse Anlegern in Zeiten großer Unsicherheit oder sich widersprechender Expertenmeinungen Orientierung bietet. Ob für Anleger eine Orientierung an der Masse sinnvoll ist wird unterschiedlich beurteilt. So gibt es die These, dass die Ausrichtung von Entscheidungen am Mehrheitsverhalten[42], wenn nicht in allen, so doch in einer Vielzahl von Fällen sinnvoll sein wird. Ihr entgegengesetzt ist die Mei-

[41] Siehe hierzu Hott (2002), Freiberg (2005), Kiehling (2001), Shiller (2000), Surowiecki (2007) sowie Weber (2007).
[42] Siehe hierzu Surowiecki (2007) und Grötker (2005).

nung, dass man als Investor vor allem dann erfolgreich sein wird, wenn man sich – wie es die Contrarier praktizieren – konträr zur Masse verhält; nach dem Motto: „ignore the crowd“ Wertpapiere kauft, wenn die Masse verkauft, oder verkauft, wenn die Masse kauft. Auch hier stehen sich, wie in vielen anderen Fällen, zwei Theorien diametral gegenüber – und man kann als Anleger nun wählen, welche einem mehr zusagt.

Der Herdentriebtheorie ähnlich ist die ebenfalls von Ökonomen entwickelte *Theorie der Informationskaskaden*[43], die Freiberg (2004) den rationalen Formen des Herdenverhaltens zuordnet. Die Informationskaskade beschreibt ein Entscheidungsverhalten, bei dem eine Person ein bereits vorhandenes Wissen um Informationen ergänzt, die sie aus der Beobachtung des Verhaltens anderer Personen gewinnt, wobei sie den letztgenannten Informationen – obwohl sie die Motive und Entscheidungsgrundlagen der beobachteten Menschen nicht kennt – üblicherweise ein höheres Gewicht beimisst als den selbst ermittelten. Shiller (2000: 176f) beschreibt solche Informationskaskaden mit folgendem Beispiel:

> „Nehmen wir an, zwei Restaurants hätten direkt nebeneinander eröffnet. Jeder potenzielle Gast muss sich zwischen beiden entscheiden. Er kann sein Urteil über die Qualität der Restaurants über einen Blick durch die Fensterfront fällen, aber ein solches Urteil wäre nicht sehr genau. Der erste Kunde muss seine Wahl zwischen zwei leeren Restaurants treffen. Bereits der nächste Kunde hat nicht nur eigene Informationen aufgrund des Aussehens des Restaurants, sondern auch – indem er oder sie den ersten Kunden in einem der beiden Restaurants sitzen und essen sieht – die Information über die Wahl, die dieser Kunde getroffen hat. Entscheidet sich der zweite Kunde für dasselbe Restaurant, sieht der nächste Gast in spe zwei Menschen darin. Am Ende speisen alle Kunden in diesem Restaurant; dabei kann es das schlechtere der beiden sein, weil die gesamte Information auf reiner Beobachtung ohne wirkliche Überlegung beruht. Wenn alle Gäste ihren ersten Eindruck in der Gruppe diskutieren würden, hätten sie vielleicht eine Chance gehabt, das wahrscheinlich bessere Restaurant herauszufinden. Aber so wie eben geschildert können sie die Information der anderen nicht nutzen, weil sie nur ein Verhalten nachahmen, die Information selbst aber gar nicht kennen.“

[43] Siehe hierzu Belsky & Gilovich (2007), Freiberg (2004), Peterson (2007), Shiller (2000) sowie Zweig (2007).

Eng verwandt mit den Theorien des Herdentriebs und der Informationskaskaden ist die *Theorie der Imitation*. In der Lerntheorie geht man davon aus, dass Tiere und Menschen eine angeborene Neigung haben, das Verhalten anderer zu imitieren und auf diesem Wege auch viele wichtigen Dinge lernen. Gabriel de Tarde (2003), der seine Soziologie um den Gegensatz von Erfindung und Nachahmung organisierte, sah in der Nachahmung ein wesentliches Mittel zur Entwicklung von Gesellschaften. In ähnlicher Weise sieht Gigerenzer (2007: 69f) die Bedeutung der Nachahmung, die für ihn zu den evolvierten, kulturell vermittelten Fähigkeiten des Menschen zählt, und empfiehlt deshalb: „ahme jene nach, die klüger sind als du und sich rascher der neuen Situation angepasst haben". Surowiecki (2007: 91) bezeichnet „Nachahmung (als) eine Art rationale Reaktion auf die Grenzen unseres Erkennens", weswegen es für Anleger auch vorteilhaft sein kann, sich bei der Ausgestaltung der Asset Allocation an den Depots von seriösen, erfolgreichen Fondsmanagern zu orientieren. Surowiecki (2007: 93) würde dies sicher als „intelligentes Imitieren" bezeichnen – was jedoch voraussetzt, dass man sich zuvor umfassend über die Qualität der Experten, an deren Verhalten man sich anlehnen möchte, informiert hat.

Malcolm Gladwell (2000) hat anhand verschiedener Beispiele untersucht, wie eine Idee auf größere Populationen überspringt und schließlich zu einem Massenphänomen wird. Dieses Phänomen versteht man am besten, wenn man sich den Vorgang, wie Gladwell sagt, „als Epidemie vorstellt", wobei das Überspringen auf größere Populationen von drei Faktoren abhängt: (1) Zunächst einmal braucht die Idee einen „Vermittler": eine Person, die eine Idee aufnimmt und mit ihrer Präsenz bzw. Bekanntheit dafür sorgt, dass sie verbreitet wird. (2) Des Weiteren braucht man einen „Verankerungsfaktor": eine Botschaft, die Sinn vermittelt, ansteckt, möglichst viele Menschen erreicht und sich in den Köpfen der Zielgruppe verankert. (3) Darüber hinaus muss die Botschaft unter Bedingungen vermittelt werden, die das Anliegen glaubhaft und akzeptabel machen. Berücksichtigt man diese drei Faktoren, kann man – so die These des *Tipping Point* – nach und nach eine große Zahl von Menschen für eine Idee gewinnen. In chronologischer Sicht unterscheidet Gladwell fünf Phasen bei der Übernahme von Ideen: Die ersten Übernehmer (Phase 1) sind abenteuerlustige Personen, die Gladwell als „Innovatoren" bezeichnet – eine zunächst kleine Gruppe von Menschen, die sich schnell dem Neuen zuwendet. Eine etwas größere Gruppe bilden die „Frühübernehmer", die sich, zeitlich verzögert (Phase 2), den Innovatoren anschließen. Danach kommen die „frühe Mehrheit" (Phase 3) und die „späte Mehrheit“ (Phase 4), vielfach Personen, die Neues erst aufnehmen, wenn sich andere bereits dafür entschieden haben. Den Schluss bilden die Skeptiker, die nur zögerlich und mit großer zeitlicher Differenz (Phase 5) das Neue aufnehmen. Der kritische Punkt ist für Gladwell die Aktivierung der Frühübernehmer (Phase 2). Gewinnt man diese, steigt die Akzeptanzkurve des Neuen erheblich an. Betrachtet man die Thesen der Tipping Point-Theorie, kann man diese gut auf die Entwicklung neuer Anleger-Themen (z.B. Neuer Markt, neue Technologien, Emerging Markets, Rohstoffe...) und die damit verbundene Bildung von Kursblasen übertragen. Zu den Verlierern solcher Entwicklungen zählen die typischen Kleinanleger, die – angestachelt durch eine immer intensiver werdende Medienarbeit – zumeist erst in den Phasen 4 und 5 einsteigen, zu einem Zeitpunkt, an dem sich die „Innovatoren“ und die „Frühübernehmer“ bereits wieder verabschiedet und neuen Thema zugewandt haben.[44]

Die Theorien des Herdentriebs, der Informationskaskaden, der Imitation und des Tipping Point erklären ein in vielen Bereichen des Lebens, so auch im Finanzbereich anzutreffendes Phänomen, dass Menschen bei der Entscheidungsfindung eigenes Wissen und Erfahrungen hintan stellen und sich auf das augenscheinliche Verhalten anderer Personen verlassen, bzw. ihr Verhalten an allgemeinen Trends und Moden orientieren.[45] Dies kann für sie sowohl positive als auch negative Folgen haben, weswegen sich Anleger stets klar werden müssen, inwieweit sie sich vom Verhalten der „Masse“ beeinflussen lassen. Diese Theorien zeigen aber auch, dass man die Entwicklung von breiten Marktbewegungen sehr gut erklären und nachvollziehen kann, ohne auf die nicht mehr zeitgemäße, eher irreleitende Massenpsychologie Le Bons zurückgreifen zu müssen.

7.6 Ansatzpunkte zur Verbesserung

Reaktionsmöglichkeiten auf die Erkenntnisse der Behavioral Finance

Zunächst wäre es für Anleger sinnvoll, die wichtigsten, in der Behavioral Finance und den Neurowissenschaften erforschten Entscheidungsproblematiken zu kennen.

---

[44] Warren Buffett soll einmal gesagt haben, dass es in jedem Zyklus drei „I“s gibt: Der erste ist der „Innovator“, danach kommt der „Imitator“ und zuletzt der „Idiot“.

[45] Ganz interessant sind in diesem Zusammenhang die allgemeinen Ausführungen von Esposito (2004) zu den „Paradoxien der Mode“.

Hierzu zählen insbesondere: (1) dass man sich der Bedeutung, die Gefühle, Emotionen, Stimmungen und Empfindungen auf das Entscheidungsverhalten haben, bewusst wird, diese in Entscheidungsprozesse sinnvoll einbindet und auch lernend verändert; (2) dass man mit Stress, Furcht und Angst sinnvoll umgeht, insbesondere auch lernt, panikartige Reaktionen auf wirkliche Ernstfälle zu beschränken; (3) dass man Heuristiken und sein Bauchgefühl sinnvoll einsetzt; (4) dass man weiß, in welcher Form Entscheidungen beispielsweise durch die Gambler's Fallacy oder den Certainty-Effekt, sowie Kauf- und Verkaufsaktivitäten durch den Dispositionseffekt, eine Verlustaversion, durch Selbstüberschätzung oder eine Entscheidungslähmung beeinträchtigt werden können; (5) dass man die Vor- und Nachteile des Herdentriebs, von Informationskaskaden und der Imitation kennt, und lernt, die Ausrichtung eigenen Verhaltens am Verhalten anderer Personen situativ zu gestalten. Dieses Wissen wird nicht helfen, den zuvor beschriebenen Problemen zu entfliehen, es kann aber Anleger darin unterstützen, zumindest in vielen Fällen gröbere Fehler zu vermeiden. Denn: Wer seine Fehler kennt, kann ihnen leichter aus dem Weg gehen.

Empfehlungen der Entscheidungspsychologie

Auch in der Entscheidungspsychologie[46], die ein Sammelbecken von Erkenntnissen der Kognitionspsychologie, Sozialpsychologie, Organisationspsychologie, Behavioral Finance und Risikoforschung ist, wird untersucht, was Menschen daran hindert, sinnvolle Entscheidungen zu treffen. Wichtige, auf Anleger übertragbare Empfehlungen dieses Wissenschaftszweiges sind: (1) dass Entscheidungen nicht zu lange aufgeschoben bzw. vorschnell getroffen werden; (2) dass man lernt, zwischen Wesentlichem und Unwesentlichem zu unterscheiden; (3) dass man nicht vorrangig leicht zu lösende Entscheidungen bzw. Probleme bearbeitet, die wichtigen hingegen eher in den Hintergrund schiebt; (4) dass man Situationen ausreichend analysiert und bei seinen Entscheidungen klare Vorstellungen hat, was man erreichen möchte; (5) dass man sich realistische Ziele setzt, sich also eher wie ein Satisficer und nicht wie ein Maximierer verhält; (6) dass man mit Unsicherheiten sinnvoll umgeht, insbesondere versucht, diese durch die Einholung von zusätzlichen Informationen zu reduzieren; (7) dass man ein inkrementelles Entscheidungs- und Handlungsverhalten praktiziert, sich in wichtigen Dingen somit nicht mit einem großen Sprung, sondern in

[46] Siehe hierzu Jungermann et al. (2005).

kleinen Schritten vorwärts bewegt (sein Kapital beispielsweise nicht auf einmal, sondern in Teilbeträgen in einen Fonds einbringt).

Deliberation und Intuition sinnvoll kombinieren

In vielen Entscheidungs- und Handlungssituationen wird es – wie zuvor dargestellt – sinnvoll sein, das rationale, reflektierte, vernünftige Nachdenken, das man auch als Deliberation bezeichnet, um Heuristiken, Intuition oder sein Bauchgefühl zu ergänzen.[47] Sinnvoll ist dies vor allem, wenn: (1) Entscheidungen möglichst schnell zu treffen sind, und/oder (2) für die zu treffende Art von Entscheidung noch keine Routinen vorhanden sind, und/oder (3) über die zur Auswahl stehenden Alternativen nur bruchstückhafte oder fragwürdige Informationen vorhanden sind, und/oder (4) die Folgen von Handlungen nicht beziffert werden können, und/oder (5) Vorhersagen über zukünftige Entwicklungen nicht möglich sind.[48] Diese Kriterien treffen auf viele Entscheidungen zu, die Anleger zu treffen haben: zum Beispiel auf die Frage, ob man Aktie „x" statt Aktie „y" kaufen soll, ob man dem Rat von Experten folgen und in Rohstoffzertifikate, Gold oder Futures investieren soll, ob man einen Fonds, der sich mäßig entwickelt hat, halten oder verkaufen soll… In solchen Fällen gibt es stets eine Vielzahl von Informationen, Meinungen, Pro- und Contra-Argumenten, aus denen sich auch unter Zuhilfenahme aufwendiger Bewertungsverfahren keine eindeutigen oder gar sicheren Erkenntnisse ableiten lassen. Entscheidungen dieser Art kann man schneller und effektiver mit dem Einsatz von Heuristiken, der Intuition oder mittels Bauchgefühl fällen. Wie Cornelia Betsch (2004) bei der Befragung von über 2.500 Personen festgestellt hat, hängt die Frage, in welchem Umfang man deliberative oder intuitive Entscheidungstechniken einsetzt, vor allem vom Charakter einer Person ab. Die zu intuitiven Entscheidungen neigenden Personen – Betsch nennt sie „Bauchentscheider" – sind eher extrovertiert, emotional und offen für neue Erfahrungen; die „Kopfentscheider" hingegen sind eher gewissenhaft, neigen zur Perfektion, leben bevorzugt in einer klar strukturierten Umwelt und bevorzugen deliberative Entscheidungen.

[47] Ulrich Pothast (1998: 115ff) spricht in solchen Fällen von einer „spürend-körperlichen Stützung" rationaler Entscheidungen.

[48] Siehe hierzu im Detail Gigerenzer (2007), Roth (2007) und Traufetter (2007).

Techniken der Isolierung • Pausen einlegen

Jeder, der sein Geld in Wertpapieren investiert, wird Phasen erleben, in denen vieles, was er anfasst, schief geht: Man stellt zunächst Negativentwicklungen fest und steigt mit Verlust aus einem Engagement aus. Danach steigen die Kurse, dann fallen sie wieder, wobei ein Versuch, bereits aufgelaufene Verluste wieder auszugleichen, weitere Verluste verursacht. In solchen Zeiten fühlen sich Anleger erst hilf- und mutlos, dann traurig, später wütend und verzweifelt. Belastet mit diesen Emotionen werden sie weitere Fehler machen. Zum Schluss stellt sich das Gefühl von Handlungsunfähigkeit ein – und es braucht lange Zeit, aus diesem gefühlsmäßigen Tief wieder herauszukommen. Wenn man merkt, dass nichts läuft, sollte man sich vom Markt distanzieren, Handlungs- bzw. Denkpausen einlegen. Solche „Techniken der Isolierung“[49] dienen dazu, einen Abstand zum Auf und Ab der Börsen und den Finanzmedien zu schaffen, Gefühle zu beruhigen und wieder zu sich selbst zu finden. Denkpausen und ein „methodisches Zaudern“[50] helfen, Prozesse zu entschleunigen, Zeitdruck abzubauen, Handlungsketten zu unterbrechen, sich selbst in einen „Schwebezustand“ zu bringen, Gefühle zu reflektieren, Verpassensängste und Emotionen zu dämpfen, Strategien und Ziele zu überprüfen, den gesellschaftlich erzeugten Druck einer ständigen Steigerung und Optimierung durch die entgegen gesetzte Haltung einer Duldung des Unvollständigen, Suboptimalen, nicht Perfekten, sowie durch eine „Indifferenz gegenüber der Differenz“ [51] zu ersetzen.

„Erkenne die Lage“

Ich möchte die Darstellung der Verbesserungsmöglichkeiten mit einem Zitat aus Gottfried Benns *Der Ptolemäer* abschließen, das man auch als generellen Rat für Anleger betrachten könnte: „Erstens: Erkenne die Lage. Zweitens: Rechne mit deinen Defekten, gehe von deinen Beständen aus, nicht von deinen Parolen. Drittens: Vollende nicht deine Persönlichkeit, sondern die einzelnen deiner Werke. Viertens: Nur bei Mittelmäßigkeiten greift das Schicksal ein, was darüber ist, führt seine Existenz alleine. (...) Sechstens: Nimm gelegentlich Brom, es dämpft den Hirnstamm und die Unregelmäßigkeiten der Affekte. Siebtens: Nochmals: Erkenne die Lage.“

---

[49] Siehe hierzu Stäheli (2007: 250ff).
[50] Siehe hierzu Vogl (2007).
[51] Siehe hierzu Gross (1994: 26ff) und Rosa (2005: 13).

7.7 Wie hilfreich sind Börsensprüche und Börsenweisheiten?

Vom „Handbüchlein der Moral" zur „Kunst der Weltklugkeit"

Seit der Antike gibt es immer wieder Versuche, die wichtigsten Regeln für ein gutes, sinnvolles, glückliches oder moralisches Handeln und Leben in Form von einprägsamen Sinnsprüchen, Aphorismen, Geschichten und Anekdoten zu beschreiben. Erste Ansätze für etwas umfassendere Lebenskunst-, Klugheits- und Verhaltenslehren findet man bei Epiktet (*Handbüchlein der Moral*) und Cicero (*Vom rechten Handeln*). Den Höhepunkt erreichten diese Bestrebungen mit Machiavellis *Il Principe* (*Der Fürst*; 1532), Baldesar Castigliones *Il Libro del Cortegiano* (*Der Hofmann*; 1528), vor allem aber mit dem von Balthasar Gracian verfassten *Hand-Orakel und Kunst der Weltklugheit* (1653), deren 300 Maximen (auch) von Schopenhauer ins Deutsche übertragen wurden.[52] Während sich Machiavelli und Castiglione mit ihren Ratgebern vor allem an die höfische Gesellschaft richteten, Ratschläge zur Staats- oder Selbsterhaltung vermittelten, sprach Gracian das breitere Publikum an. Zum einen zeigten die Autoren ihren Lesern, wann sie handeln müssen, und wie sie handeln sollen, zum anderen, welche Fehler beim Handeln auftreten. Da die Empfehlungen zumeist eher allgemein formuliert wurden, können viele Handlungsanweisungen des Gracianschen Handorakels auf die Anlage von Kapital übertragen werden. Beispiele hierfür sind[53], dass man die Fähigkeit haben soll, „vorauszudenken" (Maxime 150), dass man sich in seinen Aktivitäten „mäßigen" (208) und „leidenschaftslos" verhalten soll (9), dass man mitunter „seinem Herzen glauben" (176), dabei aber „nie aus der Fassung geraten" (52) oder im „leidenschaftlichen Zustande" handeln soll (287), dass man „nicht mit übermäßigen Erwartungen auftreten" soll (19), dass man „warten können" (55) und „die Kunst" beherrschen soll, „die Dinge ruhen zu lassen" (137). Außerdem sollte man „Kenntnis seiner selbst" haben (89), vor allem „seinen Hauptfehler" (225) und „seine Lieblingsfehler kennen" (160). Wichtig ist nach Gracian auch, „sich verzeihliche Fehler zu erlauben" (83), „im Glück aufs Unglück be-

---

[52] Siehe hierzu Baecker (1995) und Lethen (1994). Der Schriftsteller und Kulturphilosoph Iso Camartin (2008: 62) berichtet über seine Beziehung zu Gracians *Handorakel* folgendes: „Wenn ich also in der Klemme stecke, nehme ich meinen Gracian zur Hand. Ich blättere darin wie der Priester in seinem Brevier, immer wieder von einer Stelle zur anderen springend. Manchmal hilft mir die eine Einsicht, manchmal die andere. Ich habe hinterher über viele Dinge wieder einen erfrischten Kopf."

[53] Die Beispiele wurden der von Schopenhauer übersetzten, im Insel Verlag 1986 erschienen Ausgabe entnommen. Die Maximen wurden von mir der Einfachheit halber fortlaufend nummeriert.

dacht zu sein“ (113), „bei allen Dingen etwas in Reserve zu haben“ (168) sowie schlussendlich auch „vergessen zu können“ (262).

Vom „Börsenbabbler“ zum „Orakel aus Omaha“

Die Börsensprüche und Börsenweisheiten der heutigen Zeit können als (nicht immer gelungene) Nachfolger der klassischen Handlungs-, Klugheits- und Verhaltenslehren angesehen werden. Nirgendwo werden auch nur annähernd so viele Sinnsprüche, Aphorismen, Geschichten, Anekdoten, Handlungs- und Verhaltensanweisungen kommuniziert wie im Bereich der Börse und Finanzen.[54] Beispielhaft zu erwähnen sind hier André Kostolany, dessen Börsenweisheiten man fast schon nicht mehr entgehen kann, oder Frank Lehmann, dem „Börsenbabbler“ der ARD, der in fast jeder Sendung einen Sinnspruch auf Lager hatte. Während die Börsenweisheiten von Kostolany und Lehmann mehr ans Fußvolk adressiert sind, orientieren sich besser informierte Anleger bevorzugt an den „Orakelsprüchen aus Omaha“, die Warren Buffett unter seine Anhänger streut, wobei diese von den Plattitüden der anderen mitunter kaum zu unterscheiden sind. Gerne zitierte Beispiele für diese Buffettschen Weisheiten sind: „Die Frage, wie man reich wird, ist leicht zu beantworten. Kaufe einen Dollar, aber bezahle nicht mehr als 50 Cent dafür“, oder „Warum soll ich die zweitbeste Aktie kaufen, wenn ich die beste haben kann?“[55]

Hier stellt sich die Frage, wie nützlich Börsensprüche für Anleger sind. Da man auch in der ernsthaften Anlegerliteratur gerne Börsenweisheiten zitiert, kann man zunächst einmal davon ausgehen, dass sie von Experten zumeist positiv gesehen werden. Kiehling (2001: 176) vertritt sogar die Meinung, dass „eine systematische Erforschung von Börsenweisheiten“ ein „besonders lohnendes Teilgebiet“ der Behavioral Finance sein könnte, „weil sie irrationalem Verhalten, das einer optimalen Performance hinderlich ist, geeignete Handlungsheuristiken entgegenstellen“. Selbst wenn man sich dieser Meinung anschließen würde, bleibt die Frage, welche Börsenweisheiten dann geeignete Handlungsheuristiken sein könnten. „Kaufen Sie Aktien, nehmen Sie Schlaftabletten und schauen Sie die Papiere nicht mehr an. Nach vielen Jahren werden Sie sehen: Sie sind reich“, ist eine der bekanntesten Empfehlungen

[54] So wurden beispielsweise allein auf www.boersensprueche.de nahezu 350 Börsensprüche (Stand: Ende Juni 2008) gesammelt, von denen wiederum ein nicht unerheblicher Teil auf André Kostolany zurückgeht.
[55] Siehe hierzu Hammer (2006) und Wolf (2007).

von Kostolany. Die sich dahinter verbergende Buy and Hold-Strategie wird auch heute noch von vielen, eher konservativ eingestellten Experten vertreten. Andere hingegen sind der Meinung, dass dies in Zeiten technischer Umbrüche und zunehmender Turbulenzen auf den Finanzmärkten höchst gefährlich sein kann – und bei vielen Anlegern, insbesondere wenn man auf die letzten Jahre zurückschaut, bereits zu einem bösen Erwachen geführt hat. Ähnliche Probleme bzw. Widersprüche zeigen sich beispielsweise bei den Empfehlungen zum Timing (ist wichtig vs. ist völlig nebensächlich), zur Orientierung an der Masse („Follow the Trend" vs. „Kaufen, wenn alle verkaufen"), oder zum Verhalten in nachgebenden Märkten („Kaufen, wenn die Kanonen donnern" vs. „Never catch a falling knife"). Andere Börsensprüche hingegen sind in ihrer Aussage fragwürdig oder zu allgemein gehalten. Typisch hierfür ist folgender Rat von Warren Buffet: „Kaufen sie billig, verkaufen sie nie!" Auch mit Empfehlungen wie: „Sell on good news", oder „Verliebe dich nie in eine Aktie", können Anleger wahrscheinlich wenig anfangen. Wann ist eine Nachricht so gut, dass man verkaufen sollte, und wann wird Überzeugtsein zum Verliebtsein? Börsenweisheiten machen deshalb nur Sinn, wenn sie als eindeutige, inhaltlich stimmige und logisch nachvollziehbare Regeln formuliert sind. Ihr Vorteil ist dann, dass sie komplexe Sachverhalte in einfache Formeln transformieren und dadurch für Anleger zu Wegweisern in einem schwierigen, von vielen Fallstricken durchzogenen Gelände werden. Nur in wenigen Fällen erfüllen Börsensprüche diese Anforderungen. Ihr primärer Zweck dürfte deshalb sein, die Kommunikation über Börsenangelegenheiten zu ornamentieren: anschaulicher zu machen, aufzuhellen, auszuschmücken und mit einem Schuss Esprit zu dekorieren.

8 Controlling und Risikomanagement

Aus prozessualer Sicht schließt sich der Kreislauf der Aufgaben eines Anlegers, der mit der Ermittlung der Risikobereitschaft (Kapitel 4) und der Festlegung einer Anlagestrategie (Kapitel 5) beginnt, sich in der Informationsaufnahme (Kapitel 6) und dem Treffen von Anlageentscheidungen (Kapitel 7) fortsetzt, mit dem in diesem Kapitel beschriebenen Controlling und dem Risikomanagement. In den folgenden Ausführungen werde ich zunächst grundsätzliche Überlegungen zum Verhältnis von Planung und Reflexion anstellen und danach auf Controllinginhalte und Controllingrhythmen eingehen. In Kapitel 8.2 betrachte ich das aus psychologischer Sicht wichtige Bedürfnis nach Kontrolle, ergänzt um Aspekte einer illusionären Kontrolle. Im abschließenden Kapitel 8.3 stelle ich die Grundzüge eines sinnvollen Risikomanagements und die hieraus ableitbaren Aufgaben für Anleger vor.

8.1 Controllinginhalte und Controllingrhythmen

Über das Verhältnis von Planung und Reflexion

Da niemand wissen kann, wie sich die wirtschaftlichen Gegebenheiten und die Märkte entwickeln, sind Planungen stets mit Unsicherheiten verbundene Erwartungen an die Zukunft. Bedeutet dies nun, dass die zuvor beschriebenen zielbildenden und planenden Aktivitäten, die ja stets auf einem Blick in die Zukunft basieren, nun im Prinzip sinnlose Spielereien sind? Ganz sicher nicht. Planungen zwingen einen, dass man sich mit der Vergangenheit, der Gegenwart und einer gegenwärtig angenommen, jedoch stets unbekannten Zukunft auseinandersetzt. Beschäftigt man sich später nochmals mit der gleichen Thematik, ist ein Teil der zuvor prognostizierten Zukunft bereits Vergangenheit oder Gegenwart geworden – und man erkennt, dass es nicht unerhebliche Abweichungen zwischen den ursprünglichen Annahmen und der zwischenzeitlich eingetretenen Realität gibt. Die Beschäftigung mit diesen Differenzen bietet ein erhebliches Lernpotential, vor allem die Möglichkeit, seine Erfahrungen, sein Wissen und Können im Umgang mit finanziellen Angelegenheiten ständig zu erweitern und zu verbessern. Dies bedeutet, dass planende und ausführende Aktivitäten – im Sinne einer Feedback-Schleife – stets um reflexive Aktivitäten ergänzt werden sollten. Erst wenn dies geschieht, ist der Prozess der Kapitalanlage sinnvoll abgeschlossen und kann in neue, revidierte Zielsetzungs-, Planungs- und Informationserfassungsphasen mit anschließenden Handlungsaktivitäten münden. Elena Esposito (2007: 62f und 64) beschreibt diesen für Anleger wichtigen Prozess wie folgt:

> „Man macht Vorhersagen und plant, und auf diese Weise tut man Dinge, die beobachtet werden können. Was dann tatsächlich geschieht, ist nicht das Ergebnis der Planung selbst, sondern eine Folge der Tatsache, dass die Planung beobachtet wird und sich daraus Rückschlüsse auf die Absichten und die Orientierungen des Planenden ziehen lassen. (...) Er kann darauf reagieren, seine Pläne anpassen und aus der Erfahrung lernen. Doch das ist nur möglich, weil überhaupt etwas getan wurde, das es erlaubt, Informationen zu erzeugen und zu sammeln. (...) Der wahre Wert der Prognose liegt also nicht in der Reduktion oder Beseitigung der Undurchschaubarkeit der Zukunft, sondern darin, dass sie diese als Informationsquelle fruchtbar macht. Die provisorische Planung erlaubt es, mit der Zukunft umzugehen, ohne sie festlegen oder ‚defuturisieren' zu wollen. (...) Anstatt *gegen* die Unbestimmtheit vorzugehen, die nichts anderes ist als Kontingenz und Komplexität, arbeitet man *mit* ihr und versucht, Anhaltspunkte aus ihr abzuleiten."

Controllinginhalte

Die Frage, was ein Anleger kontrollieren sollte, kann man aus einer ökonomischen und einer psychologischen Perspektive betrachten. Bei einer ökonomischen Betrachtung geht es vor allem darum, die wertmäßige Entwicklung des Gesamtportfolios und der einzelnen Assets zu analysieren und mit den zuvor fixierten Erwartungen abzugleichen. Wesentliche Kriterien sind hierbei die Performance, also der Rendite- bzw. Vermögenszuwachs eines Investments, sowie die damit verbundenen Risikomaße (z.B. die Volatilität, die Alpha- und Beta-Werte, sowie die zweidimensionalen Risikomaße in Form des Sharpe Ratio oder des Jensen-Alpha[1]).

[1] Siehe hierzu die Erläuterungen in Anlage 2, Kiehling (2000) sowie Steiner & Bruns (2002).

Nun zu den psychologischen Aspekten: In der Behavioral Finance wird unter dem Begriff *Mental Accounting* ein Problem beschrieben, auf das ich kurz eingehen möchte.[2] Unter Mental Accounting versteht man die Neigung, das finanzielle Engagement nicht, wie von Ökonomen gefordert, in seiner Gesamtheit zu betrachten, sondern jedes Engagement isoliert zu beurteilen: für jede einzelne Investition also ein gesondertes geistiges (mentales) Konto zu bilden. Ein Anleger ist jedoch gut beraten, wenn er – um die notwendige Tiefenschärfe zu erhalten – eine binokulare Betrachtungsweise praktiziert: Auf der einen Seite die einzelnen Investments seines Portfolios separat betrachtet und diese mit alternativen Produkten vergleicht; auf der anderen Seite sein Portfolio in der Gesamtheit sieht, und die hierbei feststellbaren Performance- und Risikokriterien mit den gesetzten Zielen und Erwartungen sowie passenden Indizes (z.B. dem MSCI World Index) abgleicht.

Wie Barry Schwartz (2006: 202) darstellt gibt es drei Möglichkeiten, Vergleiche anzustellen: (1) Man vergleicht, wie dies Ökonomen üblicherweise tun, die Ist-Werte mit dem, was man als Plan-Wert festgelegt hat; (2) man vergleicht die erreichten Ergebnisse mit den Erfahrungen, die man in letzter Zeit gemacht hat; (3) man vergleicht das Erreichte mit dem, was andere Personen erreicht haben. Stellt man bei der erstgenannten Möglichkeit fest, dass angestrebte Ziele nicht erreicht wurden, erzeugt dies Unzufriedenheit. Ergänzt man diesen Vergleich jedoch um seine Erfahrungen, zum Beispiel die Erkenntnis, dass die Kurse in den letzten Monaten weltweit erheblich eingebrochen sind, relativiert dies die zuerst gemachte Feststellung, erzeugt unter Umständen sogar ein Zufriedenheitsgefühl. Am problematischsten ist der Vergleich mit anderen Personen: der soziale Vergleich. In einer Gesellschaft, in der die Wertschätzung einer Person primär von ihrem Leistungserfolg abhängt, erhält man Anerkennung, wenn man zumindest das erreicht, was andere erreicht haben. Da die Finanzmedien und auch viele Kommunikationen unter Anlegern voll sind von außergewöhnlichen Performancewerten und Erfolgen, fällt es Anlegern häufig schwer, im Vergleich zu Anderen den für sie passenden Maßstab zu finden. Außerdem wird man in einer Gesellschaft des immer Schneller, Weiter, Höher, Größer, in der der Wille zum Mehr alle menschlichen Betätigungsfelder beeinflusst, auch bei seinen Anlagebemühungen zu immer neuen Höchstleistungen angespornt. Der sich hierdurch aufbauende Druck kommt deshalb nicht nur von außen, sondern bei vielen Anlegern

---

[2] Siehe hierzu die Erläuterungen und Literaturhinweise in Anlage 1.

auch von innen – vor allem bei denjenigen, die das ständige Erfolgsstreben als Kardinaltugend verinnerlicht haben. Aus diesem Grund benötigen wir, wie Sloterdijk (2005a:) meint, neben dem ständigen Streben nach Verbesserung und der damit verbundenen „Rhetorik des Fortschritts", auch eine „Rhetorik der Mündung" bzw. eine „Kultur des Ankommens", die uns einen „Stillstand auf hohem Niveau als äußerst wertvolles Gut begreifen" lässt.

Eine aus psychologischer Sicht wichtige Frage ist, wie man mit festgestellten Ergebnissen, vor allem aber mit Abweichungen umgeht, und welche Ursachen man diesen zuschreibt. Ganz generell kann man die Ursachen eines Ereignisses, wie Kelley, ein Vertreter der Attributionstheorie[3] meint, einem der folgenden drei Bereiche zuordnen: (1) Einer Person, z.B. ihren Fähigkeiten, ihrem Gespür und ihrem Wissen, (2) einem Objekt, z.B. dessen Komplexität und Beeinflussbarkeit, oder (3) den Umständen bzw. den jeweiligen Bedingungen. So kann man eine zu geringe Performance beispielsweise durch ungenügende Kenntnisse und Erfahrungen, durch eingeschränkte Diversifikationsmöglichkeiten, oder durch eine negative Marktentwicklung begründen. Ein häufig festzustellender Attributionsmechanismus ist, dass Erfolge den eigenen Fähigkeiten zugeordnet werden, was in der Behavioral Finance als *Self Attribution Bias*[4] bezeichnet wird, Misserfolge hingegen gerne durch die besonderen Schwierigkeiten der Aufgabe oder negative Umstände begründet werden – ein Verhalten, das ein Lernen aus Fehlern erschwert, wenn nicht sogar unmöglich macht.

Neben den Inhalten, dem „was", ist auch das „wie" der Kontrolle von Bedeutung. Entscheidend hierbei ist, in welcher Form man das relevante Umfeld (für Anleger sind dies z.B. die ökonomischen Bedingungen, die Kursentwicklung an Börsen…), das heutzutage von mitunter nicht unerheblichen Turbulenzen geprägt ist, beobachtet. Karl Weick & Kathleen Sutcliffe (2003), zwei Psychologen, die das Verhalten von High Reliability Organizations (HROs)[5] erforscht haben, empfehlen in schwierigen Lagen ein Verhalten, das sie mit dem Begriff „Mindfulness" (Achtsamkeit) umschreiben. Wichtige, auf Anleger übertragbare Kennzeichen dieses Verhaltens sind: Sensibilität gegenüber Unregelmäßigkeiten, Konzentration auf Fehler, Ablehnung

[3] Siehe hierzu in zusammenfassender Form Wiswede (2007: 84ff).

[4] Siehe hierzu Pompian (2006) und Shefrin (2000).

[5] Dies sind Organisationen, die mit einem Höchstmaß an Zuverlässigkeit arbeiten müssen (z.B. Flugzeugträger, Atomkraftwerke oder die Feuerwehr). Sie zeichnen sich vor allem dadurch aus, dass sie Warnsignale frühzeitig erkennen und mögliche Probleme durch die Einleitung entsprechender Maßnahmen bereits im Vorfeld weitgehend eliminieren.

von Vereinfachungen und Akzeptanz von Expertenwissen. Hieraus leiten sie folgende Empfehlungen ab: Gehe den schlechten Nachrichten nach und finde heraus, was die Mehrheit der Experten denkt, mache dir drohendes Unheil klar, sei dir deiner Schwächen bewusst, stärke deine Phantasie, um auf das Unerwartete vorbereitet zu sein. „Mindlessness“ hingegen ist, wie Langer (1989) darstellt, gekennzeichnet von Verschlossenheit, bewusstem Nichtwissenwollen, Rigidität, Abschottung gegenüber neuen Daten, ein Denken in Schubladen und die daraus resultierende verzerrte Wahrnehmung, wobei diese Merkmale häufig einhergehen mit einer geringen Kontrollfähigkeit und gelernter Hilflosigkeit.

Controllingrhythmen

Die Frage, in welcher Rhythmik und mit welchen Zeitaufwand Portfolios kontrolliert werden sollten, wird ganz unterschiedlich beurteilt. Auf der Seite derer, die meinen die Anlage von Kapital erfordere einen entsprechenden Zeitaufwand, findet man beispielsweise John Maynard Keynes, der durch geschicktes Spekulieren ein erhebliches Privatvermögen aufbaute. Keynes widmete seinen Finanzen, wie Heilbroner (2006: 258) berichtet, viel Zeit: „Morgens studierte er im Bett liegend die Finanzinformationen, traf seine Entscheidungen und erteilte seine Aufträge per Telefon. Damit war dies erledigt und der Tag frei für wichtigere Dinge.“ Auch Malkiel (2000: 22) ist der Meinung, dass die „Kapitalanlage viel Arbeit erfordert“. Schoor beispielsweise empfiehlt in seinem „Lazy Investor-Programm“ dem etwas engagierteren Börsen-Anleger, dass er sich täglich mit seinen Investments beschäftigt, was seines Erachtens einen Aufwand von ca. 80 Minuten pro Woche erfordert.

Nun zu denjenigen Experten, die der Meinung sind, dass es nicht ratsam ist, sich zu häufig bzw. zu intensiv mit seinem Portfolio zu beschäftigen: Belsky & Gilovich (2007: 83) nehmen Bezug auf eine Studie der American Stock Exchange in der festgestellt wurde, „dass fast 40 Prozent aller jungen Anleger der Mittelklasse ihre Vermögensbildung *einmal pro Woche* überprüfen!“. Dies kommentieren sie wie folgt: „Und das ist wirklich viel zu oft. Je öfter Sie Ihre Kapitalanlagen überprüfen, desto mehr werden Sie die Höhen und Tiefen bemerken, die ein unvermeidlicher Charakterzug aller Aktien- und Bond-Märkte sind, und dazu tendieren, auf diese zu reagieren.“ Auch Kahneman „warnt“ davor, sich über den Wert seines Portfolios zu oft zu informieren: „Wenn der Besitz von Aktien ein langfristiges Projekt für Sie ist, ist es eine sehr, sehr schlechte Idee, ihre Kurse ständig zu beobachten. (...) Wenn Sie Ihr

Geld jeden Tag nachzählen, machen Sie sich unglücklich."[6] An anderer Stelle bemerkt Kahneman (2004: 154): „Je häufiger Investoren neue Informationen über ihre Engagements bekommen, desto schlechter scheint sich ihre Performance zu entwickeln." Benartzi & Thaler geben „Investoren, die unter kurzsichtiger Verlustaversion leiden", den Rat, „die Wertentwicklung ihres Portfolios weniger häufig (zu) überprüfen, höchstens einmal im Jahr".[7] In einem Interview mit der *Frankfurter Allgemeine Sonntagszeitung* (*FAS)* meinte Benartzi (2007) außerdem, dass Anleger „kurzfristige Verluste nicht ansehen" sollten.[8] Doch macht es Sinn, Anlegern angesichts der Gefühle und Emotionen, die starke Kurseinbrüche auslösen, solch einen Rat zu geben? Einem Finanzexperten, der sich mit Börsenentwicklungen beschäftigt, mag dies ja noch plausibel erscheinen. Welcher Anleger bringt es jedoch fertig, bei drohenden Gefahren bewusst wegzuschauen? Berücksichtigt man die Erkenntnisse der Hirnforschung, der Soziobiologie und der Psychologie, ist es höchst unwahrscheinlich, dass Menschen dies können. Außerdem wäre so ein Verhalten auch nicht sehr sinnvoll. Häufig richtet man – so eine allgemeine Erkenntnis des Risikomanagements – mehr Schaden dadurch an, dass man etwas ignoriert oder für harmlos hält, das sich später als gefährlich erweist, als umgekehrt. Den Außenstehenden erinnern solche „Bleib-ruhig"-Tipps an das bekannte „Pfeifen im Walde", dem stressresistenten, erfahrenen Anleger werden sie eher wie ein schwacher Trost, einem zu Verlustängsten neigenden Kleinanleger hingegen – in einer von Stress dominierten Gefühlslage – eher wie eine Verhöhnung durch überhebliche Besserwisser vorkommen.

Der Zeitaufwand und der Rhythmus, mit dem Anleger die Entwicklung ihres Portfolios verfolgen könnten, hängt von verschiedenen Faktoren ab: (1) Von den persönlichen Präferenzen und dem Interesse, das man ökonomischen und finanziellen Aspekten entgegenbringt, (2) von der Höhe des angelegten Kapitals und der Bedeutung, die dies für die finanzielle Gesamtsituation eines Anlegers hat, (3) von der Vorbildung, den Kompetenzen und den Erfahrungen, die ein Anleger in finanziellen Angelegenheiten besitzt, (4) von der Zusammensetzung, Diversifiziertheit und der Risikostruktur des Portfolios und schließlich (5) vom jeweils individuellen Bedürfnis nach Kontrolle, das beim einen Anleger stärker, beim anderen hingegen schwächer ausge-

[6] Zitiert nach Zweig (2007: 94).
[7] Zitiert nach Shefrin (2000: 43).
[8] Die *FAS* gab diesem Interview – bewusst oder unbewusst – den zweideutigen Titel: „Schauen Sie nicht zu, wenn die Kurse sinken".

prägt ist. So wird es für einen wenig engagierten Anleger, der über Jahre Kapital angesammelt und auf mehrere durchschnittlich riskante Assets aufgeteilt hat, reichen, wenn er die Entwicklung seines Portfolios einmal pro Monat analysiert. Hat er seine Assets in einem Musterportfolio Online erfasst, erfordert dies in etwa einen Zeitaufwand von einer viertel Stunde pro Monat. Bei engagierten Anlegern, die ein großes, breit gestreutes, auch riskante Titel beinhaltendes Portfolio besitzen, sind kürzere Beobachtungsrhythmen mit einem dann auch insgesamt etwas höheren Zeitaufwand sicherlich überlegenswert. Wer diesen Aufwand nicht leisten will oder kann, sollte sein Geld besser bei einer Bank als Festgeld anlegen, oder einen Berater mit der Verwaltung seines Vermögens beauftragen, wobei es ratsam ist, dass er mit diesem dann – unter Berücksichtigung seiner Risikobereitschaft – möglichst differenzierte Anlageziele fixiert.

8.2 Kontrollbedürfnis, Kontrollverlust und gelernte Hilflosigkeit

Das Bedürfnis nach Kontrolle

Das Bestreben der Menschen, die Geschehnisse und Ereignisse in ihrer Umgebung unter Kontrolle zu bringen, ist ein zentrales Interessen- und Forschungsfeld der Psychologie. Die erhöhte Aufmerksamkeit, die dem Thema Kontrolle in neuerer Zeit zuteil wurde, hat ihre Ursache vor allem in Befunden die vermuten lassen, dass die immer häufiger festzustellenden Symptome von Hilf- und Hoffnungslosigkeit, Angst und Depression auch auf fehlende Kontrollmöglichkeiten zurückzuführen sind.[9]

Definitionen und Formen von Kontrolle

In der psychologischen Literatur gibt es eine Vielzahl unterschiedlicher Definitionen von Kontrolle.[10] Ihnen gemein ist die Annahme eines angeborenen Bedürfnisses bzw. einer grundlegenden Motivation, sich als Verursacher von Ereignissen oder Veränderungen zu sehen, die einen selbst betreffen, was man als *Kontrollbedürfnis* bezeichnet (siehe hierzu Abbildung 8.1). Kontrolle zu haben bedeutet dann, dass es einen erkennbaren Zusammenhang zwischen dem eigenen Handeln und den daraus folgen-

[9] Siehe hierzu z.B. Ehrenberg (2001 und 2004).
[10] Siehe hierzu und zu den folgenden Ausführungen Bungard & Schultz-Gambard (1990), Grabitz (1987), Langer (1983), Maas & Weibler (1990b), Maas & Weibler (2000) sowie Wiswede (2007).

den Konsequenzen gibt. Bei der Ausübung von Kontrolle kann man zwischen einer primären und einer sekundären Form unterscheiden: Eine *primäre Kontrolle* (Beeinflussungskontrolle) liegt vor, wenn eine Person Ereignisse durch eigenes Handeln direkt beeinflussen kann. Viele Ereignisse des täglichen Lebens entziehen sich jedoch einer direkten Beeinflussbarkeit. So haben Anleger z.B. auf die Kursentwicklung an Börsen keinen Einfluss. Ihre einzige Möglichkeit ist, durch Kauf oder Verkauf von Wertpapieren auf Kursveränderungen zu reagieren. Ist dies der Fall, spricht man von einer *sekundären Kontrolle.*

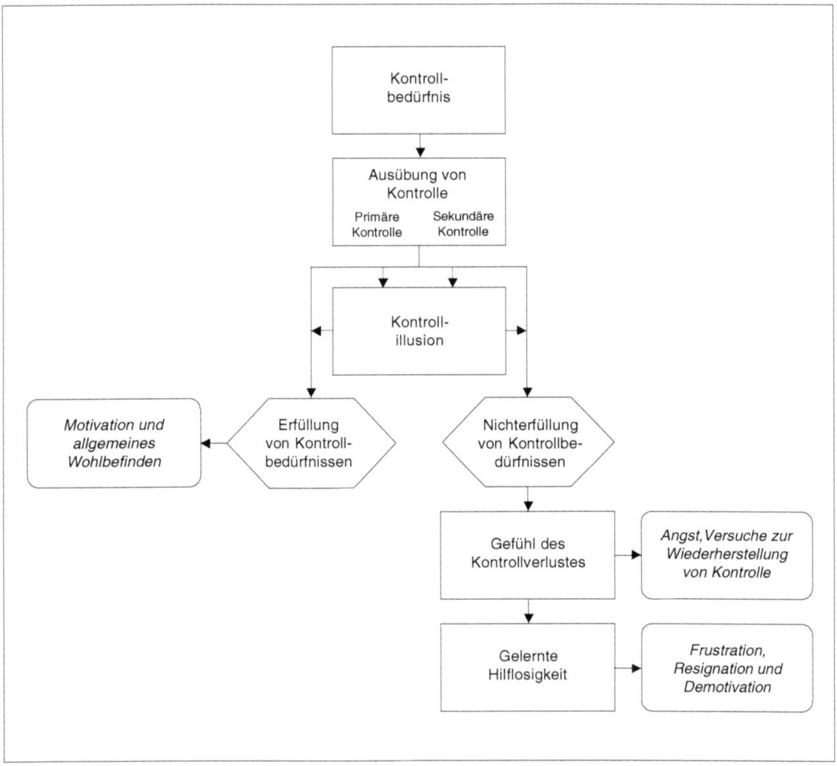

Abbildung 8.1: Vom Kontrollbedürfnis zur gelernten Hilflosigkeit

Erfüllung und Nichterfüllung von Kontrollbedürfnissen

Kann ein bestimmtes Ereignis so beeinflusst werden, dass es weitgehend die eigenen Vorstellungen abdeckt, bezeichnet man dies als Erfüllung von Kontrollbedürfnissen, deren Ergebnis dann Motivation und allgemeines Wohlbefinden sind. Kann ein Ergebnis nicht selbst beeinflusst werden, werden Kontrollbedürfnisse nicht erfüllt. Ist dies wiederholt der Fall, stellt sich zunächst das Gefühl des *Kontrollverlustes* ein, in anhaltenden Fällen eine *gelernte Hilflosigkeit*. Symptome eines Kontrollverlustes sind Angst, Panik und ein hektisches Bemühen um Wiederherstellung der Kontrolle. Je öfter und intensiver Menschen die Erfahrung machen, dass sie, was immer sie auch tun, Geschehnisse nicht beeinflussen können, desto stärker entwickelt sich ein Syndrom, für das Martin Seligman (1999) den Begriff „gelernte Hilflosigkeit" geprägt hat. Die Folgen der gelernten Hilflosigkeit sind Frustration, Resignation und Demotivation, ein anhaltendes Gefühl der Ohnmacht, vollkommene Passivität und Apathie sowie Traurigkeit bis hin zu depressiven Verstimmungen.

Illusionäre Kontrolle

Neben den zuvor beschriebenen Kontrollformen gibt es noch die von Ellen Langer beschriebene *Kontrollillusion*[11], die vor allem bei Börsenexperten und Anlegern häufig festzustellen ist. Langer beobachtete in verschiedenen Experimenten Menschen, die glaubten, durch ihr Handeln im Prinzip rein zufällige Ereignisse beeinflussen zu können. So gibt es beispielsweise Würfelspieler die stärker werfen, wenn sie eine hohe Zahl, oder schwächer werfen, wenn sie eine niedere Zahl benötigen – die also annehmen, über die Art ihrer (Wurf-)Handlungen Kontrolle über das (Wurf-)Ergebnis zu erhalten. Nick Hornby (1997: 149f) hat in *Ballfieber* seine Versuche, als Fußballfan die Ergebnisse seines Lieblingsvereins (Arsenal London) zu beeinflussen, wie folgt beschrieben:

> „Ich habe versucht, Tore ‚hineinzurauchen' (Arsenal erzielte einmal ein Tor, als drei von uns eine Zigarette anzündeten) und Käse-Zwiebel-Chips zu einem bestimmten Zeitpunkt in der ersten Hälfte zu essen. Ich habe versucht, den Videorecorder bei Spielen, bei denen ich im Stadion war, nicht zu programmieren (es kam mir nämlich so vor, als hätte das Team vorher böse gelitten, wenn ich Spiele aufgezeichnet hatte, um die Partie später zu Hause genau analysieren zu können). Ich habe glückbringende

[11] Siehe hierzu Langer (1982 und 1983) sowie Beck (2008:66ff).

Socken versucht, und glückbringende Hemden, glückbringende Hüte und glückbringende Freunde, und mich bemüht, andere auszuschließen, von denen ich das Gefühl hatte, dass sie dem Team nichts als Ärger einbrachten. Nichts (außer den Zuckermäusen[12]) hat je irgendetwas geholfen. Doch was können wir anderes tun, wenn wir so schwach sind? Wir investieren jeden Tag Stunden, jedes Jahr Monate, während unseres Lebens Jahre in etwas, über das wir keine Kontrolle haben; ist es da irgendwie verwunderlich, dass wir darauf zurückgeworfen sind, erfinderische und etwas eigenwillige Liturgien zu erschaffen, die uns die Illusion geben, dass wir letztlich voller Macht sind (...)?"

Kontrollillusionen können auch durch externe Einflüsse oder Selbstzuschreibungen erzeugt und verstärkt werden. So glauben Anleger, die über brandheiße Tipps, Insiderwissen oder spezifische Prognose- und Charttechniken verfügen, zukünftige Entwicklungen einschätzen und damit Marktentwicklungen kontrollieren zu können. In gleicher Weise glauben Anleger, die gerade eine Glückssträhne haben, dieser auch bei zukünftigen Aktivitäten vertrauen zu können. Die hierbei entwickelte Illusion von Kontrolle tritt dann an die Stelle einer real vorhandenen Kontrollmöglichkeit. Sie ist, wie Langer sagt, für die handelnden Personen ebenso real und wirksam wie primäre Kontrollmöglichkeiten. Wird eine Kontrollillusion nachhaltig erschüttert, entwickelt sich ein starker Vertrauens- und Selbstwertverlust, der bei Anlegern zu einem lang anhaltenden oder gar dauerhaften Abschied von der Börse führen kann.

8.3 Grundlagen und Möglichkeiten des Risikomanagements

Das Streben nach Erwartungssicherheit

Menschen haben nicht nur ein fundamentales Bedürfnis nach Kontrolle, sie haben auch das Bestreben, in einem Zustand des Unbedrohtseins, also weitgehend frei von Gefahren, Unsicherheiten oder Risiken leben zu können. Zwar können derartige Bedrohungen durchaus produktiv wirken und Abwehrmaßnahmen aktivieren, bei vielen Menschen erzeugen sie jedoch Spannungen, Stress und Angst, die sich nur

[12] Das Ritual mit den Zuckermäusen beschreibt Hornby (1997: 148) wie folgt: „Vor jedem Heimspiel marschierten wir alle in den Süßwarenladen, erstanden unsere Mäuse, gingen nach draußen, bissen den Kopf ab, als ob wir den Sicherungssplint einer Handgranate entfernen würden, und warfen die Torsos unter die Räder entgegenkommender Autos."

begrenzt aushalten lassen. Um die eigene Handlungsfähigkeit zu erhalten, werden solche Bedrohungen – z.B. mittels Abwehrmechanismen oder einer selektiven Wahrnehmung – ausgeschaltet, relationiert, neutralisiert oder in eine für die Person tragbare Form von relativer Sicherheit umdefiniert. Luhmann (1984: 412ff) bezeichnet das Ergebnis dieser Umdefinitionen, bei der eine nicht tragbare Kontingenz in handhabbare Komplexität verwandelt wird, als „Erwartungssicherheit". Der Aufbau von Erwartungssicherheit ist – auch wenn ihr Ergebnis eine Fiktion beinhaltet – von grundlegender Bedeutung für jegliches Handeln. Man schafft dadurch wohl keine wirkliche Sicherheit, erreicht aber eine Reduzierung von Stress und Angst. Den ersten Schritt zum Aufbau von Erwartungssicherheit machen Anleger bei der zuvor beschriebenen Ermittlung der individuellen Risikobereitschaft. Den zweiten Schritt bildet eine sich zyklisch wiederholende Analyse, Reflexion und Anpassung der eingegangenen Risiken im Rahmen eines Risikomanagements. Schlussendlich aber bleiben, wie Luhmann (1990: 134) sagt, alle „Versuche, ein Risiko zu mindern, selber riskant". Esposito (2007: 79) ergänzt dies um den Hinweis, dass deshalb „die Suche nach Sicherheit keinesfalls sicher ist". Besser kann man die nachfolgend beschriebenen Versuche, Risiken zu vermeiden und Sicherheit zu suchen, kaum zusammenfassen.

Ziele und Inhalte des Risikomanagements

Das Bedürfnis, Risiken zu kalkulieren und zu steuern, entwickelte sich bereits in der Renaissance. Seither wurde eine Vielzahl von vorrangig statistischen und finanzwissenschaftlichen Methoden entwickelt, die heute unter dem Begriff „Risikomanagement" zusammengefasst werden.[13] Wie Bernstein (2007: 247) darstellt, dient das Risikomanagement vor allem dazu, „dass wir die Bereiche maximieren, in denen wir einigen Einfluss auf das Ergebnis haben, und gleichzeitig die Bereiche minimieren, wo wir ohne jeden Einfluss auf das Ergebnis sind und der Zusammenhang zwischen Wirkung und Ursache verborgen ist". Der Risikomanagementprozess[14] umfasst in einem ersten Schritt die Identifikation, Messung und Bewertung von Risiken, und in einem zweiten die Entwicklung von Maßnahmen, mit denen Risiken aktiv gesteuert

[13] Siehe hierzu Bonß (1995) und Bernstein (2007).
[14] Siehe hierzu z.B. Schmitz & Wehrheim (2006).

werden können. Ziel hierbei ist, Risiken auszuschließen (was in den meisten Fällen kaum möglich sein wird), zu reduzieren, zu begrenzen oder zu verlagern.

Risiken identifizieren

Typische Risiken, die ein Anleger zu bewältigen hat, sind das Marktrisiko (Risiko, dass seine Investments durch Kurseinbrüche an Wert verliert), das Liquiditätsrisiko (Risiko, dass er für sein Investment zu dem Zeitpunkt, zu dem er verkaufen möchte, keinen Käufer findet), das Währungsrisiko (Risiko, dass sich bei Investments in Fremdwährung die Kursrelationen verschlechtern), das Klumpenrisiko (Risiko, dass sich zu große Anteile seines Portfolios auf ein Land, eine Branche oder ein Unternehmen konzentrieren) und das Emittentenrisiko (Risiko, dass der Aussteller eines Wertpapiers zahlungsunfähig wird).[15] Das Risiko, das Anlegern sicher die meisten Sorgen bereitet und das sie auch am wenigsten beeinflussen können, ist das Marktrisiko. Will man dieses umgehen, sollte man Aktien und Aktienfonds meiden und sein Kapital in risikoärmere Anlageformen investieren, wobei man dann das Risiko hat, dass Inflationsraten mögliche Zugewinne übersteigen, und dadurch auch eine „sichere" Kapitalanlage an Wert (gemessen an der Kaufkraft) verliert.

Risiken messen und bewerten

Während es bei der Festlegung der Risikobereitschaft vor allem darum geht, die Aktienquote eines Portfolios festzulegen, steht beim Risikomanagement das Verhältnis von Risiko und Ertrag im Zentrum der Betrachtung. Für Anleger wichtige Risikomaße bzw. Kennziffern sind beispielsweise die Volatilität, der Beta-Faktor, das Jensen-Alpha und die Sharpe Ratio[16] eines Investments – Werte, die man heute für die üblichen Anlageprodukte und verschiedenste Zeiträume auf den Informationsseiten der Onlinebanken und von Finanzportalen findet. Wichtig ist, dass Anleger zum einen im Laufe der Zeit ein Gefühl für die Risiko-Ertrags-Verhältnisse der einzelnen Assetklassen und die ihres Portfolios entwickeln, zum anderen, dass sie die Kriterien, die sie bei der Festlegung der Risikobereitschaft berücksichtigten, anhand der nun festgestellten (Ist-)Risiko-Ertrags-Verhältnisse rückwirkend betrachten und gegebenenfalls korrigieren.

---

[15] Siehe hierzu und zu den folgenden Ausführungen Steiner & Bruns (2002).
[16] Siehe hierzu die Erläuterungen in Anlage 2.

Risiken begrenzen und reduzieren

Wo es Risiken gibt, gibt es auch Bemühungen, diese zu begrenzen und/oder zu reduzieren. Wie Jünemann & Imbacher (2007: 19 und 89ff) darstellen, hängt der langfristige Börsenerfolg vor allem davon ab, dass man zunächst einmal lernt, Risiken zu begrenzen. „Kaufen ist", wie sie meinen, „keine Kunst. (...) Der Börsenerfolg ist langfristig jedoch vor allem von der Kunst abhängig, zu verkaufen, und zwar rechtzeitig." Ein wichtiger Ansatz zur Risikobegrenzung ist für sie deshalb, dass man frühzeitig Stoppkurse für die einzelnen Assets eines Portfolios festlegt.

Bei den Risiko reduzierenden Strategien muss man zwischen den systematischen Risiken, dies sind die Risiken die durch Bewegungen des Gesamtmarktes entstehen, und den unsystematischen Risiken, das sind die titelspezifischen Risiken, unterscheiden. Die unsystematischen Risiken lassen sich zumindest teilweise durch eine ausreichende und sinnvolle Diversifikation reduzieren. Die bisherigen Versuche, Marktrisiken beispielsweise durch eine Portfolio Insurance auszuschließen, sind gescheitert. Solche Versicherungen sind zum einen sehr teuer, zum anderen funktionieren sie nur bedingt in Zeiten extremer Kurseinbrüche – also in Zeiten, in denen man sie am dringendsten bräuchte.[17] Wie die Finanzindustrie propagiert, sollen sich Marktrisiken auch durch marktneutrale Investments, Garantiefonds oder Bonuszertifikate reduzieren lassen. Auch hier zeigt sich, wie die Aussagen einer werbenden Finanzindustrie und die Wirklichkeit auseinanderklaffen: Zum einen reduzieren die Kosten von Garantieprodukten zumeist die Erträge so stark, dass sie uninteressant werden; zum anderen begrenzt man mit marktneutralen Investments wohl das Marktrisiko, holt sich dafür aber ein Strategierisiko ins Depot.[18] Geht die Strategie nicht auf, hat man das, was Luhmann (1990: 159) einen „Sorgeschaden" nennt: Man ist besorgt, fühlt sich unwohl, beugt vor, tätigt ein Risiko reduzierendes Investment – und verursacht gerade dadurch einen Schaden. Ein Beispiel hierfür sind die 2006 und 2007 als marktneutrales Investment von der Finanzindustrie angepriesenen Alpha-Zertifikate, deren besonderer Vorteil sein sollte, weitgehend unabhängig vom Auf und Ab der Börsen eine ansehnliche Rendite zu erwirtschaften. Anfang 2008 fasst Christian Röhl unter dem Titel „Marktneutrales Debakel" die Erfahrungen mit diesen Investments wie folgt zusammen: „Würde es im Zertifikate-Markt eine Umfrage zum ‚Unwort

[17] Siehe hierzu Allianz Global Investors (2008), Bernstein (2007: 404) sowie Lewis (2008).
[18] Siehe hierzu z.B. Althof et al. (2007) sowie Wittrock (2007).

des Jahres‘ geben, stünde der wenig rühmliche Sieger wohl schnell fest: ‚Alpha‘. Kein anderer Begriff wurde von den Emittenten in den letzten eineinhalb Jahren so sehr strapaziert, keine andere Innovation so vollmundig beworben – und kein anderes Produktkonzept setzt bei Anlegern und Kundenberatern derartige Emotionen zwischen Enttäuschung, Übelkeit und Wut frei. Wo marktneutrale Rendite in Aussicht gestellt wurde, stehen heute teilweise herbe Verluste zu Buche. (...) Fast 40 Prozent Verlust in einem Jahr mit einem vermutlich defensiven Instrument, das kann kein Zufall mehr sein.“ Die oben zitierte Feststellung Luhmanns, dass alle „Versuche, ein Risiko zu mindern, selbst riskant“ sind, wird hierdurch eindrucksvoll bestätigt. An anderer Stelle (2008: 363) beschreibt Luhmann dieses Problem in seiner bekannt ironischen Art wie folgt: „Wenn es Regenschirme gibt, kann man nicht mehr risikofrei leben: Die Gefahr, dass man durch Regen nass wird, wird zum Risiko, das man eingeht, wenn man den Regenschirm nicht mitnimmt. Aber wenn man ihn mitnimmt, läuft man das Risiko, ihn irgendwo liegen zu lassen.“

9 Der lernende, sich weiterentwickelnde Anleger

Anleger bewegen sich in einem komplexen, ständig wandelnden Umfeld, was nicht unerhebliche Anforderungen an ihre Lern- und Veränderungsfähigkeit stellt. In den folgenden Kapiteln beschreibe ich zunächst die Aufgaben und Kompetenzen von Anlegern, danach unterschiedliche Lernwege, die ein Anleger gehen kann.

9.1 Aufgaben und Kompetenzen von Anlegern

Der Anleger: Ein Unternehmer in eigener Sache

„Das Leitbild der Zukunft", heißt es im Abschlußbericht der Kommission für Zukunftsfragen, „ist das Individuum als Unternehmer seiner Arbeitskraft und Daseinsvorsorge. (...) Diese Einsicht muss geweckt, Eigeninitiative und Selbstverantwortung, also das Unternehmerische in der Gesellschaft, müssen stärker entfaltet werden."[1] In diesem Sinne ist eine Person, die ein Vermögen aufbauen und erhalten möchte, geradezu ein Musterbeispiel für einen eigenverantwortlichen „Unternehmer in eigener Sache", dessen Aufgabe es ist, mit „Geld *und* Zeit"[2] zu handeln. Sein Ziel hierbei sollte sein, das eingesetzte Kapital sinnvoll zu „managen": zu verwalten, gegen Risiken abzusichern und so gut wie möglich zu vermehren. Um dieses Ziel zu erreichen, muss er sich (1) über die aktuellen Gegebenheiten und Risiken der Kapitalmärkte, über Produkte, Anbieter und Handelspartner informieren, (2) Wissen entwickeln und Erfahrungen sammeln, wie, wo, mit welchen Hilfsmitteln, unter Eingehung welcher Risiken und zu welchen Konditionen man Wertpapiere sinnvoll handelt, (3) sich eine finanzielle Allgemeinbildung erarbeiten und wichtige Prinzipien zur sinnvollen Anlage von Kapital kennen lernen, (4) klare Vorstellungen entwickeln, welche Ziele er

---

[1] Zitiert nach Bröckling (2007: 7f).
[2] Siehe hierzu Baecker (1991: 8).

anstrebt und welche Risiken er hierbei eingehen möchte, (5) mit anderen Personen bzw. Institutionen in kommunikativen Kontakt treten, (6) die Entwicklung seines Portfolios überprüfen und überlegen, wie er es gegen Risiken absichern kann, (7) sich in seinen Aktivitäten selbst beobachten, um zu erfahren, in welcher Form er Daten aufnimmt und bewertet, wie er Entscheidungen trifft, wie er in belastenden Situationen gefühlsmäßig reagiert und wo es zukünftig auszugleichende Wissens- bzw. Lerndefizite gibt. Bei der Erledigung dieser Aufgaben bewegt er sich in einem Umfeld, das seine Bemühungen um Optimierung und Zielerreichung nicht unbedingt unterstützt, mitunter sogar behindert. Hinzu kommt, dass die ökonomischen Notwendigkeiten sowie das gesellschaftliche und mediale Umfeld seine Handlungen unter einen nicht unerheblichen Leistungs- und Erfolgsdruck stellen. Die Forderung, ein unternehmerisches Selbst zu entwickeln, verpflichtet Anleger deshalb zu einer laufenden Selbstmodellierung und Selbstoptimierung. Die „Freiheit zur Selbstsorge“[3] schafft hierbei einerseits Freiräume und fördert eigenverantwortliches Handeln, erzeugt andererseits aber bei Personen, die nicht gewohnt sind mit solchen Freiheiten umzugehen oder für die Erledigung der anstehenden Aufgaben nicht das notwendige Wissen haben, einen nicht unerheblichen Druck. Dieser äußert sich häufig in einer konstitutionellen Überforderung: dem Gefühl, den Anforderungen nicht zu genügen, das, was andere erreicht haben, selbst nicht zu erreichen – und der damit verbundenen, nicht angenehmen Erkenntnis, dass man für seine Zielverfehlungen und Fehler (zumeist) selbst verantwortlich ist.

Anforderungen an die Kompetenzen, das Können und Wollen von Anlegern

Hier drängt sich fast zwangsläufig die Frage auf, inwieweit Anleger in der Lage sind, die zuvor beschriebenen, sicher nicht leichten Aufgaben zu bewältigen. Ganz generell kann man feststellen, dass das *Wissen* der Anleger in der Regel eher gering ist. So wurde in einer von der Commerzbank beauftragten, im Jahr 2003 durchgeführten, Erhebung[4] festgestellt, dass 42 Prozent der befragten Personen nicht einmal die Hälf-

---

[3] Foucault (1993: 24ff) beschreibt die Selbstsorge als Möglichkeit eines lebenslangen Prozesses der Arbeit an sich selbst; Assheuer (2005: 8) sieht das Ganze eher negativ und bezeichnet die damit verbundene Übertragung von Lebensrisiken als „Privatisierung des Schicksals“.

[4] Befragt wurden von Infratest insgesamt 1.032 Personen, die 35 Fragen aus fünf Wissensfeldern des Finanzbereichs zu beantworten hatten. Besonders schlecht abgeschnitten haben hierbei Frauen und bildungsferne Personen, junge Erwachsene und die Bezieher geringer Haushaltseinkommen; siehe hierzu Commerzbank (2003: 20ff und 2004), Rohwetter (2003) und Stuhr (2003).

te der Fragen zum „finanziellen Allgemeinwissen" korrekt beantworten konnten, obwohl sich laut Selbsteinschätzung 80 Prozent bei der Planung und Abwicklung ihrer eigenen Finanzangelegenheiten „sehr sicher" oder „einigermaßen sicher" fühlten. Die größten Wissenslücken zeigten sich im Bereich Geldanlage und bei den Möglichkeiten einer privaten Vorsorge. Lediglich 28 Prozent der Befragten waren der Meinung, es gäbe zu wenige Informationen, woraus man schließen kann, dass das Problem vor allem darin besteht, vorhandene Informationen richtig einzuordnen und zu verarbeiten. In einer 2002 und 2003 im Auftrag der Bertelsmann Stiftung durchgeführten Befragung[5] hielten 27 Prozent Aktien für eine besonders sichere Geldanlage; im Vergleich hierzu meinten 72 Prozent, dass das Sparbuch keine sichere Anlage wäre. Ähnlich negative Erkenntnisse lieferte eine jüngst von der AXA initiierte Untersuchung zum Fondswissen der Bevölkerung.[6] Hierbei wurde unter anderem festgestellt, dass etwa die Hälfte der Befragten ihr Wissen in finanziellen Angelegenheiten für unzureichend hielt; außerdem waren vielen Befragten die Prinzipien von Geldmarkt-, Renten- oder Immobilienfonds sowie die Vorgehensweisen beim Erwerb und Verkauf dieser Wertpapiere nicht bekannt. Karin Häcker (2007: 3ff) vom Institut der deutschen Wirtschaft fasst ihre Erkenntnisse zur finanziellen (Allgemein-)Bildung der Deutschen wie folgt zusammen:

> „Wenn's ums Geld geht – keine Ahnung? Bei Soll und Haben, Bulle und Bär, Zins und Zinseszins verstehen viele Deutsche nur ‚Bahnhof'. Die meisten wollen auch gar nichts wissen über Geld und Finanzen – zum einen wegen des Geheimnisfaktors: ‚Über Geld spricht man nicht', dieser Grundsatz gelte in vielen Familien noch heute, sagt die Expertin für Verbraucherbildung an der Uni Paderborn, Professor Kirsten Schlegel-Matthies. Entsprechend finde eine Erziehung zum verantwortungsvollen Umgang mit Geld nicht statt. Zum anderen wegen des Faktors Abneigung, wie ihn die Frankfurter Allgemeine Zeitung (26.7.2005) benennt: ‚Den meisten Deutschen ist es eher ein Graus, sich mit Gelddingen zu beschäftigen. Fast die Hälfte aller Bundesbürger meidet das Thema.' (...) Gegen mangelnde Chancenverwertung hilft das Wissen über grundlegende finanzielle Zusammenhänge und Funktionsweisen von Finanzprodukten – international als ‚Financial Literacy' bezeichnet, ein Begriff, der sich als fi-

[5] Befragt wurden von Infratest 2.002 zufällig ausgewählte Personen der Geburtsjahrgänge 1952-1972 und in einer Folgeuntersuchung im Jahr 2003 1.380 Personen; siehe hierzu im Detail Leinert (2004).

[6] Befragt wurden hierbei im März 2008 von TNS Infratest mittels computerunterstützten Telefoninterviews 1.000 Personen über 18 Jahren; veröffentlicht wurden die Ergebnisse von AXA (2008), sowie vom Magazin *Finanzen – Markt & Meinung* (2008).

> nanzielle Bildung übersetzen lässt. Dass es damit nicht weit her sein kann in einem Land, in dem vielen schon die Bereitschaft fehlt, die eigenen Finanzen und die entsprechende Vorsorge, also existenzielle Fragen des Lebens, anzugehen, liegt auf der Hand. Nach einer Vorsorgestudie der Bertelsmann Stiftung aus dem Jahr 2004 vermochte nicht einmal die Hälfte der 30- bis 50-Jährigen die Sicherheit von Geldanlagen richtig einzuschätzen, obwohl die Gefahr des Wertverlustes beim eigenen Geld die wohl wichtigste Frage ist. Sichere Anlageformen wie Sparbuch, Sparpläne oder Bundesschatzbriefe wurden im Durchschnitt der Bevölkerung nicht einmal von der Hälfte der Befragten als solche erkannt. (...) Nur wer grundlegende Zusammenhänge und Funktionsweisen des Wirtschaftens versteht, kann zielgerichtet und angemessen mit Geld und Vorsorge umgehen. (...) Finanziell gebildet ist daher, wer kritisch, kompetent und verantwortungsvoll seine persönlichen Lebensrisiken abzusichern, Vermögen aufzubauen und damit sein Leben eigenverantwortlich zu führen versteht."

Ich möchte die Ausführungen von Häcker um drei Expertenmeinungen ergänzen: So meint beispielsweise Thomas Vorwerk (2008), Geschäftsführer eines Beratungsunternehmens, das Asset Manager coacht, dass „nur wenige Privatanleger in der Lage sind, selbst die richtigen Detailentscheidungen zu treffen". Franz Waas (2008), Chef der DekaBank, bezeichnet „die Deutschen" als „Weltmeister im Falschsparen" und Brost & Rohwetter (2005: 170), zwei Wirtschaftsredakteure der *Zeit*, sind gar der Meinung: „Wir alle sind finanzielle Analphabeten."

Diese Einschätzungen sind, wenn auch etwas überzogen, sicher nicht ganz unbegründet, wobei die mangelnde Kompetenz ihre Ursachen zum einen in den angesprochenen Wissensdefiziten, zum anderen in *Interessen- und Wollensdefiziten* hat. Für viele Menschen ist das Thema Geldanlage eher uninteressant. 45 Prozent der Befragten gaben in einer Umfrage des Heidelberger Marktforschungsinstitut Sinus an, dass sie mit dem Thema Geld nichts zu tun haben wollen.[7] Ihnen gegenüber standen lediglich 18 Prozent, die ihre eigenen Finanzen planen; 37 Prozent kümmern sich nur am Rande um ihr Kapital – und wenn zumeist mit geringem Erfolg. Selbst Personen, die beruflich viel mit Geld umgehen, sehen im Bereich ihrer Privatfinanzen Defizite. So erklärt beispielsweise Erich Sixt (2008), Vorstandschef der Sixt AG, dass das Thema Geldanlage für ihn „kein schönes Thema" wäre, er „keinen Spaß" habe sich um die Anlage seiner Gelder zu kümmern, sich hierfür auch zu wenig Zeit nehme, weswegen seine Renditen „extrem lausig" wären. Hinzu kommt, dass es mit dem Selbstbe-

[7] Siehe hierzu im Detail Häcker (2007: 3).

wusstsein der Anleger auch nicht zum Besten bestellt ist: dass sie – zumeist aufgrund ihres zu geringen Fachwissens und fehlender Zielvorstellungen – im Gespräch mit Bank- oder Finanzberatern zu unsicher und zu unbestimmt auftreten. Gefragt wäre hier, wie Zydra (2008) sagt, der „mündige Finanzbürger, einer der sich auskennt, interessiert ist und sich nicht alles gefallen lässt. Dieser Bullterrier als Kunde ist jedoch die Minderheit." Eine Folge dieser Defizite ist, dass die in Beratungsgesprächen feststellbaren Asymmetrien zwischen Beratern und Kunden die Beratungsqualität erheblich beeinträchtigen, was häufig zu so genannten „als ob"-Kommunikationen[8] führt; eine andere, dass zu viele Anleger auf unrealistische Versprechungen von Anlageberatern hereinfallen. So stellt Thomas Öchsner mit Bezug auf die Pleite der Göttinger Gruppe in der *Süddeutschen Zeitung* vom 5. Juli 2007 folgendes fest: „Tausende von Finanzunternehmen tummeln sich in Deutschland auf dem so genannten Grauen Kapitalmarkt, der keiner staatlichen Kontrolle unterliegt. (…) ‚Die Bundesrepublik ist das Paradies für Geldabzocker und Anlagebetrüger', sagt Volker Pietsch, Leiter des Deutschen Instituts für Anlegerschutz (Dias). (...) Den Erfolg der Geldabzocker allein auf die Gier der Menschen nach hohen Renditen zu reduzieren, treffe nicht die Realität. Schuld seien die erschreckenden Wissenslücken der Anleger. ‚Gäbe es einen Pisatest für die Allgemeinbildung in Geldfragen, würden die Deutschen miserabel abschneiden', sagt der Anlegerschützer."

Entscheidend bei der Einschätzung der Kompetenzen von Anlegern ist, mit welchem Maßstab man diese beurteilt: Welche Anforderungen man an das Wissen und Können von „normalen" Anlegern stellt. Meines Erachtens könnten viele Menschen diese Anforderungen erfüllen, sofern sie sich ein ausreichendes finanzielles Basiswissen aneignen, ein entsprechendes Interesse am Thema Geldanlage entwickeln, hierbei die Möglichkeiten und Fallstricke der Kapitalanlage aber auch ihr Verhalten im Umgang mit Risiken kennen lernen und sich auch die notwendige Zeit nehmen, in motivierter Form mit dem Aufbau und Erhalt ihres Vermögens zu beschäftigen. Wer dies nicht will oder nicht kann, ist besser dran, wenn er sich bei seinen Anlageentscheidungen von einem Fachmann beraten lässt, oder die Verwaltung seines Kapitals einem Profi überträgt – wobei die Suche nach geeigneten Beratern und eine gedeih-

[8] Kunde und Berater tun, wie Jungermann & Belting (2004: 252) dies beschreiben, dabei so, *als ob* sie einander verstehen und das Gespräch so verlaufe, wie es eigentlich verlaufen sollte, wobei beide wissen, dass dem nicht so ist, diese Fiktion aber, um eine Beeinträchtigung oder gar Scheitern zu vermeiden, bewusst aufrecht erhalten.

liche Zusammenarbeit mit diesen auch einige Anforderungen an das Wissen und die Kompetenzen von Anlegern stellt.

Pflicht zur Selbstentwicklung

Bei der Personalentwicklung in Unternehmen strebt man seit längerer Zeit an, die früher üblichen Entwicklungsaktivitäten einer Personalabteilung durch ein „Konzept der Selbstentwicklung“[9] zu ersetzen. Der Mitarbeiter wird dabei aufgefordert, seine Entwicklung selbst in die Hand zu nehmen, wobei das Ziel ist, dass er – mit Unterstützung von Vorgesetzten und Personalentwicklern – die hierfür notwendigen Maßnahmen weitgehend selbständig plant und umsetzt. Für einen Anleger gibt es nur das Konzept der Selbstentwicklung, wobei er nicht einmal einen Vorgesetzten oder Personalentwickler hat, der ihn bei der Ermittlung seiner Defizite und der Festlegung von Entwicklungsaktivitäten unterstützt. Er ist somit bei der Planung und Gestaltung seiner Entwicklungs- und Lernaktivitäten auf sich selbst zurückgeworfen: Subjekt und Objekt, Lehrender und Lernender zugleich.

Die Entwicklung zu einem befähigten Anleger erfordert, wie Stäheli (2007: 244) darstellt, ein erhebliches Maß an „Self-Mastery“: gemeint ist damit Selbstdisziplin, eine stabile Identität, Individualismus, Beherrschung seiner Emotionalität und Impulsivität, Techniken der Isolierung, Bereitschaft zur Übernahme von Eigenverantwortung, Flexibilität, Fähigkeit zur rigorosen Selbstkritik und zum Lernen aus Erfahrungen, die Bereitschaft zur ständigen Verbesserung von Handlungen und „zum ständigen Umschreiben seiner selbst“. Auch wenn dieser Katalog vielleicht etwas zu ehrgeizig ausgefallen ist, erkennt man doch, dass die Anforderungen an die Selbstentwicklungs- und Lernfähigkeit von Anlegern breit und anspruchsvoll sind.

Leistungssteigerung durch Mind Doping

Sollte man, statt aufwendige Lernprozesse zu durchlaufen, lieber zur „Pille“ greifen? Eine Frage, die sich heutzutage immer mehr Menschen stellen – und, wie die vorausgegangenen Ausführungen gezeigt haben[10], insbesondere in Finanzkreisen eine erhöhte Relevanz zu haben scheint. Zwischenzeitlich gibt es verschiedenste Versuche,

---

[9] Siehe hierzu z.B. Neuberger (1989) sowie in genereller Form Boltanski & Chiapello (2003).

[10] Siehe hierzu die Ausführungen zur Neurofinance (Kapitel 3.6) und zu den Wirkungen von Steroiden (Kapitel 7.1).

die kognitiven Fähigkeiten eines Menschen durch Psychopharmaka zu erhöhen, was man als „Mind Doping“ oder „Cognitive Enhancement“ bezeichnet.[11] Die Einnahme psychoaktiver Substanzen (erwähnt werden hier vor allem Kokain, Ritalin, Modafinil und Fluoxetin) zählt zwischenzeitlich zum Alltag vieler Menschen. Hierbei handelt es sich um Medikamente, die einstmals zur Behandlungen von Krankheiten entwickelt wurden, nun aber dazu eingesetzt werden, die geistige Leistungsfähigkeit der Menschen zu „enhancen“. Die meisten Substanzen sind verschreibungspflichtig oder fallen unter das Betäubungsmittelgesetz – trotzdem können sie, wie viele andere leistungssteigernde Präparate, illegal über das Internet bezogen werden.

Ziel der Mind Doping-Aktivitäten ist, das Verhalten und die Leistungsfähigkeit zu optimieren. Beabsichtigte Effekte sind: die Funktionsweise des Arbeitsgedächtnisses zu verbessern, Gedächtnisleistungen und Aufmerksamkeit zu erhöhen, Konzentrationsphasen zu verlängern, Wahrnehmungsprozesse und Reflexe zu beschleunigen, stressresistenter zu werden, die Risikobereitschaft – je nach Bedarf – zu erhöhen oder zu dämpfen sowie die situative Vitalität, den Spaß und das Vergnügen zu steigern. Eindeutige wissenschaftliche Beweise, dass psychoaktive Substanzen eine dauerhafte Erhöhung der Leistungsfähigkeit ermöglichen, liegen jedoch nicht vor. Positiven Effekten stehen negative gegenüber. Gleichzeitig besteht das Risiko von Nebenwirkungen. So wurden beispielsweise nach der Einnahme von Ritalin eine erhöhte Neigung zur Selbstüberschätzung, eine Steigerung der Impulsivität, sowie eine höhere Fehleranfälligkeit festgestellt. Über mögliche Langfristfolgen weiß man derzeit noch wenig, weswegen Schleim (2005: 50) den Stand wissenschaftlicher Erkenntnisse wie folgt zusammenfasst: „Neurokognitives Enhancement erscheint daher auf den ersten Blick erstrebenswert. Bei näherer Betrachtung überwiegen die Nachteile – zumindest beim heutigen Kenntnisstand – die Vorteile. Wer möchte schon die langfristige Gesundheit seines Hirns für einen kurzfristigen Vorteil aufs Spiel setzen.“

In dem Maße, in dem unsere Gesellschaft kompetitiver wird, wird auch die Nachfrage nach alternativen Wegen zur Leistungssteigerung zunehmen. Welche Formen der Einsatz von Psychopharmaka zukünftig annimmt, hängt vor allem davon ab, welche Bewusstseinszustände in einer Gesellschaft als wünschenswert und förderungswürdig angesehen werden und wie zugänglich leistungsfördernde Mittel sind. Spätestens wenn sich die ersten „Mitbewerber“ zum Mind Doping bekennen, könnte

[11] Siehe hierzu und zu den folgenden Ausführungen Schleim (2005, 2006 und 2008), Schleim & Walter (2007), Geipel (2008: 25ff) sowie in allgemeiner Form Virilio (1994: 108-144).

ein Druck bei denjenigen entstehen, die bislang nicht zur Einnahme entsprechender Mittel bereit waren. So könnte es auch dazu kommen, dass man, wie Schleim & Walter (2007: 85) meinen, eines Tages „‚kognitiv enhancen' muss, um im Wettbewerb relativ gesehen einfach nur gleich zu bleiben" – keine sehr angenehme Perspektive. Dass im Finanzbereich die Bereitschaft zum Mind Doping relativ hoch zu sein scheint, zeigt eine Meldung der *New York Post* vom 11. Oktober 2007. Berichtet wird hier über die Verhandlung einer am New York Supreme Court eingereichten Klage, in der dem Managing Director des SAC Capital Hedgefonds vorgeworfen wird, seinen Mitarbeiter, den 37 Jahre alten Andrew Tong, der ein zu aggressives Handelsverhalten zeigte, dazu aufgefordert zu haben, sich Östrogene zu besorgen und diese auch einzunehmen. Tong kam der Anweisung nach, geriet nach längerer Einnahme jedoch, wie die Klage festhält, in emotionale und psychische Not. Er begann, wie Geipel (2008: 27) berichtet, „weibliche Kleidung zu tragen, die Beziehung zu seiner Frau zu vernachlässigen und sexuellen Kontakt mit seinem Chef zu haben. Sein Leben lief sichtlich aus dem Ruder, woraufhin ihn die Firma im Frühjahr 2006 fristlos feuerte."

9.2 Wege des Lernens

Anleger können auf unterschiedlichen Wegen lernen und damit ihre Selbstformung vorantreiben. Weil andere Möglichkeiten vielfach nicht vorhanden sind[12], bleibt ein dominanter Weg das Selbststudium mittels Lektüre von Fachbüchern zum Wertpapiermanagement, ergänzt um die Veröffentlichungen der Ratgeberliteratur, sowie von Fachzeitschriften für Anleger. Andere Wege des Lernens bilden das Lernen aus Erfahrung und Fehlern, das Lernen von Anderen, ergänzt um ein gezieltes Um- und Verlernen.

---

[12] Da die Informationsveranstaltungen der Banken und Finanzdienstleister zumeist interessengeleitet sind und vor allem den Zweck haben, zusätzlichen Umsatz zu generieren, wäre es wichtig, dass sich Volkshochschulen, Verbraucherverbände sowie staatliche bzw. kommunale Einrichtungen verstärkt um die Durchführung von neutralen Informations- und Weiterbildungsveranstaltungen für Anleger bemühen. Außerdem sollte, wie Häcker (2007: 5) vorschlägt, die Bildung in finanziellen Angelegenheiten an Schulen verstärkt werden, wobei fraglich ist, ob das dabei vermittelte Wissen noch präsent und aktuell ist, wenn es viele Jahre später gebraucht wird. Siehe hierzu auch Brost & Rohwetter (2005) und die weiterführenden Informationsangebote bei Häcker (2007a), auf der Website des iff - Institut für Finanzdienstleistungen e.V. (www.iff-hh.de und www.finanzielle-allgemeinbildung.de) und des Bundesverbandes Verbraucherzentrale (www.verbraucherbildung.de).

Möglichkeiten des Selbststudiums

Da die klassische Fachliteratur von Anlegern erfahrungsgemäß wenig gelesen wird, hat die in den letzten 20 Jahren entwickelte Ratgeberliteratur für das Selbststudium eine zentrale Bedeutung. Zusammen mit den eher allgemein gehaltenen Erfolgsratgebern und den Anlegermagazinen bilden sie das Zentrum einer blühenden Selbsthilfe-Industrie.[13] Die Ratgeberliteratur für Anleger beinhaltet in der Regel eine Mischung aus finanzwirtschaftlichem und börsenspezifischem Grundwissen, ergänzt um Aspekte des Money-Management, Erkenntnisse der (Massen-)Psychologie und der Behavioral Finance sowie um die üblichen Börsensprüche bzw. Börsenweisheiten.[14] In diesen Veröffentlichungen wird der Leser aufgerufen, die Prozesse der Kapital- und Finanzmärkte in einer spezifischen Form wahrzunehmen und deren Grundprinzipien bzw. Kernaussagen (z.B.: „Privatanleger können den Markt nicht schlagen" oder „Optimiere immer das gesamte Portfolio"[15]) zu verinnerlichen. Außerdem wird er angehalten, sich bei seinen Planungs- und Handelsaktivitäten in einer spezifischen Form zu verhalten. Diese Aufforderungen bestehen üblicherweise aus einem Kanon von Du sollst- bzw. Du darfst nicht-Regeln (z.B.: „Du sollst diversifizieren" oder „Du darfst die Entwicklung Deines Portfolios nicht zu häufig betrachten"). Bei der Lektüre der Ratgeberliteratur wird er feststellen, dass einige Erkenntnisse zwischenzeitlich Allgemeingut geworden sind und sich deshalb in allen Veröffentlichungen wieder finden.[16] Was über diese Basisempfehlungen hinausgeht, wird von den Autoren zumeist kontrovers beurteilt. Dies ist auch der Grund, weswegen eine verstärkte Lektüre der Ratgeberliteratur viele Anleger eher verwirren und verunsichern als aufklären wird.

Eine zweite wichtige Quelle des Selbststudiums sind die Anlegermagazine. Sie vermitteln einerseits technisches und finanzielles (Basis-)Wissen, versorgen ihre Leser vor allem aber mit aktuellen Markt- und Produktinformationen sowie mit den neuesten Anlagetipps, wobei insbesondere die zuletzt genannten Informationen viele Anleger zu verstärkten, im Prinzip eher schädlichen Handelsaktivitäten verleiten.[17]

---

[13] Siehe hierzu Bröckling (2007) sowie Illouz (2007).

[14] Positive Beispiele für diese Art sind die Veröffentlichungen von Bernstein (2002 und 2006), Malkiel (2000) und Weber et al. (2007).

[15] Siehe hierzu beispielsweise die von Weber et al. (2007: 15ff) formulierten acht Kernaussagen bzw. Prinzipien für eine „größtmögliche Wirkung in punkto Geldanlage".

[16] Siehe hierzu die Ausführungen in Kapitel 3.7.

[17] Siehe hierzu im Detail Schuster (2001).

Eine weitere Informationsquelle bilden für Anleger die äußerst populären, eher allgemein gehaltenen Erfolgsratgeber, in denen Empfehlungen zum Umgang mit Geld vielfach mit Ratschlägen zur erfolgreichen Gestaltung des Lebens verbunden werden. Ein typisches Beispiel hierfür ist *Rich Dad, Poor Dad* von Kiyosaki (2007), das sich fünf Jahre auf der Bestsellerliste der *New York Times* hielt, und von dem über elf Millionen Exemplare verkauft wurden. „Arme arbeiten hart für Geld, Reiche lassen Geld hart für sich arbeiten", lautet eine der Botschaften, die Kiyosaki, Musterbeispiel eines erfolgreichen Unternehmers in eigener Sache, vermittelt. Kiyosakis Veröffentlichung ist eine mitunter gut lesbare, zumeist aber unausgegorene Mischung aus persönlichen Erfahrungen, Anekdoten, unverbindlichem Finanzgeschwafel, ergänzt um die (angeblichen) Erfolgsgeheimnisse der Reichen. Ähnlich zu bewerten ist beispielsweise *Der Weg zur finanziellen Freiheit – In sieben Jahren die erste Million* von Bodo Schäfer (1999). Einen etwas anderen Ansatz hat die Veröffentlichung von Dominguez & Robin (2000) *Your Money or Your Life.* Statt dem Ansammeln von Millionen werben sie für ein einfaches, nachhaltiges Leben, bei dem das Prinzip „Mehr ist besser" vom Motto „Genug ist genug" abgelöst wird. Zusammenfassend kann man feststellen, dass der Unterhaltungswert dieser Veröffentlichungen zumeist höher ist als ihr Nutz- und Erkenntniswert. Rohland Schuknecht (2007) meint zu dieser Art von Ratgebern: „Wirklich erstaunlich ist nicht die Existenz, sondern die anhaltende Popularität der Erfolgsliteratur und ihrer Produzenten. Es scheint, als seien es weniger die Verlierer als die Verlorenen, die Zuflucht zu angeblichen Patentrezepten zum Abbau von Kalorien und Stress oder zum Aufbau von Vermögen, Potenz, Selbstvertrauen und positiver Lebenseinstellung nehmen."

Lernen aus Erfahrung

Wichtig ist, dass ein Selbststudium mittels Literatur um ein sinnvolles, praxisorientiertes Lernen aus Erfahrung und Fehlern ergänzt wird. Dies setzt voraus, dass man klare Ziele und Strategien verfolgt, überlegt, konsequent und konsistent handelt – vor allem aber das Geschehene in Abständen reflexiv betrachtet. André Kostolany hat dieses reflexive Element von Lernprozessen sehr schön beschrieben. Auf die Frage, wie man ein erfolgreicher Spekulant werden könne, sagte er: „Geschäfte machen; nach jedem Geschäft stehen bleiben und überlegen. Was habe ich richtig gemacht?

Was habe ich nicht richtig gemacht? Aus jeder Erfahrung Folgen ziehen."[18] In ähnlicher Weise empfiehlt Wilson in seinem Börsenratgeber (zitiert nach Stäheli, 2007: 258): „You will make mistakes. Analyze them and learn something. Also remember that making a profit can be just luck and no skill – analyze all of your transactions."

Dieses Lernen aus Erfahrung, wie es von Dewey und Kolb beschrieben wurde[19], verläuft üblicherweise in vier Schritten: In einem ersten Schritt sind Entscheidungen und/oder Handlungen so konkret wie möglich wahrzunehmen, die in einem zweiten Schritt reflexiv analysiert werden. Im dritten Schritt geht es darum, neue Entscheidungs- oder Handlungsformen zu entwickeln, die dann im vierten Schritt, den Lernprozess beendend, auf ihre Tauglichkeit überprüft werden. Führt diese Überprüfung zu positiven Ergebnissen, werden bisherige Entscheidungs- und Handlungsformen durch neue ersetzt. Entscheidend in diesem Prozess ist, dass ein Anleger zunächst einmal lernt, seine Entscheidungen und Handlungen bewusst(er) wahrzunehmen und reflexiv zu betrachten. Erst wenn ihm dies gelingt, kann er sinnvoll über alternative Handlungsformen nachdenken und bessere Verhaltensweisen entwickeln.

Lernen aus Fehlern

Neben dem Lernen aus Erfahrung ist für Anleger das Lernen aus Fehlern von großer Bedeutung. Man weiß heute, dass es in komplexen, schwer einzuschätzenden, untransparenten Situationen nahezu unmöglich ist, keine Fehler zu machen – weswegen Fehler auch als ein ubiquitäres Phänomen des Lebens in einer modernen Welt angesehen werden können. Einerseits sind Fehler ärgerlich, konfrontieren eine Person mit sich selbst, zeigen Schwächen auf und haben deshalb den Beigeschmack des Negativen. Andererseits bieten Fehler, wie Sitkin (1992) darstellt, hervorragende Ansatzpunkte notwendige Lernprozesse einzuleiten.[20] In diesem Sinne ist es auch nicht ratsam, Fehler krampfhaft vermeiden zu wollen. Eine mögliche Folge hiervon wäre die bereits beschriebene *Regret Aversion* oder gar eine *Entscheidungslähmung*.[21] Viel wichtiger ist, dass Menschen die notwendige Kompetenz im Umgang mit Fehlern erwerben. Hierzu gehört zum einen, dass man Fehler nicht verdrängt, sondern positiv

[18] Zitiert nach Schellenberger (2000: 154), der dies merkwürdigerweise als „kryptische", also schwer verständliche oder sinnlose Antwort bezeichnet.
[19] Siehe hierzu im Detail Wahren (1996: 15ff).
[20] Siehe hierzu auch Beck (2008: 77) sowie Wahren (1996: 147ff).
[21] Siehe hierzu die Erläuterungen in Anlage 1.

aufnimmt und in ihnen die Chance des Lernens erkennt; zum anderen, dass man sie ausreichend analysiert und aus dieser Analyse notwendige Anpassungs- bzw. Veränderungsleistungen ableitet. Ein Ergebnis solcher Prozesse ist die mitunter schmerzhafte Erkenntnis, dass man sich von eingeübten, früher erfolgreichen Wahrnehmungs-, Denk- und Handlungsformen, oder von lieb gewonnenen Werkzeugen trennen, also etwas Verlernen muss.

Wie man den Lernprozess unterstützen und fördern kann

Das Lernen aus Erfahrung und Fehlern wird insbesondere durch das bereits erwähnte Führen eines Investitions-Tagebuchs[22], in dem Anleger die wichtigsten Beweggründe für ihre Investitionen sowie Erfahrungen in der Nach-Entscheidungsphase festhalten, unterstützt. Eine weitere, sehr sinnvolle Möglichkeit ist, dass Lernprozesse von einem Berater begleitet werden, der die Rolle eines den ganzen Menschen betrachtenden, die Selbstentwicklungskräfte fördernden Coaches einnimmt – und deshalb, wie Statman (2002) sagt, nicht nur ein guter Finanzfachmann sein sollte, sondern auch die Rolle eines „Financial Physician" übernimmt, was erfordert, dass er auch die psychologische Seite im Beratungsprozess abdecken kann.[23] Zu den wichtigsten Fähigkeiten eines solchen Beraters gehört, dass er sinnvolle Fragen stellen und aktiv zuhören kann, dass er Menschen zu reflexiven Überlegungen bewegen, zu veränderten Denk- und Handlungsweisen sowie zu einem der jeweiligen Situation angepassten, selbstbestimmt-eigenverantwortlichen Verhalten motivieren kann, vor allem auch, dass er seine Klienten in Stresssituationen beruhigen und bei Ängsten sinnvoll begleiten kann. Will er diese Aufgaben erfüllen, sollte er insbesondere über emphatische, diagnostische und pädagogische Fähigkeiten verfügen.[24] Einen etwas anderen,

[22] Siehe hierzu Peterson (2007: 297ff), Zweig (2007: 134) sowie Beck (2008: 184).

[23] In Frage kommen hier z.B. psychologisch geschulte bzw. als Coach ausgebildete Bank- und Vermögensberater, die man in der Praxis jedoch selten finden wird (siehe hierzu Jungermann & Belting, 2004: 250f und 255) sowie mit finanziellen Angelegenheiten vertraute Psychologen und Sozialpsychologen, die man in der Praxis ebenfalls selten findet. Vielleicht ist diese Veröffentlichung auch ein Anstoß, dass man sich verstärkt um die Qualifizierung solcher Personen bemüht. In diesem Zusammenhang wäre auch zu überlegen, in welcher Form, in welchem Umfang und in welcher Art der Staat eine unabhängige, coachende Finanzbegleitung, wie dies Shiller (2008: 115ff) im Rahmen seiner Überlegungen zur „Financial Democracy" vorschlägt, unterstützen, unter Umständen auch subventionieren könnte.

[24] In den Fällen, in denen dieses Fremd-Coaching nicht möglich ist, könnten ein die Eigeninitiative mobilisierendes Selbst-Coaching (siehe hierzu Wahren, 1997 und 2005) sowie Gespräche mit Gleichgesinnten, wie man sie z.B. in guten Anleger- und Aktionärsclubs pflegt, hilfreich sein.

stärker an ökonomischen Prinzipien orientierten Weg gehen hier Kahneman & Riepe (1998), deren Ziel ist, das Verhalten von Anlegern dahingehend zu beeinflussen, dass diese lernen, vermehrt rationale Entscheidungen zu treffen. Zentrum der Beratungstätigkeit bildet ein von Kahneman & Riepe entwickelter Fragebogen zu typischen Problemen bei der Wahrnehmung und Entscheidungsfindung (z.B. Fragen zur Overconfidence und zur Risikoeinstellung) sowie zum Verhalten in der Nachentscheidungsphase (z.B. zum Gefühl etwas versäumt zu haben und zur Reue-Neigung), anhand dessen die kognitiven und emotionalen Schwächen eines Anlegers zu Beginn einer Beratung ermittelt werden. Außerdem ergänzen Kahneman & Riepe ihr Beratungsmodell um diverse Empfehlungen zur inhaltlichen Gestaltung von Gesprächen sowie um eine Checkliste, mit der Berater ihre Vorgehensweise und ihr Verhalten in Beratungsgesprächen reflexiv überprüfen können.

Grenzen der Veränderbarkeit – und die Kunst, nicht zu lernen

Die Chancen einer Veränderung durch Lernen werden von Fachleuten unterschiedlich beurteilt. So ist der Verhaltensphysiologe Gerhard Roth (2007) der Meinung, dass der Grad der Veränderbarkeit zumeist viel geringer ist als man denkt, wobei er die größten Hindernisse in einer mangelnden Bereitschaft zur Selbsterkenntnis sowie in einer zu geringen Selbstmotivation sieht. Wesentlich optimistischer ist hier der Neurobiologe Gerald Hüther (2007), der die Meinung vertritt, dass das Gehirn eines Menschen bis ins hohe Alter lernfähig ist. Entscheidend ist für ihn, mit welcher Intensität wir unser Gehirn benutzen; vor allem aber, ob wir einmal entstandene „Installationsdefizite“ erkennen und in welcher Form wir sie korrigieren. Zu unterscheiden bei der Frage der Veränderbarkeit ist vor allem, was gelernt oder verändert werden soll. So lernen Anleger – gleich welchen Alters – mit einer entsprechenden Unterstützung relativ leicht, die eher „technischen“ Aufgaben zu bewältigen: beispielsweise ihre Ziele und ihre Risikobereitschaft zu fixieren, oder die Entwicklung ihres Portfolios sinnvoll zu analysieren. Etwas schwieriger wird es bei Aufgaben, bei denen sich kognitive und affektive Prozesse mischen, wie dies bei der (möglichst objektiven) Erfassung, Deutung und Bewertung von Daten der Fall ist. Noch problematischer wird es bei Verhaltensweisen, die stark durch Gefühle beeinflusst sind, beispielsweise dem angemessenen Reagieren auf Kursrückgänge. Hier werden die erreichbaren Lern- und Veränderungseffekte deshalb zumeist auch etwas bescheidener ausfallen.

Die vorangegangenen Ausführungen haben gezeigt, dass die mit der Anlage von Kapital verbundenen Tätigkeiten mit einem nicht unerheblichen Zeit- und Lernaufwand verbunden sind. Walter Kirn, ein amerikanischer Schriftsteller und Literaturkritiker, schilderte in der *New York Times* (2002), wie die immer intensiver werdende Beschäftigung mit Fragen der Kapitalanlage sein Erleben und Verhalten nach und nach veränderte. Seine Interessen und seine Wahrnehmung fokussierten sich auf neue Gebiete, die Selektion, Aufnahme und Bewertung von Informationen veränderte sich, er verwendete andere Begriffe und dachte in anderen Zusammenhängen, Tagesabläufe wurden neu strukturiert, die Kommunikation mit anderen Menschen konzentrierte sich auf andere Inhalte – was, wie Kirn sagt, in der Summe durchaus dazu führen kann, dass man den „Markt gewonnen", aber seine „Seele verloren" hat. Aus diesem Grund sollte sich jeder Anleger klar werden, welchen Stellenwert er dem Thema Kapitalanlage in seinem Leben einräumt, welche Zeitbudgets er hierfür bereitstellen möchte und wie er sein Interesse an einer rentierlichen Kapitalanlage mit anderen Interessen harmonisieren kann. Wenn man erkennt, dass die Beschäftigung mit dem Thema Kapitalanlage einen zu breiten Raum im Leben einnimmt, stellt sich die Frage, ob es nicht besser wäre, sich gegen immer weiterführende Anforderungen, Belastungen und die damit verbundenen Lernzumutungen zu wehren, zum Beispiel die von Simon (1993) propagierte „Kunst, nicht zu lernen" zu praktizieren – und damit die Werte, die einem erhaltenswert erscheinen, bewusst gegen zu große Veränderungen zu schützen. Möglich ist dies, wie Simon sagt, auf zwei Wegen: Zum einen, indem man „durch das eigene Handeln für eine Stabilisierung der Umwelt" sorgt. Für Anleger könnte dies bedeuten, dass sie ihr Kapital in risikoarmen und damit pflegeleichten Wertpapieren anlegen. Zum anderen „durch den systematischen Ausschluss von Informationen". Möglich wäre dies, wenn man beispielsweise die Beschäftigung mit Wirtschafts- und Börseninfos auf ein vertretbares Maß reduziert. Ziel wäre dann nicht der Erwerb eines stets aktuellen Wissens über die Geschehnisse im Bereich der Wirtschaft und Börse, über neueste Anlagetipps, Anlageprodukte und die täglichen Performancebewegungen von Investments, sondern die behutsame Pflege eines vorsätzlichen, selektiven Nichtwissens.

Anlagen

Anlage 1: Konzepte / Erklärungsmodelle der Behavioral Finance

Agency-Konflikt: Konflikt innerhalb einer Person, bei dem sich ein rationaler „Planer" und ein intuitiver „Macher" gegenüber stehen und darum „streiten", was getan werden soll (Kiehling, 2001; Weber et al., 2007).

Ambiguitätsaversion / Ambiguity Aversion: Scheu vor dem Mehrdeutigen, Unbekannten und dem damit zumeist verbundenen Risiko; führt zu einer Bevorzugung des Eindeutigen, Bekannten gegenüber dem Unbekannten; Motto: „Schuster bleib bei Deinen Leisten!" (Goldberg & von Nitzsch, 2004; Jünemann & Imbacher, 2007; Kahneman & Tversky, 2000; Kiehling, 2001; Pompian, 2006; Shefrin, 2000).

Ankern / Anchoring and Adjustment / Verankerungsheuristik: Tendenz, Informationen bzw. Sachverhalte, da man sie an anderen, bereits bekannten Informationen ausrichtet, falsch zu bewerten (Beck, 2008; Belsky & Gilovich, 2007; Goldberg & von Nitzsch, 2004; Jünemann & Imbacher, 2007; Kahneman & Tversky, 2000; Kiehling, 2001; Pompian, 2006; Shefrin, 2000; Shiller, 2000; Stephan, 1999; Weber et al., 2007; Zweig, 2007).

Bigness Bias: Geringschätzung von kleinen „Veränderungen" (Zinseszins, Kosten, Inflationsraten), die sich im Lauf der Zeit jedoch erheblich summieren (Beck, 2008; Belsky & Gilovich, 2007).

Certainty Effect: Überproportional hohe Bewertung von sicheren gegenüber unsicheren Effekten bzw. Ereignissen (Goldberg & von Nitzsch, 2004; Kahneman & Tversky, 2000; Kiehling, 2001).

Confirmation Bias: Gezielte Suche nach Informationen, die bestehende (Vor-)Urteile, Annahmen oder Überzeugungen bestätigen (Beck, 2008; Belsky & Gilovich, 2007; Kiehling, 2001; Pompian, 2006).

Dispositionseffekt / Disposition Effect: Tendenz, „Gewinner" zu früh und „Verlierer" zu spät zu verkaufen (Belsky & Gilovich, 2007; Goldberg & von Nitzsch, 2004; Jünemann & Imbacher, 2007; Kahneman & Tversky, 2000; Kiehling, 2001; Odean, 1998; Shefrin, 2000; Weber et al., 2007; Zweig, 2007).

Dissonanzfreiheit (Streben nach): Menschen versuchen – entsprechend der Theorie der kognitiven Dissonanz – Widersprüche oder Unstimmigkeiten im Wahrnehmen und Denken, da diese als unangenehm empfunden werden, möglichst schnell aufzulösen, indem sie z.B. eine getroffene Entscheidung revidieren oder Informationen in selektiver Form wahrnehmen (Goldberg & von Nitzsch, 2004; Jünemann & Imbacher, 2007; Kiehling, 2001; Pompian, 2006).

Emotionale Bindung / Sentimental Attachment: Gefühlsmäßige Bindung an ein finanzielles Engagement (Beck, 2008; Jünemann & Imbacher, 2007; Kiehling, 2001).

Endowment Effect / Besitztumseffekt: Menschen neigen dazu, für Güter, die sie bereits besitzen, einen höheren Preis zu veranschlagen, als sie bereit wären, bei einem eventuellen Kauf dieser Güter zu bezahlen (Beck, 2008; Belsky & Gilovich, 2007; Goldberg & von Nitzsch, 2004; Kahneman & Tversky, 2000; Kiehling, 2001; Pompian, 2006; Zweig, 2007).

Entscheidungslähmung / Decision Paralysis: Unfähigkeit, sich in einer gegebenen Situation zu entscheiden oder zu handeln (Belsky & Gilovich, 2007; Shefrin, 2000).

Framing / Rahmenbezug: Sammelbegriff für kognitiv oder emotional bedingte Anomalien bei der Deutung von Informationen und der Entscheidungsfindung; die Deutung von Informationen hängt davon ab, mit welchen Mitteln und in welcher Form bzw. Rahmen (frame) sie präsentiert werden (Beck, 2008; Belsky & Gilovich, 2007; Goldberg & von Nitzsch, 2004; Jünemann & Imbacher, 2007; Kahneman & Tversky, 2000; Kiehling, 2001; Pompian, 2006; Shefrin, 2000; Weber et al., 2007; Zweig, 2007).

Gambler's Fallacy / Trugschluss des Spielers: Menschliche Neigung, auch bei voneinander unabhängigen Ereignissen (z.B. Lottoziehungen, Roulette) Zusammenhänge zu erkennen (Beck, 2008; Belsky & Gilovich, 2007; Goldberg & von Nitzsch, 2004; Jünemann & Imbacher, 2007; Kiehling, 2001; Shefrin, 2000).

Hedonic Framing / Schönfärberei: Der Mensch erlebt ein angenehmes, Zufriedenheit schaffendes Gefühl, wenn er aufgenommene Daten in einen seinen Erwartungen entsprechenden, günstigen Bezugsrahmen stellt (Belsky & Gilovich, 2007; Goldberg & von Nitzsch, 2004; Kahneman & Tversky, 2000; Shefrin, 2000).

Herdenverhalten / Herding / Herd Investing: Neigung zur Imitation des Verhaltens anderer bzw. sich einer Mehrheitsmeinung anzupassen; Neigung, dem Leithammel oder der Herde hinterher zu laufen; Neigung zu (ver-)kaufen was alle gerade (ver-)kaufen (Belsky & Gilovich, 2007; Jünemann & Imbacher, 2007; Kiehling, 2001; Shiller, 2000; Weber et al., 2007).

Heuristiken / Heuristics: Sammelbegriff für Regeln oder Mechanismen, die bei der Informationsverarbeitung und Entscheidungsfindung helfen, mit einem möglichst geringen Aufwand zu einem schnellen, vereinfachten Ergebnis zu kommen – was auch zur Verzerrung wahrgenommener Sachverhalte oder von Entscheidungen führen kann (Belsky & Gilovich, 2007; Goldberg & von Nitzsch, 2004; Jünemann & Imbacher, 2007; Kahneman & Tversky, 2000; Shefrin, 2000; Shiller, 2000).

Hindsight Bias: Neigung, das zu überschätzen, was man vor einem Ereignis über dessen Ausgang bereits erahnt hat (Beck, 2008; Goldberg & von Nitzsch, 2004; Kiehling, 2001; Pompian, 2006; Shefrin, 2000; Shiller, 2000; Zweig, 2007).

Home Bias: Überproportionale Konzentration eines Anlegers auf seinen Heimatmarkt (Belsky & Gilovich, 2007; Goldberg & von Nitzsch, 2004; Shefrin, 2000; Weber et al., 2007).

House Money Effect / Hausgeld-Effekt: Tendenz, dass sich nach Gewinnen die Risikobereitschaft erhöht, nach Verlusten hingegen eher verringert (Goldberg & von Nitzsch, 2004; Kahneman & Tversky, 2000; Shefrin, 2000; Weber et al., 2007).

Ignoring the Base Rate / Grundvoraussetzungen ignorieren: Tendenz, normale Wahrscheinlichkeiten zu ignorieren (Belsky & Gilovich, 2007).

Investoren-Überreaktions-Hypothese: Tendenz, dass Anleger die Gewinner der letzten Zeit zu optimistisch einschätzen bzw. überbewerten, Verlierer hingegen zu pessimistisch gesehen bzw. unterbewertet werden (Shefrin, 2000; Thaler, 1993).

Kontrollillusion: Fälschlicher Glaube, Herr einer Situation zu sein bzw. auf Entwicklungen oder Ergebnisse Einfluss nehmen zu können (Beck, 2008; Goldberg & von Nitzsch, 2004; Jünemann &

Imbacher, 2007; Kiehling, 2001; Langer, 1982 und 1983; Pompian, 2006; Shefrin, 2000; Weber et al., 2007; Zweig, 2007).

Kontrollverlust: Erkenntnis, dass man die gewünschte bzw. vermutete Kontrolle nicht ausüben kann (Goldberg & von Nitzsch, 2004; Jünemann & Imbacher, 2007; Kiehling, 2001; Langer, 1983).

Mental Accounting / Mentale Kontenbildung: Neigung, das finanzielle Engagement nicht in seiner Gesamtheit zu betrachten, sondern für jedes Vorhaben ein gesondertes geistiges (mentales) Konto zu bilden; Neigung, Geld, je nachdem woher es stammt und/oder wofür man es verwenden möchte, unterschiedlich zu bewerten und zu behandeln (Beck, 2008; Belsky & Gilovich, 2000; Goldberg & von Nitzsch, 2004; Jünemann & Imbacher, 2007; Kahneman & Tversky, 2000; Kiehling, 2001; Pompian, 2006; Shefrin, 2000; Thaler, 1993; Weber et al., 2007).

Money Illusion / Geldillusion: Falsche Vorstellung, dass Geld – im Laufe der Zeit betrachtet – einen gleich bleibenden Wert hat; Neigung, den Kaufkraftverlust durch inflationäre Entwicklungen zu unterschätzen (Beck, 2008; Belsky & Gilovich, 2000; Kahneman & Tversky, 2000; Kiehling, 2001; Shefrin, 2000; Weber et al., 2007).

Overconfidence (Bias) / Selbstüberschätzung: Neigung, sein Wissen und seine Fähigkeiten zu überschätzen; übermäßiges, nicht gerechtfertigtes Vertrauen in die eigenen Fähigkeiten (Beck, 2008; Belsky & Gilovich, 2000; Goldberg & von Nitzsch, 2004; Jünemann & Imbacher, 2007; Kahneman & Tversky, 2000; Kiehling, 2001; Pompian, 2006; Shefrin, 2000; Shiller, 2000; Weber et al., 2007; Zweig, 2007).

Preference Reversal: Logische Inkonsequenz in Bezug auf die Verlustaversion – dies bedeutet, dass man tendenziell einen größeren Verlust mit geringerer Eintrittswahrscheinlichkeit wählt, als einen geringen Verlust mit höherer Eintrittswahrscheinlichkeit (Kahneman & Tversky, 2000; Kiehling, 2001).

Primacy- und Recency-Effekt: Bevorzugung von zuerst (primacy) oder zuletzt (recency) erhaltenen Daten bei der Informationsaufnahme (Belsky & Gilovich, 2000; Brafman & Brafman, 2008; Goldberg & von Nitzsch, 2004; Kahneman & Tversky, 2000; Kiehling, 2001; Pompian, 2006; Shefrin, 2000; Zweig, 2007).

Regret Aversion / Reue-Aversion: Bestreben, möglichst keine Fehlentscheidungen zu treffen; Festhalten an Entscheidungen, damit Fehler und die damit verbundenen Enttäuschungen nicht spürbar werden (Belsky & Gilovich, 2000; Goldberg & von Nitzsch, 2004; Kahneman & Tversky, 2000; Kiehling, 2001; Pompian, 2006; Shefrin, 2000; Thaler, 1993).

Repräsentativitätsheuristik / Representativeness Heuristic bzw. Bias: Tendenz, Wahrscheinlichkeiten falsch einzuschätzen oder zu überschätzen; Neigung, Zusammenhänge zu überschätzen bzw. solche zu erkennen, wo keine vorhanden sind (Beck, 2008; Goldberg & von Nitzsch, 2004; Jünemann & Imbacher, 2007; Kiehling, 2001; Pompian, 2006; Shefrin, 2000).

Risikoaversion / Risikoscheu: Generelle Scheu, Risiken einzugehen oder sich für riskante Alternativen zu entscheiden; Wunsch, Risiken möglichst auszuschalten oder abzuwehren; das Gegenteil ist Risikofreude: Freude am Umgang mit Risiken bzw. am Eingehen von Risiken (Goldberg & von Nitzsch, 2004; Kahneman & Tversky, 2000; Shefrin, 2000; Thaler, 1993).

Selektive Wahrnehmung: Neigung, (bewusst oder unbewusst) bestimmte Informationen wahrzunehmen, andere hingegen zu vernachlässigen, auszublenden oder zu ignorieren (Goldberg & von Nitzsch, 2004; Jünemann & Imbacher, 2007; Kiehling, 2001).

Self Attribution Bias: Neigung, positive Resultate den eigenen Fähigkeiten zuzuschreiben, für negative Resultate hingegen Andere verantwortlich zu machen (Pompian, 2006; Shefrin, 2000).

Sentimental Attachment: Neigung, sich gefühlsmäßig an ein Investment zu binden (Jünemann & Imbacher, 2007; Kiehling, 2001).

Sorglosigkeit (erlernte): Tendenz, nach einer Serie von Erfolgen offensichtliche Risiken zu ignorieren oder zu hohe Risiken einzugehen (Goldberg & von Nitzsch, 2004; Kiehling, 2001).

Status Quo Bias: Tendenz zur Inaktivität; Versuch, Bewährtes zu erhalten, alles beim Alten zu belassen, nichts zu verändern (Beck, 2008; Belsky & Gilovich, 2000; Goldberg & von Nitzsch, 2004; Kiehling, 2001; Pompian, 2006).

Sunk Cost Effect / Sunk Cost Fallacy: Wirkungen bereits entstandener, „versunkener" Kosten auf weitere Handlungen oder Investitionen; Neigung, „gutes Geld dem schlechten hinterher zu werfen" (Beck, 2008; Belsky & Gilovich, 2000; Goldberg & von Nitzsch, 2004; Jünemann & Imbacher, 2007; Kiehling, 2001; Thaler in Kahneman & Tversky, 2000).

Überoptimismus / Overconfident Optimism: Überzogener, nicht angemessener Optimismus (Kahneman & Tversky, 2000; Kiehling, 2001; Pompian, 2006; Shefrin, 2000; Shiller, 2000).

Verfügbarkeitsheuristik / Availability Bias bzw. Heuristic: Tendenz, vorrangig auf leicht verfügbare, bereits vorhandene bzw. bekannte Informationen zurückzugreifen; stärkere Gewichtung von leicht zugänglichen Informationen gegenüber schwer zugänglichen (Beck, 2008; Goldberg & von Nitzsch, 2004; Jünemann & Imbacher, 2007; Kiehling, 2001; Pompian, 2006; Shefrin, 2000; Shiller, 2000; Stephan, 1999).

Verlustaversion / Loss Aversion (Bias): Bemühen, Verluste zu vermeiden; Neigung, Verluste stärker wahrzunehmen bzw. anders zu gewichten als Gewinne (Beck, 2008; Belsky & Gilovich, 2000; Goldberg & von Nitzsch, 2004; Jünemann & Imbacher, 2007; Kahneman & Tversky, 2000; Kiehling, 2001; Pompian, 2006; Shefrin, 2000; Thaler, 1993; Weber et al., 2007; Zweig, 2007).

Anlage 2: Risiko- und Performance-Kennziffern[1]

Alpha: Der Wert Alpha zeigt, welche Überrendite eine Anlage im Vergleich zu seiner Marktrendite (durchschnittliche Rendite vergleichbarer Anlagen) unter Berücksichtigung seines Risikos (gemessen am Beta) erzielt. Das Alpha sollte über 0 liegen; je höher das Alpha ist, desto besser. Ermöglicht bei Fonds auch Aussagen darüber, wie erfolgreich das Fondsmanagement arbeitet.

Beta: Der Beta-Faktor (kurz: „β") gibt an, in welchem Maß der Preis eines Wertpapiers die Veränderungen am Markt nachvollzieht. Ein Wert über 1 bedeutet, dass ein Wertpapier stärkere Kursschwankungen aufweist als der Gesamtmarkt. Ein Wert unter 1 deutet darauf hin, dass die Anlage weniger volatil ist als der vergleichbare Markt.

Jensen-Alpha (auch Jensen-Maß): Das Jensen-Alpha misst die risikobezogene Überrendite eines Fonds oder Portfolios gegenüber einem Marktindex (z.B. dem DAX). Je höher der Wert, desto positiver ist dies. Ein Wert von 2,5 bedeutet, dass ein Fonds pro Jahr 2,5 Prozent mehr Rendite erwirtschaftete als der vergleichbare Index.

Korrelation (auch Korrelationskoeffizient): Gibt in einer Kennziffer an, wie eng der Zusammenhang zwischen den Preisen für zwei Wertpapiere oder Indizes ist. Der Wert kann zwischen -1 und +1 liegen. Der Extremwert -1 bedeutet, dass der Preis eines Wertpapiers immer um den Wert steigt, um den das andere fällt. Der Extremwert +1 bedeutet, dass sich bei einer Preiserhöhung des einen Wertpapiers der Wert des anderen Wertpapiers um den gleichen Satz erhöht, es also einen absoluten Gleichlauf der Werte gibt. Der Wert 0 bedeutet, dass sich die Werte unabhängig voneinander entwickeln.

Maximaler Verlust: Gibt an, wie groß der höchste Verlust (zumeist innerhalb eines Monats) in der Vergangenheit (häufig bezogen auf einen Zeitraum von einem bis drei Jahren) war.

Performance: Üblicherweise bezeichnet man mit Performance die Rendite bzw. den Vermögenszuwachs eines Investments innerhalb eines bestimmten Zeitraums (zumeist innerhalb eines Jahres). Ausgewiesen wird häufig auch die relative Performance. Diese beziffert die Abweichung zum jeweils vergleichbaren Index (z.B. dem MSCI World Index).

Sharpe Ratio: Eine Kennzahl die anzeigt, wie stark die Rendite einer Anlage über dem risikofreien Zinssatz liegt und bei welcher Volatilität diese Rendite erzielt wurde. Je höher die Sharpe Ratio desto besser ist die Wertentwicklung im Vergleich zu einer risikolosen Anlage; das Risiko wird also entsprechend belohnt. Treten negative Werte auf deutet dies darauf hin, dass das erhöhte Risiko der Anlage nicht durch eine erhöhte Rendite ausgeglichen wird. Eignet sich insbesondere zum Vergleich von Fonds.

Shortfall-Risiko (auch Ausfall-Risiko): Beziffert das Risiko, dass die Verzinsung bzw. Performance eines Investments unterhalb einer angestrebten Rendite liegt. Das Ausfallrisiko hängt von drei Größen ab: der gewünschten Mindestrendite, dem Erwartungswert der gewünschten Rendite und den Schwankungen um den Erwartungswert.

Volatilität (auch Standardabweichung oder Varianz): Gibt in Prozent an, wie sehr Werte um einen Mittelwert schwanken, und dient somit als Kennzahl für die Bewertung des Risikos eines Investments; je höher die Volatilität, desto höher ist das Risiko. Problem ist, dass die Schwankungen in der Praxis zumeist nicht gleichverteilt sind.

[1] Siehe hierzu im Detail Steiner & Bruns (2002) sowie Garz et al. (1998).

Anlage 3: Fragen zur Ermittlung der individuellen Risikobereitschaft[2]

(1) Erfahrungen, Wissen, Einstellung und Interessen

Mein Wissen über und meine Erfahrungen im Umgang mit Finanzanlagen sind...

○ sehr gering, nahezu „Null" → Risikoquote 10 Prozent
○ die eines neugierigen und lernwilligen Novizen → Risikoquote 25 Prozent
○ mittelprächtig → Risikoquote 40 Prozent
○ reichhaltig bzw. gut, mit kleinen Lücken → Risikoquote 55 Prozent
○ ziemlich umfassend, nahezu perfekt → Risikoquote 70 Prozent

(2) Stetigkeit des Einkommens

Wie kontinuierlich und in der Höhe stabil ist Ihr Grundeinkommen?

○ Einkommen ist sicher und stetig (z.B. Beamter) → Risikoquote 65 Prozent
○ Einkommen kann in engen Grenzen variieren (z.B. Angestellter) → Risikoquote 50 Prozent
○ Einkommen kann stark variieren (z.B. Freiberufler) → Risikoquote 35 Prozent

(3) Finanzielle Situation

Besteht aufgrund Ihrer finanziellen Situation eine Notwendigkeit, dass Sie Ihr Kapital – auch unter Inkaufnahme von Risiken – so anlegen, dass Sie größere Gewinne erwirtschaften?

○ Finanzielle Situation ist auch ohne Wachstum sehr gut → Risikoquote 10 Prozent
○ Finanzielle Situation wird durch Wachstum unwesentlich verbessert → Risikoquote 25 Prozent
○ Finanzielle Situation wird durch Wachstum etwas verbessert → Risikoquote 40 Prozent
○ Finanzielle Situation wird durch Wachstum deutlich verbessert → Risikoquote 55 Prozent
○ Derzeitige Lage erfordert starkes Wachstum → Risikoquote 70 Prozent

(4) Risikobereitschaft (im engeren Sinne)

Höhere Gewinne lassen sich nur realisieren, wenn man auch höhere Risiken eingeht. Bei welcher Gewinn-Verlust-Kombination würden Sie sich am wohlsten fühlen?

○ Möglicher Gewinn 4 % / möglicher Verlust 1,5 % → Risikoquote 10 Prozent
○ Möglicher Gewinn 6 % / möglicher Verlust 3 % → Risikoquote 30 Prozent
○ Möglicher Gewinn 9 % / möglicher Verlust 5 % → Risikoquote 50 Prozent
○ Möglicher Gewinn 12 % / möglicher Verlust 7 % → Risikoquote 70 Prozent
○ Möglicher Gewinn 15 % / möglicher Verlust 9 % → Risikoquote 90 Prozent

(5) Verhalten in Verlustphasen / Ausfall-Risiko

Könnten Sie es hinnehmen, wenn Ihr investiertes Kapital über einen Zeitraum von „x" Monaten die von Ihnen angestrebte Rendite nicht erwirtschaftet, Sie unter Umständen in dieser Zeit sogar einen Verlust hinnehmen müssten?

○ Nur, wenn dieser Zeitraum max. 4 Monate beträgt → Risikoquote 10 Prozent
○ Nur, wenn dieser Zeitraum max. 8 Monate beträgt → Risikoquote 30 Prozent
○ Nur, wenn dieser Zeitraum max. 12 Monate beträgt → Risikoquote 50 Prozent
○ Nur, wenn dieser Zeitraum max. 18 Monate beträgt → Risikoquote 70 Prozent
○ Nur, wenn dieser Zeitraum max. 24 Monate beträgt → Risikoquote 90 Prozent

---

[2] Die Fragen wurden einem insgesamt 25 Fragen umfassenden Analysebogen entnommen, wobei auch die hier beschriebene Kurzform – im Vergleich zur Langform – ganz gute Ergebnisse liefert. Der Vorteil der Langform ist, dass man zu den einzelnen Risikobereichen wichtige Detailinformationen erhält (weitere Infos können angefordert werden unter info@anlegerpsychologie.net). Bei der Festlegung der Risikoquoten wurde davon ausgegangen, dass der Risikoanteil eines konservativen Anlegers nicht unter zehn, der eines risikofreudigen Anlegers nicht wesentlich über 80 Prozent liegen sollte.

Die zuvor fixierten Risikoquoten können in die nachstehende Tabelle (Spalte 2) eingetragen werden.

Kriterien zur Ermittlung der Risikobereitschaft	Risikoquoten (entsprechend den Werten in Anlage 3)	Bedeutung / Prioritäten / Gewichtungen: I	II	III	IV	V	Multiplikator (Risikoanteil x Gewicht)
1. Erfahrungen, Wissen...	____	90	70	50	30	10	______
2. Stetigkeit Einkommen	____	90	70	50	30	10	______
3. Finanzielle Situation	____	90	70	50	30	10	______
4. Risikobereitschaft	____	90	70	50	30	10	______
5. Ausfall-Risiko	____	90	70	50	30	10	______
Summe Multiplikatoren							______
Risikoanteil in Prozent (Summe Multiplikatoren / 250)							____ %

Bei der Ermittlung des Risikoanteils geht man wie folgt vor: Zunächst versucht man, die in obiger Tabelle (Spalte 1) dargestellten fünf Kriterien intuitiv in eine Bedeutungsrangfolge zu bringen. Das Kriterium, das hier – für den jeweiligen Anleger – die größte Bedeutung hat, erhält die Priorität I, das Kriterium mit der geringsten Bedeutung die Priorität V. Da es für diese Kriterien weder eine logische Hierarchie noch einen gemeinsamen Nenner gibt, muss der Befragte immer wieder prüfen, was für ihn (gefühlsmäßig) bedeutsamer ist: Ist aus seiner Sicht z.B. die „Risikobereitschaft" bei der Anlage von Kapital bedeutsamer als das Kriterium „Erfahrung, Wissen, Einstellung und Interessen", und das „Ausfall-Risiko" wiederum bedeutsamer als die beiden zuvor genannten Kriterien...? Wenn man die „passende" (Bedeutungs-)Reihenfolge gefunden hat, kreist man die entsprechenden Gewichtungsfaktoren in Spalte 3 ein, wobei jede Priorität – und dies ist wichtig – nur einmal vergeben werden kann. Danach multipliziert man (Zeile für Zeile) den Wert von Spalte 2 (Risikoquoten) mit dem eingekreisten Wert in Spalte 3 (Bedeutung...), trägt das Ergebnis in Spalte 4 (Multiplikator) ein, addiert die Werte in Spalte 4 und dividiert die Summe durch 250. Das Ergebnis ist der (Ziel-)Risikoanteil eines Portfolios in Prozent. Wenn man nun noch wissen möchte, welchem Anlegertyp dies entspricht, kann man den zuvor ermittelten Risikoanteil mit den nachfolgend dargestellten Werten vergleichen. Hätte man zuvor beispielsweise einen Risikoanteil von 50 Prozent ermittelt, entspräche dies in etwa dem, was man als „gewinnorientierten Anleger" bezeichnet.

(6) Vergleichswerte: Gesamtbetrachtung nach Anlegertypen

- Sicherheitsorientierter Anleger ↔ Risikoanteil (in etwa) zwischen 0 und 20 Prozent
- Renditeorientierter Anleger ↔ Risikoanteil (in etwa) zwischen 15 und 45 Prozent
- Gewinnorientierter Anleger ↔ Risikoanteil (in etwa) zwischen 40 und 75 Prozent
- Spekulant ↔ Risikoanteil (in etwa) zwischen 70 und 90 Prozent
- Spieler ↔ Risikoanteil (in etwa) zwischen 85 und 100 Prozent

Literaturverzeichnis

Achtziger, Anja; Gollwitzer, Peter M. (2006): Motivation und Volition im Handlungsverlauf. In: Heckhausen, Jutta; Heckhausen, Heinz (2006; Hrsg.): Motivation und Handeln. Heidelberg, Springer (3. Auflage), S. 277-302

Adelt, Peter; Feldmann, Bert (1999): Spar- und Anlageentscheidungen älterer Menschen. In: Fischer, Lorenz; Kutsch, Thomas; Stephan, Ekkehard (1999; Hrsg.): Finanzpsychologie. München und Wien; Oldenbourg, S. 250-272

Aigner, Tobias (2008): Wie die Börse wirklich tickt. In: Capital, 11/2008, S. 20-32

Allianz Global Investors (2007; Hrsg.): Sparen – aber richtig. (2. erweiterte und aktualisierte Auflage; Juni 2007; im Internet unter: www.allianzglobalinvestors.de)

Allianz Global Investors (2008; Hrsg.): „CPPI" – dynamische Wertsicherung. (im Internet unter: www.allianzglobalinvestors.de)

Allianz Global Investors (2008a; Hrsg.): Überliste Dich selbst! (im Internet unter: www.allianzglobalinvestors.de)

Althof, Joachim; Lang, Jörg; Pfadenhauer, Richard (2007): Die Sache mit der Gewinn-Garantie. In: EURO, 12/07, S. 53-64

Armstrong, Robert; Ward, Jacob (2008): Money Minded: How to Psychoanalyze the Stock Market. In: Popular Science, 2/2008 (im Internet unter: www.popsci.com)

Asendorpf, Jens B. (2004): Psychologie der Persönlichkeit. Heidelberg, Springer (3. Auflage)

Assheuer, Thomas (2005): Rückkehr zu Hegel. In: Kursbuch Heft 161, S. 6-10

Assheuer, Thomas (2007): Ich war es nicht! In: Die Zeit, 42/2007 (www.zeit.de)

Auhagen, Ann Elisabeth (2004; Hrsg.): Positive Psychologie: Anleitung zum „besseren" Leben. Weinheim, Beltz PVU

AXA Investment Managers Deutschland (2008; Hrsg.): Länderübergreifende Studie zeigt: Fondswissen der Deutschen ist weiterhin lückenhaft. Pressemitteilung vom 5.6.2008 (im Internet unter: www.axa-im.de)

Baacke, Dieter (1997): Medienpädagogik. Tübingen, Niemeyer

Baecker, Dirk (1991): Womit handeln Banken? Eine Untersuchung zur Risikoverarbeitung in der Wirtschaft. Mit einem Vorwort von Niklas Luhmann. Frankfurt, Suhrkamp

Baecker, Dirk (1995): Themen und Konzepte einer Klugheitslehre. In: Akademie Schloß Solitude (1995; Hrsg.): Klugheitslehre: militia contra malicia. Berlin, Merve, S. 54-74

Baecker, Dirk (1999): Die Preisbildung an der Börse. In: Soziale Systeme 5/2, S. 287-312

Baecker, Dirk (2006): Wirtschaftssoziologie. Bielefeld, transcript Verlag

Baecker, Dirk (2008): Nie wieder Vernunft: Kleinere Beiträge zur Sozialkunde. Heidelberg, Carl-Auer-Verlag

Balzac, Honoré de (1982): César Birotteau, Das Bankhaus Nucingen u.a. Novellen. Berlin und Weimar, Aufbau-Verlag

Bamberger, Christoph M. (2007): Stressintelligenz – So finden Sie Ihren optimalen Stress-Level und gewinnen Lebensenergie. München, Knaur

Bandelow, Borwin (2006): Das Angstbuch – Woher Ängste kommen und wie man sie bekämpfen kann. Reinbek, Rowohlt (4. Auflage)

Barber, Brad M.; Odean, Terrance (2001): Boys will be Boys: Gender, Overconfidence, and Common Stock Investment. In: Quarterly Journal of Economics, Vol.116/1, February 2001, S. 261-292

Barber, Brad M; Odean, Terrance (2001a): All that Glitters: The Effect of Attention and News on Buying Behavior of Individual and Institutional Investors. www.econ.yale.edu/~shiller

Bateson, Gregory (1983): Ökologie des Geistes. Anthropologische, psychologische, biologische und epistemologische Perspektiven. Frankfurt, Suhrkamp (2. Auflage)

bbw Marketing Dr. Vossen und Partner (2006): Presseinformation zur Untersuchung: Trends im Fondsmarkt 2006. Neuss (im Internet unter: www.bbwmarketing.de/Presseinformation)

Bechara, Antoine; Damasio, Antonio R. (2005): The Somatic Marker Hypothesis: A Neural Theory of Economic Decision. In: Games and Economic Behavior, 52, S. 336-372

Beck, Hanno (2008): Die Logik des Irrtums: Wie uns das Gehirn täglich ein Schnippchen schlägt. Frankfurt, Frankfurter Allgemeine Buch

Beise, Marc (2008): Die Ruhe im Sturm. In: Süddeutsche Zeitung vom 16. September 2008, S. 2

Belsky, Gary; Gilovich, Thomas (1999 / 2007): Why Smart People Make Big Money Mistakes – and How to Correct Them. New York u.a., Simon & Schuster (deutsch: Das Lemming Prinzip. München, FinanzBuch Verlag)

Benartzi, Shlomo (2007): „Schauen Sie nicht zu, wenn die Kurse sinken". Interview mit der Frankfurter Allgemeine Sonntagszeitung (FAS) vom 30. Dezember 2007, S. 49

Benn, Gottfried (1947/2004): Der Ptolemäer. In. Gesammelte Werke 2, Frankfurt, Zweitausendeins, (2. Auflage), S. 1377-1429

Bergermann, Melanie (2008): Bankberater packen aus: „Ich habe Sie betrogen". In: WirtschaftsWoche, 6/2008 (im Internet unter: www.wiwio.de)

Bergfleth, Gerd (1985): Theorie der Verschwendung: Einführung in Georges Batailles Antiökonomie. München, Matthes & Seitz (2. Auflage mit einem neuen Nachwort)

Berghaus, Margot (2004): Luhmann leicht gemacht: Eine Einführung in die Systemtheorie. Köln u.a., Böhlau Verlag (2., überarbeitete und ergänzte Auflage)

Bernstein, Peter, L. (2007): Wider die Götter: Die Geschichte der modernen Risikogesellschaft. Hamburg, Murmann (5. überarbeitete Auflage)

Bernstein, William (2002): The Four Pillars of Investing. New York, McGraw-Hill

Bernstein, William (2006): Die intelligente Asset Allocation. München, FinanzBuch Verlag

Betsch, Cornelia (2004):Präferenz für Intuition und Deliberation (PID). In: Zeitschrift für Differentielle und Diagnostische Psychologie, 25 (4), 2004, S. 179-197

Böll, Heinrich (2006): Doktor Murkes gesammeltes Schweigen und andere Satiren. Köln, Kiepenheuer & Witsch (4. Auflage)

Böll, Sven; Hetzer, Jonas (2007): Mündliche Prüfung. In: Manager Magazin, 3/2007, S. 170-175

Boltanski, Luc, Chiapello, Ève (2003): Der neue Geist des Kapitalismus. Konstanz, UVK Verlagsgesellschaft

Bonß, Wolfgang (1995): Vom Risiko: Unsicherheit und Ungewissheit in der Moderne. Hamburg, Hamburger Edition

Borkenau, Peter; Ostendorf, Fritz (1993): NEO-Fünf-Faktoren-Inventar (NEO-FFI) nach Costa und McCrae. Göttingen, Hogrefe

Brafman, Ori; Brafman Rom (2008): Kopflos. Wie unser Bauchgefühl uns in die Irre führt und was wir dagegen tun können. Frankfurt/New York, Campus

Braun, Carolyn (2004): Der gefährliche Zug der Börse. Handelsblatt, 15./16./17.10.2004, S. 39

Breidbach, Olaf (2008): Neue Wissensordnung. Wie aus Informationen und Nachrichten kulturelles Wissen entsteht. Frankfurt, Suhrkamp (Edition Unseld Band 10)

Brinson, Garry P.; Hood, Randolph L.; Beebower, Gilbert L. (1986): Determinants of Portfolio Performance. In: Financial Analysts Journal, S. 39-44

Brinson, Garry P.; Singer, Brian D.; Beebower, Gilbert L. (1991): Determinants of Portfolio Performance II: An Update. In: Financial Analysts Journal, S. 40-48

Brodbeck, Karl-Heinz (2007): Die Differenz zwischen Wissen und Nichtwissen. In: Zeuch, Andreas (2007; Hrsg.): Management von Nichtwissen in Unternehmen. Heidelberg, Carl-Auer Verlag, S. 30-60
Bröckling, Ulrich (2007): Das unternehmerische Selbst: Soziologie einer Subjektivierungsform. Frankfurt, Suhrkamp
Bröckling, Ulrich; Krasmann, Susanne; Lemke, Thomas (2004): Glossar der Gegenwart. Frankfurt, Suhrkamp
Brost, Marc; Rohwetter, Marcus (2005): Das große Unvermögen: Warum wir beim Reichwerden immer wieder scheitern. München, Beck im dtv
Brown, Norman O. (1986): Life against Death: The Psychoanalytical Meaning of History. Lebanon, Wesleyan University Press (2. Edition)
Bruckner, Pascal (2001): Verdammt zum Glück – Der Fluch der Moderne. Berlin, Aufbau-Verlag
Buchhorn, Eva; Hetzer, Jonas (2006): Riskante Gefühle. In: Manager-Magazin, 1/2006, S. 148-158
Bungard, Walter; Schultz-Gambard, Jürgen (1990): Überlegungen zum Verhalten von Börsenakteuren aus kontrolltheoretischer Sicht. In: In: Maas, Peter; Weibler, Jürgen (1990; Hrsg.): Börse und Psychologie: Plädoyer für eine neue Perspektive. Köln, Deutscher Instituts-Verlag, S. 140-161
Burnham, Terry; Phelan, Jay (2003): Unsere Gene: Eine Gebrauchsanleitung für ein besseres Leben. Frankfurt, Fischer Taschenbuch
BVI – Bundesverband Investment und Asset Management (2007; Hrsg.): Grundlagenstudie Investmentfonds 2007. (im Internet unter: www.bvi.de/bibliothek/grundlagenstudie)

Camartin, Iso (2008): Wegweiser – Aus den Aufzeichnungen eines Einzelgängers. Zürich, Vontobel-Stiftung, Schriftenreihe Band 1840
Camerer, Colin; Loewenstein, George; Prelec, Drazen (2005): Neuroeconomics: How Neuroscience Can Inform Economics. In: Journal of Economic Literature, Vol. XLIII (March 2005), S. 9-64
Carr, Nicholas (2008): Is Google Making Us Stupid? In: Atlantic Monthly, July/August 2008 (im Internet unter: www.theatlantic.com)
Cassidy, John (2006): Mind Games. In: The New Yorker, September/2006 (im Internet unter: www.newyorker.com)
Chancellor, Edward (2000): Devil Take the Hindmost – A History of Financial Speculation. New York, Penguin Books
Coates, John M.; Herbert, Joe (2008): Endogenous Steroids and Financial Risk Taking on a London Trading Floor. In: Proceedings of the National Academy of Sciences (PNAS) (im Internet unter: www.pnas.org)
Commerzbank (2003; Hrsg.): Kanon der finanziellen Allgemeinbildung – Ein Memorandum. Frankfurt, Commerzbank (als PDF-Datei im Internet unter www.commerzbank.de)
Commerzbank (2004; Hrsg.): Kanon der finanziellen Allgemeinbildung. Frankfurt, Commerzbank (als PDF-Datei im Internet unter www.commerzbank.de)
Coyle, Diane (2007): The Soulful Science: What Economists Really Do and Why It Matters. Princeton und Oxford, Princeton University Press
Curtis, Gregory (2004): Modern Portfolio Theory and Behavioral Finance. In: The Journal of Wealth Management, Fall 2004, S.16-22

Dahrendorf, Ralf (1969): Homo Soziologicus. Köln und Opladen, Westdeutscher Verlag (8. Auflage)
DAI – Deutsches Aktieninstitut e.V. (2007): Statistik „Zahl der Aktionäre in Deutschland – Gesamtdeutschland", Stand: Januar 2007
Damasio, Antonio, R. (1997): Descartes' Irrtum: Fühlen, Denken und das menschliche Gehirn. München, DTV
Damasio, Antonio R. (2003): „Auch Schnecken haben Emotionen". Interview mit dem Spiegel; in Der Spiegel, 49/2003, S. 200-206

Damasio, Antonio, R. (2005): Der Spinoza-Effekt: Wie Gefühle unser Leben bestimmen. Berlin, List

Daniel, Kent; Hirshleifer, David; Hong Teoh, Siew (2002): Investor Psychology in Capital Markets: Evidence and Policy Implications. Journal of Monetary Economics, 49, 2002, S. 139-209

De Bondt, Werner, F.M.; Thaler, Richard, H. (1986): Does the Stock Market Overreact? In: The Journal of Finance, July 1986. Wieder veröffentlicht in: Thaler, Richard H. (1993; Ed.): Advances in Behavioral Finance. New York, Russell Sage Foundation, S. 249-264

Debord, Guy (1996): Die Gesellschaft des Spektakels. Berlin, Edition Tiamat

DeLillo, Don (2003): Cosmopolis. Köln, Kiepenheuer & Witsch

Delta Lloyd Deutschland AG; Birkner, Guido (2007; Hrsg.): Kundenkompass: Vermögensanlage ab 50. Frankfurt, F.A.Z.-Institut

De Sousa, Ronald (1997): Die Rationalität des Gefühls. Frankfurt, Suhrkamp

Deutsche Bundesbank (2005; Hrsg.): Risikoneigung in einem dynamischen Finanzmarktumfeld. Monatsbericht Oktober 2005, S. 91-104

Dijksterhuis, Ap, et al. (2006): On Making the Right Choice: The Deliberation-Without-Attention Effect. In: Science, Vol. 311, 17. February 2006, S. 1005-1007

Diksterhuis, Ap, et al. (o.J.): The rational unconscious: Conscious versus unconscious thought in complex consumer choice. Radboud University Nijmegen (www.unconsciouslab.nl)

Dörner, Dietrich (2007): Die Logik des Misslingens: Strategisches Denken in komplexen Situationen. Reinbek, Rowohlt (6. Auflage)

Dohmen, Thomas, et al. (2005): Individual Risk Attitudes: New Evidence from a Large, Representative, Experimentally-Validated Survey. Forschungsinstitut zur Zukunft der Arbeit, Bonn (Discussion Paper Series, IZA DP No. 1730; im Internet unter www.iza.net)

Dominguez, Joe; Robin, Vicki (2000): Your Money or Your Life: Transforming Your Relationship with Money & Achieving Financial Independence. New York, Penguin

Dostojewski, Fjodor M. (2001): Der Spieler. Aus den Aufzeichnungen eines jungen Mannes. Frankfurt und Leipzig, Insel Verlag

Douglas, Mary; Wildavsky, Aaron (1982): Risk and Culture: An Essay on the Selection of Technological and Environmental Dangers. Berkeley CA., University of California Press

Dowling, Michael; Lucey, Brian (o.J.): The Seven Deadley Sins of Investing. School of Business in Trinity College Dublin

Drehmann, Mathias; Oechssler, Jörg; Roider, Andreas (2005): Herding and Contrarian Behavior in Financial Markets: An Internet Experiment. In: The American Economic Review, December 2005, S. 1403-1426

Drobetz, Wolfgang; Köhler, Friederike (2002): The Contribution of Asset Allocation Policy to Portfolio Performance. University of Basel, WWZ/Department of Finance, Working Paper No.2/02 (im Internet unter: www.unibas.ch)

Ehrenberg, Alain (2001): Depression: Die Müdigkeit man Selbst zu sein. In: Hegemann, Carl (2001; Hrsg.): Kapitalismus und Depression I – Endstation. Sehnsucht. Berlin, Alexander-Verlag, S.103-138

Ehrenberg, Alain (2004): Das erschöpfte Selbst: Depression und Gesellschaft in der Gegenwart. Frankfurt/New York, Campus

Elder, Alexander (2000): Die Formel für Ihren Börsenerfolg. München, FinanzBuch Verlag (3. Auflage)

Endres, Alexandra (2007): Von den Banken verlassen. In: Die Zeit, 27/2007 (www.zeit.de)

Engelen, Eva-Maria (2007): Gefühle. Stuttgart, Reclam

Enzensberger, Hans Magnus (1971): Gedichte 1955-1970. Frankfurt, Suhrkamp

Esposito, Elena (2004): Die Verbindlichkeit des Vorübergehenden: Paradoxien der Mode. Frankfurt, Suhrkamp

Esposito, Elena (2007): Die Fiktion der wahrscheinlichen Realität. Frankfurt, Suhrkamp

Fehr, Ernst (2005): Mit Neuroökonomik das menschliche Wesen ergründen. In: Neue Zürcher Zeitung, 25./26. Juni 2005, S.29

Finanzen - Markt & Meinung (2008; Hrsg.): Studie: Wissen über Investmentfonds unbefriedigend. Meldung vom 21. Juni 2008 (im Internet unter: www.fmm-magazin.de)

Fischer, Lorenz; Koop, Jürgen; Müller, Horst (1994): Anlegerpsychologie I bis III. In: Handelsblatt vom 8./9. April 1994, S.15, 22./23. April 1994, S. 15, und 29./30. April 1994, S. 13

Fischer, Lorenz; Kutsch, Thomas; Stephan, Ekkehard (1999; Hrsg.): Finanzpsychologie. München / Wien, Oldenbourg

Fischer, Lorenz; Mörsch, Christina (1999): Themen und Konzepte einer allgemeinen Finanzpsychologie – Sozialpsychologische Grundlagen und wirtschaftliche Anwendungsbereiche. In: Fischer, Lorenz; Kutsch, Thomas; Stephan, Ekkehard (1999; Hrsg.): Finanzpsychologie. München / Wien, Oldenbourg, S. 11-46

Foucault, Michel (1993): Technologien des Selbst. In: Foucault, Michel, et al. (1993; Hrsg.): Technologien des Selbst. Frankfurt, S.Fischer Verlag, S. 24-62

Franck, Georg (1998): Ökonomie der Aufmerksamkeit. München und Wien, Hanser

Frankel, Herbert S. (1979): Philosophie und Psychologie des Geldes. Wiesbaden, Gabler

Frankfurt, Harry, G. (2006): Bullshit. Frankfurt, Suhrkamp

Freiberg, Nicole (2004): Rationales Herdenverhalten – Theorie, Empirie und Lösungsansätze. Dissertation Universität Würzburg

Freud, Sigmund (1967): Massenpsychologie und Ich-Analyse. Die Zukunft einer Illusion. Frankfurt, Fischer

Freud, Sigmund (1975): Das Ich und das Es. In: Freud, Sigmund (1975): Freud-Studienausgabe, Band III: Psychologie des Unbewussten. Frankfurt, S.Fischer Verlag, S. 273-330

Freud, Sigmund (1975a): Notiz über den „Wunderblock". In: Freud, Sigmund (1975): Freud-Studienausgabe, Band III: Psychologie des Unbewussten. Frankfurt, S.Fischer Verlag, S. 363-369

Freud, Sigmund (1975b): Trauer und Melancholie. In: Freud, Sigmund (1975): Freud-Studienausgabe, Band III: Psychologie des Unbewussten. Frankfurt, S.Fischer Verlag, S. 193-212

Freud, Sigmund (1975c): Jenseits des Lustprinzips. In: Freud, Sigmund (1975): Freud-Studienausgabe, Band III: Psychologie des Unbewussten. Frankfurt, S.Fischer Verlag, S. 213-272

Frey, Bruno S.; Stutzer, Alois (2008): Das Glück aus ökonomischer Sicht. In: Hentschel, Beate; Staupe, Gisela (2008; Hrsg.): Glück – Welches Glück. München, Hanser, S. 89-102

Frey, Dieter; Rosenstiel, Lutz von; Hoyos, Carl Graf (2005; Hrsg.): Wirtschaftspsychologie. Weinheim, Beltz

Frey, Gerda; Zwittlinger-Fritz, Anja (2007): Weile statt Eile: Gute Berater sind bei Finanzentscheidungen wichtig. Worauf Kunden achten sollten. In: Focus-Money, 20/2007, S. 62-65

Fudenberg, Drew; Levine, David K. (2006): A Dual-Self-Model of Impulse Control. In: American Economic Review, Vol. 96, S. 1449-1476

Gaddis, William (1996): JR. Frankfurt, Zweitausendeins

Garz, Hendrik; Günther, Stefan; Moriabadi, Cyrus (1998): Portfolio-Management: Theorie und Anwendung. Frankfurt, Bankakademie Verlag (2. veränderte Auflage)

Gburek, Manfred (2008): Die denglische Krankheit. In: Brandeins 02/08, S. 89-92

Geipel, Ines (2008): No Limit: Wie viel Doping verträgt die Gesellschaft. Stuttgart, Klett-Cotta

Gephart, Werner (2000): Die Kraft des Heiligen Mammon. Süddeutsche Zeitung, Feuilleton-Beilage, 30./31. Dezember 2000 / Neujahr 2001, S. I

Gerke, Wolfgang (2000): „Herrschaft der Androiden?" – Konsequenzen der Kapitalmarkttheorie für das Anlegerverhalten. In: Jünemann, Bernhard; Schellenberger, Dirk (2000; Hrsg.): Psychologie für Börsenprofis – Die Macht der Gefühle bei der Geldanlage. Stuttgart, Schäffer-Poeschel, S. 21-45

Geyer, Christian (2004; Hrsg.): Hirnforschung und Willensfreiheit: Zur Deutung der neuesten Experimente. Frankfurt, Suhrkamp

Gigerenzer, Gerd (2004): Fast and Frugal Heuristics: The Tools of Bounded Rationality. In: Koehler, D.; Harvey, N. (2004; Hrsg.): Blackwell Handbook of Judgment and Decision Making. Oxford (UK), Blackwell, S. 62-88

Gigerenzer, Gerd (2005): Das Einmaleins der Skepsis: Über den richtigen Umgang mit Zahlen und Risiken. Berlin, Berliner Taschenbuch Verlag (2. Auflage)

Gigerenzer, Gerd (2007): Bauchentscheidungen: Die Intelligenz des Unbewussten und die Macht der Intuition. München, Bertelsmann

Gigerenzer, Gerd; Gaissmaier, Wolfgang (2006): Denken und Urteilen unter Unsicherheit: Kognitive Heuristiken. In: Funke, Joachim (2006; Hrsg.): Enzyklopädie der Psychologie: Vol. C, II, 8; Denken und Problemlösen. Göttingen, Hogrefe, S. 329-374

Gigerenzer, Gerd; Todd, Peter, M.; ABC Research Group (1999): Fast and Frugal Heuristics: The adaptive Toolbox. In: Gigerenzer, Gerd; Todd, Peter, M.; ABC Research Group (1999; Hrsg.): Simple Heuristics That Make us Smart. New York / Oxford, Oxford University Press, S. 3-34

Gladwell, Malcolm (2000): Der Tipping Point. Berlin, Berlin Verlag

Gladwell, Malcolm (2005): Blink! Die Macht des Moments. Frankfurt, Campus

Goepfert, Angela (2007: Die stille Rückkehr von „Mister Dausen". Meldung der boerse.ARD.de vom 31.08.2007 (im Internet unter: www.boerse.ard.de)

Goldberg, Joachim (2008): Die unerträgliche Leichtigkeit der fünf Milliarden. Interview mit der FAZ vom 01. Februar 2008 (im Internet unter: www.faz.net.de)

Goldberg, Joachim; von Nitzsch, Rüdiger (2004): Behavioral Finance – Gewinnen mit Kompetenz. München, FinanzBuch Verlag (4. Auflage)

Goldinger, Heiner (2000): Rituale und Symbole der Börse – Eine Ethnographie. Münster u.a., LIT Verlag

Gondek, Hans-Dieter; Hofmann, Roger; Lohmann, Hans-Martin (2001: Hrsg.): Jacques Lacan – Wege zu seinem Werk. Stuttgart, Klett-Cotta

Grabitz, Hans-Joachim (1987): Kontrolle und Hilflosigkeit. In: Frey, Dieter; Greif, Siegfried (1987; Hrsg.): Sozialpsychologie: Ein Handbuch in Schlüsselbegriffen. München / Weinheim, Psychologie Verlags Union (2., erweiterte Auflage), S. 227-230

Gracian, Balthasar (1986): Hand-Orakel und Kunst der Weltklugheit. Frankfurt, Insel-Bücherei Nr. 423 (unveränderte Neuauflage der Ausgabe von 1931)

Graf, Guido (2003): Schuld kommt von Schulden – Über Kapitalismusromane. In: Merkur, Heft 9/10, S. 897-906

Graff, Bernd (2007): Web 0.0. In: Süddeutsche Zeitung, 8./9. Dezember 2007. Beilage „Wochenende", S. I

Greenfield, Susan (2007): „Alles fängt mit dem Hirn an". Interview in der Weltwoche, 46/07 (im Internet unter: www.weltwoche.ch/artikel)

Greenspan, Alan (2008): „Die große Ironie des Erfolges". Interview in Die Zeit, 06/2008 (www.zeit.de)

Grötker, Ralf (2005): Schlaue Menge. In: Brand Eins, 08/05, S. 114-119

Gross, Peter (1994): Die Multioptionsgesellschaft. Frankfurt, Suhrkamp

Gross, Werner (2002): Börse und Sucht: Kann Wertpapierspekulation süchtig machen? Informationsdienst Psychologie 3/2002 des Berufsverband Deutscher Psychologinnen und Psychologen (im Internet unter: www.bdp-verband.org)

Guiso, Luigi; Jappelli, Tullio (2006): Information Acquisition and Portfolio Performance. Herausgeber: Center for Resaerch on Pensions and Welfare Policies, Working Paper 52/06

Gull, Thomas (2006): Zaubern mit Darwin. Unimagazin, 1/06, S.28-29

Guski, Rainer (2000): Wahrnehmung: Eine Einführung in die Psychologie der menschlichen Informationsaufnahme. Stuttgart, Kohlhammer (2. überarbeitete Auflage)

Häcker, Karin (2007): Mit Geld richtig umgehen. Herausgeber: Allianz Global Investors (im Internet unter: www.allianzglobalinvestors.de)

Häcker, Karin (2007a): Internet-Guide zur finanziellen Bildung. Herausgeber: Allianz Global Investors (im Internet unter: www.allianzglobalinvestors.de)

Häring, Norbert; Storbeck, Olaf (2007): Ökonomie 2.0 – 99 überraschende Erkenntnisse. Stuttgart, Schäffer-Poeschel

Häusel, Hans-Georg (2001): Der Umgang mit Geld und Gut in seiner Beziehung zum Alter. Dissertation an der TU München

Hammer, Thomas (2006): Orakelsprüche aus Omaha. In: Die Zeit, 04/2006 (www.zeit.de)

Hammer, Thomas (2007): Wer nichts weiß, wird reich. In: Die Zeit, 24/2007 (www.zeit.de)

Hammer, Thomas (2007a): Lernen von Markus Frick. In: Die Zeit, 26/2007 (www.zeit.de)

Hammer, Thomas (2007b): Glaube, Liebe, Aktienkauf. In: Die Zeit, 31/2007 (www.zeit.de)

Hapke, Thomas (2007): Informationskompetenz 2.0 und das Verschwinden des „Nutzers". (im Internet unter: www.bibliothek-saur.de/reprint/2007)

Hardt, Christoph (2007): Wie man am Herdentrieb verdient. Handelsblatt.com, Ökonomie, Beitrag vom 13. August 2007

Hartmann, Martin (2005): Gefühle: Wie die Wissenschaften sie erklären. Frankfurt/New York, Campus

Hastedt, Heiner (2005): Gefühle: Philosophische Bemerkungen. Stuttgart, Reclam

Hayek, Friedrich, A. von (1969): Der Wettbewerb als Entdeckungsverfahren. In: Hayek, Friedrich, A. von (1969): Freiburger Studien. Tübingen, Mohr / Siebeck, S. 249-265

Heckhausen, Jutta; Heckhausen, Heinz (2006; Hrsg.): Motivation und Handeln. Heidelberg, Springer (3. Auflage)

Heidegger, Martin (1984): Sein und Zeit. Tübingen, Niemeyer (15. Auflage; 2. Druck)

Heilbroner, Robert (2006): Die Denker der Wirtschaft – Ideen und Konzepte der großen Wirtschaftsphilosophen. München, FinanzBuch Verlag

Heilbroner, Robert; Thurow, Lester (2002): Wirtschaft – Das sollte man wissen. Frankfurt, Campus

Hell, Daniel (2003): Welchen Sinn macht Depression? Reinbek, Rowohlt (9. Auflage)

Hens, Thorsten (2001): Evolutionäre Fitness an der Börse: Ein neuer Erklärungsansatz der Finanzmarktökonomie. Neue Zürcher Zeitung, 24. November 2001, S. 29

Hens, Thorsten (2008): „Frei von Spekulation". Interview in Euro-Finanzen, 09/2008, S. 102

Hentschel, Beate; Staupe, Gisela (2008; Hrsg.): Glück – Welches Glück. München, Hanser

Hetzer, Jonas; Palan, Dietmar (2007): Zur Kasse – bitte! In: Manager Magazin, 7/2007, S. 132-142

Heuser, Uwe Jean (2008): Humanomics: Die Entdeckung des Menschen in der Wirtschaft. Frankfurt / New York, Campus

Heuser, Uwe Jean (2008a): Das Versprechen und die Grenzen der Neuroökonomie. In: Merkur, Nr. 704, S.58-63

Heuser, Uwe Jean; Jungbluth, Rüdiger (2007): Schneller? Reicher? Glücklicher! In: Die Zeit, 28/ 2007, S. 21-23

Hirshleifer, David (2001): Investor Psychology and Asset Pricing. In: The Journal of Finance. Vol. 56, Issue 4, August 2001, S. 1533-1597

Hobfoll, Stevan, E.; Buchwald, Petra (2004): Die Theorie der Ressourcenerhaltung und das multiaxiale Copingmodell – eine innovative Stresstheorie. In: Buchwald, Petra; Schwarzer, Christine; Hobfoll, Stevan, E. (2004; Hrsg.): Stress gemeinsam bewältigen – Ressourcenmanagement und multiaxiales Coping. Göttingen u.a., Hogrefe, S. 11-26

Hörisch, Jochen (1998): Kopf oder Zahl – Die Poesie des Geldes. Frankfurt, Suhrkamp

Hofstätter, Peter R. (1957): Gruppendynamik – Die Kritik der Massenpsychologie. Hamburg, Rowohlt

Hornby, Nick (1997): Ballfieber: Die Geschichte eines Fans. Hamburg, Rogner Bernhard

Hott, Christian (2002): Finanzkrisen: Eine portfoliotheoretische Betrachtung von Herdenverhalten und Ansteckungseffekten als Ursachen von Finanzkrisen. Dissertation Universität Dresden

Huber, Jürgen; Kirchler, Michael; Sutter, Matthias (2006): Vom Nutzen zusätzlicher Informationen auf Märkten mit unterschiedlich informierten Händlern – Eine experimentelle Studie. In: Zeitschrift für betriebswirtschaftliche Forschung, 58, 2006, S. 188-211

Hüther, Gerald (2007): Bedienungsanleitung für ein menschliches Gehirn. Göttingen, Vanderhoeck & Ruprecht (7. Auflage)

Huizinga, Johan (2004): Homo ludens: Vom Ursprung der Kultur im Spiel. Reinbek bei Hamburg, Rowohlt (19. Auflage; erstmals veröffentlicht 1938)

Ibbotson, Roger, C.; Kaplan, Paul D. (2000): Does Asset Allocation Policy Explain 40%, 90%, or 100% of Performance? In: Financial Analysts Journal, January/February, S. 26-33

Illouz, Eva (2007): Gefühle in Zeiten des Kapitalismus. Frankfurt, Suhrkamp

Janszen, Eric (2008): The next Bubble. In: Harper's Magazine, February 2008, S. 39ff

Jörg Perrin, Petra (2005): Geschlechts- und ausbildungsspezifische Unterschiede im Investitionsverhalten. Zusammenfassung der Ergebnisse einer Dissertation an der Uni Bern (im Internet unter www.ifm.unibe.ch)

Joffe, Josef (2005): Reich, aber glücklich. In: Die Zeit, 18/2005 (www.zeit.de)

Johnson, Eric J. (2007): Decisions Not Made: How Defaults and Loss Aversion Affect Customers. (im Internet unter: www.behavioralfinanceforum.com)

Jünemann, Bernhard (1999): Anlegerprofile: Nichts zählt mehr als Erfahrung. In: Börse Online, Heft 45/99, S.64-70 (plus 3 Seiten mit Testergebnissen ohne Seitenangaben)

Jünemann, Bernhard (2000): „Versuch und Irrtum". Die Börse als Entdeckungsverfahren. In: Jünemann, Bernhard; Schellenberger, Dirk (2000; Hrsg.): Psychologie für Börsenprofis – Die Macht der Gefühle bei der Geldanlage. Stuttgart, Schäffer-Poeschel, S.3-20

Jünemann, Bernhard; Imbacher, Heinz (2007): Money Management – Die Formel für Ihren Börsenerfolg. München, FinanzBuch Verlag

Jünemann, Bernhard; Schellenberger, Dirk (2000; Hrsg.): Psychologie für Börsenprofis – Die Macht der Gefühle bei der Geldanlage. Stuttgart, Schäffer-Poeschel

Jullien, François (1999): Über die Wirksamkeit. Berlin, Merve Verlag

Jullien, François (2006): Vortrag vor Managern über Wirksamkeit und Effizienz in China und im Westen. Berlin, Merve Verlag

Jung, Carl Gustav (2001): Typologie. München, DTV

Jungermann, Helmut; Belting, Julia (2004): Interaktion des als ob: Privatanleger und Anlageberater. In: Gruppendynamik & Organisationsberatung, 35. Jahrg., Heft 2, 2004, S. 239-257

Jungermann, Helmut; Belting, Julia (2004a): Wir verstehen uns doch – nicht wahr? Psychologische Aspekte der Altersvorsorge- und Anlageberatung. In: KritV 87, Heft 3, S. 325-344

Jungermann, Helmut; Pfister, Hans-Rüdiger; Fischer, Katrin (2005): Die Psychologie der Entscheidung. München, Elsevier / Spektrum Akademischer Verlag (2. Auflage)

Kahneman, Daniel (1999): Objective Happiness. In: Kahneman, Daniel; Diener, Edward; Schwarz, Norbert (1999; Ed.): Well-Being: Foundations of Hedonic Psychology. New York, Russell Sage Foundation, S. 3-25

Kahneman, Daniel (2000): Experienced Utility and Objective Happiness. In: Kahneman, Daniel; Tversky, Amos (2000; Ed.): Choices, Values, and Frames. New York, Russell Sage Foundation / Cambridge University Press (Reprint, 2003), S. 673-692

Kahneman, Daniel (2000a): Preface In: Kahneman, Daniel; Tversky, Amos (2000; Ed.): Choices, Values, and Frames. New York, Cambridge University Press, S. IX-XVII

Kahneman, Daniel (2003): Maps of Bounded Rationality: Psychology for Bahavioral Economics. In: The American Economic Review, Vol. 93, No. 5, S. 1449-1475

Kahneman, Daniel (2004): „Übergroßes Ego". In: Manager-Magazin, 4/04, S. 150-154

Kahneman, Daniel; Riepe, Mark W. (1998): Aspects of Investor Psychology: Beliefs, Preferences, and Biases Investment Advisors should know about. In: The Journal of Portfolio Management, Summer 1998, S. 52-65

Kahneman, Daniel; Slovic, Paul; Tversky, Amos (1982): Judgment under Uncertainty: Heuristics and Biases. New York, Cambridge University Press

Kahneman, Daniel; Tversky, Amos (1979): Prospect Theory: An Analysis of Decision under Risk. In: Econometrica, 47, No.2. Wieder veröffentlicht in: Kahneman, Daniel; Tversky, Amos (2000; Ed.): Choices, Values, and Frames. New York, Cambridge University Press, S.17-43

Kahneman, Daniel; Tversky, Amos (2000; Ed.): Choices, Values, and Frames. New York, Russell Sage Foundation / Cambridge University Press (Reprint, 2003)

Kenning, Peter; Plassmann, Hilke (2007): Neuroökonomie: Eine Standortbestimmung aus wirtschaftswissenschaftlicher Perspektive. In: Koschnick, Wolfgang J. (2007; Hrsg.): Focus-Jahrbuch 2007. Schwerpunkt: Neuroökonomie, Neuromarketing und Neuromarktforschung. München, Focus Magazin Verlag, S. 83-107

Keynes, John Maynard (1924): A Tractat on Monetary Reform. London, Macmillan

Keynes, John Maynard (2002): Allgemeine Theorie der Beschäftigung, des Zinses und des Geldes. Berlin, Duncker & Humblot (9. Auflage)

Kiehling, Hartmut (2000): Börsenphilosophien: Das Verhalten der Investoren im Anlageprozess. München, Franz Vahlen

Kiehling, Hartmut (2001): Börsenpsychologie und Behavioral Finance: Wahrnehmung und Verhalten am Aktienmarkt. München, Franz Vahlen

Kierkegaard, Søren (1992): Der Begriff Angst. Ditzingen, Reclam

Kindleberger, Charles P. (1996): Manias, Panics and Crashes: A History of Financial Crises. New York, John Wiley & Sons (Third Edition)

Kirn, Walter (2002): The Way We Live Now: My Fault. In: The New York Times, 21.07.2002 (im Internet unter: www.nytimes.com)

Kiyosaki, Robert, T. (2007): Rich Dad, Poor Dad: Was die Reichen ihren Kindern über Geld beibringen. München, Goldmann

Kleinbeck, Uwe (2006): Handlungsziele. In: Heckhausen, Jutta; Heckhausen, Heinz (2006; Hrsg.): Motivation und Handeln. Heidelberg, Springer (3. Auflage), S. 255-276

Koechlin, Carol; Zwaan, Sandi (1998): Informationen: beschaffen, bewerten, benutzen. Mühlheim an der Ruhr, Verlag an der Ruhr

Kommer, Gerd (2002): Souverän investieren – Wie Privatanleger das Spiel gegen die Finanzbranche gewinnen. Frankfurt / New York, Campus

Koschnick, Wolfgang J. (2007; Hrsg.): Focus-Jahrbuch 2007. Schwerpunkt: Neuroökonomie, Neuromarketing und Neuromarktforschung. München, Focus Magazin Verlag

Koschnick, Wolfgang J. (2007): Neuroökonomie und Neuromarketing. In: Koschnick, Wolfgang J. (2007; Hrsg.): Focus-Jahrbuch 2007. Schwerpunkt: Neuroökonomie, Neuromarketing und Neuromarktforschung. München, Focus Magazin Verlag, S.3-82

Kostolany, André (1985): Kostolany's Wunderland von Geld und Börse. Frankfurt, Ullstein

Kostolany, André (2000): Kostolanys Börsenpsychologie – Vorlesungen am Kaffeehaustisch. München und Düsseldorf, Econ (8. Auflage)

Kostolany, André (2000a): „2x2=5-1" – Börse ist Psychologie. In: Jünemann, Bernhard; Schellenberger, Dirk (Hrsg.; 2000): Psychologie für Börsenprofis – Die Macht der Gefühle bei der Geldanlage. Stuttgart, Schäffer-Poeschel, S. XIII – XVI

Krämer, Walter; Mackenthun, Gerald (2003): Die Panik-Macher. München, Piper

Kremp, Wolfgang (2007): Die Wissenschaft der Anderen. In: Merkur, Nr. 703, Dezember 2007 (im Internet unter: www.online-merkur.de)

Kühn, Uli; Hartmann, Axel (2007): Gefährliche Börsen-Fallen. In: Focus-Money, 42/2007, S. 62-65

Kühn, Uli; Mertgen, Frank; Wenzl, Ursula (2007): Altersvorsorge: Rente verdoppeln. Focus-Money, 29/2007, S.78-87

La Fontaine (1997): Hundert Fabeln. Zürich, Manesse

Lakotta, Beate (2007): Die Natur der Seele. In: Spiegel Special, 6/2007, S. 58-70

Langer, Ellen J. (1982): The Illusion of Control. In: Kahneman, Daniel; Slovic, Paul; Tversky, Amos (1982): Judgment under Uncertainty: Heuristics and Biases. New York, Cambridge University Press, S. 231-238

Langer, Ellen, J. (1983): The Psychology of Control. Beverly Hills, Sage Publications

Langer, Ellen (1989): Mindfulness. Cambridge MA., Da Capo Press

Langer, Thomas; Klos, Alexander (2007): Psychologie der Altersvorsorge: Was die Behavioral Finance-Wissenschaft leisten kann. Herausgeber: Deutsches Institut für Altersvorsorge, Köln (im Internet unter: www.dia-vorsorge.de)

Lau, Jörg (2005): Lob der miesen Laune. In: Die Zeit, 18/2005 (www.zeit.de)

Layard, Richard (2005): Die glückliche Gesellschaft. Frankfurt/New York, Campus

Lazarus, Richard, S.; Folkman, Susan (1984): Stress, Appraisal, and Coping. New York, Springer Publishing

Le Bon, Gustave (1911/1982): Psychologie der Massen. Mit einem Vorwort von Peter R. Hofstätter. Stuttgart, Kröner (Im Internet unter: www.textlog.de/gustave-lebon.html)

Lehmann-Waffenschmidt, Marco; Hain, Cornelia; Kenning, Peter (2007): Neuroökonomie und Neuromarketing: Neurale Korrelate strategischer Entscheidungen. Dresden Discussion Paper Series in Economics Nr. 04/07 (im Internet unter: www.tu-dresden.de)

Leinert, Johannes (2004): Finanzieller Analphabetismus in Deutschland: Schlechte Voraussetzungen für eigenverantwortliche Vorsorge. Gütersloh, Bertelsmann Stiftung, Vorsorgestudie 25

Lethen, Helmut (1994): Verhaltenslehren der Kälte – Lebensversuche zwischen den Kriegen. Frankfurt, Suhrkamp

Levy, Adam (2006): Mapping the Trader's Brain. In: Bloomberg Markets, Vol. 15, Nr. 3, 01. Februar 2006, S.34-45 (im Internet unter: www.bloomberg.com)

Lewis, Michael (2003): Wall Street Poker. Insider-Story über die skrupellosen Machenschaften an der Börse. München, Redline Wirtschaft

Lewis, Michael (2008): Inside Wall Street's Black Hole. In: Portfolio.com, March/2008 (im Internet unter: www.portfolio.com)

Lewis, Michael (2008a): The Evolution of an Investor. In: Portfolio.com, April/2008 (im Internet unter: www.portfolio.com)

Lopes, Lola L. (1987): Between Hope and Fear: The Psychology of Risk. In: Advances in Experimental Social Psychology, Vol. 20, S.255-295

Lowenstein, Roger (2007): Der große Irrtum: Die spektakuläre Geschichte vom Aufstieg und Untergang des raffiniertesten Investmentfonds aller Zeiten. München, FinanzBuch Verlag

Luhmann, Niklas (1984): Soziale Systeme: Grundriß einer allgemeinen Theorie. Frankfurt, Suhrkamp

Luhmann, Niklas (1988): Die Wirtschaft der Gesellschaft. Frankfurt, Suhrkamp

Luhmann, Niklas (1990): Risiko und Gefahr. In: Soziologische Aufklärung 5 – Konstruktivistische Perspektiven. Opladen, Westdeutscher Verlag, S. 131-169

Luhmann, Niklas (1991): Soziologie des Risikos. Berlin/New York, Walter de Gruyter

Luhmann, Niklas (1994): Die Knappheit der Zeit und die Vordringlichkeit des Befristeten. In: Luhmann, Niklas (1994; Hrsg.): Politische Planung. Opladen, Westdeutscher Verlag (4. Auflage), S. 143-164

Luhmann, Niklas (1996): Die Realität der Massenmedien. Opladen, Westdeutscher Verlag (2., erweiterte Auflage)
Luhmann, Niklas (1997): Die Gesellschaft der Gesellschaft. Frankfurt, Suhrkamp
Luhmann, Niklas (2000): Vertrauen: Ein Mechanismus der Reduktion sozialer Komplexität. Stuttgart, Lucius & Lucius (4. Auflage)
Luhmann, Niklas (2008): Verständigung über Risiken und Gefahren. In: Luhmann, Niklas (2008; herausgegeben von Detlef Horster): Die Moral der Gesellschaft. Frankfurt, Suhrkamp, S. 348-361
Lundell, Dean (2000): Sun Tzu: Die Kunst des Krieges für Anleger. München, FinanzBuch Verlag

Maas, Peter; Weibler, Jürgen (1990; Hrsg.): Börse und Psychologie: Plädoyer für eine neue Perspektive. Köln, Deutscher Instituts-Verlag
Maas, Peter; Weibler, Jürgen (1990a): Anmerkungen zur Theorie des effizienten Marktes. In: Maas, Peter; Weibler, Jürgen (1990; Hrsg.): Börse und Psychologie: Plädoyer für eine neue Perspektive. Köln, Deutscher Instituts-Verlag, S. 203-212
Maas, Peter; Weibler, Jürgen (1990a): Wahrnehmungs- und Informationsverarbeitungsprozesse an der Börse. In: Maas, Peter; Weibler, Jürgen (1990; Hrsg.): Börse und Psychologie: Plädoyer für eine neue Perspektive. Köln, Deutscher Instituts-Verlag, S. 72-101
Maas, Peter; Weibler, Jürgen (1900b): Kontrollveränderungs- und Stressreaktionen an der Börse. In: In: Maas, Peter; Weibler, Jürgen (1990; Hrsg.): Börse und Psychologie: Plädoyer für eine neue Perspektive. Köln, Deutscher Instituts-Verlag, S. 190-201
Maas Peter; Weibler, Jürgen (2000): „Immer unter Spannung" – Crash-Konstellationen: Kontrollillusion und Stress an der Börse. In: Jünemann, Bernhard; Schellenberger, Dirk (2000; Hrsg.): Psychologie für Börsenprofis – Die Macht der Gefühle bei der Geldanlage. Stuttgart, Schäffer-Poeschel, S. 125-140
Macdonald, James (2006): Nirwana, Weltuntergang und die Märkte. In: Kursbuch 164, S. 72-76
Mackay, Charles (1995): Extraordinary Popular Delusions and the Madness of Crowds. London, Wordsworth
Malkiel, Burton, G. (2000): Börsenerfolg ist kein Zufall. München, FinanzBuch Verlag
Malmendier, Ulrike; Shanthikumar, Devin (2007): Are Small Investors Naive About Incentives? In: Journal of Financial Economics, Vol. 85, Issue 2, S. 457-489 (im Internet unter: www.people.hbs.edu)
Marcuse, Ludwig (1972): Philosophie des Glücks. Zürich, Diogenes
Markowitsch, Hans; Reemtsma, Jan (2007): „Neuronen sind nicht böse". Gespräch in: Der Spiegel, 31/2007, S. 117-123
Markowitz, Harry, M. (1952): Portfolio Selection. In: Journal of Finance, 7. Jahrgang, S. 77-91
Marquardt, Odo (2003): Zukunft braucht Herkunft: Philosophische Essays. Stuttgart, Reclam
Martinetz, Christof (2001): Den Bullen reiten: Frühe Fehler und späte Einsichten eines Börsenneulings. Frankfurt, Campus
Marx, Karl (1962/1963): Kapital I und II (in MEW, Bände 23 und 24) Berlin/DDR, Dietz Verlag (im Internet unter: www.mlwerke.de/me)
Matussek, Matthias (2003): Ziemlich vergeigt. In: Der Spiegel, 1/2003, S.72-74
McClelland, David C. (1966): Die Leistungsgesellschaft: Psychologische Analyse der Voraussetzungen wirtschaftlicher Entwicklung. Stuttgart u.a., Kohlhammer
Meckel, Miriam (2007): Das Glück der Unerreichbarkeit: Wege aus der Kommunikationsfalle. Hamburg, Murmann Verlag
Mörsch, Jochen (2008): Jämmerliche Erfolgsquote. In: Capital, 11/2008, S. 106-108
Moggridge, Donald E. (1977): John Maynard Keynes. München, DTV
Morchner, Thomas (2002): Prophet in eigener Sache. In: Die Zeit, 06/2002 (www.zeit.de)

Müller-Peters, Horst (1999): Motivation und Risikoneigung privater Geldanleger – Millers Ratten statt Skinners Tauben? In: Fischer, Lorenz; Kutsch, Thomas; Stephan, Ekkehard (1999; Hrsg.): Finanzpsychologie. München / Wien, Oldenbourg, S. 135-158

Münsterberg, Hugo (1912): Psychologie und Wirtschaftsleben: Ein Beitrag zur angewandten Experimentalpsychologie. Leipzig, Barth (Reprint erschienen 1997 bei Beltz, Weinheim)

Mutschler, Hans-Dieter (2005): Welchen Menschen wollen wir erklären? – Wider den überhöhten Geltungsanspruch der Hirnphysiologie. In: Forschung Frankfurt (eine Veröffentlichung der Johann Wolfgang Goethe-Universität), 4/2005, S. 54-57

Nassehi, Armin (2008): Nur keine Kopie sein. Übers wahre Wesen des freien Willens. In: Süddeutsche Zeitung, 22. August 2008, S. 13

Neubauer, Hans-Joachim (1998): Fama: Eine Geschichte des Gerüchts. Berlin, Berlin Verlag

Neuberger, Oswald (1984): Rational, rationaler, irr rational, irrational – Über die Allgegenwart irrationalen Handelns in Organisationen. In: Blum, Reinhard; Steiner, Manfred (1984; Hrsg.): Aktuelle Probleme der Marktwirtschaft in gesamt- und einzelwirtschaftlicher Sicht. Festgabe für Louis Perridon. Berlin, Duncker & Humblot, S. 169-201

Neuberger, Oswald (1985): Im Reden verzaubern wir uns selbst. In: Psychologie heute, 11, S. 32-35

Neuberger, Oswald (1988): Psychodynamische Aspekte der Zusammenarbeit zwischen Gleichrangigen. Augsburger Beiträge zu Organisationspsychologie und Personalwesen, Heft 3, herausgegeben von Oswald Neuberger, Lehrstuhl für Psychologie I, Universität Augsburg

Neuberger, Oswald (1989): Das Konzept der Selbstentwicklung. In: Neuberger, Oswald (1989): Augsburger Beiträge zu Organisationspsychologie und Personalwesen. Heft 8, herausgegeben von Oswald Neuberger, Lehrstuhl für Psychologie I, Universität Augsburg, S. 1-11

Niessen, Alexandra; Ruenzi, Stefan (2007): Sex Matters: Gender Differences in a Professional Setting. CFR-Working Paper No 06-01, February 2007 (im Internet unter: www.cfr-cologne.de)

Niklewski, Günter; Riecke-Niklewski, Rose (1998): Depressionen überwinden. Berlin, Stiftung Warentest

Niquet, Bernd (1997): Der Crash der Theorien: Eine neue Sichtweise von Wirtschaft und Börse. Kulmbach, Börsenbuch-Verlag

Niquet, Bernd (2007): Finale Senkrechte. München, Volk Verlag

Nitzsch, Rüdiger von; Rouette, Christian (2003): Ermittlung der Risikobereitschaft – die Anlageberatung optimieren. Herausgeber: Forschungsinstitut für Asset Management e.V. (FIFAM) an der RWTH Aachen, Forschungsbericht 01/03v

Nitzsch, Rüdiger von; Rouette, Christian (2003a): Basisrichtlinien zur Ermittlung der Risikobereitschaft eines Anlegers in der Vermögensberatung. Herausgeber: Forschungsinstitut für Asset Management e.V. (FIFAM) an der RWTH Aachen, Forschungsbericht 01/03

Nowotny, Helga (1999): Es ist so. Es könnte auch anders sein. Über das veränderte Verhältnis von Wissenschaft und Gesellschaft. Frankfurt, Suhrkamp

Nowotny, Helga (2005): Experten, Expertisen und imaginierte Laien. In: Bogner, Alexander; Torgersen, Helge (2005; Hrsg.): Wozu Experten? Ambivalenzen der Beziehung von Wissenschaft und Politik. Wiesbaden, VS Verlag, S. 33-43

Oberhuber, Nadine (2007): Täter mit Komplexen. Warum sind Anlagebetrüger so erfolgreich? Ein Psychogramm. In: Die Zeit, 25/2007, S. 39

Oberhuber, Nadine (2007a): Beratung nach Schema F. In: Die Zeit, 49/2007 (www.zeit.de)

Odean, Terrance (1998): Are Investors Reluctant to Realize Their Losses? In: Journal of Finance, 53:5. Wieder veröffentlicht in: Kahneman, Daniel; Tversky, Amos (2000; Ed.): Choices, Values, and Frames. New York, Cambridge University Press, S. 371-392

Öchsner, Thomas (2007): Der sichere Weg zur Geldvernichtung. In: Süddeutsche Zeitung, 5. Juli 2007, S. 3

Öchsner, Thomas (2007a): Mehr Durchblick bei Provisionen und Gebühren. In: Süddeutsche Zeitung, 29./30. September 2007, S. 31

Öchsner, Thomas (2007b): Die neuen Geschäfte des Mr. Dausend. In: Süddeutsche Zeitung, 16. Januar 2007 (im Internet unter: www.sueddeutsche.de)

Öchsner, Thomas (2008): Wenn der Berater den Fuß in die Tür klemmt. In: Süddeutsche Zeitung, 22. Januar 2008, S. 18

Oehler, Andreas; Kohlert, Daniel (2008): Guter Rat macht hilflos: Zur Qualität der Anlageberatung in Deutschland. In: Brost, Heike; Neske, Rainer; Wrabetz, Wolfram (2008; Hrsg.): Vertriebssteuerung in der Finanzdienstleistungsindustrie. Frankfurt, Frankfurt School Verlag, S. 63-102

Oettingen, Gabriele; Gollwitzer, Peter M. (2002): Theorien der modernen Zielpsychologie. In: Frey, Dieter; Irle, Martin (2002; Hrsg.): Theorien der Sozialpsychologie. Band III: Motivations-, Selbst- und Informationsverarbeitungstheorien. Bern, Huber, (2., vollständig überarbeitete und erweiterte Auflage), S. 51-74

Ogger, Günter (2001): Das Kartell der Kassierer: Die Finanzbranche macht Jagd auf unser Geld. München, Droemer Knauer (Aktualisierte Neuauflage)

Ogger, Günter (2002): Der Börsenschwindel: Wie Aktionäre und Anleger abkassiert werden. München, Goldmann

Oldag, Andreas (2008): Die Psycho-Baisse. In Süddeutsche Zeitung, 23./24. August 2008, S. 34

Oppermann, Christiane (2008): Das Bankenhasserbuch. München, Knaur

Ormerod, Paul (2006): Why Most Things Fail: Evolution, Extinction and Economics. New York / Hoboken, New Jersey, John Wiley & Sons

Palmer, Jason (2008): Trader's raging Hormones cause Stock Market Swings. In: NewScientist.com, 14. April 2008

Perina, Udo (2006): Tipps mit Beigeschmack. In: Die Zeit, 04/2006 (www.zeit.de)

Perina, Udo (2007): "Goldene" Regeln ohne Wert. In: Die Zeit, 23/2007 (www.zeit.de)

Peterson, Richard, L. (2007): Inside the Investor's Brain: The Power of Mind over Money. Hoboken, New Jersey, John Wiley & Sons

Piel, Konstanze (2003): Ökonomie des Nichtwissens: Aktienhype und Vertrauenskrise im Neuen Markt. Frankfurt/New York, Campus

Piper, Nikolaus (2008): Das Ende der Wall Street. In: Süddeutsche Zeitung, 17.09.2008, S. 19

Pitzke, Marc (2007): Börsenprofis im Psycho-Crash. Spiegel Online, 20.08.2007 (im Internet unter: www.spiegel.de)

Plapp, Tina (2001): Risiko – mal anders betrachtet. In: Karlsruher Transfer Nr. 25, S. 6-11

Pompian, Michael, M. (2006): Behavioral Finance and Wealth Management: How to Build Optimal Portfolios that Account for Investor Biases. Hoboken, New Jersey, Wiley & Sons

Poschardt, Ulf (2000): Cool. Hamburg, Rogner & Bernhard bei Zweitausendeins

Postman, Neil (1990): Informing Ourselves to Death. Vortrag bei der Gesellschaft für Informatik, Stuttgart, am 11.10.1990 (im Internet unter: www.mat.upm.es-jcm)

Pothast, Ulrich (1998): Lebendige Vernünftigkeit: Zur Vorbereitung eines menschenangemessenen Konzepts. Frankfurt, Suhrkamp

Priddat, Birger P. (2007; Hrsg.): Neuroökonomie: Neue Theorien zu Konsum, Marketing und emotionalem Verhalten in der Ökonomie. Marburg, Metropolis-Verlag

Priddat, Birger P. (2008): Glück, Arbeit, Wissen. Ein paar Hinweise. In: Hentschel, Beate; Staupe, Gisela (2008; Hrsg.): Glück – Welches Glück. München, Hanser, S. 153-165

Pring, Martin, J. (2000): „Gewinnen mit Investmentpsychologie": 19 goldene Regeln zum Erfolg. In: Jünemann, Bernhard; Schellenberger, Dirk (2000; Hrsg.): Psychologie für Börsenprofis – Die Macht der Gefühle bei der Geldanlage. Stuttgart, Schäffer-Poeschel, S. 303-328

Quirin Bank AG (2007; Hrsg.): Die neuen Gesetze des Private Banking. Berlin, Quirin Bank (2. aktualisierte Auflage)

Rapp, Heinz-Werner (2000): „Der tägliche Wahnsinn hat Methode“. Behavioral Finance: Paradigmenwechsel in der Kapitalmarktforschung. In: Jünemann, Bernhard; Schellenberger, Dirk (2000; Hrsg.): Psychologie für Börsenprofis – Die Macht der Gefühle bei der Geldanlage. Stuttgart, Schäffer-Poeschel, S.85-123

Reber, Rolf (2007): Kleine Psychologie des Alltäglichen: 77 Lektionen, das Leben besser zu verstehen. München, C.H.Beck

Reiche, Lutz (2007): Altersvorsorge: Unsicher, überfordert, misstrauisch. In: Manager Magazin, 03.09.2007 (Im Internet unter: www. manager-magazin.de)

Richter, Dieter (2007): Der Vesuv: Geschichte eines Berges. Berlin, Wagenbach

Riemann, Fritz (1985): Grundformen der Angst: Eine tiefenpsychologische Studie. München und Basel, Ernst Reinhardt Verlag

Riesman, David (1960): Die einsame Masse: Eine Untersuchung der Wandlungen des amerikanischen Charakters. Mit einer Einführung in die deutsche Ausgabe von Helmut Schelsky. Hamburg, Rowohlt

Rilke, Rainer Maria (1998): Die Gedichte. Frankfurt, Insel-Verlag (10. Auflage)

Risikokommission (2003; Hrsg.): Abschlußbericht der Risikokommission „Neuordnung der Verfahren und Strukturen zur Risikobewertung und Standardsetzung im gesundheitlichen Umweltschutz der Bundesrepublik Deutschland“. Salzgitter, Bundesamt für Strahlenschutz (im Internet unter: www.bfs.de)

Röhl, Christian W. (2008): Marktneutrales Debakel. In: ZertifikateJournal, 2/2008, S. 12-14

Rohwetter, Marcus (2003): Finanzielle Bildung? Mangelhaft. In: Die Zeit, 24/2003, S. 24

Rosa, Hartmut (2005): Beschleunigung – Die Veränderung der Zeitstruktur in der Moderne. Frankfurt, Suhrkamp

Rosenstiel, Lutz von (1990): Motivationale Aspekte des Verhaltens von Börsenteilnehmern. In: Maas, Peter; Weibler, Jürgen (1990; Hrsg.): Börse und Psychologie: Plädoyer für eine neue Perspektive. Köln, Deutscher Instituts-Verlag, S. 58-71

Rosenstiel, Lutz von (2003): Motivation managen. Weinheim u.a., Beltz

Roth, Gerhard (2003): Fühlen, Denken, Handeln. Frankfurt, Suhrkamp (Neue vollständig überarbeitete Ausgabe)

Roth, Gerhard (2007): Persönlichkeit, Entscheidung und Verhalten. Stuttgart, Klett-Cotta

Samuelson, Paul (1965): Proof that Properly Anticipated Stock Prices Fluctuate Randomly. In: Industrial Management Review, S. 41-49

Sanger, Larry (2007): Über die neue Politik des Wissens. In: Süddeutsche Zeitung, 21./22. Juli 2007, S. 14

Sauren, Eckhard; Guseck, Ansgar; Hall, Hermann-Josef (2008): Das Sauren Fonds-Konzept. München, FinanzBuch Verlag

Schäfer, Bodo (1999): Der Weg zur finanziellen Freiheit – In sieben Jahren die erste Million. Frankfurt/New York, Campus (9. Auflage)

Schaub, Harald (2006): Störungen und Fehler beim Denken und Problemlösen. In: Funke, Joachim (2006; Hrsg.): Denken und Problemlösen: Kognition (Band 8 der Enzyklopädie der Psychologie). Göttingen, Hogrefe (im Internet unter: www.psychologie.uni-heidelberg.de)

Schellenberger, Dirk (2000): „Reich werden wie...“ – Der Dagobert-Approach: Profile erfolgreicher Anleger. In: Jünemann, Bernhard; Schellenberger, Dirk (2000; Hrsg.): Psychologie für Börsenprofis – Die Macht der Gefühle bei der Geldanlage. Stuttgart, Schäffer-Poeschel, S. 141-164

Schindler, Raoul (1957): Grundprinzipien der Psychodynamik in der Gruppe. In: Psyche, 14, S. 308-314

Schleim, Stephan (2005): Dragee zum Glück? In: Gehirn & Geist, 11/2005, S. 46-51
Schleim, Stephan (2006): Cognitive Enhancement, Psychopharmakologie und Bewußtseinserweiterung. In: Parapluie, 23/2006 (im Internet unter: www.parapluie.de)
Schleim, Stephan (2008): Fünf Gründe gegen Psycho-Enhancement. In: Telepolis, Teil 1: 21. Juli 2008; Teil 2: 28. Juli 2008 (im Internet unter: www.heise.de/tp/ und www.schleim.info)
Schleim, Stephan; Walter, H. (2007): Cognitive Enhancement: Fakten und Mythen. In: Nervenheilkunde, 1-2/2007, S. 83-86
Schmid, Wilhelm (1998): Philosophie der Lebenskunst: Eine Grundlegung. Frankfurt, Suhrkamp (2. Auflage)
Schmid, Wilhelm (2007): Glück: Alles, was Sie darüber wissen müssen, und warum es nicht das Wichtigste im Leben ist. Frankfurt und Leipzig, Insel Verlag
Schmidbauer, Wolfgang (2005): Lebensgefühl Angst: Jeder hat sie. Keiner will sie. Was wir gegen Angst tun können. Freiburg u.a., Herder
Schmitz, Thorsten; Wehrheim, Michael (2006): Risikomanagement. Grundlagen – Theorie – Praxis. Stuttgart, Kohlhammer
Schmölders, Günter (1982): Psychologie des Geldes. München, Langen-Müller/Herbig (Erstveröffentlichung 1966 als Rowohlts Deutsche Enzyklopädie)
Schnabel, Reinhold (2003): Die Rentenlücke: Das Problem wächst. Deutsches Institut für Altersvorsorge, Köln (im Internet unter: www.dia-vorsorge.de)
Schuknecht, Rohland (2007): Lerne, ein Wolf zu sein. In: NZZ Folio, Die Zeitschrift der Neuen Zürcher Zeitung, Heft 06/07 (im Internet unter: www.nzzfolio.ch)
Schuler, Heinz (1980): Das Bild vom Mitarbeiter. Goch, Bratt (3. überarb. Auflage)
Schulz von Thun, Friedemann (1981): Miteinander reden: Störungen und Klärungen, Psychologie der zwischenmenschlichen Kommunikation. Reinbek, Rowohlt
Schulze, Gerhard (1993): Die Erlebnisgesellschaft: Kultursoziologie der Gegenwart. Frankfurt / New York, Campus
Schuster, Thomas (2001): Die Geldfalle: Wie Medien und Banken die Anleger zu Verlierern machen. Reinbek, Rowohlt
Schuster, Thomas (2003): Metakommunikation und Marktdynamik. Reflexive Wechselwirkungen von Finanzmärkten und Massenmedien. Institut für Kommunikations- und Medienwissenschaft der Universität Leipzig (im Internet unter: www.tomschuster.de)
Schuster, Thomas (2003a): Die Agenten der Märkte: Was Wirtschaftsjournalisten (und nicht nur sie) von Graham Greene lernen können. Erweiterte Version eines Vortrags zur Zukunft des Wirtschafts- und Finanzjournalismus (im Internet unter: www.tomschuster.de)
Schwartz, Barry (2006): Anleitung zur Unzufriedenheit: Warum weniger glücklicher macht. Berlin, Ullstein
Selbach, David (2007): Instinkte unerwünscht. In: Die Zeit, 32/2007, S. 25
Seligman, Martin (1999): Erlernte Hilflosigkeit. Weinheim, Beltz
Selten, Reinhard (2006): Abschied von den Mythen. Focus 01/2006, S. 50-53
Sennett, Richard (2008): HandWerk. Berlin, Berlin Verlag
Serres, Michel (1987): Der Parasit. Frankfurt, Suhrkamp
Sewell, Richard (2007): Behavioural Finance. University College, London (im Internet unter www.behaviouralfinance.net)
Sharpe, William, F. (1964): Capital Asset Prices: A Theory of Equilibrium under Conditions of Risk. In: Journal of Finance, Vol. 19, S. 425-442
Sharpe, William F. (2002): Index-Investing: A Prosaic Way to Beat the Average Investor. Vortrag zum Spring President's Forum des Monterey Institute of International Studies. (im Internet unter: www.stanford.edu)
Shefrin, Hersh (2000): Börsenerfolg mit Behavioral Finance: Investmentpsychologie für Profis. Stuttgart, Schäffer-Poeschel

Shefrin, Hersh (2002): Beyond Greed and Fear – Understanding Behavioral Finance and the Psychology of Investing. Oxford - New York, Oxford University Press (erweiterte Neuauflage)

Shefrin, Hersh; Statman, Meir (1993): The Disposition to Sell Winners Too Early and Ride Losers Too Long: Theory and Evidence. In: Thaler, Richard H. (1993: Hrsg.): Advances in Behavioral Finance. New York, Russell Sage, S. 507-526

Shefrin, Hersh; Statman, Meir (2000): Behavioral Portfolio Theory. In: Journal of Financial and Quantitative Analysis, Vol. 35, No.2, June 2000, S.127-151

Shiller, Robert J. (2000): Irrationaler Überschwang – Warum eine lange Baisse an der Börse unvermeidlich ist. Frankfurt/New York, Campus

Shiller, Robert J. (2008): The Subprime Solution: How today's Global Finance Crisis happened, and what to do about it. Princeton, Princeton University Press

Shleifer, Andrei (2000): Inefficient Markets – An Introduction to Behavioral Finance. Oxford - New York, Oxford University Press

Sidis, Boris (1898): The Psychology of Suggestion. New York, Appleton

Simmel, Georg (1900/2000): Philosophie des Geldes. Frankfurt, Suhrkamp (Neuauflage 2000)

Simmel, Georg (1919): Das Abenteuer. In: Simmel, Georg (1919): Philosophische Kultur. Leipzig, Kröner, (2. Auflage) S. 7-24 (im Internet unter: www.gutenberg.spiegel.de)

Simmel, Georg (1983): Das Geld in der modernen Kultur. In: Simmel, Georg (1983): Schriften zur Soziologie. Eine Auswahl. Herausgegeben und eingeleitet von Heinz-Jürgen Dahme und Ottheim Rammstedt. Frankfurt, Suhrkamp, S. 78-94

Simon, Fritz B. (1993): Die Kunst, nicht zu lernen. In: Systeme, Heft 1/93, S. 46-57

Simon, Herbert A. (1955): Das Verwaltungshandeln. Stuttgart, Kohlhammer

Simon, Herbert A. (1978): Rational Decision-Making in Business Organizations. (im Internet unter: www.nobelprize.org)

Sitkin, Sim B. (1992): Learning through Failure: The Strategy of Small Losses. In: Research in Organizational Behavior, Vol. 14, S. 231-266

Sixt, Erich (2008): „Ich habe ein gestörtes Verhältnis zum Auto". Interview in der Süddeutschen Zeitung vom 7. März 2008, S. 32

Sloterdijk, Peter (1998): Sphären I, Blasen. Suhrkamp, Frankfurt

Sloterdijk, Peter (2005): Der Weltinnenraum des Kapitals: Für eine philosophische Theorie der Globalisierung. Frankfurt, Suhrkamp

Sloterdijk, Peter (2005a): Goodbye Fortschritt. In: Claassen Utz; Hogrefe, Jürgen (2005): Das neue Denken – Das Neue denken. Göttingen, Steidl, S. 68-77

Sloterdijk, Peter (2007): Zorn und Zeit: Politisch-psychologischer Versuch. Frankfurt, Suhrkamp

Sloterdijk, Peter (2008): Spielen mit dem, was mit uns spielt. In: Neue Zürcher Zeitung, 14. Juni 2008 (im Internet unter: www.nzz.ch)

Sloterdijk, Peter (o.J.): Weltmanagement im Kommunikationszeitalter: Stichworte zur Suche nach zeitdiagnostischer Souveränität im aktuellen Weltbildbruch. (im Internet unter: www.petersloterdijk.net)

„Smith, Adam" (1976): The Money Game. New York, Vintage Books (Reprint der Ausgabe von 1967; siehe hierzu Fußnote 45 in Kapitel 4)

Smith, Adam (1988): Der Wohlstand der Nationen – Eine Untersuchung seiner Natur und seiner Ursachen. München, C.H.Beck

Smith, Gary; Emrich, Hinderk M. (1996; Hrsg.): Vom Nutzen des Vergessens. Berlin, Akademie Verlag

Sofsky, Wolfgang (2005): Das Prinzip Sicherheit. Frankfurt, S. Fischer Verlag

Sofsky, Wolfgang (2005a): Sicherheit. Zürich, Vontobel-Stiftung, Schriftenreihe Band 1700

Sorkin, Andrew Ross (2008): A ‚Bonfire' Returns as Heartburn. In: New York Times, 24. Juni 2008 (im Internet unter: www.nytimes.com)

Soros, George (2007): Die Alchemie der Finanzen – Wie man die Gedanken des Marktes liest. Kulmbach, Börsenbuch-Verlag (3. Auflage)

Soros, George (2007a): Die Ära der Fehlentscheidungen. München, FinanzBuch Verlag

Spitzer, Manfred (2008): Glück im Kopf. In: Hentschel, Beate; Staupe, Gisela (2008; Hrsg.): Glück – Welches Glück. München, Hanser, S. 45-61

Stäheli, Urs (2007): Spektakuläre Spekulation: Das Populäre der Ökonomie. Frankfurt, Suhrkamp

Stäheli, Urs (2007a): Die kalkulierte Unvernunft. Interview in der Wirtschaftswoche, Nr. 26, 25. Juni 2007, S. 146-151

Statman, Meir (2000): The 93,6% Question of Financial Advisors. In: Journal of Finance, Spring 2000, S. 16-20

Statman, Meir (2002): Financial Physicians. AIMR Conference Proceedings, Aug. 2002, S. 5-11 (im Internet unter: www.scu.edu)

Statman, Meir (2003): Behavioral Portfolios: Hope for Riches and Protection from Poverty. Pension Research Council Working Paper (PRC WP 2003-9), Herausgeber: Pension Research Council, The Wharton School, University of Pennsylvania, Philadelphia

Statman, Meir (2005): Normal Investors – Then and now. In: Financial Analysts Journal, March/ April 2005, S. 1-7

Statman, Meir (2005a): What is Behavioral Finance? In: The Monitor, May/June 2005, S. 1-6

Statman, Meir (2008): Risk Questionnaires and Behavioral Portfolios. BeFi Web Seminar, 27. Februar 2008 (im Internet unter: www.behavioralfinanceforum.com)

Steiner, Manfred; Bruns, Christoph (2002): Wertpapiermanagement – Professionelle Wertpapieranalyse und Portfoliostrukturierung. Stuttgart, Schäffer-Poeschel (8., überarbeitete und erweiterte Auflage)

Steinfeld, Thomas (2007): Die Poesie der Heuschrecke. In: Süddeutsche Zeitung, 21. August 2007, S. 11

Stephan, Ekkehard (1999): Die Rolle von Urteilsheuristiken bei Finanzentscheidungen: Ankereffekte und kognitive Verfügbarkeit. In: Fischer, Lorenz; Kutsch, Thomas; Stephan, Ekkehard (1999; Hrsg.): Finanzpsychologie. München und Wien; Oldenbourg, S. 101-134

Stewart, Sharla A. (2005): Can Behavioral Economics save us from Ourselves? In: The University of Chicago Magazine, February '05, Vol. 97, Issue 3 (im Internet unter: www.magazine.uchicago.de)

Stiegler, Bernard (2008): Die Logik der Sorge. Verlust der Aufklärung durch Technik und Medien. Frankfurt, Suhrkamp – Edition Unseld

Stiftung Warentest / FinanzTest (2000; Hrsg.): Völlig verschnitten: Die Stiftung Warentest hat die Anlageberatung von 25 Kreditinstituten untersucht. In: FinanzTest 5/2000, S. 12-19

Stiftung Warentest / FinanzTest (2005; Hrsg.): Kaffee zum Geschäft. In: FinanzTest 8/2005, S. 36-39

Storbeck, Olaf (2006): Besser nur auf erfolglose Analysten hören. In: Handelsblatt, 21. August 2007 (im Internet unter: www.handelsblatt.de)

Storbeck, Olaf (2007): Wie die Lemminge. In: Handelsblatt, 12. März 2007 (im Internet unter: www.handelsblatt.de)

Storbeck, Olaf (2007a): Investoren prognostizieren mit Blick in den Rückspiegel. In: Handelsblatt, 4. Juni 2007 (im Internet unter: www.handelsblatt.de) In: Handelsblatt, 29. Juli 2008 (im Internet unter: www.handelsblatt.de)

Stroczan, Katherine (2002): Der schlafende DAX oder das Begehren in der Unkultur. Berlin, Wagenbach

Stuhr, Arne (2003): Rendite, was ist das? In: Manager-Magazin, 5. August 2003 (im Internet unter: www.manager-magazin.de)

Surowiecki, James (2007): Die Weisheit der Vielen: Warum Gruppen klüger sind als Einzelne. München, Goldmann

Swensen, David F. (2005): Unconventional Success: A Fundamental Approach to Personal Investment. New York u.a., Free Press

Szallies, Rüdiger (1999): Anlagemotive im Wandel. In: Fischer, Lorenz; Kutsch, Thomas; Stephan, Ekkehard (1999; Hrsg.): Finanzpsychologie. München / Wien, Oldenbourg, S. 240-249

Taleb, Nassim, Nicholas (2005): Narren des Zufalls. Weinheim, Wiley-VCH (2., aktualisierte Auflage)

Tarde, Gabriel (1902): Psychologie économique. Paris, Felix Alcan Éditeur (im Internet unter: www.classiques.uqac.ca)

Tarde, Gabriel de (2003): Die Gesetze der Nachahmung. Frankfurt, Suhrkamp

Tausch, Reinhard (2006): Hilfen bei Stress und Belastung. Reinbek, Rowohlt (14. Auflage)

Tebartz van Elst, Ludger (2007): Alles so schön bunt hier. Die Zeit, 34/2007 (www.zeit.de)

Thadden, Elisabeth von (2007): Was braucht der Mensch? In: Die Zeit, 28/2007, S. 47-48

Thaler, Richard H. (1993; Ed.): Advances in Behavioral Finance. New York, Russell Sage Foundation

Thaler, Richard H. (1999): Mental Accounting Matters. In: Journal of Behavioral Decisions, 12. Wieder veröffentlicht in: Kahneman, Daniel; Tversky, Amos (2000; Ed.): Choices, Values, and Frames. New York, Cambridge University Press, S. 241-268

Thaler, Richard H.; Benartzi, Shlomo (2004): Save More Tomorrow: Use Behavioral Economics to Increase Employee Savings. In: Journal of Political Economy, 112, S. 164-187

Thaler, Richard H; Shefrin, Hersh M (1981): An Economic Theory of Self-Control. In: Journal of Political Economy, Vol. 89, Issue 2, S. 392-406

Thießen, Friedrich (o.J.): 11 Neue Regeln zur Anlage von Geld. (im Internet unter: www.tu-chemnitz)

Todorov, Tzvetan (2001): Abenteuer des Zusammenlebens: Versuch einer allgemeinen Anthropologie. Frankfurt, Fischer Taschenbuch

Traufetter, Gerald (2007): Intuition: Die Weisheit der Gefühle. Reinbek, Rowohlt

Traufetter, Gerald (2007a): Stimme aus dem Nichts. In: Spiegel Special, 6/2007, S. 110-121

Uehlecke, Jens (2007): Reich an Gefühlen. In: Magazin ZEIT Wissen 03/2007 (www.zeit.de)

Ullrich, Günther (2005): Studium der Wirtschaftspsychologie. In: Frey, Dieter; Rosenstiel, Lutz von; Hoyos, Carl Graf (2005; Hrsg.): Wirtschaftspsychologie. Weinheim, Beltz, S. 332-338

University of Cambridge (2008): Testosterone levels predict City Traders' Profitability. (im Internet unter: www.admin.cam.ac.uk)

Virilio, Paul (1994): Die Eroberung des Körpers: Vom Übermenschen zum überreizten Menschen. München und Wien, Hanser (Edition Akzente)

Vogl, Joseph (2002): Kalkül und Leidenschaft – Poetik des ökonomischen Menschen. München, Sequenzia Verlag

Vogl, Joseph (2007): Über das Zaudern. Zürich/Berlin, diaphanes

Vorwerk, Thomas (2008): Wissen, Zeit und Lust. Interview in: Die Zeit, 10/2008, S. 32

Waas, Franz (2008): „Die Deutschen sind Weltmeister im Falschsparen". Interview in Die Welt vom 27. Juli 2008 (im Internet unter: www.welt.de)

Wahren, Heinz-Kurt (1987): Zwischenmenschliche Kommunikation und Interaktion in Unternehmen: Grundlagen: Probleme und Ansätze zur Lösung. Berlin / New York, Walter de Gruyter

Wahren, Heinz-Kurt (1996): Das lernende Unternehmen: Theorie und Praxis des organisationalen Lernens. Berlin / New York, Walter de Gruyter

Wahren, Heinz-Kurt (1997): Coaching. Eschborn, Rationalisierungs-Kuratorium der Deutschen Wirtschaft (RKW) e.V.

Wahren, Heinz-Kurt (2000): „Wissensmanagement" und „Lernende Organisation": Zwei Seiten einer Medaille. In: Boos, Monica; Goldschmidt, Nils (2000; Hrsg.): WissensWert!? Ökonomische Perspektiven der Wissensgesellschaft, Vorträge zum 3. Freiburger Wirtschaftssymposium. Baden-Baden, Nomos, S. 279-286

Wahren, Heinz-Kurt (2002): Ziele vereinbaren mit Mitarbeitern und Gruppen. Eschborn, RKW-Verlag (3. Auflage)

Wahren, Heinz-Kurt (2005): Präventive Formen vor einem Coaching. In: Rauen, Christopher (2005; Hrsg.): Handbuch Coaching. Göttingen u.a., Hogrefe (3., überarbeitete und erweiterte Auflage), S. 137-152

Walser Martin (2001): Der Lebenslauf der Liebe. Frankfurt, Suhrkamp

Walser, Martin (2006): Angstblüte. Reinbek bei Hamburg, Rowohlt

Walser, Martin (2008): „Bei Menschen, die wirklich leben, hört die Pubertät nie auf". Interview mit der Süddeutschen Zeitung vom 22. Februar 2008, S. 30

Walser, Martin (2008a): „Geldvermehren ist eine Kunst wie Dichten und Musizieren". Interview mit Capital, 11/2008, S. 64-71

Watzlawick, Paul (1985; Hrsg.): Die erfundene Wirklichkeit: Wie wissen wir, was wir zu wissen glauben? Beiträge zum Konstruktivismus. München, Piper (2. Auflage)

Watzlawick, Paul; Beavin, Janet H.; Jackson, Don D. (1980): Menschliche Kommunikation: Formen, Störungen, Paradoxien. Bern, Huber (5. unveränderte Auflage)

Weber, Martin, et al. (2007): Genial einfach investieren: Mehr müssen Sie nicht wissen – das aber unbedingt. Frankfurt / New York, Campus

Weber, Martin (2007a): „Kurse gehorchen dem Zufall". Interview in: Die Zeit, 02/2007, S. 23

Weber, Martin (2008): Lesen Sie Feuilleton! In: Die Zeit, 04/2008 (www.zeit.de)

Weber, Max (1894): Die Börse. Göttinger Arbeiter-Bibliothek (im Internet unter: www.textlog.de)

Weick, Karl (1985): Der Prozess des Organisierens. Frankfurt, Suhrkamp

Weick, Karl (1995): Sensemaking in Organizations. Thousand Oaks u.a., Sage Publications

Weick, Karl (2001): "Drop your Tools". Ein Gespräch mit Karl E. Weick. In: Bardmann, Theodor, M.; Groth, Torsten (2001; Hrsg.): Zirkuläre Positionen 3: Organisation, Management und Beratung. Wiesbaden, Westdeutscher Verlag, S. 123-138

Weick, Karl; Sutcliffe, Kathleen M. (2003): Das Unerwartete managen: Wie Unternehmen aus Extremsituationen lernen. Stuttgart, Klett-Cotta (2. Auflage)

Weinert, Ansfried, B. (1987): Wirtschafts- und Organisationspsychologie. In: Frey, Dieter; Greif, Siegfried (1987; Hrsg.): Sozialpsychologie: Ein Handbuch in Schlüsselbegriffen. München / Weinheim, Psychologie Verlags Union (2., erweiterte Auflage), S.557-566

Weinrich, Harald (1997): Lethe – Kunst und Kritik des Vergessens. München, C.H.Beck

Westerhoff, Nikolaus (2008): Mit Vollgas in den Untergang. In: Süddeutsche Zeitung, 7. Mai 2008, S. 16

Wherry, Rob (2007): John Bogle says ETFs a Mistake for many Investors. In: Smart Money, 2. März 2007 (im Internet unter: www.smartmoney.com)

Wiendieck, Gerd (1990): Börse als vernachlässigter Bereich der Wirtschaftspsychologie. In: Maas, Peter; Weibler, Jürgen (1990; Hrsg.): Börse und Psychologie: Plädoyer für eine neue Perspektive. Köln, Deutscher Instituts-Verlag, S. 38-57

Willenbrock, Harald (2006): Das Dagobert-Dilemma. Wie die Jagd nach Geld unser Leben bestimmt. München, Heyne

Willis, Lauren, E. (2008): Against Financial Literacy Education. University of Pennsylvania (im Internet unter www.bepress.com/lauren_willis/)

Willke, Helmut (2002): Dystopia: Studien zur Krisis des Wissens in der modernen Gesellschaft. Frankfurt, Suhrkamp

Winderl, Thomas (2008): Betreiben ETFs Etikettenschwindel? Newsletter Portfoliotheorie.com, Jahrgang 3, Ausgabe 10, 15. Juni 2008 (im Internet unter www.portfoliotheorie.com)

Wiswede, Günter (2007): Einführung in die Wirtschaftspsychologie. München / Basel, Ernst Reinhardt (4., überarbeitete und erweiterte Auflage)

Wittrock, Olaf (2007): Umstrittene Sicherheit. In: Financial Times Deutschland, 26.10.2007, S. A3
Wolf, Thomas (2007): Regeln für Rendite? In: Focus-Money, 39/2007, S. 92-95
Wolfe, Tom (1997): Fegefeuer der Eitelkeiten. München, Knaur
Wolfe, Tom (2007): The Pirate Pose. In: Portfolio, Issue 1/07, May 2007
Wolfstetter, Natalia (2007): Korrelationen wieder in den Schlagzeilen. Veröffentlichung von Morningstar vom 09.11.2007 (im Internet unter: www.morningstar.de/news)
Wollheim, Richard (2001): Emotionen: Eine Philosophie der Gefühle. München, C.H.Beck

Zeuch, Andreas (2007; Hrsg.): Management von Nichtwissen in Unternehmen. Heidelberg, Carl-Auer Verlag
Zizek, Slavoj (1991): Liebe Dein Symptom wie Dich selbst! Jaques Lacans Psychoanalyse und die Medien. Berlin, Merve
Zizek, Slavoj (2008): Lacan: Eine Einführung. Frankfurt, S.Fischer
Zola, Émile (2001): Das Geld. Frankfurt und Leipzig, Insel
Zweig, Jason (2007): Gier – Neuroökonomie: Wie wir ticken, wenn es ums Geld geht. München, Hanser
Zweig, Stefan (2007): Drei Meister: Balzac • Dickens • Dostojewski. Frankfurt, Fischer TB (4. Auflage)
Zydra, Markus (2008): Gefragt: Der Kunde als Bullterrier. In: Süddeutsche Zeitung vom 6. Mai 2008, S. 29
Zydra, Markus (2008a): Auf der Suche nach den Nieten. In: Süddeutsche Zeitung vom 17./18. Mai 2008, S. 29
Zydra, Markus (2008b): Die Riester-Räuber. In: Süddeutsche Zeitung vom 23. Juli 2008, S. 23
Zydra, Markus (2008c): Schlechte Noten für Bankberater. In: Süddeutsche Zeitung vom 26. August 2008, S. 24

Personenverzeichnis

Sachwortverzeichnis

Printed in Poland
by Amazon Fulfillment
Poland Sp. z o.o., Wrocław

15446038R00168